A DIVINA

SARAH

ARTHUR GOLD E ROBERT FIZDALE

A DIVINA SARAH

A Vida de Sarah Bernhardt

Tradução:
HILDEGARD FEIST

COMPANHIA DAS LETRAS

Título original:
The divine Sarah
A life of Sarah Bernhardt

Capa e projeto gráfico:
Victor Burton
sobre *Retrato de Sarah Bernhardt,*
de Georges Clairin (capa),
e retrato de Sarah Bernhardt em *Ruy Blas,*
de Victor Hugo (quarta capa)

Frontispício:
Retrato de Sarah Bernhardt,
bico de pena de Alphonse Mucha

Preparação:
Stella Weiss

Revisão:
Carmen S. da Costa
Cecília Ramos

Dados Internacionais de Catalogação na Publicação (CIP)
(Câmara Brasileira do Livro, SP, Brasil)

Gold, Arthur
A divina Sarah: a vida de Sarah Bernhardt / Arthur Gold, Robert Fizdale; tradução Hildegard Feist. — São Paulo : Companhia das Letras, 1994.

Bibliografia.
ISBN 85-7164-379-2

1. Bernhardt, Sarah, 1884-1923 I. Fizdale, Robert. II. Título.

94-0666 CDD-927.920944

Índices para catálogo sistemático:
1. França: Atrizes de teatro: Biografia 927.920944

1994

EDITORA SCHWARCZ LTDA.
Rua Tupi, 522
01233-000 — São Paulo — SP
Telefone: (011) 826-1822
Fax: (011) 826-5523

A MICHEL DE BRY,

que dedicou seu tempo, sua energia e seu pensamento
à criação de uma coleção extraordinária
para celebrar da melhor maneira possível
a arte de Sarah Bernhardt
e mantê-la viva na memória do mundo.
Monsieur de Bry generosamente nos concedeu a oportunidade
de estudar e citar as cartas e documentos
de seu acervo bernhardtiano e
— mais generosamente ainda —
partilhou conosco seu profundo
conhecimento do tema.

E A THIERRY BODIN,

que nos apontou os caminhos que nos levariam
não só a Sarah Bernhardt,
como também às pessoas de seu mundo.
Demonstrou uma erudição impressionante,
um entusiasmo irresistível e,
com sua esposa Pierrette,
recebeu-nos com calorosa
hospitalidade.

Sumário

Agradecimentos

Somos imensamente gratos às seguintes pessoas e instituições que nos prestaram inestimável ajuda: Bibliothèque Nationale e seu *conservateur en chef* do departamento de manuscritos, mme. Callut; Bibliothèque de l'Arsenal e seu *conservateur en chef de la Bibliothèque des Arts et du Spectacle*, mlle. Giteau e sua equipe: mme. Faure, mlle. Tourniac e mlle. Drouin; Bibliothèque de la Comédie Française e seu *conservateur*, mlle. Noelle Guibert; Musée d'Orsay e sua diretora, Françoise Cachin; Musée du Petit Palais e seu *conservateur en chef*, mme. Thérèse Burollet; Bibliothèque Historique de la Ville de Paris, Musée de l'Armée e m. Vergnaud do Secrétariat ECPA. Também desejamos agradecer ao Fonds Zola Bibliothèque Nationale de Paris (pela carta de Bernhardt a Zola), ao Musée Rodin, em Paris, e ao Musée des Beaux-Arts, em Dijon, bem como ao Musée du Petit Palais, em Genebra, ao Victoria and Albert Theatre Museum, em Londres, e a seu diretor, sir Roy Strong, à Harvard Theatre Collection, em Cambridge, e a sua diretora, dra. Jeanne Newland, e à New York Public Library of the Performing Arts.

Não seria possível agradecer a todas as pessoas que nos ajudaram, porém dentre as muitas que contribuíram para a elaboração deste livro somos especialmente gratos ao príncipe e à princesa de Ligne La Trémoïlle, à baronesa Elie de Rothschild, ao príncipe Amyn Aga Khan, a Jane Lady Abdy, Anka Muhlstein e Louis Begley, Sydney e Marit Gruson, Paul e Lucille Audouy, mr. e mrs. Angelo Torricini, Charles Oulmont, ao falecido Henri Sauguet, a Giorgio Strehler, Daniel Stes, Giacchino Lanza, Georges Liebert, Annette Vaillant, Denise Blum, Nanos Valaoritis (que nos deu uma foto de seu tio-avô, Damala), aos irmãos Pierre e Jacques Loti-Viaud (não só pela permissão para citarmos cartas e diários volumosos de Pierre Loti, mas também pelo trabalho que tiveram para localizá-los), à princesa Mario de Ruspoli (pela gentileza em nos deixar citar cartas que seu avô, Charles Haas, recebeu de Sarah Bernhardt), a mme. Claudine Loste, Alan Lesieutre (por nos autorizar a reproduzir não só as fotos de Bernhardt existentes em seus arquivos, mas também os quadros que Clairin pintou de Sarah como a Teodora de Sardou, como santa Teresa em *Vierge d'Avila* e o cartaz que elaborou para *La Tosca*), mme. Colette Monceau (que analisou a caligrafia da atriz), Bernard Minoret (por partilhar conosco seu vasto conhecimento da história do teatro francês), à falecida mme. Terka Reichenbach (bisneta de Sarah, que gentilmente nos cedeu a foto de Maurice Bernhardt "adulto") e a *seu* filho, o fotógrafo Georges P. Clemenceau (que reproduziu para nós velhos retratos de família pertencentes à coleção de sua prima, mlle. Marie-Louise Barberot), a Jean-Pierre Richepin (pela fotografia de seu ilustre avô, o poeta e dramaturgo Jean Richepin, um dos grandes amores da vida de Sarah), à Morgan Library, de Nova York (por nos permitir citar as cartas apaixonadas que Bernhardt enviou a Richepin), e à grande atriz Irene Worth (que nos informou onde essas cartas se encontravam).

Devemos agradecer ainda a sir John Gielgud, que aos quinze anos viu Bernhardt no palco e nos falou de suas impressões, tão sensíveis e intensas quanto a reação de Proust ao desempenho da atriz "Berma". Sir John nos enviou a seu colega, Richard Bebb, que merece nossa gratidão eterna por nos deixar ouvir todas as gravações de Bernhardt.

Somos gratos a Dario Cecchi, ao conde Ghislain de Diesbach, a Jean-Claude Eger, Philippe Gand, Paul Lorenz, à condessa Guy de Beaumont, a Claude e Ida Bourdet (que colocaram a nossa disposição seus arquivos sobre o dr. Pozzi, o qual Sarah tanto amava), ao falecido André Bernheim, a André Rieupeyrout (que nos convidou a assistir ao documentário mudo de Sacha Guitry *Ceux de nos jours* [Aqueles de nosso tempo], no qual Sarah declama e parece radiosa poucas semanas depois de ter amputado a perna), a *maître* Claudine Herrmann, Raymond Mander e Joe Mitchenson, à falecida Delphine Seyrig, a mme. Suzanne Fessart e William Weaver. Todas essas pessoas (e muitíssimas outras) deram a nosso livro uma contribuição incomensurável.

Devemos especiais agradecimentos ao pessoal da Knopf: Sonny Mehta e sua equipe, os editores Bob Gottlieb e Carol Janeway, a assistente desta última, Robin Swados, o secretário de produção Kevin Bourke e a diagramadora Iris Weinstein. Trabalhar com eles foi um grande prazer. Por fim, mas igualmente importante, temos um débito de gratidão para com nossos fotógrafos, Philippe Doumic, Jean-Loupe Charmet e Jakob Mydtskov, e às duas francesas brilhantes que nos ajudaram na pesquisa, Liliane Ziegel e Claude Nabokoff, sem as quais este livro não existiria.

A DIVINA SARAH

PRÓLOGO

Mark Twain disse: "Existem cinco tipos de atrizes: más, medíocres, boas, grandes — e Sarah Bernhardt". Se Mark Twain teve prazer em coroar Bernhardt, George Bernard Shaw teve igual prazer em jogar longe essa coroa ao escrever sobre

> o caráter infantilmente egoístico de sua interpretação, que não é a arte de nos fazer elevar o pensamento ou aprofundar os sentimentos, e sim a arte de nos fazer admirá-la, compadecer-nos dela, defendê-la, chorar com suas lágrimas, rir com suas piadas, acompanhar boquiabertos suas peripécias e aplaudi-la com todo o entusiasmo quando desce a cortina. É a arte de descobrir todas as nossas fraquezas e usá-las — adulando-nos, afligindo-nos, empolgando-nos — no total, enganando-nos.

Enganar o cliente faz parte do negócio do ator. Mas Shaw não era homem de se deixar enganar. Cruzado de *knickers*, tinha por missão lançar a luz num mundo desnorteado. Bernhardt pertencia a outra espécie. Vivia para fascinar, ofuscar, conduzir o público aos mistérios da sensualidade e da ilusão poética. Ele era o rochedo da verdade; ela, a sereia sobre o rochedo, a cauda nas águas traiçoeiras a sua volta, o rosto voltado para a lua.

D. H. Lawrence não teve a mesma impressão de Shaw quando viu Bernhardt interpretar *A dama das camélias* no Theatre Royal de Nottingham. O romancista estava então com 23 anos, quarenta menos que a atriz. Assim escreveu:

> Lá está ela, a encarnação da emoção selvagem que partilhamos com todas as coisas vivas, mas que em nós se concentra com total complexidade e fúria inescrutável. Ela representa as paixões primevas da mulher e é extraordinariamente fascinante. Eu podia amar essa mulher, amá-la até a loucura; só pela pura paixão selvagem. Tome cuidado quando for ver Bernhardt. E só vá se for muito forte. Pensando nela agora, ainda sinto no peito o mesmo peso que senti por vários dias depois de vê-la. Seu jeito cativante, doce e alegre; seus pequenos murmúrios tristes; seus gritos terríveis de pantera; e os sons medonhos, inarticulados, os pequenos soluços que nos queimam, e o desespero e a morte; é demais para uma só noite.

Em 1885 o jovem Sigmund Freud estava em Paris estudando hipnotismo e neurologia com Jean-Martin Charcot. E viu Bernhardt em *Teodora*, de

Sardou, um espetáculo melodramático de luxúria, sadismo e pecado — temas que o futuro psicanalista examinaria de formas que o dramaturgo não poderia imaginar. Entretanto, como Lawrence, o estudante de hipnose sucumbiu, sem resistir, aos dotes hipnotizantes da atriz:

> Não tenho nada de bom para dizer sobre a peça em si. [...] Mas como essa Sarah representa! Depois de ouvir as primeiras palavras de sua voz adorável e vibrante, senti como se a conhecesse há anos. Nada do que ela dissesse me surpreenderia; acreditei de imediato em tudo que falou. [...] Nunca vi uma figura mais engraçada que Sarah no segundo ato, onde ela aparece com um vestido simples, e no entanto os risos logo cessaram, pois cada centímetro daquela figurinha vive e encanta. Depois ela bajula e implora e envolve: são incríveis as posturas que consegue assumir e a forma como cada membro e cada articulação atuam juntos. Uma criatura curiosa: imagino que não deva ser na vida diferente do que é no palco.

O que Freud sentiu por Sarah foi mais profundo que uma paixonite de estudante. Durante anos seus perturbados pacientes depararam com uma foto de Bernhardt ao entrar em seu consultório. Não sabemos se expôs o retrato porque o considerava um símbolo do eterno feminino — ou do feminino eternamente neurótico —, ou porque estava interessado na relação entre teatro e vida. Se a segunda alternativa é a verdadeira, então Freud não estava sozinho. O fascínio de célebres atrizes trágicas — de Rachel a Garbo, de Bernhardt a Callas — reside no poder de sugestão não só de sua arte, como da vida que levaram. Gostaríamos de conhecer os segredos dessas criaturas alucinantes, que jogam com nossas emoções, despertam nossos desejos e expressam nossas fantasias. Íntimas por uma noite, estendem-se e nos tocam com uma proximidade que faz nossa vida parecer insípida. Como as rainhas míticas que elas representam, sua egolatria nos intriga e seus tirânicos caprichos — intoleráveis nos mortais comuns — são perdoados com a mesma indulgência que concedemos aos sonhos escandalosos.

Em seu prefácio da biografia de Sarah Bernhardt, escrita por Jules Huret quando a atriz estava com cinqüenta e poucos anos, o poeta e dramaturgo Edmond Rostand captou-a em seu vulcânico apogeu:

> 1899: Uma berlinda pára à porta. Uma mulher envolta em peles desce, caminha por entre a multidão [...] e sobe uma escadaria em caracol; entra apressada num camarim repleto de flores e quente como uma estufa; joga num canto a bolsinha adornada de fitas com seu conteúdo inesgotável e, em outro, o chapéu [...]; tira as peles e no mesmo instante se encolhe num invólucro de seda branca; corre para um palco fracamente iluminado e de imediato anima uma multidão de pessoas apáticas, bocejantes, ociosas; lança-se para trás e para a frente, transmitindo a todos sua febril energia; vai até a caixa do ponto, dirige suas cenas; indica o próprio gesto, a própria entonação, levanta-se encolerizada e insiste em

repetir tudo; grita furiosa; senta-se, sorri, toma chá e se põe a ensaiar seu papel; arranca lágrimas de atores endurecidos que espicham a cabeça por trás dos bastidores para vê-la, maravilhados; vai para o camarim, onde os cenógrafos a esperam, destrói seus projetos e os refaz; cai, enxuga o rosto com um lenço de renda e pensa em desmaiar; volta para o camarim e ensina os figurantes a arrumarem os cabelos; ouve a leitura de centenas de cartas, chora com alguma história triste e abre a inesgotável bolsinha tilintante; retorna ao palco para supervisionar a iluminação de uma cena e leva o eletricista a um estado de temporária insanidade; repreende um figurante que errara na véspera; volta para o camarim, senta-se à mesa para jantar, esplendidamente pálida de cansaço; revê seus projetos; come com risos estrepitosos; não tem tempo de terminar a refeição; veste-se para a representação daquela noite; interpreta com todo o coração, com toda a alma; discute negócios entre os atos; fica no teatro até as três da madrugada para tratar de vários assuntos; toma a carruagem; aninha-se em suas peles e deleita-se com a perspectiva de por fim se deitar; cai na gargalhada ao lembrar que alguém a espera para ler-lhe uma peça de cinco atos; chega em casa, ouve a leitura da peça, empolga-se, chora, aceita-a, descobre que não pode dormir e aproveita a oportunidade para estudar um papel!

1
PRIMEIROS ANOS

Sarah aos doze anos com a mãe, 1856.

Apesar de sua existência caótica, Bernhardt encontrou tempo para escrever um livro de memórias intitulado *Ma double vie* [Minha vida dupla] — um título que sugere revelações sobre sua vida particular e sobre sua carreira artística. Promete mais do que cumpre, pois, se parece apresentar uma mulher de cativante franqueza, uma leitura mais atenta revela a atriz prototípica interpretando — e magistralmente — uma personagem chamada Eu Mesma. Nos auto-retratos, escritos ou pintados, o artista é livre para escolher sua pose. Bernhardt escolheu uma visão de três quartos, um artifício protetor concebido para esconder aquela parte de si mesma que seu público apaixonado poderia achar discutível ou sórdida. Como a mulher mais famosa de sua época, precavia-se do público intrometido e resolveu expor-se na medida que lhe parecia razoável. E, assim, omitiu as passagens mais negras de sua vida, eliminou muitos de seus amantes e raras vezes mencionou o filho ilegítimo, ao qual adorava. Entretanto foi a complexidade, a promiscuidade, as paixões e os sofrimentos de Sarah Bernhardt, conjugados com sua beleza, seu encanto e sua ambição sem limites, que contribuíram para formar seu gênio. Apesar de toda a sua discrição, ela não se absteve de começar sua história com um libelo contra a mãe, a amada vilã de suas memórias. As palavras iniciais, não obstante o ar de distanciamento, transpiram rancor e — como as feridas da infância nunca saram por inteiro — um eterno ressentimento:

> Minha mãe adorava viajar. Foi da Espanha a Inglaterra, de Londres a Paris, de Paris a Berlim. De lá foi a Christiania; depois voltou, deu-me um beijo e partiu para a Holanda, sua terra natal. Mandava roupas para minha babá, bolos para mim. Escreveu a uma de minhas tias: "Faça uma visitinha à pequena Sarah, voltarei dentro de um mês". Um mês depois escreveu a uma de suas irmãs: "Vá visitar a menina em casa da babá. Voltarei dentro de algumas semanas". Minha avó era cega. E meu pai viveu dois anos na China. Por que, não sei.

Com essas palavras ela abre a cortina para o Ato I, Cena 1 de sua vida. Encontrara um tom, um ritmo e uma atitude de provocação para sua entrada. Como compete aos atores, mascara a verdade de ilusão e a ilusão de verdade. Nas páginas que se seguem dirige o refletor para certas figuras. Outras ficam escondidas nas sombras. Trata-se de seus íntimos, cujos segredos manteve inacessíveis, como os seus próprios. E quando embeleza ou adultera os fatos, ao menos dá aos leitores uma fascinante imagem de sonho, um retrato de sua vida como gostaria que tivesse sido.

A tarefa do biógrafo seria mais simples se Sarah tivesse aparecido, como uma Vênus, descendo o Sena numa concha perolada. As histórias sobre suas origens são no mínimo duvidosas. Algumas ela mesma inventou; outras os jornalistas torceram a fim de revelar "a verdade sobre Sarah Bernhardt", conhecessem tal verdade ou não. Já se falou que ela era alemã, húngara, argelina, até americana; que a encontraram num banco das Tulherias; que seu avô era domador de um circo bávaro; que seu pai era um aristocrata francês. Entre os supostos endereços de seu nascimento figuram a rue Saint-Honoré, 32, e a rue de la Michodière, 22. Porém só uma bela casa setecentista, a de número 5 da rue de l'École de Médecine, porta uma placa oficial proclamando tal honra.

A única certeza sobre as origens de Sarah é sua mãe, Julie Bernard (*sic*). Judia de Amsterdam, Julie chegou a Paris por um caminho sinuoso. A história diz que ela e sua irmã Rosine fugiram de sua casa de classe média depois que a mãe morreu e o pai se casou de novo. Jovens e ávidas de aventura, demoraram-se em Baden, Hamburgo e Londres, onde parece que aprenderam mais do que alemão e inglês. O único registro autêntico da fuga de Julie encontra-se em Le Havre, onde duas certidões de nascimento atestam suas atividades fora de seu país. Falam de duas gêmeas que em 22 de abril de 1843 deu à luz "Julie Bernard, *artiste musicale*, filha de Maurice Bernard, oculista, e da falecida Jeannette Hart". Duas semanas depois as gêmeas morreram, e Julie foi tentar a sorte em Paris. Passados alguns meses, viu-se novamente em "estado interessante". Dessa vez seu estado era de interesse permanente, pois a menina que ela pôs no mundo em 23 de outubro de 1844 se tornaria famosa como Sarah Bernhardt. (Sua certidão de nascimento desapareceu com muitas outras durante a Comuna de Paris, quando o Hôtel de Ville foi destruído pelo fogo.)

Por uma questão de tato, vergonha ou ressentimento, a atriz nunca revelou a identidade de seu pai — se é que a conhecia. Outros não hesitaram nesse ponto. Acredita-se em geral que se trata de um cidadão de Le Havre, mas em Paris ainda se discute se era um bem-nascido oficial da Marinha chamado Morel ou um jovem e promissor estudante de direito chamado Bernhardt. Alguns descendentes do tio de Sarah, Édouard Ker-Bernhardt, que adotou a forma bretã do nome e emigrou para o Chile, estão convencidos de que na realidade ele era seu pai, e não seu tio. A própria Bernhardt contribuiu para aumentar o mistério em suas memórias e em *O ídolo de Paris*, romance autobiográfico que escreveu mais tarde na vida e no qual retrata um pai perfeito demais para ser verdadeiro: bondoso demais, compreensivo demais, santo demais para ter gerado qualquer criatura neste mundo.

Por seu turno, Julie — ou Youle, como se chamava, à maneira holandesa — era deste mundo, mundana. Miúda, loira e bonita, de dia trabalhava como costureira e à noite levava o que eufemisticamente se denominava *la vie galante*. Contudo era demasiado ambiciosa para se satisfazer com a vida de *midinette*. Tinha por objetivo encontrar uma chave — qualquer chave — que lhe abrisse as portas da burguesia parisiense. Tratava-se de um jogo perigoso. Um passo em falso a jogaria num submundo do qual havia pouca esperança de escapar. O casamento constituía uma possibilidade muito remota. Ela era uma "decaída" e, pior ainda, não tinha dote para oferecer a um marido. Via o trabalho como algo ofensivo, impensável. Não fora a Paris para mourejar doze horas por dia em troca do salário miserável que as mulheres ganhavam na época de Luís Filipe.

É fácil compreender seu desejo de subir na vida se considerarmos o mundo que a rodeava. Os bairros pobres de Paris se achavam num estado de decadência medieval. Casas e casebres se apoiavam mutuamente como vagabundos bêbados. Cortiços se erguiam junto ao Louvre. Notre-Dame era uma ruína, o Sena um esgoto. Camponeses com baldes pendurados nos ombros arrastavam-se de casa em casa, entregando uma água salobre. Grande parte da população, prostrada pela doença, compunha-se de corcundas, aleijados, sifilíticos ou tuberculosos. Dez mil ladrões e outras tantas prostitutas vagavam pela cidade. Duzentos bordéis acolhiam os que podiam pagar por seus prazeres. Contudo Paris era uma girândola de empolgação. Atores e mágicos, cantores e dançarinos, malabaristas, acrobatas e aramistas exibiam-se para os transeuntes na esperança de ganhar alguns tostões. Amoladores de facas e tocadores de realejo, vidraceiros e carvoeiros disputavam seu espaço nas ruas estreitas. Os pedestres se mantinham junto às paredes, enquanto os cavaleiros abriam caminho por entre as multidões.

Não era preciso entrar em lugar nenhum para ditar uma carta, cortar os cabelos ou arrancar um dente, pois escribas, barbeiros e dentistas trabalhavam nas pontes e nos cais. O dr. Thomas Evans, o dentista americano de Napoleão III e o homem que piedosamente introduziu na França a anestesia dentária, descreveu seus "colegas" em ação: "Charlatães realizavam [...] extrações nas esquinas [...] onde os uivos das vítimas eram abafados por tambores e címbalos e pelos risos e aplausos da multidão deliciada". Para aumentar a balbúrdia, vendedores de comida e cozinheiros ambulantes apregoavam seus produtos com gritos roucos e tilintar de sinos. Como disse uma viajante inglesa: "Tudo era uma diversão grosseira e imunda".*

(*) Em 1836 Frances Trollope (mãe do romancista) escreveu em seu *Paris and the parisians* [Paris e os parisienses]: "Numa cidade em que tudo que deve atrair o olhar é convertido em gracioso ornamento; onde as lojas e os cafés têm um ar de palácio de fadas — numa cidade como essa a cada passo, a cada volta das rodas da carruagem ficamos chocados e enojados com cenas e cheiros indescritíveis". Até a delicada mrs. Trollope não pôde deixar de ouvir um homem murmurar "Que sorte!", porque escapou dos "dejetos" que voavam das portas e janelas.

À noite a cidade mergulhava na escuridão, apenas aliviada pela luz bruxuleante de algum poste eventual. Se havia luar, não se acendiam os lampiões, e a cidade ficava envolta na luz do campo e também daqueles artistas que alimentariam a imaginação da filha de Youle. Ali estavam os pintores Ingres e Delacroix, Daumier e Constantin Guys, a retratar a maneira como seus compatriotas se mostravam e viviam, pensavam e sentiam. Ali estava Baudelaire, o poeta laureado da escuridão, cujos versos Sarah haveria de declamar provocando calafrios. Ali estavam os futuros amigos da atriz, George Sand e Victor Hugo, que lhe propiciariam seus primeiros triunfos. E ali estava Rachel, a frágil mocinha judia que aos dezessete anos revelou aos franceses — como Sarah faria mais tarde — as glórias de uma literatura dramática que caíra no esquecimento.

Dos primeiros anos de Youle em Paris não há vestígios. Sua própria existência teria sido esquecida se ela não fosse mãe de Sarah. Todavia, defrontada com o que Balzac chamou de "os esplendores e tormentos das cortesãs", Youle conseguiu, com uma determinação gerada pelo desespero, tomar de assalto os enclaves dos ricos, aquele mundo de cartolas e espartilhos e crinolinas no qual tanto desejava entrar, mesmo que fosse pela porta dos fundos. Por volta de 1850, deixando para trás os anos sórdidos de seu aprendizado, ela se tornou uma cortesã de respeito — posição que não era de se desprezar, já que as cortesãs tinham uma linhagem ilustre. Até hoje os franceses saboreiam seus nomes como se fossem vinho de primeira qualidade. Ninon de Lenclos e Marion Delorme, Liane de Pougy e Marie Duplessis são mais que fios casuais na história da França, são figuras que fazem parte desse tecido histórico. A admiração por seus talentos pode ter sido relutante, mas de qualquer modo existiu, pois não era nada fácil convencer homens honrados e ricos a despenderem somas exorbitantes, até ruinosas, em troca de prazeres sensuais e da empolgação da infidelidade. Satisfazer os caprichos e a cobiça de uma amante opulenta constituía prova inequívoca da riqueza e da posição de um cavalheiro. Reis e imperadores não deram magníficos exemplos? Os escritores também sentiram a atração das cortesãs. Não só Balzac, mas também Stendhal, Zola, Flaubert e Proust animaram suas páginas com a ascensão e queda daquelas mulheres que vinham a ser a espuma borbulhante na onda sombria de prostituição que tragava Paris.

Se não chegou a ser legendária, Youle pelo menos foi uma cortesã de sucesso. Na época em que Sarah tinha seis anos, freqüentavam assiduamente seu salão Dumas pai, Rossini, o duque de Morny e o barão Hippolyte Larrey, médico de Napoleão III (cujo pai, o barão Dominique, era o cirurgião militar que acompanhara Napoleão em todas as suas campanhas). Arrivista esperta, ela adquiriu, com surpreendente rapidez, um verniz de conhecimentos, certa desenvoltura na conversação e um sentido do luxo.

O fato de ser judia não atrapalhou em nada sua carreira. Ao contrário, constituía uma promessa de prazer carnal numa cidade em que todo bordel que se prezasse oferecia aos apreciadores do exótico no mínimo uma judia e uma negra. Youle conquistou sua posição com algo mais que atração sexual. Tocava piano, cantava agradavelmente, vestia-se bem e, como sabia contar uma história picante com um rubor de recato, era mais interessante que a maior parte das senhoras da burguesia com seu culto da pureza. Numa época em que o escritor Droz insistia com as mulheres para que deixassem os maridos lhes amarfanharem os vestidos e roubarem um beijo, para que vencessem sua pudicícia e respondessem à paixão com igual paixão, Youle tinha plena consciência de que era uma mercadoria em demanda. Infelizmente para Sarah, era egoísta e neurastênica — o que não surpreende, considerando-se sua arriscada profissão. Compreendia que todo o seu capital era ela mesma, que não havia garantia de estabilidade em suas relações, que seus amantes lhe dariam generosas mesadas só enquanto os satisfizesse.

Se Youle subiu na vida como manteúda, sua esperta irmã Rosine subiu ainda mais. Ambas formavam uma dupla muito interessante. De braços dados — Rosine toda graça e riso, Youle toda suspiros e afetação —, percorriam os teatros e os bailes públicos, onde havia maior facilidade para combinar encontros e onde sua beleza e sua altiva disponibilidade implicavam conforto e satisfação. Para Youle, Rosine era um apoio muito maior do que sua outra irmã, Henriette, que as vigiava com olhos preocupados e reprovadores. Henriette se casara com um devoto cavalheiro chamado Félicien Faure e morava numa vila agradabilíssima nos arredores de Paris. Essa foi a única casa de verdade que Sarah conheceu na infância. Com certeza não se parecia nem um pouco com os apartamentos de sua mãe, onde tudo era libidinagem, riso e cobiça. Em seus primeiros anos de vida Sarah não viu nada disso, pois tão logo nasceu foi despachada para uma granja perto de Quimperlé, na costa da Bretanha, a fim de receber os cuidados de uma ama camponesa. Esta era uma boa mulher que a chamava de "Flor de Leite" e a amava "como os pobres amam: quando têm tempo".

A Bretanha proporcionou um esplêndido cenário para a futura atriz. Alguns dias de carruagem a separavam de Paris, da qual estava séculos afastada no tempo. Os nativos da região, de origem céltica, falavam bretão — língua que, segundo Sarah, foi a única de sua tenra infância. Casas baixas, cobertas de palha, salpicavam a paisagem desolada, batida pelo vento. Numa dessas casas Sarah passava as noites de inverno ouvindo histórias apavorantes de fantasmas e bruxas. Nos longos dias de verão ficava livre para correr, brincar com os animais da granja e colher flores silvestres. Como lhe convém, sua lembrança mais antiga tem o peso de um drama. Uma noite a ama saiu para colher batatas enquanto seu marido inválido dormia. Sarah estava sentada num cadeirão, o fogo ardendo na lareira a seus pés. Na ausência da ama removeu a bandeja estreita que a mantinha na cadeira e caiu no meio das chamas. Numa questão de segundos o marido da ama agarrou-a, mergulhou-a num balde de leite e a cobriu de manteiga.

Uma semana depois, segundo Sarah, "começaram a chegar carruagens de todas as partes do mundo". A primeira a aparecer foi Youle, com seu amante, o barão Larrey, e dois amigos médicos. Depois vieram Rosine e Henriette para cacarejar em volta da sobrinha e cobrir de agrados a irmã aflita. Para completar o quadro camponeses das vizinhanças foram oferecer bexigas de porco cheias de manteiga para aplicar nas queimaduras e embasbacar-se com a gente da cidade: as damas com vestidos de cauda e chapéus de pala larga, os cavalheiros trajados de *tweed* inglês para sua viagem ao campo.

Nada poderia ser mais lindo que o desespero de Youle. "Foi tão sincera em sua dor como em seu desinteresse", lembrou Sarah. "Teria sacrificado seus cabelos dourados, seus dedos finos, seus pezinhos para salvar a criança à qual não dedicara um minuto de seu pensamento uma semana antes."

Essas palavras amargas foram escritas bem mais tarde. Naquela ocasião Youle ficou com a filha até vê-la curada e então a menina e a ama se mudaram para uma casinha sombria em Neuilly. Um ou dois anos depois alugou um apartamento na rue de Provence. Essa mudança tampouco foi feliz. Sarah ansiava pela mãe, cujas ausências prolongadas significavam tédio e solidão, pois as tias nunca iam visitá-la. Mas como podia saber que para Youle "longe dos olhos" equivalia a "longe do coração" e que o amor passageiro constituía a essência de sua profissão? Durante uma viagem que Youle fez ao exterior com um amante, o marido da ama faleceu. Esta logo se casou com o porteiro da rue de Provence e levou a menina para morar no cubículo do novo marido, onde havia apenas uma janela *oeil-de-boeuf* dando para a entrada. Sarah não hesitou em utilizar todos os seus recursos para descrever o quarto sem janela e as paredes que ladeavam a rua como uma prisão.

"Eu não conseguia comer", escreveu. "Fiquei pálida e anêmica e com certeza teria morrido tuberculosa não fosse por um inesperado incidente."

Um dia estava ela brincando no quintal quando surgiu sua tia Rosine.

"Enterrei o rosto em suas peles", lembrou. "Bati os pés de raiva, solucei, ri, e em minha agitação rasguei-lhe as mangas de renda."

Constrangida com a cena, Rosine pediu que a conduzissem ao cubículo do porteiro. Ali a ama explicou que não sabia como entrar em contato com Youle para informar-lhe o paradeiro da filha. Suas explicações não significavam nada para a criança, que implorava para ir ter com a mãe.

Rosine respondeu com um beijo, "mil gestos afetados, frívolos, encantadores e gélidos" e a promessa de visitá-la no dia seguinte. A sobrinha, entretanto, não acreditou. O instinto lhe dizia que estava prestes a ser abandonada, pois gentilmente mas com firmeza Rosine desvencilhou-se de seu abraço, alisou o vestido amarfanhado, despejou o conteúdo da bolsa na mão da ama e fechou a porta, deixando apenas uma esteira de perfume atrás de si. Sarah registrou:

> Minha pobre ama desmanchava-se em lágrimas. Tomando-me nos braços, abriu a janela. "Não chore mais", disse-me. "Veja sua linda tia. Ela voltará para buscar você." Num acesso de desespero, precipitei-me para minha tia, que estava prestes a subir na carruagem. E depois houve apenas escuridão — escuridão e o murmúrio de vozes abafadas... muito longe... muito longe...

Se é verdade o que nos diz, Sarah literalmente se atirou da janela. A queda custou-lhe um braço e um joelho quebrados — danos relativamente pequenos para uma criança que podia não ter sobrevivido para nos contar a história. É bem possível que se trate de uma de suas esplêndidas fantasias. Afinal, para ela um arranhão era uma ferida purulenta, um mal-estar uma enfermidade fatal, uma crítica desfavorável um ato de traição. No entanto, apesar de todo o seu exagero, a menina que ela retrata em suas memórias guarda uma extraordinária semelhança com a mulher em que se transformou. Como muitos atores, Bernhardt não resistiu à tentação de temperar a história de sua vida com emoção e drama. Talvez se sentisse mais ou menos como Laurence Olivier ao escrever: "No fundo do coração sei apenas que não sei quando estou representando e quando não estou — ou, para falar mais francamente, quando estou mentindo e quando não estou".

Com fraturas ou não, a queda proporcionou-lhe o que Sarah mais queria: viver com a mãe. Por sua própria natureza, porém, Youle não tinha meios de dar-lhe o amor com que a filha sonhava. Foi uma amarga decepção. Meio século depois Bernhardt escreveria em *Ma double vie*: "Omitirei esses dois anos de minha vida que só me deixaram confusas lembranças de promessas não cumpridas e de lassidão".

Uma foto de mãe e filha batida nessa época fala um pouco de sua história. Youle usa um vestido de seda, uma capa debruada de pele e um turbante no "*style Renaissance*". Deixa uma das mãos enluvadas pender-lhe elegantemente no flanco, enquanto pousa a outra no ombro da filha. Parece uma mulher respeitável e rica. Na verdade pode ter sido essa ambigüidade de cocote posando como dama que lhe conquistou o sucesso entre os homens. Mas é a pequenina Sarah que nos chama a atenção, fitando com firmeza o olho vítreo da câmera. Num capotão de estilo militar, um chapéu enfeitado com fitas sobre os lindos cabelos loiros, imita a pose de Napoleão, com a mão enfiada no casaco como o próprio Homem do Destino. É evidente que esse serafim voluntarioso nasceu para mandar, não para obedecer.

Com o passar dos meses Sarah descobriu que era um estorvo, que as atenções de Youle se deviam mais a um senso de obrigação que a amor. E deu início à tentativa permanente de conquistar a aprovação da mãe. Como em geral acontece, a desilusão fez sua parte. Ainda tão pequena, ela já conhecia a rejeição. Sofria os tormentos do amor não correspondido. Cortejava Youle com a apaixonada inocência infantil e constatava que nada podia fazê-la tão feliz quanto as atenções dos amantes ou seus presentes caríssimos. Era uma batalha inútil, da qual nenhuma das duas sairia vencedora.

Presentes caríssimos não constituíam a única recompensa da cortesã. Um bebê lindo e gordinho, sentado numa tulipa, estava a caminho, Youle contou à filha, fazendo-se de tímida. Não havia necessidade disso, pois aos sete anos Sarah já sabia dos homens que visitavam sua mãe. Em tais circunstâncias sua presença era um problema. Pois representar o papel da madona com um bebê recém-nascido podia conferir a Youle certo encanto aos olhos dos admiradores, mas seria embaraçoso se a vissem discutindo com a filha rebelde.

No outono de 1851, pouco antes do sétimo aniversário de Sarah, Youle resolveu o problema matriculando-a na Institution Fressard, um elegante internato feminino situado em Auteuil. Anunciou sua decisão apreensiva, mas, ao invés da explosão que esperava, sua imprevisível filha pulou de alegria.

Sarah relatou sua viagem para a escola como se fosse um feliz evento:

> Como eu estava orgulhosa de meu vestido de veludo azul e com que impaciência esperei tia Rosine chegar para nos levar a Auteuil! [...] Primeiro *maman*, calma e solene, entrou na magnífica carruagem de minha tia. Depois foi minha vez, e devo dizer que assumi grandes ares, para o prazer do porteiro e dos lojistas que observavam. Minha tia saltou para dentro, ruidosamente dando ordens em inglês para seu cocheiro empertigado e ridículo.
>
> Acompanhou-nos outra carruagem com três homens: meu padrinho Régis, o general de Polhes e um tal monsieur Fleury, conhecido pintor de cavalos e caçadas. No caminho soube que iam todos jantar com alguns amigos num elegante cabaré próximo de Auteuil. Não prestei muita atenção em mamãe nem em titia, pois geralmente falavam em inglês ou alemão quando se referiam a mim. Que sorrisos ternos e amorosos me dirigiram! A viagem foi empolgante. Com o nariz colado à janela, eu olhava animada para a estrada cinza e lamacenta, margeada de casas feias e árvores esparsas. Achei-a bonita só porque estava sempre mudando. Por fim a carruagem parou no número 18 da rue Boileau. No portão havia uma grande placa de ferro preta com letras douradas. Olhei para cima. "Logo você vai saber ler isso", disse *maman*. Minha tia cochichou-me no ouvido: "Pensão de madame Fressard". Fingindo ler a placa, gritei: "Pensão de madame Fressard!". Ao entrarmos na escola, todos riam de minha esperteza.

A própria madame Fressard recebeu o festivo grupo. Com seu olho experiente percebeu que aquelas cocotes de sorriso forçado e volumosa crinolina faziam tamanho estardalhaço apenas para impressionar os acompanhantes, os quais, apesar de mostrar polidamente que se divertiam, estavam ansiosos para partir. Mas Youle não poderia ir embora sem dar suas últimas instruções. Disse que era preciso escovar cem vezes os rebeldes cabelos de Sarah antes de penteá-los. Depois entregou um vasto suprimento de geléias e chocolates que a filha deveria comer em dias alternados, por causa de seu "estômago delicado". Por fim confiou à diretora um pote imenso de creme para a pele. Produzido por ela mesma, contou, devia ser aplicado generosamente no rosto, pescoço e cotovelos da menina antes de dormir. Naturalmente pagaria em dobro pela lavagem das roupas, acrescentou generosa. "Ah, minha pobre mãe", escreveu Bernhardt. "Lembro-me muito bem que meus lençóis eram trocados uma vez por mês, como os de todo mundo."

Sarah passou dois anos no internato de madame Fressard. Ali aprendeu a ler, escrever e bordar. Mas não abrandou seu temperamento endiabrado. Tinha acessos de furor, lembrou-se com orgulho, que "beiravam a loucura" e era confinada à enfermaria, onde extravasava sua agitação com solitário esplendor.

Um ponto alto de sua vida no internato foi a visita de Stella Colas, uma ingênua da Comédie Française.

"Não consegui pregar olho a noite inteira", recordou. "De manhã penteei-me com todo o cuidado e, o coração aos saltos, preparei-me para ouvir algo que não entendi, mas que me deixou fascinada."

Com sua voz rouca a atriz interpretou o Sonho da *Atalia* de Racine e comoveu-a de tal modo que Sarah mal pôde esperar para tentar a mesma fala. À noite, no dormitório, sentou-se na cama, enterrou a cabeça nos ombros, respirou fundo e com a voz mais grave que conseguiu declamou: "*Tremble, fille digne de moi! Tremble, trem-ble, trem-em-em-ble*" ["Treme, filha digna de mim! Treme, tre-me, tre-e-e-me"], enquanto as colegas caíam na gargalhada. Foi seu primeiro esforço histriônico — e seu primeiro fracasso. Incapaz de aceitar derrotas, ela agiu como muitas vezes desejou agir nos anos vindouros: caiu em cima daquelas que a criticavam, desferindo murros, tentando fazê-las pagar com o próprio sangue. No entanto, assim como seria punida ao atacar os críticos — que de qualquer forma tendiam a ter a última palavra —, agora mademoiselle Caroline, uma das professoras, entrou correndo, a régua na mão para bater-lhe nas juntas dos dedos. Não é fácil esquecer as afrontas sofridas na infância. Quando se encontraram, muitos anos depois, Sarah instintivamente escondeu as mãos nas costas.

Após dois anos na Institution Fressard, a menina falava como uma pequena dama e sabia distinguir as boas maneiras das más. O próximo passo,

Youle decidiu, era mandá-la para um convento onde poderia adquirir os refinamentos que atrairiam um marido ou amante rico. Sarah desconhecia os planos da mãe, quando Rosine apareceu para transmitir a notícia e levá-la para casa. Contudo sua família subestimara a influência civilizadora de madame Fressard. Bernhardt escreveu:

> O fato de não me perguntarem o que eu gostaria de fazer, de transtornarem minha rotina, enfureceu-me. Rolei no chão, gritei a plenos pulmões, repreendi aos urros minha mãe, minha tia e a desleal mme. Fressard. Durante duas horas repeli todo mundo, corri para o jardim, subi numa árvore, atirei-me numa poça de lama. Por fim, sem ter mais forças, fui capturada como um animal selvagem e jogada, soluçante, na carruagem de minha tia. Fiquei três dias com minha tia, acometida de uma febre tão alta que chegaram a temer minha morte.

A fim de recuperar a "calma", a inválida foi despachada para a vila de tia Henriette Faure, onde, escreveu, viu o pai pela última vez. Ali, num banco de jardim, sentada no colo paterno, ouviu — assim nos conta — coisas que nunca lhe disseram, confidências que compreendeu apesar de sua tenra idade, confissões que a fizeram chorar. "Meu pobre pai. Nunca mais o veria, nunca, nunca..."

Não sabemos se esse texto melancólico é puro fruto da invenção, ou se descreve um momento de sua vida que a comoveu tão profundamente que a impediu de ser mais explícita. Com certeza, se conheceu um pai de verdade que resolveu contar-lhe as circunstâncias em que nascera e as razões pelas quais a abandonou, ela nunca traiu sua confiança. O mais provável é que o homem no banco do jardim não passava de um fantasma, invocado para satisfazer sua necessidade de amor paterno.

Sarah tinha quase nove anos quando, no outono de 1853, ingressou em Grandchamp, um convento agostiniano fundado em 1768 nas proximidades de Versalhes sob os auspícios da consorte de Luís XV, a rainha Marie Leszczynska, para filhas da nobreza. Conduzido pelas irmãs de Notre Dame de Sion, mantinha a postura aristocraticamente altiva e os padrões educacionais femininamente baixos — o que não surpreende numa época em que as universidades ainda estavam fechadas para as mulheres.

Grandchamp oferecia a suas alunas um belo edifício setecentista, salas de aula e dormitórios espaçosos e bem ventilados, amplos jardins, três parques repletos de árvores, uma enfermaria, uma capela para cultos diários e aposentos para banhos semanais. O prospecto da escola prometia

> formar as alunas, inspirando-lhes sólida e esclarecida devoção; desenvolver-lhes a inteligência e o discernimento; embelezar-lhes a mente com todo tipo de conhe-

cimento útil; contribuir ao máximo possível para tornar sua companhia agradável e suas virtudes deleitosas.

Nem sempre Sarah viveu segundo esses ideais, porém escreveu com carinho e graça sobre sua época de estudante. Segundo diz em *Ma double vie*, sua primeira lembrança de Grandchamp era a de um cavernoso saguão onde a fitavam retratos de santo Agostinho, do papa Pio IX e de Henrique V.* Ali a recebeu a madre superiora, mère Sainte-Sophie, que seria sua mentora.

Muitos anos depois Bernhardt escreveu:

> Ao ver-me pálida de pavor, os olhos marejados de lágrimas, ela gentilmente pegou minha mão, e, quando ergueu o véu, deparei-me com o rosto mais doce, mais jovial que se possa imaginar. Tinha ela tal ar de bondade, força e alegria que me atirei em seus braços.
>
> Que instinto secreto possuía essa mulher? Essa mulher que, sem coqueteria, sem se preocupar com a própria beleza, sem nunca olhar para um espelho, sabia que seu rosto fora feito para encantar, que seu sorriso radiante podia transformar o sombrio convento num lugar luminoso. Creio que agora compreendo que uma alma singular e fulgurante existia naquela criatura sorridente, vigorosa e santa que despertou em mim tudo quanto eu tinha de nobre.

Tal como fizera na escola de madame Fressard, Youle recitou sua litania sobre compotas de frutas, chocolate, cremes faciais e o tratamento a ser dispensado aos rebeldes cabelos da filha. Depois, com vagas promessas de pronto retorno e uma breve lágrima, foi embora. "Mas não tive vontade de chorar", a atriz escreveu.

Não demorou muito para Sarah transtornar Grandchamp. Sempre agitada, sempre desejosa de chamar a atenção, era a desordeira da escola. Sentada no muro do convento, imitou o bispo de Versalhes, que pronunciava uma oração fúnebre na praça. Chocava as freiras com sua linguagem obscena, esbofeteou uma irmã que forçou o pente em seus cabelos para desembaraçá-los e xingou outra que lhe aspergiu água benta na esperança de exorcizar os maus espíritos da pequena selvagem. Mais de uma vez tentou fugir da escola, e mandaram-na passar uns tempos com a mãe.

Felizmente mère Sainte-Sophie estava ali para cuidar dela. Com paciência e tato, passo a passo, decidiu conquistá-la. Deu-lhe um pedaço de terra no jardim, e, quando as plantas floriram e as criaturas recém-descobertas revelaram seus segredos, a menina ficou maravilhada. Com orgulho mostrava seus bichinhos de estimação — grilos, cobras, lagartos e aranhas — às colegas

(*) Monarquistas convictas, as irmãs de Notre Dame de Sion acreditavam que o conde de Chambord, que reclamava o trono como Henrique V, era o verdadeiro rei e recusavam-se a reconhecer o governo do príncipe-presidente Luís Napoleão, que em 2 de dezembro de 1852 se coroou imperador Napoleão III.

corajosas o bastante para irem olhar as gaiolas que o jardineiro lhe fizera. Travessamente engordava suas aranhas com moscas e, quando uma de suas amigas se cortou, transformou uma teia em atadura.

Naturalmente havia também os estudos. Sarah tinha talento para desenhar, e a geografia, com seus vislumbres de lugares remotos, levava a futura viajante do mundo a sonhar. A ortografia a entediava, a aritmética a deixava "doida", as lições de piano despertavam-lhe "profundo desprezo" e as aulas de comportamento lhe provocavam riso. Não percebia que quando a ensinavam a conter uma tosse, segurar um lenço, tirar uma luva, fazer uma reverência ou atravessar uma sala graciosamente estavam na verdade dando-lhe suas primeiras lições na arte de representar.

Durante os seis anos que viveu em Grandchamp Sarah pouco viu a mãe. À exceção de uma breve estada com tia Henriette ou uma rápida visita de tia Rosine, passava as férias vagando desanimada pela escola deserta. Nas raras ocasiões em que a deixavam ir para casa sentia-se dominada por uma opressiva solidão. Youle, que sempre teve como favorita Jeanne, a linda irmã caçula de Sarah, agora se dedicava exclusivamente a ela. Para complicar ainda mais as coisas, outra menina em outra tulipa fora deixada na porta da casa materna. Infelizmente Régine, a nova recém-nascida, seria sacrificada de formas mais terríveis que a própria Sarah.

Nessas circunstâncias é bastante compreensível que Sarah se sentisse atraída pela tranqüila rotina da vida no convento. Entregava-se a devaneios místicos e vagos anseios. Sonhava lançar-se diante do altar, cheia de reverência e disposta ao sacrifício, sofrendo por Cristo e pela Virgem Santa. Um manto negro com uma cruz branca cobriria seu corpo prostrado. A seu redor, velas acesas — brilhantes como estrelas — se refletiriam no piso encerado:

> Decidi morrer sob aquele manto. Como, não sei. Sabia que não podia me matar, pois seria um crime. Mas era como eu morreria. Embalada por meu sonho, imaginei o susto das irmãs e os gritos horrorizados das alunas. A idéia da comoção que poderia criar deixou-me felicíssima.

(O curioso é que esse desejo infantil de fazer um espetáculo público da morte se realizaria inteiramente, repetidas vezes, com suas famosas "cenas da morte" nos teatros de todo o mundo.)

Quando Sarah tinha treze anos, anunciou-se na capela que o arcebispo de Paris, monseigneur Sibour, honraria a escola com sua presença. Uma visita do arcanjo Gabriel não teria criado maior agitação. As criadas enceraram o piso já reluzente, o jardineiro podou o mais bem tratado dos jardins, e os castiçais ganharam um novo brilho. Reverentemente se descobriu a imensa poltrona reservada para tais ocasiões e desenrolou-se um tapete carmesim para os pés ilustres. Para aumentar a empolgação organizou-se um programa em homenagem ao arcebispo. Daria início a tal programa um discurso de boas-vindas, seguido de canções e peças executadas ao piano. E depois viria o grande acontecimento do dia: uma representação de *Tobias recobra a visão* pelas internas. Drama bíblico em três quadros, fora escrito pela estrela literária do convento, mère Sainte-Thérèse, que o leu em voz alta entre tais fungadelas e soluços sufocados por parte das meninas reunidas que a autora, conta-nos Sarah,

> teve de fazer um grande esforço para não ser culpada, nem por um instante, do pecado do orgulho. Ansiosa, perguntei que papel eu representaria, pois, dada minha pequena personalidade, não tinha dúvida de que participaria da peça. Eu tremia antecipadamente, minhas mãos estavam geladas, meu coração batia furioso e gotas de suor banhavam-me a testa.

Apesar ou talvez por causa de sua "pequena personalidade", não a incluíram no elenco. O cobiçado papel do anjo Rafael coube a sua tímida amiga Louise. Entretanto Sarah não era de desanimar facilmente. Ofereceu-se para representar o monstro marinho, mas não: César, o cão do convento, recebera tal honra. Sarah fez para ele uma fantasia com barbatanas e escamas de cartolina, porém escolheram o traje concebido por outra menina. Humilhada, e sem embargo incapaz de afastar-se, ela assistiu a todos os ensaios.

No ensaio final Louise entrou tremendo, jogou-se no banco mais próximo e, aos prantos, confessou que não podia continuar. Diante disso Sarah pulou para o palco, gritando que sabia o papel de cor e que, por favor, a deixassem substituir Louise. Naturalmente declamou suas falas sem o menor esforço; naturalmente se viu rodeada e louvada; e naturalmente César, cachorro esperto que era, fez-se de morto no momento certo, e com isso a casa veio abaixo. Sarah sentiu-se uma heroína, como se tivesse salvado a situação.

Na manhã seguinte o arcebispo chegou, saudado pelo repique dos sinos da capela. Quando desceu de sua carruagem dourada, mère Sainte-Sophie beijou o anel episcopal, e as alunas, todas de branco, ajoelharam-se para receber sua bênção. Depois de uma breve missa, o espetáculo começou. A peça recebeu aplausos calorosos. Em sua primeira apresentação em público Sarah cobriu-se de glória, com sua longa túnica branca da qual saíam asas de papel e uma auréola. No entanto estava preocupada. Logo monseigneur Sibour ia distribuir medalhas bentas, e ela temia não ganhar nenhuma. De fato, ao chegar sua vez, o arcebispo perguntou-lhe se fora batizada. Não, *mon père*, quero dizer, *monseigneur*, gaguejou a menina. Mère Sainte-Sophie atenuou-lhe o constrangimento, explicando que ela receberia o batismo na primavera. Diante disso o bondoso prelado deu a Sarah uma medalha e declarou que procuraria voltar para a cerimônia.

Contudo algumas semanas depois anunciou-se na capela que monseigneur Sibour fora assassinado por um padre louco a quem excomungara.

Com sua desenvoltura característica Sarah escreveu:

> Solucei, e as notas crescentes do órgão que acompanhava a oração pelo morto só me fizeram chorar ainda mais amargamente. Foi nesse instante que me vi tomada pelo amor místico, pelo ardor em relação à prática religiosa e pela grandiosidade teatral da Igreja.

As freiras que se deslocavam junto ao altar em solene sucessão tornaram-se seus ídolos. A cruz e o tabernáculo levavam-na ao êxtase. Sarah perdeu todo o interesse por comida. Sempre fora magra; agora parecia um fantasma. Em sua busca de alimento espiritual julgou ter descoberto sua vocação. Seria freira.

Naquela primavera foi batizada em Grandchamp com suas irmãs Jeanne e Régine em circunstâncias um tanto bizarras. Como era seu hábito, Youle chegou com um pequeno grupo: tia Rosine, tia Henriette e tio Faure com os filhos e três padrinhos. Nenhum dos pais verdadeiros estava presente. Sarah ficou profundamente envergonhada. Que pecadora, que vulgar sua mãe parecia aos olhos da nova devota do Espírito Santo! "Eu adorava *maman*", escreveu, "mas com um desejo ardente de deixá-la, nunca mais vê-la, sacrificá-la a Deus." Era o exemplo clássico da filha da cortesã que, recebendo os benefícios de uma educação elegante, despreza a mãe que a tornou possível. (George Bernard Shaw, que jamais aprovou Bernhardt, explorou o tema em *Mrs. Warren's profession* [A profissão da sra. Warren].)

Sarah encontrara Deus, mas ainda tinha o diabo dentro de si. Um dia realizou um cortejo fúnebre para seu lagarto de estimação. Vinte colegas rindo e entoando uma paródia do *de profundis* acompanharam-na até a pequenina sepultura. Um grupo de freiras observava a irreverente procissão. De repente a barretina de um soldado apareceu no jardim e aterrissou aos pés de Sarah.

"Alguém viu meu chapéu?", gritou o soldado, encarapitado no muro do convento. Ao vê-lo, Sarah correu para o amplo ginásio externo, subiu na plataforma mais alta e recolheu a escada de corda. "Está aqui! Você nunca vai pegá-lo!", gritou, colocando a barretina na cabeça. A essa altura o soldado já estava no jardim, empurrando as meninas para o lado e caminhando na direção de Sarah. Todos os olhos voltavam-se para ela, perversa Julieta em seu balcão de ginasta a zombar de um perplexo Romeu. Seu primeiro impulso fora de simples travessura, mas a oportunidade de representar para uma platéia era irresistível, e ela não parava com a caçoada. Por fim jogou a barretina no chão. Temendo castigo, recusou-se a descer enquanto todos não tivessem se afastado.

Era noite fechada quando baixou a escada. Tão logo iniciou a descida, ouviu um rosnado feroz. Era César. Com medo da escuridão, porém com medo maior ainda de sua co-estrela canina, voltou apressada para cima. Mais tarde lembrou:

> Comecei a me sentir uma mártir, abandonada por todos, com um cão que ameaçava engolir-me viva. Deviam saber como eu estava assustada. Eu tinha o peito fraco, e deixaram-me tiritar de frio. Deitei-me na plataforma, soluçando, chamando minha mãe e mère Sainte-Sophie. Queria morrer.

Por fim a madre superiora apareceu. Porém era tarde demais. Sarah contraiu pleurisia e passou semanas na cama, "entre a vida e a morte". Foram seus últimos dias em Grandchamp. Quando afinal pôde se locomover, uma Youle resignada foi buscar a filha e seus baús. Após uma longa e chorosa despedida de mère Sainte-Sophie, a cortesã e a freira em potencial entraram na carruagem e tomaram o rumo de Paris. Enquanto rodavam pela estrada, nenhuma das duas poderia imaginar que mais de um século depois se mostrariam aos visitantes de Grandchamp o pequeno jardim de Sarah, o dormitório onde se alojara, a capela onde recitou suas preces e a Salle des Fêtes, onde a aluna mais célebre da escola desfrutou seu primeiro triunfo teatral.

Aos quinze anos de idade, Sarah sequer sonhava com o sucesso teatral — ou com qualquer tipo de sucesso —, que estava tão longe de sua cabeça quanto o próprio teatro. Tinha ambição, mas apenas sob a forma de um desejo sem nome, uma energia formidável. Sua feroz concentração em si mesma, seus furores histéricos e sua fome insaciável de atenção, reunidos a uma alegria descuidada e a uma luta pela vida do espírito eram forças que, misteriosamente administradas, um dia lhe moldariam a vida e a arte. Até então esses aspectos de sua "pequena personalidade" constituíam mais um peso que um prazer tanto para sua mãe quanto para ela própria.

A passagem da vida enclausurada em Grandchamp para a atmosfera equívoca do apartamento de sua mãe foi dolorosa. Youle gostava de dizer que, quando tinha a idade de Sarah, já era uma criatura independente, ao contrário da filha bobinha, que vivia vagando distraída pelo apartamento, sonhando com a salvação espiritual. Youle podia ser uma mulher desagradável e uma mãe mais desagradável ainda, porém tinha ambições em relação a sua primogênita. Providenciou-lhe aulas de desenho e belas roupas, que Sarah adorava, e aulas de piano, que a menina detestava. Contratou mademoiselle de Brabender, a solteirona devota e gentil que nos anos seguintes seria preceptora e amiga de sua filha. Mademoiselle tinha vivido na corte imperial russa, onde fora preceptora de uma grã-duquesa — detalhe que Bernhardt incluiu orgulhosamente em suas memórias —, e possuía credenciais para aprimorar a educação de Sarah. Esta se esforçava, não tanto porque gostava de estudar, como porque estava decidida a voltar para Grandchamp munida de conhecimentos suficientes para lecionar ali na condição de freira.

Embora gostasse de Brabender, seu verdadeiro afeto era por madame Guérard, a vizinha do andar de cima. "*Mon p'tit dame*" (como sempre a chamaria, num linguajar infantil) apaixonou-se por ela tão logo a conheceu. Viúva gentil e indulgente, "minha senhorinha" a adoraria com aquela devoção cega que parece ser uma das recompensas da celebridade — recompensa que em seu egocentrismo a criatura célebre aceita como algo que lhe é devido.

Madame Guérard não julgava a conduta de Youle nem os humores de Sarah. Ao contrário, via nelas uma fonte inesgotável de fascínio. Era a confidente de todos e boa parceira no uíste, além de exercer uma influência apaziguadora quando brigas tempestuosas sacudiam as paredes do segundo andar. Tentava fazer Youle ver sua evidente preferência por Jeanne e sua impiedosa indiferença em relação a Régine. E saía em defesa de Sarah quando Youle falava do futuro. Tratava-se de um assunto delicado. Sarah estava com quinze anos, a idade legal para casar-se, e os homens que freqüentavam o apartamento começavam a demonstrar por ela um interesse mais que paternal. Haviam tido a mãe; por que não ter a filha também? Que Youle fazia de tudo para encorajá-los era do conhecimento geral — tão geral, com efeito, que ela recebeu menção desonrosa naquele vasto inventário da vida parisiense, o *Journal* de Jules e Edmond Goncourt: "Eis o que ouvimos por acaso no restaurante Brébant: A família Sarah Bernhardt, que família! A mãe transforma as filhas em meretrizes tão logo completam treze anos". O *Journal* dos Goncourt, sem dúvida retaliatório, repetia um mexerico que, como muitos mexericos, era surpreendentemente correto.

Marie Colombier, amiga íntima de Bernhardt na época em que ambas eram jovens aspirantes a atriz, iria mais longe que os Goncourt em suas *Memórias de Sarah Barnum*, um relato mal disfarçado da vida de Bernhardt. Foi publicado muitos anos depois, em 1883, e contudo bem antes de Sarah lançar suas próprias memórias.

O livro de Colombier é cruel, cheio de inveja, sensacionalista, anti-semita e — para eterno desgosto de Sarah — espirituoso e revelador. Conta muita coisa que a grande atriz preferia não contar. Para defender-se ela declarou que o livro não passava de um monte de mentiras. Outros viram nele grande parte de verdade. O curioso é que foi a neta adorada e adoradora de Sarah, Lysiane Bernhardt, que inadvertidamente deu com a língua nos dentes em sua sentimental biografia da avó publicada em 1945. Uma passagem reveladora mostra que, como os Goncourt, Colombier não estava longe da verdade. Lysiane refere-se a Marie como

> uma atriz invejosa, despeitada, hipócrita, que divulgou todos os segredos da mulher que havia sido sua amiga íntima. Quando se tem de lidar com uma mulher amarga e invejosa, é preciso livrar-se dela ou tentar convertê-la. Sarah não fez

> nem uma coisa nem outra, mas deixou que ela continuasse alimentando o próprio ódio, colecionando histórias a seu respeito, inventando boatos e até comprando suas cartas.

O que Lysiane na verdade está dizendo é que, quando se recusou a acobertar Bernhardt, Marie Colombier traiu a confiança da amiga.

Publicaram-se vários *romans-à-clef* sobre a vida de Sarah, quase tão obscenos quanto *Barnum*; entre eles figuram *La faustin*, de Edmond de Goncourt, *Dinah Samuel*, de Félicien Champsaur, e *Le tréteau* [O tablado], de Jean Lorrain. Ocuparam-se de Bernhardt, a célebre atriz, por necessidade, pois nenhum desses autores a conhecera na adolescência. Colombier era a única que teve o privilégio — se assim se pode chamar — de freqüentar o apartamento de Youle quando Sarah estava com dezesseis anos.

Eis como ela descreve uma noite *chez* Youle em 1860, substituindo os nomes reais por seus transparentes pseudônimos:

> O salão era um aposento bastante grande, que dava para a rua. [...] À primeira vista parecia extremamente elegante, porém um exame mais detalhado revelava aquela miscelânea de mau gosto típica das mulheres manteúdas. Muitas imitações ostensivas de *objets d'art* e móveis contribuíam para compor um conjunto vulgar. Havia inegáveis sinais de sujeira e desordem. Lâmpadas de óleo gotejantes deixaram marcas no piano e nas mesas; os tapetes e cortinas estavam manchados; o encosto dos sofás e das cadeiras apresentava nódoas de gordura deixadas por mãos besuntadas de creme. Uma garrafa de Parfait d'Amour estava esquecida na lareira. [...] Um espartilho rasgado encontrava-se estendido sobre a mesa de jogo. Através das portas abertas, via-se nas salas contíguas o mesmo desmazelo [...]
>
> Quando chegou, Sarah tirou o chapéu, o casaco e as luvas e ajeitou os cabelos diante do espelho. [...] Alta e magra, ridiculamente magra, possuía uma cabeça extraordinária. Seu perfil tinha uma pureza de traços que constituía uma versão mais suave, mais refinada das feições judias de sua mãe. [...]
>
> O que havia de inesquecível em seu rosto eram os olhos flamejantes [...] que emprestavam a cor da luz cambiante: ouro velho quando ela sonhava, verde-gato quando se zangava, azul-cobalto quando sorria. [...]
>
> De repente sua mãe apareceu pelo braço de um velho senhor que deixou todo mundo agitado. A um olhar imperioso de Youle, Sarah jogou-se em seus braços, murmurando: *Cher monsieur Régis, cher bon ami.* Depois, meio adulando, meio zombando, pôs-se a flertar com o visitante. [Embora Colombier não diga, a maioria dos leitores sabia que monsieur Régis Lavolée era padrinho de Sarah e, segundo as más línguas, pai de sua irmã Régine.] Quando suas mãos tocaram-lhe as bochechas flácidas, o velho pendeu a cabeça, os olhos semicerrados desmancharam-se em lascívia e os lábios moles tremeram enquanto ele babava sobre a jovem amiga.
>
> Entrementes tia Rosine, sempre atarefada quando estava em casa da irmã, acendeu as velas da sala de jantar. Anunciou-se a refeição. Pelo braço de Régis,

Youle conduziu a família à mesa, sempre reprovando o velho. Seus lábios pronunciavam palavras obscenas, porém seu rosto permanecia estranhamente virginal. Ele era um velho sujo que a enganara, queixou-se. Por que nunca vinha visitá-la? Como podia ser tão mesquinho em relação a dinheiro? Esquecera que estavam juntos havia muito tempo? Duas vezes ouviu-se o nome de Régine. "Mas realmente agora, Youle, eu lhe garanto...", Régis murmurou, inconvincente. Sarah, impaciente, tirou a tampa da terrina de sopa e disse: "Vocês aí! Deixem sua discussão para amanhã. A comida está esfriando". [...]

Quando Régis iniciou um sermão sobre o estado chocante da ética teatral, Youle deu um pontapé em Sarah por baixo da mesa e lançou-lhe um olhar significativo. Obediente, a jovem se levantou para abraçar seu *bon ami.* Os olhos de seu "caro amigo" brilharam de imediato. Hipnotizada pelo olhar firme da mãe, apesar de sua aversão Sarah deixou que monsieur Régis a acariciasse, estremecendo toda vez que os lábios do velho tocavam-lhe o adorável pescoço. [...] Como recompensa por sua docilidade, recebeu uma nota promissória de Régis e um sorriso aprovador da mãe. Estimulado pela própria generosidade, ele colocou Sarah no colo, abraçando-a pela cintura. Sensualmente alisava-lhe o vestido, aquecendo-se no altar da carne jovem sob a seda. Sarah fitava o teto, porém seus lábios crispados e suas narinas dilatadas traíam sua mortificação.

Às dez horas ele se foi, mas Sarah ainda não ficou livre. Tão logo embolsou o dinheiro que a filha recebera, Youle pronunciou seu sermão. Gastara uma fortuna com ela, fizera sacrifícios sem fim. Entretanto isso acabara. De agora em diante Sarah teria de arranjar-se sozinha. Então tia Rosine intrometeu-se na conversa: "Você é bonita e talentosa. Deve procurar seu caminho. Sem tolices sentimentais. Se alguém se interessa por você, não deixe que a idade ou os cabelos brancos a detenham. Seja boazinha. Sua mãe já trabalhou bastante. Agora cabe a você recompensá-la por tudo que ela fez". Sarah permaneceu em silêncio, porém explodiu quando a repreenderam por não ter tirado mais dinheiro do velho. "Por certo você não pode esperar que eu durma com seus amantes!", gritou. Youle se levantou para bater-lhe, mas Rosine interferiu. Jeanne e Régine ouviram sem dizer uma palavra. Meia hora depois todo mundo estava na cama.

À medida que cenas desse tipo se repetiam, as opções de Sarah diminuíam. Em seus instantes de exaltação ela ansiava pela segurança do convento. Mère Sainte-Sophie lhe mostrara o caminho do progresso espiritual através do amor a Deus. Youle, sua própria mãe, mostrava-lhe o caminho do progresso material através do amor dos homens. Sarah achava que devia seguir o caminho de mère Sainte-Sophie. Agora que a pressionavam para entrar na sociedade das Irmãs Bernhardt, percebia mais claramente que antes a venalidade de suas vidas. A luta entre mãe e filha tomou um novo rumo. Sarah sempre invejara o amor que Youle dedicava a Jeanne; agora sentia uma perversa satisfação ao saber que as atenções de Régis despertaram o ciúme de Youle. Era óbvio que monsieur Régis, com suas bochechas flácidas, preferia a filha em botão à mãe desabrochada. Esta não tinha problema em estimular a adolescente a flertar com seu velho amante, mas sentiu o peso da idade ao ver que ele esvaziava os bolsos com Sarah — e em troca de um abraço e um beijo apenas.

Foi o duque de Morny, um freqüentador habitual do salão de Youle infinitamente mais distinto, quem ajudou a aliviar a tensão. Descendente de uma brilhante dinastia de ilegítimos, era neto ilegítimo de Talleyrand por parte do pai, o conde Charles de Flahaut, e da imperatriz Josefina por parte da mãe, a rainha Hortense da Holanda. E, como filho da rainha Hortense, era meio irmão ilegítimo de Napoleão III. Na verdade ajudara a instalá-lo no trono imperial. O próprio espírito do empreendedor Segundo Império, Morny participava de tudo. Ganhou milhões com a instalação de novas ferrovias e a exploração de novas minas; transformou Deauville, uma pacata aldeia de pescadores, num balneário elegante; deu a Paris Longchamp, o primeiro hipódromo moderno da cidade, e inaugurou o Grand Prix. Como se não bastasse, escreveu peças teatrais, colaborou nos libretos de Offenbach e até compôs algumas árias para as deliciosas operetas desse compositor. (Offenbach diria que "ninguém promoveu seus protegidos com maior encanto que o duque de Morny".)

Em 1854 Morny tornou-se presidente do Corps Législatif, cargo que ocupou com distinção até o fim da vida. Em 1855 Napoleão III mandou-o à Rússia, como emissário especial, para assistir à coroação do czar Alexandre II. Ali o duque se casou com a bela e jovem princesa Trubetskoi, meio irmã ilegítima do czar recém-coroado. Até parece que esse aristocrata folgazão optou pelo casamento só para desfrutar os prazeres da infidelidade, pois junto com sua esplêndida coleção de pintura adquiriu uma coleção igualmente esplêndida de amantes, a qual incluía Rosine e Youle.

Um dia Youle o convidou a participar de um conselho de família que discutiria o futuro de Sarah. Por que não fazer da menina uma atriz?, Morny perguntou com seu jeito abrupto. Um pouco intimidada pela presença do poderoso duque e tomando cuidado para evitar o olhar da mãe, Sarah anunciou que decidira tomar o véu:

> Abracei minha mãe. "Você gostaria que eu fosse freira, não?", perguntei. "Não ficaria triste com isso, ficaria?"
>
> *Maman* acariciou-me os cabelos, dizendo: "Claro que ficaria. Você sabe muito bem que, depois de sua irmã Jeanne, é a pessoa que mais amo no mundo". Sua voz era pura como um riacho da montanha, e ela pronunciou essas palavras com seu jeito lento e doce. No entanto recuei, despedaçada pela inconsciente crueldade de sua observação.

A essa altura o duque estava entediado e levantou-se para sair, não sem antes dizer a Youle que ela seria uma terrível diplomata. Depois, com um afago no rosto de Sarah, acrescentou: "Siga meu conselho. Mande-a para o Conservatoire!".

No fim todo mundo concluiu que o casamento era a única solução sensata — todo mundo menos Sarah, que anunciou: se tinha de ser esposa, seria a esposa de Jesus e de mais ninguém. Sem embargo, enquanto falava, ecoavam-lhe nos ouvidos as palavras do duque: "Mande-a para o Conservatoire!". Não entendeu, porém, que essas palavras seriam o guia de seu futuro — proféticas como as três batidas que nos teatros franceses anunciam a abertura da cortina.

Um fato inalterável não foi mencionado: ser atriz equivalia a ser manteúda. Todos os presentes sabiam que o palco era uma passarela para moças bonitas, um degrau para chegar aos lençóis de seda e à vida de manteúda — assim como sabiam que mesmo a mais talentosa precisava de um protetor rico, pois os salários eram terrivelmente baixos e as atrizes deviam providenciar seus próprios trajes e jóias, até na Comédie Française. Sarah estava ciente de tudo isso, tendo ouvido muitos mexericos sobre atrizes e cortesãs. Afinal, eram o tema principal das conversas no apartamento de Youle.

Não demorou muito para aprender que a diferença entre o camarim de uma atriz e o quarto de uma cortesã era bastante vaga, na melhor das hipóteses. Tanto uma como a outra lidavam com paixão, prazer e fingimento. Apresentavam-se à noite e nas matinês. Esperavam longas temporadas e bons pagamentos e viviam apavoradas com a idéia do desemprego na velhice. Sem trabalho nem a atriz nem a cortesã podiam custear a elegância que atraía os clientes. Por fim tanto uma como a outra tinham uma atitude de indiferença em relação a um mundo constrangido com sua conduta libertina e seu desprezo pelos padrões da classe média. As únicas exceções eram aquelas raras mulheres que tiveram a sorte de se tornar estrelas em seus respectivos campos. Só assim granjeavam o respeito, a adulação e a inveja que o sucesso atrai inevitavelmente.

Antes de partir Morny disse que talvez Sarah desistisse de tomar as santas ordens se sentisse o cheiro da Comédie Française. Um amigo comum, Alexandre Dumas, tinha um camarote e ficaria feliz em partilhá-lo com Youle e seu grupo.

Naquela terça-feira, *a* noite na Casa de Molière, Sarah acomodou-se no camarote de Dumas. Depois escreveu:

> Ao levantar-se a cortina, pensei que fosse desmaiar. Era a cortina de minha vida que se erguia diante de mim. Aquelas colunas seriam meus palácios. Aquele friso de nuvens pintadas seria meu céu. E aquele palco cederia sob meu frágil peso. Grossas lágrimas rolaram-me pelas faces, lágrimas sem soluços, lágrimas que

nunca cessariam, pensei. *Maman* estava exasperada e esquadrinhava o teatro com seu binóculo. Mademoiselle de Brabender me deu seu lenço, pois o meu caíra e eu não ousava pegá-lo. Só lembro uma coisa de *Amphytrion* [Anfitrião]. Fiquei tão triste por causa de Alcmène que me pus a soluçar furiosamente. A platéia, divertida, olhava para nosso camarote. "Santo Deus, que menina idiota!", murmurou meu padrinho. "Seria melhor mandá-la de novo para o convento e lá deixá-la!"

Esse foi o começo de minha carreira artística.

Voltando para casa, Sarah adormeceu na carruagem de Dumas. Impetuoso como seu D'Artagnan, o escritor tomou-a nos braços e carregou-a até o quarto. Enquanto ajudava Youle a desabotoar o vestido da filha, deu a esta um presente que ela guardaria para sempre como um tesouro — três reluzentes palavras: *"Bonsoir, petite étoile"*. Da mesma forma que Morny, Dumas percebeu a possibilidade do talento em sua "estrelinha". Certamente as lágrimas com que Sarah reagiu a Molière o tocaram mais que a implacável inspeção da platéia efetuada por Youle.

Exatamente como Morny havia predito, após a noite na Comédie Française Sarah ficou ansiosa para entrar no Conservatoire. Entretanto não era fácil ingressar nessa venerável instituição; o candidato tinha de competir com dezenas de jovens atores treinados nas cenas trágicas e cômicas tradicionais. Sem dar a menor importância a tais formalidades, Youle pediu a Morny que usasse sua influência junto ao diretor do Conservatoire, o compositor Daniel Auber. Este concordou em dispensar atenção especial à jovem Bernhardt. Entrementes Sarah se viu exposta à duvidosa sabedoria dos amigos de Youle que amavam o teatro e se tinham na conta de especialistas na matéria. O resultado foi uma confusão total: Sarah devia ensaiar cenas de Corneille, Molière, Racine e Voltaire... Devia engordar; devia aprimorar a dicção, fortalecer a voz.

Monsieur Meydieu — ou l'Odieux [o Odioso], como Sarah o chamava — encarregou-se de seu treinamento e prescreveu um regime de trava-línguas que a menina tinha de repetir quarenta vezes antes das refeições e vinte vezes antes de dormir. A pobrezinha era obrigada a repetir frases como *"Le plus petit papa, petit pipi, petit popo, petit pupu"*, que equivale mais ou menos a "O pato no prato de prata do padre". Foi Dumas quem resolveu o problema numa aula memorável. Não havia nada de errado com os trava-línguas, disse-lhe, porém os textos clássicos eram mais adequados. Por que não ensaiar *Fedra* de Racine? Podia interpretar Aricie, a princesa virgem que amava Hipólito. Ele faria todos os outros papéis. Enquanto caminhava de um lado para o outro, Dumas se empolgava com sua missão. Acariciava as palavras, conferia-lhes significados inesperados, gritava, sussurrava, arrebatava-se, assumia posturas que, apesar da sobrecasaca e da barriga, aos olhos de Sarah pareciam próprias de um grego antigo. Ao ouvi-la responder com sua voz pura e doce, o velho veterano sentiu que ela podia muito bem ser atriz.

O sorriso encorajador de Dumas, como o beijo do príncipe em *A bela adormecida*, devolveu a vida a Sarah. Foi um momento histórico: um pioneiro do movimento romântico passava a tocha à adolescente que se tornaria a última atriz romântica. O escritor não podia prever que sua jovem protegida encenaria sua *Mademoiselle de Belle-Isle* e *Kean*, a peça em que ele definiu atores e atuação de forma tão brilhante. Quanto a Sarah, só muito depois soube que o homem que a treinara havia elaborado um ensaio penetrante sobre *Fedra*, que grandes atores o invejavam por suas leituras dramáticas, que seu filho — Dumas filho — era o autor de *A dama das camélias*, a peça com a qual ela se identificaria mais do que com qualquer outra.

Dumas dizia "Mudais de cor e pareceis aturdida, madame",* quando Youle abriu a porta. Sempre esquecia que a filha queria representar, suspirou, acrescentando que Dumas era um anjo por se dar esse trabalho, mas será que não poderia ensinar-lhe uma fábula? Fariam muito menos barulho. De qualquer modo Sarah precisava pentear-se e ir para o salão. Um gentil cavalheiro holandês a aguardava para lhe falar. Como Aricie, Sarah mudou de cor, sabendo que a mãe considerava o holandês um bom partido, enquanto ela mesma o achava repulsivo. Pêlos negros brotavam-lhe das faces e do queixo, do nariz e das orelhas. As mãos pareciam patas peludas. Mas ali estava ele, perdidamente apaixonado. A suas costas Jeanne imitava sua postura de urso. Sarah mal conseguiu conter o riso. Monsieur B. pediu-a em casamento. Sarah recusou-se. Não tinha tempo para isso, ia ser atriz. Ao pensar em todo aquele dinheiro escorregando-lhe pelos dedos, Youle rogou à filha que aceitasse, mas de nada adiantou. A hora passada com Dumas transportara a jovem para um outro mundo — um mundo que nem sua ambiciosa mãe nem seu rico pretendente poderiam entender. O impasse em que as duas se encontravam era bem antigo: a mãe insistindo na segurança financeira, a filha querendo arriscar tudo pela Arte. Sarah via o teatro como uma ascensão ao sucesso e à fama. Youle o via como uma degradação na obscuridade e na miséria. Totalmente desnorteada, pediu a Meydieu que fizesse Sarah colocar os pés no chão.

Ela não passava de uma idiota romântica, disse-lhe o Odioso. O casamento era um negócio. Ela ficaria rica quando os pais do holandês morressem. Sarah estremeceu. Não podia se casar com um homem ao qual não amava. Poucos dias depois madame Guérard pediu-lhe que subisse. Para sua surpresa, ali estava seu peludo pretendente, esperando-a. Anos mais tarde Sarah escreveu em suas memórias:

(*) "*Vous changez de couleur et semblez interdite, madame.*"

> Monsieur B. suplicou-me que mudasse de idéia. Foi doloroso. O pobre homem chorava. "Quer um acordo melhor?", perguntou. "Posso oferecer mais dinheiro, se desejar." Não se tratava disso, porém. "Monsieur, eu não o amo", falei calmamente. "Morrerei de dor se me recusar", replicou ele. Olhei-o. "Morrer de dor!" Fiquei confusa, triste e... encantada! Murmurei umas frases tolas que tinha lido ou ouvido em algum lugar. Monsieur B. não morreu. Ao contrário, ainda vive e está mais rico que nunca.

O Conservatoire de Musique et Déclamation, o histórico Conservatório de Música e Arte Dramática de Paris no qual Sarah estava prestes a ingressar, originou-se no reinado de Luís XVI. Naquela época formava cantores e trompetistas para executarem as fanfarras das cerimônias da corte e a música dos festins reais. Em 1808 Napoleão acrescentou-lhe a arte dramática. Seguiram-se os cursos de boas maneiras e dança. Achava-se muito sabiamente que os atores lucrariam com aulas de postura e movimentação, enquanto os cantores, sobretudo os que se destinavam à Opéra-Comique, na qual se exigia o recitativo falado, ganhariam com lições de dicção, interpretação e dança. Em 1860, quando recebeu Sarah, o Conservatoire era tido como a melhor escola de arte dramática do mundo e seus professores, estrelas da Comédie Française, eram considerados os maiores atores do mundo. Embora fossem "prodigiosamente grandes", conforme disse Henry James, seus nomes se perderam no tempo. Como os astros aos quais eram comparados, brilharam, perderam a luz e, com o surgimento de novas estrelas, desapareceram. Naturalmente há exceções. Rachel e Bernhardt deixaram imagens que permanecem em nossa mente como lembranças de pessoas que conhecemos, apesar de nunca as termos visto. Por outro lado pouco ou nada nos dizem os nomes de Provost e Samson, Regnier e Edmond Got, conquanto tivessem sido os John Gielgud e os Laurence Olivier de sua época. Com certeza podemos acreditar em Henry James quando afirma que uma das coisas mais perfeitas que viu foi uma cena representada por François Regnier ou que Edmond Got era "o maior ator vivo".

Assim como a moda, a arte dramática não se aprimora, apenas muda. Sempre que aparecem novos atores, acha-se que são mais convincentes, mais "naturais" que seus predecessores. Não será porque refletem as maneiras de seus contemporâneos e com isso deixam o público mais à vontade e o tornam mais receptivo? Uma Vanessa Redgrave ou um Laurence Olivier podem exagerar em suas atuações, mas, se destruíssem o cenário à maneira de Sarah Siddons ou Edmund Kean, a platéia riria tanto que os expulsaria do palco. Para nos emocionarmos com a arte de um ator precisamos acreditar que seu comportamento poderia ser o nosso e o nosso comportamento poderia ser o dele.

E no entanto toda representação, da mais sublime à mais comum, do grande clássico ao rasteiro *vaudeville*, é inatural. Considerava-se Bernhardt mais natural que Rachel, Duse mais natural que Bernhardt, pois a cada geração que surge o naturalismo mostra uma imagem diferente. É tudo feito com espelhos, por assim dizer. A própria Sarah inventou um estilo que espelhava os sentimentos, humores, ansiedades, gestos e inflexões sociais de sua época. Se chorava e desmaiava, era porque as mulheres de seu tempo choravam e desmaiavam facilmente. E assim era a Paris do século XIX — a "cidade pintada de ruge e terrível" de Victor Hugo — que moldou seus dotes dramáticos. Uma vez Degas falou: "Pintar um quadro é algo que requer tanta esperteza, perfídia e dissimulação quanto planejar um crime". Poderíamos dizer a mesma coisa sobre a arte de representar.

Quando Sarah iniciou sua carreira havia de tudo — do grande drama à comédia vulgar — nos quarenta teatros e incontáveis *café-concerts* que se espalhavam pela capital. Ludovic Halévy, o libretista de *La belle Hélène* [A bela Helena] e *La vie parisienne* [A vida parisiense], de Offenbach, descreveu um espetáculo num dos mais populares *music-halls* da cidade — e esse era o tipo de teatro no qual Youle temia que a filha acabasse:

> Uma noite levei Flaubert ao *Délassements Comiques*. Ele nunca fora lá, conquanto morasse bem perto, no boulevard du Temple. Divertimo-nos a valer. O barulho era medonho. Quando entramos ficamos surdos com os aplausos entusiásticos. Uma principiante estava no palco — bonita, alegre, engraçada. Cantou tão deliciosamente desafinada que a platéia pediu bis. Repetiu a mesma canção umas três ou quatro vezes. Por fim, gloriosamente feliz, pediu misericórdia. Era evidente que o público queria ouvi-la cantar a noite inteira. Flaubert ficou empolgadíssimo. "É fantástico", gritou no meio de toda a algazarra. "Nunca escutei tantos aplausos, nem alguém tão maravilhosamente desafinado." Depois berrou junto com os outros: "Bis! Bis!".

Na outra ponta do espectro teatral estava Rachel, a maior atriz da primeira metade do século. Talvez seja uma sorte não existir nenhuma gravação de suas interpretações, pois teríamos de emprestar binóculos — e pontos de vista — do século XIX para apreciar seu gênio da mesma forma que Delacroix, Chopin e Lizst apreciaram.

Contudo há relatos admiráveis de sua atuação. Um dos mais vívidos é o de Charlotte Brontë, que viu sua *Fedra* em Bruxelas em 1843 (o ano anterior ao do nascimento de Sarah) e descreveu-a uma década depois no romance *Villette*. O texto constitui uma brilhante evocação do extraordinário gênio da atriz — gênio estranhamente parecido com o da escritora. A tímida solteirona de um remoto presbitério inglês e a *grande amoureuse* dos cortiços apinhados de Paris possuíam dons semelhantes. Ambas fizeram seu público maravilhar-se com a maneira como lidavam com as palavras, chorar de pena das heroínas que retrataram e tremer de medo ante seus medonhos sofrimentos. Assim escreveu Brontë:

> Eu ansiava por ver uma criatura de cujos poderes ouvira relatos que criaram em mim estranhas expectativas. [...] Era uma atriz de uma natureza que meus olhos jamais encontraram: era um grande e novo planeta. Mas de que forma? Esperei que surgisse.
>
> Surgiu às nove horas naquela noite de dezembro: eu a vi aparecer acima do horizonte. Brilhava com pálida grandiosidade e força constante; mas aquela estrela estava perto de seu dia do juízo final. Vista de perto, era um horror — encovada, gasta: um orbe morto ou moribundo — meio lava, meio brilho [...]
>
> Por um momento — um longo momento — pensei que era apenas uma mulher, embora única, que se deslocava com vigor e graça diante daquela multidão. Logo reconheci meu erro. [...] Nela descobri algo que não era nem de mulher nem de homem: em cada um de seus olhos havia um demônio. Essas forças do mal a sustentaram ao longo da tragédia, mantiveram sua débil força, pois ela era uma criatura frágil; e, à medida que a ação se intensificava e a comoção se aprofundava, quão selvagemente a agitavam com suas paixões infernais! Escreveram INFERNO em sua fronte reta e altiva. Afinaram sua voz pela nota do tormento. Contorceram seu rosto majestoso, transformando-o numa máscara demoníaca. Ódio e Crime e Loucura encarnados, ali estava ela.
>
> Foi uma visão maravilhosa: uma pujante revelação.
>
> Foi um espetáculo baixo, horrível, imoral.

Sarah era criança quando esse texto foi publicado. Quando entrou no Conservatoire, Rachel havia morrido. Contudo sua imagem demoníaca assombrava os que vibraram com sua arte. Ela era o termo de comparação, a escala pela qual se mediria Sarah várias e várias vezes. Se herdou o manto de Rachel — e muitos acham que herdou —, Sarah usou-o a sua maneira. Rachel ignorava as obras de Hugo, Dumas e Musset e restaurou a glória esquecida de Racine e Corneille. Sarah adorava os românticos e via os clássicos através de seus olhos. Apesar das diferenças, Sarah saiu do mesmo tecido estrelado de Rachel, cujo estilo de declamação e de "pontuação" o Conservatoire ensinava como se fosse a Bíblia.

Saber alguma coisa de Rachel equivale a compreender melhor Bernhardt. Rachel nasceu em 1821 num vilarejo suíço próximo de Basel, fazendo parte da prole de seis dos mascates judeus Jacob e Esther Félix. Aos dez anos estava em Paris, cantando e recitando por alguns tostões nos cafés baratos. Então aconteceu um milagre — parece que o teatro é o último refúgio dos milagres. Um homem chamado Saint-Aulaire descobriu-a e levou-a para sua Escola de Arte Dramática. Aos treze anos Rachel estava no palco. Nos dois anos seguintes representou 32 papéis: criadinhas, confidentes, heroínas. Aos quinze era o assunto da Paris teatral e — outro milagre — viu-se nas mãos de um dos maiores atores da Comédie Française, Joseph-Isidore Samson, que conseguiu fazê-la estudar no Conservatoire. Aos dezessete estreou na Comédie Française.

Num piscar de olhos a mocinha pálida, com ar de estudiosa e olhos negros e assombrados ganhou um espaço entre os gênios do teatro francês. *Le Tout Paris*, inclusive madame Récamier e Chateaubriand, foi aplaudir a miraculosa Rachel, que se erguia acima de todas as outras atrizes, com seu metro e meio de altura. Mas quem se atreveria a dizer que Fedra devia ser mais alta? Tão logo Rachel foi reconhecida como a rainha indiscutível da tragédia, teve início uma típica comédia parisiense. Terra da medida e da razão, a França acusou-a de calculismo e preocupação com seu futuro — acusações que poderiam tranqüilamente aplicar-se ao próprio Luís Filipe. Os franceses econômicos pilheriavam sobre sua avareza de judia. Depois de passar um dia ganhando dinheiro sem parar, os cavalheiros da bolsa de valores franziam o sobrolho ante as exigências de polpudos cachês por parte da atriz. A reação do público a sua promiscuidade era provinciana. Grandes damas que iam atirar ramalhetes a seus pés agarravam-nos carrancudas ao saber que ela estava tendo casos com homens de posição muito superior à sua. Aristocratas que adornavam os salões com sua presença fascinante desdenhavam-na ao constatar que suas indiscrições assemelhavam-se embaraçosamente às deles. E, quando Rachel decorou sua casa com uma extravagância equivalente à desses aristocratas, eles naturalmente viram em seu amor ao luxo um sinal da ostentação judaica. E o fato de a casa ter sido um presente de seu amante, o conde Colonna-Walewski (o filho natural de Napoleão), só intensificava os sentimentos de seus críticos. Impressionados quando a viam apresentar no palco emoções grandiosas, achavam que ela devia despojar-se de seu temperamento como de um traje ao participar da vida em sociedade. Não reconheciam o escândalo como o direito divino das atrizes. Referindo-se a outra artista, falecida não havia muito tempo, Balzac falou: "Não se pode esperar que os prazeres, idéias e moralidade de um Byron sejam os mesmos de um armarinheiro".

O escândalo cheio de espírito é uma das máscaras mais enganosas da atriz. Um dia o príncipe de Joinville, filho de Luís Filipe, enviou seu cartão a Rachel com a seguinte mensagem: "Onde? Quando? Quanto?". A resposta da atriz deliciou seus admiradores: "Em sua casa. Hoje à noite. Grátis". Deliciou-os menos o fato de o caso durar sete anos. Um de seus últimos amantes foi o príncipe Jérôme, sobrinho de Napoleão e primo de Napoleão III. Ela estava com mais de trinta anos e com a saúde precária.

"Estou voltando a minha terra para morrer", escreveu de Havana, "e, como Napoleão, irei aos Invalides pedir uma pedra na qual repousarei a cabeça. [...]" Rachel morreu aos 36 anos. Poucos dias antes um admirador pediu-lhe um autógrafo. "Daqui a uma semana começarei a ser devorada por vermes e biógrafos", ela escreveu. Entre os que compareceram a seu funeral estavam os Dumas, pai e filho, Sainte-Beuve, Scribe, Théophile Gautier, Alfred de Vigny e Prosper Mérimée.

Sarah aprenderia tudo isso e ainda mais no Conservatoire. Sempre teve na parede um retrato de Rachel, e nada lhe dava maior prazer do que ouvir que igualara — ou superara — seu ídolo.

2

Cortesã e Atriz

Sarah como Julia Vidal em *Le drame de la rue de la Paix*, de Adolphe Belot, 1868.

Em 1859, quando prestou seu exame de admissão ao Conservatoire, Sarah estava prestes a completar dezesseis anos. Como seria de se esperar, em sua casa houve mais discussão sobre o que ela iria vestir do que sobre o que iria interpretar. Infelizmente foi Youle quem decidiu. O resultado foi ridículo. Sarah, que parecia se lembrar de todas as roupas que usara, recordou esse vestido com horror. Escreveu:

> Minha mãe mandou fazer para mim um vestido de seda preta. Ligeiramente decotado, era curto o bastante para mostrar a *broderie anglaise* das calças, a qual chegava até minhas botinas de pelica. Meus cabelos repartiam-se na testa e caíam de qualquer modo, pois nem grampo nem fita os mantinha no lugar. Para completar o traje, eu usava um grande chapéu de palha, embora estivéssemos quase no fim da estação. Todos examinaram minha roupa e giraram-me várias vezes e me fizeram ensaiar minha reverência.

Após uma taça de um fortificante consomê gelatinoso, um olhar de desespero e incredulidade lançado ao espelho, um *merde* descorçoado proferido por sua mãe, Sarah, com as fiéis Guérard e Brabender a seu lado, saiu para tentar a sorte. Quando chegaram à escola, encontraram uma multidão. Protetoras solícitas, atrizes, cantoras, cocotes e comerciantes se irritavam, preocupavam-se com as roupas dos filhos e murmuravam os últimos conselhos. Os *huissiers*, aqueles porteiros esplêndidos como sentinelas romanas com seus elmos de metal, erguiam-se acima da multidão. De repente monsieur Léautaud, o ponto da Comédie Française, chamou o nome do primeiro concorrente. Sarah ficou olhando um por um dos aspirantes sendo conduzidos como vítimas para a guilhotina. Chegada sua vez, monsieur Léautaud perguntou-lhe o que pretendia interpretar.

"Uma cena de *L'école des femmes* [Escola de mulheres], de Molière."

E quem daria as deixas? Sarah não tinha a menor idéia.

Então o que se haveria de fazer?, perguntou Léautaud. Ninguém pode representar uma cena sozinho.

Nesse caso ela declamaria "Les deux pigeons" ["Os dois pombos"], de La Fontaine. Léautaud ainda resmungava sua desaprovação ao sair para anunciá-la. Certa de que estava tudo perdido, Sarah seguiu-o até a sala do exame. Depois lembrou:

E lá estava eu, sozinha naquele bizarro saguão, com um tablado numa extremidade e uma grande mesa no centro. Ao redor da mesa estava sentado um grupo de homens, resmungões e irônicos. Havia também uma mulher, sem papas na língua, que não parava de trocar o *pince-nez* e a *lorgnette.*

Sarah começou: "Dois pombos amavam-se ternamente...". E um dos juízes esbravejou: "O que é isto, uma *nursery*? Não estamos aqui para ouvir fábulas!". Era Léon Beauvallet, o trágico principal da Comédie Française, que muitas vezes atuara com Rachel. Sarah ficou quieta.

"Prossiga, prossiga", insistiu Jean-Baptiste Provost, que seria seu primeiro professor.

"Mais alto, um pouco mais alto", gritou Samson, professor de Rachel.

"Parei de novo", Sarah escreveu, "sem fala, confusa e tão nervosa que seria capaz de gritar e urrar."

"Olhe, não somos ogros", Samson assegurou-lhe. E depois de cochichar com Auber, o diretor do Conservatoire, acrescentou: "Comece de novo, dessa vez um pouco mais alto".

"Oh, não!", suspirou Augustine Brohan, a senhora da *lorgnette.* "Se essa menina começar de novo, vamos passar a noite aqui!" O júri caiu na gargalhada, mas Sarah recomeçou. Na metade do poema uma sineta tocou. Era o fim de sua provação. Ela deixou o palco, arrasada por aquele misto de exaustão e ressentimento que acompanha uma sensação de fracasso. Atravessava o corredor, desconsolada, quando monsieur Auber a alcançou. Autor de cinqüenta óperas, entre as quais *Fra Diavolo,* Auber era a bondade em pessoa. Nervoso demais para assistir às estréias de suas obras, entendia muito bem a angústia de Sarah. "Você foi aceita", disse, em resposta a seu olhar suplicante. "Só lamento que sua encantadora voz não se destine à música." Em suas memórias Sarah lembrou:

> Fiquei louca de alegria. Não agradeci a ninguém. Saí correndo. Via a palavra *aceita* em todas as vitrines e, quando a carruagem que nos levava para casa parava para os pedestres passarem, achava que todos me olhavam, surpresos. De repente percebi que balançava a cabeça como se dissesse: "Sim, sim, é verdade. Fui aceita!".
>
> Esqueci o convento. Como estava orgulhosa por ter passado em meu primeiro teste e ter feito tudo sozinha! Colocava a cabeça para fora da janela do fiacre e gritava: "Mais depressa, cocheiro! Mais depressa!".
>
> Ao entrar no pátio, arranquei o casaco a fim de correr para minha mãe. Subitamente parei. Com as mãos em concha ao redor da boca, mme. Guérard gritava para *maman*: "Ela foi aceita!". Bati-lhe nas costas com o punho e chorei de raiva, pois planejara uma pequena cena que terminaria com a boa notícia. Fingiria que estava deprimida, quando abrissem a porta, tristes e contrariados. *Maman* diria: "Não me surpreende. Você é tão boba, coitadinha". Então eu a abraçaria e gritaria: "Não é verdade, não é verdade. Fui aceita!".

> Ainda estava resmungando quando cheguei ao apartamento de minha mãe e encontrei a porta escancarada. Ela me beijou ao ver minha cara amuada e falou: "Ora, ora. Não está feliz?".
>
> "Sim, mas é Guérard. Estou furiosa com ela. Seja boazinha, *maman*, e finja que não sabe. Feche a porta, vou tocar a campainha." E toquei. [...] E *maman* fingiu-se de atônita. E também minhas irmãs, e meu padrinho, e minha tia. Quando beijei minha mãe e anunciei: "Fui aceita", todos gritaram de alegria. Recuperei minha felicidade. Afinal, produzira o efeito desejado. Minha carreira tomara posse de mim sem eu saber.

Sem Sarah saber, sua carreira poderia nunca tomar posse dela, pois é mais que provável que a rejeitariam se o duque de Morny não pedisse a Auber para "dar especial atenção à pequena Bernhardt" — recomendação que poucos ousariam ignorar.

Já septuagenária, Bernhardt escreveu *L'art du théâtre: la voix, le geste, la prononciation* [A arte do teatro: a voz, o gesto, a pronúncia], um livro cheio do bom senso que resulta da experiência. Aí lemos que se pode adquirir as técnicas da voz, do gesto e da dicção, mas que é preciso buscar e aprender sozinho a verdadeira arte. Durante seus dois anos no Conservatoire, Sarah aprendeu lenta e penosamente as técnicas básicas nas aulas de interpretação, nas montagens dos alunos e nas intermináveis discussões com os colegas no salão de chá vizinho.

Contudo isso não bastava para a jovem apaixonada que em momentos de colossal ambição achava que devia tornar-se "a melhor, a mais célebre e a mais invejada das atrizes. Contei nos dedos todas as minhas qualidades: graça, encanto, distinção, beleza, mistério e malícia. [...] e um ego combativo que não admitia discussão". Nessa avaliação feita sem a menor modéstia podia ter incluído instinto, temperamento, uma bela voz e uma facilidade para imitar com devastadora precisão os que a rodeavam. Com o passar dos anos descobriu no fundo de si mesma uma substância maleável e preciosa que só ela poderia moldar. Sarah se tornaria Pigmalião e Galatéia, criador e criação.

Devota no convento, Sarah era fanática no Conservatoire. Em certo sentido trocou a crença religiosa pelo faz-de-conta do teatro. A menina que raramente abria um livro agora devorava volumes de poemas e peças. Como Miriam Rooth, a heroína de *The tragic muse* [A musa trágica], de Henry James, sentia-se mais segura na "representação da vida que na própria vida". E poderia ter dito junto com Miriam: "Gosto mais [da representação] que da realidade — nela é possível soltar-se".

Sarah conheceu a "representação" por intermédio de seus professores, todos atores principais da Comédie Française. Habituada com os modos afetados do *demimonde*, estava inteiramente à vontade com seus maneirismos teatrais. Adorava suas feições cambiáveis e sua zombeteira amabilidade, seu riso estudado e sua fácil camaradagem, seus beijos promíscuos e sua vigorosa sensualidade. Divertia-se com suas intrigas difamantes e suas histórias maliciosas, sua cômica vaidade e seu recato fingido, sua maneira de espichar uma vogal e cuspir uma consoante. Como ela própria no futuro, eram descomunais, e só o arco do proscênio podia reduzi-los à proporção humana. A maneira como os atores, à semelhança do pessoal do circo, se uniam contra seu inimigo comum — o mundo exterior — fazia-a sentir que finalmente encontrara seu lugar.

Entretanto havia muita coisa que a "pequena rebelde", como a chamava seu professor Provost, não aceitava. Encabeçando a lista estava o professor de postura. Uma relíquia do Primeiro Império, com a maquilagem carregada, os cabelos encaracolados e o jabô de renda, monsieur Elie parecia irremediavelmente antiquado aos olhos da modernista de 1860. Bastão em punho, dirigia-se à classe num refinado falsete: "Agora, meninas, costas retas, cabeça alta, artelhos a postos — assim, muito bem! Um, dois, três, andar!". E elas andavam. Aprendiam o andar da indiferença, da fúria e do terror; o andar das vítimas, dos fanáticos, dos santos e dos pecadores. Em seguida vinha *l'assiette*, a arte de sentar-se: sentar-se com dignidade ou lassidão, sentar-se como se dissesse "estou ouvindo; fale, senhor!", com olhares que significavam desejo de saber, medo de compreender, decisão de partir ou vontade de ficar.

"Quantas lágrimas me custou sentar-me ironicamente", Sarah escreveu. "O corpo atirado para trás, o meio sorriso desdenhoso, a insinuação do riso, o imperceptível dar de ombros. Demorei anos para esquecer o que o pobre homem me ensinou."

Provost, um dos atores mais sutis da Comédie Française, era um dos melhores professores do Conservatoire. Infelizmente não gostava de Sarah e achava-a egocêntrica e rude. Estava envelhecendo e aborrecia-se ao vê-la entrar na classe sempre apressada, atrasada e ofegante. Quando a ensaiou em *Zaïre*, de Voltaire, só faltou bater-lhe. Durante horas a fio corrigiu cada gesto hesitante, cada grito forçado, cada inflexão errada. Sarah chorou, mas persistiu. Terminada a aula, Provost pôs na cabeça o chapéu de abas largas, lançou-lhe um olhar gélido e desferiu o golpe de misericórdia: "*Voilà*! Eis aí um papel que você deve se lembrar de nunca representar".

> Se Provost a tivesse visto treze anos depois, como teria ficado feliz ao constatar que sua crueldade fora tão bem recompensada, pois sob os admiráveis dotes [de Sarah] percebiam-se os sábios ensinamentos que o velho *père* Provost tão generosamente ministrara.

Escreveu essas palavras Paul Porel, amigo de Sarah no Conservatoire. Porel, que haveria de tornar-se diretor do Théâtre de l'Odéon e marido daquela encantadora atriz Réjane, era um jovem pobre, magro como um espeto.

Ganhava a vida como aprendiz de encadernador numa oficina pequena e escura da rue Gît-le-Coeur, onde dormia no chão, tendo por travesseiro um volume de Balzac, e sonhava com o teatro como um dourado santuário de poesia. Uniam os jovens estudantes seu amor à arte e seu desprezo de adolescente pelo lado prático da vida. Farta das incessantes conversas sobre dinheiro que ouvia em casa, Sarah deleitava-se com o idealismo de Porel. Quanto a Paul, conseguia esquecer o desconforto de sua vida enfadonha na adoração que lhe inspirava a sedutora feminilidade da amiga. Os detalhes de sua relação juvenil se perderam, mas é bem provável que ele tenha sido o primeiro amor da atriz.

Anos depois Jacques Porel, filho de Paul e Réjane, escreveu sobre uma fotografia que Sarah dera a seu pai:

> A terna dedicatória certamente leva a crer que existiu entre eles mais que uma simples amizade. Naturalmente meu pai nunca mencionou o assunto, porém, quando recordava os velhos tempos, sua expressão o traía.

Jacques Porel falou mais abertamente com os autores do presente livro. Falou de passeios pelo cais, beijos roubados, confidências apaixonadas.

"Imagine, Jacques", seu pai lhe dissera, "você, que adorava Sarah, imagine o que essa mulher fascinante era aos dezesseis anos — a verve, o sorriso incandescente, a energia!"

Em casa Sarah aprendera alguma coisa sobre as diversas formas de amor. Agora estava prestes a ampliar seus conhecimentos no Conservatoire, onde uma teia de intriga sexual se escondia por trás de uma aparência de decoro.

Em suas memórias, escritas em 1898, Marie Colombier pôs abaixo a frágil cortina da decência no Segundo Império:

> Havia no Conservatoire uma atmosfera muito especial, uma atmosfera que desapareceu em nossa época mais prática. Mascaravam a inevitável promiscuidade uma certa correção e um discreto senso de mistério. Hoje as atrizes principiantes recebem uma soma mais ou menos polpuda dos homens com os quais dormem. Todavia naquela época eram sustentadas por amantes em geral mais velhos e bem posicionados na corte de Napoleão III. Tais senhores faziam-se passar por guardiães das moças, na esperança de esconder por trás de uma fachada de interesse paternal a verdadeira natureza de suas relações. Esses "protetores" — generais, almirantes, oficiais da Casa Imperial — eram mais úteis para as futuras atrizes que seus equivalentes de hoje em dia. Com sua influência em altos postos conseguiam promover a carreira de suas protegidas, desde os tempos de escola até o esperado ingresso na Comédie Française. Ademais, interessavam-se realmente por seu futuro artístico, enquanto atendiam suas necessidades do dia-a-dia. Custava-lhes bem pouco, visto que as estudantes ainda tinham a mentalidade nada exigente das *grisettes* e comportavam-se com seus aristocráticos mentores como operárias promíscuas. Por quinze luíses mensais,

ou menos, as pequenas ingênuas ficavam muito contentes em levar a luz do sol a seus velhos heróis, homens que ganharam medalhas na campanha do norte da África ou na batalha de Magenta. E, assim, havia vantagens econômicas, bem como gratificações sexuais, para esses senhores meio paternais, meio perversos, lascivos, que se apossavam das moças com tamanha avidez.

Hoje em dia as jovens atrizes esperam tornar-se capitalistas graças ao sistema de *sociétaires* da Comédie Française, que garante generosas pensões. Mas naquela época o Conservatoire abrigava um ninho de pássaros chilreantes, despreocupados e jovens. [...]

Marie Colombier deixou de dizer que seus pássaros do Segundo Império só se mantinham no Conservatoire se davam sinais de progresso. Na realidade os exames anuais, com representações de cenas dramáticas e cômicas, constituíam um passaporte para os teatros de Paris. Os estudantes mais talentosos recebiam prêmios, e convidava-se uma platéia selecionada. Atores, críticos, protetores e pretendentes a protetores lotavam o pequeno teatro da escola na esperança de descobrir novos talentos, futuras parceiras de cama ou ambas as coisas. Esse era um dos acontecimentos da temporada. Em julho de 1861, no final de seu primeiro ano, Sarah ganhou o segundo lugar em tragédia e menção honrosa em comédia. Foi um golpe para a jovem que desejara ardentemente obter o primeiro lugar nas duas.

O ano seguinte lhe trouxe mais decepções. Dois meses antes da prova final de Sarah, Provost caiu doente, e Samson levou-a para sua classe. Apesar de sua perspicácia, Samson avaliou mal os dotes da aluna e insistiu em que ela representasse duas cenas ingratas de Casimir Delavigne, autor de insípidas peças históricas. Nem a própria Calíope conseguiria dar vida aos versos enfadonhos do dramaturgo.

Youle também mais estorvou que ajudou quando decidiu arrumar os cabelos da filha. Uma sessão no cabeleireiro eliminou seu último vestígio de confiança. Depois de rodear sua vítima, o "Fígaro idiota", como Sarah o chamou, disse: "Santo Deus! Todas as meretrizes de Tânger têm cabelos assim". Em seguida, brandindo os ferros quentes de frisar, aplicou-os com toda a força em seus cabelos, queimando-lhe o couro cabeludo. Os gritos da cliente não produziram o menor efeito sobre o *coiffeur*, que prendia e puxava, penteava e escovava com diabólica concentração. Quando finalmente lhe entregou um espelho, ela mal se reconheceu e desmanchou-se em lágrimas. Seus cabelos estavam grudados nas têmporas, ressaltando-lhe as orelhas muito grandes, e no alto da cabeça empilhavam-se fileiras de rolinhos, numa imitação dos antigos penteados gregos.

Chegando ao Conservatoire, Sarah arrancou os grampos dos cabelos. E sacudiu a cabeça com uma "raiva louca", enquanto as mechas oleosas lhe caíam pelo rosto. A voz quebrada pelos soluços, mal conseguiu fazer sua cena de *La fille du Cid* [A filha do Cid] e desmaiou ao sair do palco. Mas não perdera a vontade de lutar. Meia hora depois representou com delicadeza e graça uma passagem cômica de *L'école des vieillards* [A escola de velhos]. No entanto a moça que haveria de ser a primeira em tudo recebeu apenas um segundo lugar, como Paul Porel. O primeiro prêmio coube a sua amiga Marie Lloyd, uma deslumbrante beldade que nos trinta anos seguintes faria uma carreira obscura na Comédie Française. Como Marie não tinha parentes em Paris, Sarah convidou-a para almoçar:

> De volta para casa, caçoamos dos outros estudantes e rimos como idiotas. Mamãe recebeu Marie Lloyd com sua especial mistura de encanto e indiferença. Depois meu padrinho falou: "Bom, você se meteu numa bela enrascada. Por que tanta teimosia em relação ao teatro? Você é magra demais, baixinha demais. Seu rosto é bonito de perto, porém feio de longe. Além disso sua voz não se projeta".
>
> "Seu padrinho tem razão", interrompeu monsieur Meydieu. "Case-se, minha querida. Você nunca será nada no teatro."

Depois do almoço Youle conversou com a filha. Ela não devia sentir-se derrotada, nem se preocupar com o futuro. Ainda podia se casar com o pretendente holandês.

Sarah disse que ia pensar no assunto, mas só estava procurando ganhar tempo. Sentia que, apesar de tudo e de todos, pertencia ao teatro. Teria sido então que adotou seu *quand même* [apesar de tudo], o lema com o qual desafiaria o mundo durante sua longa vida?

Decidir ser atriz — *quand même* — era uma coisa; encontrar emprego era outra muito diferente. Se fosse escritora ou pintora, podia começar a trabalhar de imediato. Mas era uma intérprete, e sem público um intérprete não pode mostrar seu talento. Quem a contrataria? Onde encontraria uma platéia? Miraculosamente a resposta estava num bilhete que naquela noite ela encontrou em sua mesa-de-cabeceira. A letra era de madame Guérard:

> Enquanto você estava dormindo, o duque de Morny mandou um recado para sua mãe. Camille Doucet acabou de dizer a ele que seu contrato na Comédie Française está arranjado. Portanto, não fique triste, querida menina. Tenha confiança no futuro.

Dois dias depois Sarah recebeu um bilhete de Édouard Thierry, o diretor da Comédie Française. Devia ir ao teatro para assinar o contrato. Mais uma vez se colocou o problema do traje, e mais uma vez a solução foi ridícula. Achou-se que, como atriz reconhecida, ela devia usar um dos rebuscados vestidos de Rosine. Para causar ainda maior impacto, Rosine emprestou-lhe sua esplêndida carruagem, com cocheiro, lacaio e tudo. Ao partir nesse carro magnífico, Sarah era a imagem perfeita da jovem cocote bem-sucedida. Tanta pompa foi uma insensatez. Camille Doucet (chefe da Divisão Teatral do Ministério das Belas-Artes) e Léon Beauvallet ("o homem mais rude da França", na opinião de Sarah) conversavam na porta do teatro quando ela saiu, o contrato na mão.

"Ora, ora, então você tem uma carruagem", disse o ator.

"Não é dela", informou-lhe Doucet, "pertence a sua tia."

"Folgo em saber", Beauvallet replicou, a dúvida estampada no rosto. Porém nada iria desanimá-la. Sarah estava prestes a estrear no maior teatro do mundo, e o grande Camille Doucet lhe previra um futuro brilhante.

Uma semana depois Rosine ofereceu um jantar em homenagem à sobrinha. Para Rosine foi um momento de glória. Não era toda cocote que podia rodear-se de dignitários como o duque de Morny, Rossini e o conde Colonna-Walewski, ministro das Belas-Artes.

Após o jantar, quando chegaram os outros convidados, Rosine cantou uma balada popular e recebeu aplausos calorosos. Em seguida os copos se ergueram num brinde a Sarah, e todos pediram um poema. Enquanto ela declamava *L'âme du purgatoire* [A alma do purgatório], de Delavigne, Rossini acomodou-se no banco do piano e improvisou um fundo musical. Sarah estava radiante. Para completar sua felicidade, Youle beijou-a afetuosamente, declarando que ela a comovera de fato pela primeira vez — um cumprimento ambíguo que não chegou a magoar a empolgada jovem atriz.

Em 11 de agosto de 1862 Sarah devia estrear no papel-título de *Ifigênia*, de Racine — um dos três *débuts* em três papéis diferentes que, segundo a tradição da Comédie Française, faria em breve espaço de tempo. No primeiro ensaio ela chegou bem antes da hora e viu-se sozinha no palco imenso. Sem estar preparada para a escuridão, o silêncio, o frio digno de uma cripta e o emaranhado de cordas, pesos e roldanas, sentiu-se ameaçada. A atmosfera fantasmagórica tinha bem pouco em comum com a gloriosa visão de colunatas e nuvens pintadas que lhe ficara na lembrança desde sua primeira ida à Comédie Française. Os atores que começaram a entrar só aumentaram sua decepção. Essas pessoas carrancudas podiam ser as criaturas exaltadas que a comoveram até as lágrimas? Um olhar desconfiado para a apreensiva estreante, um rápido ensaio, alguns conselhos à novata, e lá se foram. No dia seguinte, depois de mais um ensaio e algumas sugestões apressadas, declarou-se que Sarah estava pronta. Afixou-se fora do teatro um cartaz anunciando "As Estréias de Mlle. Sarah Bernhardt". Sarah contemplou-o estupefata. "Não sei por quanto tempo fiquei ali de pé, fascinada com meu próprio nome", escreveu. "Parecia que todo transeunte que parava para ler o cartaz sabia quem eu era. Senti-me corar até a raiz dos cabelos."

O dia do primeiro *début* inexoravelmente chegou. Ao subir a escada fracamente iluminada que conduzia a seu camarim, a estreante viu-se dominada por uma excitação sufocante, uma dolorosa tensão. *Le trac*, o medo do palco, pesadelo de todo intérprete, visitava-a pela primeira vez.

Sarah, que sempre sofreria o medo do palco, não foi poupada dessa agonia nos bastidores. Saber que a platéia se compunha de professores em férias e turistas que não falavam francês não lhe abrandou os receios. Ao examinar-se no espelho do camarim, deparou-se com seus próprios olhos, fitando-a. O rosto parecia comum sob a maquilagem. O aviso repentino do contra-regra atingiu-a como um golpe. Não havia como fugir. Aliviou-a momentaneamente encontrar Provost e Samson esperando nos bastidores. Contudo, quando brincaram com ela, e a abraçaram, e lhe asseguraram que tudo correria bem, o medo duplicou. Mais que quaisquer outros, eram eles que a julgariam: eles, que lhe ensinaram cada gesto, cada inflexão. Parada atrás do cenário, a estreante ouvia, apreensiva, as vozes abafadas dos atores aproximando-se cada vez mais de sua deixa. "No entanto o sangue subiu-me aos ouvidos, e não pude escutar nada", lembrou depois.

Quando chegou sua vez, Provost resmungou "*merde*" e empurrou-a para o palco. Três atores, atentos, experientes, inumanos em seu profissionalismo, aguardavam a fala da jovem colega. Fez-se um silêncio perigosamente longo. Por fim Sarah recobrou a voz e disse seus versos, porém, como uma sonâmbula, não percebia nem som nem movimento. Apenas a memória e o treino lhe valiam. Ao baixar a cortina, ela correu para o camarim e arrancou seu traje. A pobre moça esquecera que tinha ainda quatro atos pela frente. "Eu sabia que haveria problemas sérios se desse vazão a meu nervosismo", escreveu. "Fui até o fim do espetáculo. Mas não posso dizer que causei impressão."

Sarah foi até o fim do espetáculo, porém antes ouviu ruidosas risadas ao erguer os braços frágeis em atitude de súplica. Dias depois o crítico mais poderoso de Paris, Francisque Sarcey, declarou:

> Mlle. Bernhardt [...] é uma jovem alta, atraente, com uma cintura delicada e um rosto adorável; em especial a parte superior de seu rosto é extraordinariamente bela. Porta-se bem e pronuncia as palavras com perfeita clareza. Por enquanto isso é tudo que se pode dizer.

O leitor despreocupado pode ter achado essas palavras bastante bondosas, mas Sarah chorou quando as leu e releu. O que tinha de errado a parte inferior de seu rosto? O crítico estava encorajando-a ou desencorajando-a com seu neutro "por enquanto isso é tudo que se pode dizer"? Sua apresentação seguinte, em *Valérie*, de Scribe, passou praticamente despercebida, mas sua terceira estréia, em *Les femmes savantes* [As sabichonas], de Molière, levou Sarcey ao ataque:

> O fato de mlle. Bernhardt ser inadequada não tem importância. Ela está estreando, e é natural que alguns principiantes não obtenham sucesso. Contudo o triste é que os outros atores não são muito melhores que ela. E são membros permanentes da companhia! A única diferença entre eles e sua jovem colega é que são mais experientes. São o que mlle. Bernhardt pode vir a ser em vinte anos, se continuar na Comédie Française.

O ataque generalizado de Sarcey não granjeou para Sarah a estima de seus colegas atores. Falavam de sua língua afiada e seus modos pretensiosos, porém daí a serem lançados na mesma lata de lixo daquela nulidade sem talento era demais. A pobre e ambiciosa Sarah se viu ignorada pela direção e durante quatro meses desalentadores não recebeu nenhum outro papel.

Em casa a situação não era melhor; os "eu bem que falei" e os sorrisinhos da mãe não contribuíam em nada para animá-la. Parecia que unicamente a irmã caçula a amava. Com nove anos, Régine era uma menina excêntrica, que só abria a boca para chocar a família com obscenidades muito bem escolhidas. Sarah a amava e levava-a consigo a toda parte. Nada podia ter sido mais bem calculado para irritar seus colegas atores que verem a rebelde protegida de Morny carregando a irmã para lhe fazer companhia no camarim. Tal comportamento era inédito na Comédie Française.

Em 15 de janeiro de 1863 o teatro celebrou, como em todos os anos, o aniversário de seu fundador, Molière. Era um ritual solene. Os atores da companhia se reuniam e em seguida iam, dois a dois, colocar palmas no busto do dramaturgo. Ao saber disso, Régine implorou para ver. Sarah tolamente consentiu. As irmãs, de mãos dadas, assistiam à procissão que parecia um ritual druídico. À frente estava madame Nathalie. Uma megera de porte formidável, busto formidável e um vestido púrpuro que se arrastava um metro abaixo de suas ancas formidáveis, era o terror da companhia. Ao fazer menção de avançar, palmas a postos, descobriu que não podia se deslocar porque Régine se plantara em seu caminho. Com um uivo digno de Medéia, madame Nathalie empurrou a menina, que caiu junto a um pilar de mármore. Régine gritou e, o rosto banhado de sangue, atirou-se nos braços da irmã. "Sua besta", Sarah berrou, lançando-se sobre madame Nathalie. E, antes que a robusta senhora pudesse responder, esbofeteou-lhe ambas as faces. Entrementes Régine dizia que não fizera de propósito, que aquela cadela gorda não tinha o direito de empurrá-la. Os que estavam do lado da menina expressavam sua aprovação; os que apoiavam madame Nathalie encolhiam os ombros, indignados; e o público se impacientava com a demora. Por fim as festividades se iniciaram com poemas exaltando a glória de Molière e cenas de suas peças.

No dia seguinte monsieur Thierry chamou Sarah. Cumpria pedir desculpas. Se madame Nathalie as aceitasse, Sarah teria de pagar uma vultosa multa; se não, ele teria de pedir-lhe que se demitisse. Monsieur Thierry falou do privilégio que era fazer parte da Comédie Française e dos perigos aos quais ela se exporia caso deixasse a companhia. Depois de um comportamento tão revoltante não surpreende que ela não recebesse nenhum papel. A única exceção foi uma representação, em março, de *L'étourdi* [O estouvado], de Molière, em homenagem a seu professor, Samson, que estava deixando o palco.

Sem nada para fazer, Sarah estava frustrada, entediada e infeliz numa companhia que a detestava. Como repetidas vezes se recusou a pedir desculpas, não teve seu contrato renovado. Imprudente, teimosa, com o *amour-propre* intato, ficaria afastada da Comédie Française por quase dez anos.

Sarah bateu em madame Nathalie, e o mundo revidou. Um ano antes ela era a moça que ingressou na Comédie Française graças à influência de Morny. Agora era apenas uma desordeira sem talento suficiente para justificar a proteção do duque. Havia atacado em parte para vingar a irmã e em parte porque se sentia humilhada com seu fracasso aos olhos do mundo. O pessoal do teatro não se importava com ela, a mãe estava cansada de sustentá-la, e o padrinho sugeria que abrisse uma loja de doces, o que a deixava doente.

Foi uma época difícil para Sarah, que durante alguns anos ganhou a vida geralmente na cama. A tentação é a de deixá-la discretamente escondida, não fosse o fato de que os reveses e recompensas da *vie galante* aprofundaram sua compreensão das cortesãs que mais tarde interpretaria de modo tão admirável.

Na década de 1860 Sarah, loira e esguia, e Marie Colombier, morena e voluptuosa, saíam muito. Ambas eram novidade, como a pintura nova e os amplos bulevares com que o barão Haussmann transformava Paris. Pois uma nova Paris estava surgindo — e com ela um novo estilo de vida. Dinheiro e empreendimentos mudavam a face — e o espírito — da cidade. Outra era "moderna" se iniciara: confiante, cínica e exuberantemente marcial.

Fruto de sua época, Sarah se viu envolta na pompa, no esbanjamento e na alegria contemporânea. Como sua mãe, queria uma fatia do bolo e a maior que pudesse conseguir. A semelhança terminava aí. Youle exercia sua profissão em troca de luxo e conforto. Sarah considerava tal aspiração a morte do espírito. Seu desejo era expressar-se em drama poético; seu amor era o teatro — mesmo com o fracasso. Relutante mas curiosa, assumiu a vida de *demimondaine*. Intensamente, cabe dizer. Mas não com o coração. Era orgulhosa demais, impaciente demais para submeter-se aos poderosos egos masculinos do Segundo Império, que em geral consideravam as esposas enfadonhas e viam as amantes como prostitutas.

Quando saiu da Comédie Française, Sarah era uma jovem comum e despreocupada. Quando escreveu *Ma double vie* era uma famosa atriz de 54 anos e compreensivelmente resolveu tratar seu passado com discrição. Nesse livro alude a um certo conde de Kératry — tido em geral como seu primeiro grande amante —, presente a uma festa de Rosine em sua homenagem. Segundo Sarah, o conde era um "elegante e jovem hussardo" que flertou com ela e convidou-a a declamar no salão de sua mãe. Entretanto Marie Colombier descreveu o primeiro encontro dos dois em circunstâncias infinitamente menos elegantes:

> Voltando do teatro onde estreara poucos dias antes, Sarah tirou o chapéu e as luvas e jogou-se num sofá. Desiludira-se com muita freqüência e estava com um humor feroz. [...] Sua estréia vergonhosa lhe humilhara o orgulho artístico. Ela aparecera sem fanfarras. Os jornalistas mal se deram o trabalho de anunciar o evento. Ela não havia procurado Sarcey antes e agora percebia que este se desforrava.
>
> Aí estava sua grande mágoa. Como amava o teatro, teria engolido o orgulho e deixado que um ou dois críticos a seduzissem. Isso lhe teria garantido críticas entusiásticas e impulsionado a carreira. E havia sua mãe, atormentando-a. Todo dia, vinte vezes por dia, vinha ela com a mesma ladainha: "Faz mais de um mês que você está no teatro e ainda não encontrou um jeito de se tornar útil!". Era o suficiente para deixá-la louca.
>
> Contudo ninguém a cortejava. Ela não podia parar os homens na rua, puxando-os pela manga. [...] Tia Rosine calmamente esperou a tempestade passar e depois disse: "Minha querida, não se consegue nada com gritos. Você precisa lutar pelo que deseja, aproveitar ao máximo as oportunidades. Hoje à noite há uma oportunidade que não deve perder. Sua mãe está arrumando entradas para o *Variétés*. Venha conosco. Lá sempre há muita gente de alta classe. Se não conseguir agarrar ninguém, então você é um caso perdido. Confie em mim". Seguindo o conselho da tia, ela foi para o quarto, onde ficou duas horas se embelezando. Quando apareceu, estava radiosa. Logo as três mulheres se dirigiam ao *Théâtre des Variétés*.
>
> Durante o espetáculo Sarah não olhou para o palco. Sentada na parte da frente do camarote, examinava com o binóculo os homens na platéia. Entrementes estes notaram a estranha jovem de belos olhos e penteado excêntrico. "*Très chic*", murmuraram, aprovando-a. Os que conheciam Rosine e Youle estavam curiosos para saber quem era sua companheira. Sarah estudava os homens cuidadosamente, friamente, impassivelmente. De súbito seus olhos se fixaram num jovem que estava sentado bem abaixo do camarote. Tendo seu olhar retribuído, ela corou. No final do espetáculo Youle e Rosine saíram apressadas. Quando chegaram à rue Vivienne, Sarah alcançou-as, ofegante, dizendo que as perdera de vista na multidão. As duas mulheres desejavam questioná-la, porém guardaram silêncio, tranqüilizadas por sua expressão exultante. Sarah voltou-se para ver se alguém a seguia. Tão curiosa quanto a sobrinha, Rosine imitou-a. Ali, bem atrás delas, estava o homem que cativara o olhar de Sarah no teatro. [...] As irmãs pareciam pais vendo a filha dar os primeiros passos e, ao mesmo

tempo, profissionais veteranas assistindo à estréia de uma protegida. Agora estavam na rue Saint-Honoré, e o estranho ainda as seguia com o ar de um transeunte indiferente. As irmãs entraram depressa no prédio de Youle, dando tempo para Sarah falar com seu admirador. Quando chegaram a seu andar, a jovem alcançou-as. Pela primeira vez em muitos meses Youle abraçou a filha na hora de dormir, dizendo: "Você é uma boa menina"; e tia Rosine, sinceramente comovida, acompanhou Sarah até a porta do quarto. Beijando-a com carinho, sussurrou: "Meus parabéns. Você tem bom gosto. Ele é ótimo. Agora você precisa usar a cabeça".

Sarah achou que precisava de conselho. "Querida tia", murmurou, "foram dois homens que me notaram. O jovem era muito atraente, porém o velho parecia mais rico. Dispensou sua carruagem para me seguir e me deu seu cartão. Posso vê-lo quando quiser. Não sei o que fazer. Qual deles devo escolher?"

Emocionada, a cortesã falou: "Olhe, meu bem, que isto fique entre nós; em seu lugar eu me entregaria ao jovem. O importante é começar".

Com faro de especialista, Rosine escolhera corretamente. Émile de Kératry tinha trinta anos, era bonito e distinto. Lançado na sociedade, o jovem tenente liderava um grupo de homens elegantes e folgazes. Com uma taça de champanhe na mão e uma gardênia na lapela, manejava as mulheres com o mesmo estilo frio e elegante com que conduzia seus soldados à batalha. Certamente a alegria, o espírito mordaz e o talento para o deboche inventivo o tornavam superior a seus companheiros.

Como folgazão dissoluto, ficou intrigado com a bizarra mistura de ingenuidade e corrupção existente em Sarah. Quanto a esta, embora se sentisse muito atraída, com certeza não o amava, pois era uma daquelas mulheres incapazes de amar. Depois de seus abraços apaixonados, passou a estimá-lo ainda menos. Vagos sentimentos de repugnância e desilusão a dominavam. Então *isso* era amor? E ela preferira o jovem ao velho rico! A desilusão era maior que a repulsa — uma repulsa que, bem sabia, suas amigas não compartilhavam. Sentia-se incompleta e, por isso, envergonhada.

Depois de fazer amor, quando estava na hora de partir, Kératry caçoou carinhosamente de seu vestido e disse-lhe que precisava de roupas mais bonitas. Aqui ela já foi a atriz consumada. Fez o jovem oficial pensar que tinha de convencê-la a permitir que lhe desse dinheiro e lhe fosse útil de outras formas. Chegando em casa, jogou o dinheiro sobre a mesa e falou para Youle: "Espero que não me aborreça mais".

"Aborrecer você!", Youle exclamou e disse que só estava pensando no bem da filha, estava só tentando colocá-la no caminho certo. Naquela manhã, de fato, alugara um apartamento maior no boulevard Malesherbes, onde Sarah teria seu próprio quarto com entrada separada, de modo que ficaria totalmente independente. Assim teria as vantagens da vida em família e da privacidade.

Os relatos sobre as atividades sexuais dos outros baseiam-se muito em conjecturas e rumores. As cartas de Sarah revelam que ela era complicada em relação a sexo e habitualmente adiava encontros com amantes que, insistia em dizer, satisfaziam suas mais ardentes fantasias. Talvez — e isto também é conjectura — as experiências de Lélia, a heroína do romance de George Sand, se assemelhem às de Sarah:

> Perto dele eu sentia uma espécie de desejo estranho e delirante que [...] nenhum abraço carnal podia satisfazer. Sentia o peito devorado por um fogo inextinguível, e seus beijos não me davam alívio. Eu o estreitava em meus braços com uma força sobre-humana e caía a seu lado, exausta, desanimada por não haver meio possível de transmitir-lhe minha paixão. Em mim o desejo era um ardor da alma que paralisava o poder dos sentidos antes de despertá-los. Era uma fúria selvagem que se apossava de meu cérebro. [...] Meu sangue gelava, impotente e pobre diante do vôo imenso de minha vontade. [...] Quando ele estava sonolento, satisfeito e descansado, eu me deitava imóvel a seu lado. Achava-o tão bonito. Havia tanta força e grandeza em seu pacífico semblante. [...] Ondas de sangue subiam-me ao rosto. Depois tremores insuportáveis passavam-me pelos membros. Parecia que eu experimentava novamente a excitação do amor físico e o torvelinho crescente do desejo. Sentia-me violentamente tentada a acordá-lo [...] a pedir seus carinhos. Contudo eu resistia a esses enganosos apelos de meu sofrimento porque bem sabia que não estava em seu poder acalmar-me.

É provável que a romancista falasse por experiência própria. Se de fato era assim, a frustração de Sarah, como a de George Sand, constituiu um estimulante que a levou a ter casos incontáveis. Sua ligação com Kératry durou vários meses — até que ele partiu para o México em missão militar.

Em março de 1863, três semanas após sua ruptura com a Comédie Française, Sarah foi contratada para representar pequenos papéis e eventualmente substituir as primeiras damas do Gymnase, o teatro mais elegante de Paris. Se era um claro passo para baixo, o contrato também tinha suas vantagens. A estréia prematura no teatro nacional da França havia colocado Sarah numa posição falsa. Agora, fora do centro das atenções, ela conseguia dizer suas poucas falas sem se deixar dominar pelo terror, aprender com os colegas os truques da profissão e desenvolver seus talentos num ritmo adequado. Toda noite via os acendedores de lampiões iniciarem sua ronda. Um a um, o palco, o vestíbulo, os corredores e camarins eram envoltos numa luz âmbar. Baixava-se o lustre suntuoso, o gás a meia chama, para revelar fileiras e fileiras de poltronas rodeadas por um semicírculo dourado de camarotes. Faxineiras resmungavam de modo inaudível ao entrar para tirar a capa das cadeiras e brandir a esmo seus espanadores. Bombeiros de capacete, elegantes e marciais, tomavam seus postos, enquanto seu chefe se mantinha vigilante junto às luzes da ribalta, aquela fileira de fogo que com freqüência causava trágicos incêndios.

Bem acima pendiam enormes barris de água para uma emergência. Os preparativos prosseguiam, enquanto a ruidosa tripulação do palco gritava ordens, fixava bambolinas e puxava pesos e roldanas como marinheiros manejando o cordame de um navio. As claques sentavam-se sob o lustre e esperavam para ovacionar os atores que haviam comprado seu entusiasmo naquela noite. A orquestra afinava os instrumentos. O contra-regra verificava os acessórios. Ao soar a sineta, fazia-se silêncio. Os atores corriam para os bastidores, enquanto a orquestra tocava as últimas notas da abertura. A cortina se abria, e de repente atores e público se uniam no espetáculo daquela noite.

Na temporada de 1863-64 Sarah representou sete papéis, alguns deliciosos, alguns medíocres. As peças em que atuou — levando-se em conta os postulados e ortodoxias específicas da época — pareciam-se muito com as de hoje. Então como agora o interesse se concentrava nas abordagens dramáticas ou cômicas de casos de amor, infidelidade, ciúme, problemas domésticos, intriga e crime.

Sarah, que se sentira sufocada pelo que considerava a sepulcral retidão da Comédie Française, agora sentia-se, em seu idealismo de oposição, muito acima da frivolidade do Gymnase. A futura rainha da tragédia queria fervor, não efervescência. Mas era com efervescência que cantava cançonetas como *"Un baiser? O non! non!"* [Um beijo? Oh, não! não!].

Em abril de 1864 Sarah apresentou-se no Gymnase pela última vez em *Un mari qui lance sa femme* [Um marido que lança sua mulher], comédia de Labiche e Deslandes. O marido pode ter lançado a mulher, mas a peça não contribuiu em nada para lançar Sarah.

> Não fui nem um sucesso, nem um fracasso [escreveu ela]. Simplesmente passei despercebida. Naquela noite minha mãe me falou: "Minha pobre criança, você esteve ridícula como aquela tola princesa russa. Deixou-me muito infeliz". Eu não disse uma só palavra, mas queria realmente me matar.

Não foi apenas a crítica de Youle que levou Sarah a pensar em suicídio. Ela estava grávida e, sem nenhum marido ou amante evidente, encontrava-se numa situação difícil.

Em *Memories of my life* [Lembranças de minha vida], sua imaginação alçou vôo num capítulo denominado "Castelos no ar". O que se segue pode ser verdade, mas também é possível que em sua maior parte seja invenção. Ela escreveu:

> Naquela noite dormi muito mal e por volta das seis da manhã corri para a casa de mme. Guérard. Pedi-lhe que me desse um pouco de láudano, mas ela se recusou.

Ao ver que eu realmente o desejava, a pobre e querida mulher compreendeu minha idéia. "Muito bem", disse eu, "jure por seus filhos que não contará a ninguém o que vou fazer, e não me matarei."

Na seqüência Bernhardt conta que, em vez de matar-se, impulsivamente partiu para a Espanha naquela manhã, levando consigo uma criada e pedindo a madame Guérard que entregasse duas cartas: "uma carta afetuosa para minha mãe, na qual lhe pedia que me perdoasse", e "uma carta boba para o diretor do Théâtre Gymnase, na qual não explicava nada. Terminei-a com estas palavras: 'Tenha pena de uma pobre jovem louca'".

Há páginas de aventuras picarescas em Marselha e Madri e a decisão de morar na Espanha para sempre — decisão revogada por um telegrama informando que Youle estava muito doente. De volta a Paris, Sarah teve um encontro emocionado com a mãe, após o qual resolveu-se que ela se mudaria para um apartamento na rue Duphot, ali perto, levando Régine consigo, e que Jeanne ficaria com Youle. A única aventura omitida é a que provavelmente constitui o fato mais importante de sua vida pessoal: o nascimento de seu único filho, Maurice, em 22 de dezembro de 1864. Em suas memórias ela nunca se refere ao pai do menino e só menciona Maurice depois que este completou quatro anos. Pois, se aos vinte anos esperava sair do anonimato, na época em que escreveu suas memórias lutava para manter uma aparência de privacidade.

Representar, personificar e prevaricar são ações interligadas, como parentes consangüíneos (afinal, ator em grego é *hypokrites*), e Sarah possuía talento para as três. Ela contou muitas histórias conflitantes sobre o romance que resultou no nascimento de seu filho. Nos momentos mais alegres diz que nunca conseguiu decidir se o pai de seu filho era Gambetta, Victor Hugo, o general Boulanger ou o duque de Clarence — uma indecisão surpreendente, pois quando Maurice nasceu ela não conhecia nenhum desses homens.

Como todos os atores, Sarah temia entediar sua platéia, ainda que essa platéia se resumisse a uma só pessoa. E, assim, quando sua neta, Lysiane Bernhardt, estava reunindo material para a biografia oficial "segundo foi narrada", Sarah presenteou-a com o que declarou ser a verdadeira história de sua vida. No entanto, quando o marido de Lysiane, o dramaturgo Louis Verneuil, escreveu *sua* biografia "oficial", ela não hesitou em brindá-lo com outra "história verdadeira" muito diferente, uma tática diversionária concebida para esconder de Maurice e dos netos algumas verdades tristes e de si mesma outras verdades ainda mais tristes.* Em resumo foi mais ou menos isso que contou ao marido da neta:

(*) Verneuil era um dramaturgo de sucesso que admirava Sarah obsessivamente. Casou-se com Lysiane em 1921. O casal divorciou-se pouco após a morte de Sarah, em 1923, o que nos leva a imaginar que Verneuil estivesse mais apaixonado pela atriz que pela esposa. Sua biografia de Bernhardt foi publicada em 1942; a de Lysiane, em 1945.

Quando estava no Gymnase, a companhia foi convidada a apresentar-se diante de Napoleão III e sua corte. Um espetáculo realizado nas Tulherias por ordem do soberano constituía uma oportunidade extraordinária, e Sarah estava decidida a superar a si mesma. Chegada sua vez, posicionou-se, fez uma reverência em grande estilo e anunciou que declamaria um poema de Victor Hugo. Fazia mais de dez anos que o imperador banira o poeta republicano, e ali estava uma pequena atriz vinda sabe Deus de onde, confrontando-o em seu próprio palácio com palavras subversivas que ele não queria ouvir.

Um frio glacial instalou-se na sala. Achando que sua escolha talvez tivesse sido triste demais para a platéia imperial, Sarah começou a declamar uma obra mais entusiástica do poeta exilado. Diante disso o imperador levantou-se, solenemente ofereceu o braço à imperatriz e, demonstrando sua desaprovação, dirigiu-se ao salão contíguo, seguido por seus convidados escandalizados.

E lá ficou Sarah sozinha no palco, encarando fileiras de poltronas vazias. Não ficou sozinha muito tempo. O diretor do Gymnase saltou para o palco, xingando e ameaçando bater-lhe. Nesse momento uma voz autoritária clamou: "Deixe a menina em paz!". O cavaleiro errante que vinha salvá-la era o loiro e belo Charles-Joseph-Eugène-Henri-Georges-Lamoral-Prince de Ligne, o mais nobre dos príncipes belgas.

Verneuil termina seu relato num tom de êxtase:

> Exaltada, apaixonada por tudo que fosse romântico, sempre empolgada com tudo que fosse nobre ou raro, [Sarah] de imediato interessou-se profundamente pelo jovem cortesão que defendia com tanto vigor uma pequena atriz desconhecida e insignificante. [...] Quanto ao príncipe, nesse primeiro encontro mostrou-se visivelmente atraído pela beleza peculiar e pela natureza vibrante da jovem artista.
>
> No final da noite acompanhou-a até a casa de sua mãe. No dia seguinte encontraram-se, e no outro também — todos os dias e todas as noites até o verão. Esse grande amor logo se transformou numa verdadeira paixão, que era sincera de ambas as partes, o mais raro e tocante sentimento recíproco que já uniu dois jovens corações.

Sarah presenteou Lysiane com um pequeno drama igualmente romântico. Contou-lhe que no ensaio final de *Un mari qui lance sa femme* avistou num camarote Dumas e sua mãe, cujo rosto expressava desaprovação. Mais tarde naquela noite Dumas procurou-a. Alguma coisa estava horrivelmente errada. Era verdade que ele a encorajara a ser atriz. Talvez tivesse razão, talvez não. Mas uma coisa era certa: Sarah estava no caminho errado. Precisava descansar, mudar de ares e ter tempo para compreender que ela era seu pior inimigo. Em suma, precisava sair de Paris. Sarah argumentou que não podia abandonar a peça nem a mãe. Dumas prometeu cuidar de tudo. Escreveria a monsieur Jean

Bruce, um amigo que morava na Bélgica e tomaria conta dela. Poucos dias depois Sarah estava em Bruxelas, dirigindo-se a um baile de máscaras.

Jamais esqueceria aquela distante noite de junho, contou a Lysiane. Seu *carnet de bal* logo estava repleto de nomes ilustres. E, o mais memorável de tudo, um estranho mascarado cortejou-a. Estava fantasiado de Hamlet, e ela de Elizabeth da Inglaterra. Sob a pressão insistente da mão enluvada do estranho em suas costas, foi conduzida até o terraço por entre o labirinto dos pares que valsavam.

> Ele: Madame — ou será mademoiselle? Poderia tirar a máscara?
> Ela: Por que, monsieur?
> Ele: Para me dar prazer.
> Ela: E por que haveria eu de lhe dar prazer?
> (Hamlet toma Elizabeth nos braços e tenta beijá-la. Ela o esbofeteia.)
> Ela: Ah, monsieur Hamlet, não tome liberdades comigo! Não sou Ofélia.
> (Hamlet se vê num espelho, repreendendo a rainha Elizabeth. Cai na gargalhada.)
> Ele: O príncipe da Dinamarca humildemente suplica o perdão da rainha. (E, em inglês) *To forgive or not to forgive?* [Perdoar ou não perdoar?]
> Ela: (em inglês, sorrindo) *To forgive!* [Perdoar!]

No final da noite o príncipe ofereceu-lhe uma rosa. Um bilhete envolvia o caule:

> Esta flor, mademoiselle Bernhardt, é como seu caráter, eriçado de espinhos cruéis. Como sei seu nome, porém não conheço seu rosto, leve essa rosa amanhã ao passeio e a encontrarei. Deve isso a seu melancólico príncipe da Dinamarca.

De manhã Sarah alugou um fiacre aberto, prendeu a rosa em seu fichu de renda e entrou na longa fila de carruagens que passavam para cima e para baixo na elegante avenue Louise. Em seu esvoaçante vestido amarelo e com seu lindo chapéu parisiense, tinha em cada poro a aparência da lânguida mulher do mundo. Logo um belo e jovem cavaleiro emparelhou-se com seu fiacre. "Madame Elizabeth", disse, tirando a cartola com um gesto elegante. "Monsieur Hamlet", Sarah murmurou, enrubescendo.

E assim começou o grande caso de amor. Uma carta de monsieur Bruce a Alexandre Dumas parece confirmar a história de Sarah:

> Bruxelas, junho de 1863
>
> Meu caro Dumas, sua jovem amiga, mlle. Sarah Bernhardt, conquistou Bruxelas. Em nosso baile cativou o coração do príncipe de L. [...] Parece que andam se encontrando. Você está zangado comigo por oferecer à moça demasiada distração de seus problemas, ou me parabeniza por dar a uma atriz os meios para libertar-se?
>
> P. S. Acabo de voltar de seu hotel. Sarah não apareceu por lá durante uma semana. Parece que está viajando com amigos. Receio que esses "amigos" se resumam a um

1. Sarah aos dezesseis anos, quando ingressou no Conservatoire.

2. Sarah e a mãe.

3. Rosine, tia de Sarah, irmã de Youle.

4. Youle (à esquerda) com as filhas Sarah (no centro) e Jeanne.

5. Youle (à esquerda) e Sarah.

6. Sarah adolescente no ateliê de Nadar.

21. Faz decoração.
Terka, esposa de Maurice, está à direita. Parcialmente escondido pelo lustre, vê-se o retrato mais famoso da Bernhardt elaborado por Clairin. Essa foi sua última casa, no boulevard Péreire.

22. Ela medita.

23. Posa.

24. Conversa.

25. É modelo de peles.

26. Ouve a própria voz.

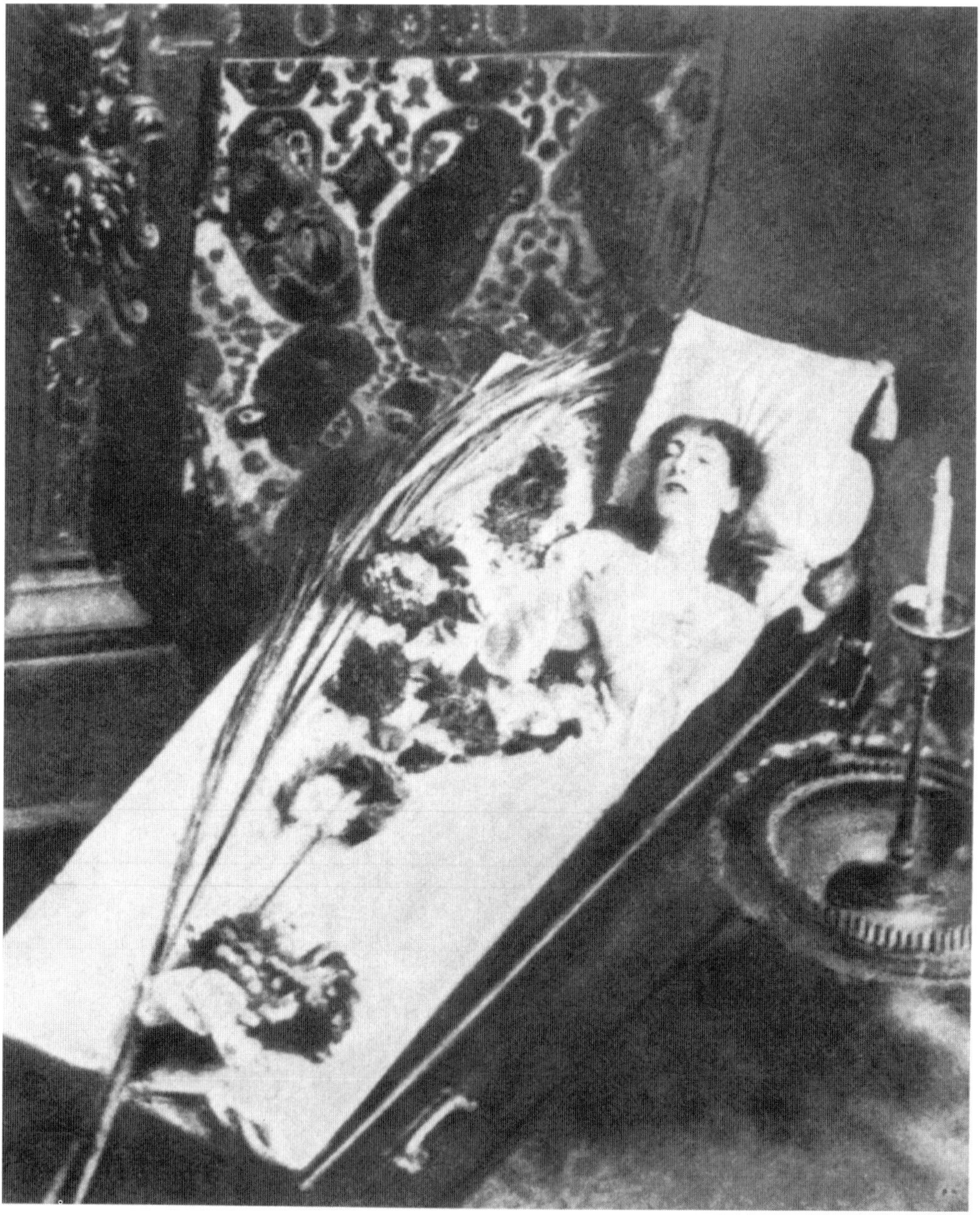

27. Finge-se de morta (em casa). As fotografias de Sarah dormindo num caixão venderam muito e lhe deram enorme notoriedade.

único homem e que a viagem não tenha ido além da avenue de la Toison d'Or. É o que acontece quando se deixa uma libélula solta com uma borboleta.

Sem nunca se embaraçar, Sarah apresentou não só duas novas versões de seu caso, como ainda dois desfechos. Ambos se aproximam perigosamente da cena da renúncia de Marguerite em *A dama das camélias.* O triste é que suas fantasias românticas não conseguiram esconder o fato de que o príncipe não era tão principesco quanto ela esperava. Nunca reconheceu o menino como seu filho, nem se ofereceu para sustentá-lo. Só depois que *la petite Sarah* se tornou *la grande Sarah* ele tentou reparar a situação. Bernhardt nunca o perdoou — nem o esqueceu. Anos mais tarde, em cartas para outros amantes, estendeu-se sobre seu profundo amor por Ligne: sobre suas "esperanças frustradas, lágrimas impotentes, desespero que levava a pensar em suicídio".

Em *Memórias de Sarah Barnum* Marie Colombier confirma sua infelicidade. Marie, que como sua "melhor amiga" também apreciava a bela aparência e o monóculo do príncipe de Ligne, lembrava-se de Sarah correndo "aos prantos para o autor de seu infortúnio". O príncipe estava dando uma festa para inaugurar sua casa nova e não a convidara. Ao ver suas lágrimas, reteso-se. Sua *petite amie* estava prestes a estragar-lhe a noite. Entretanto nada poderia abalar a compostura que ele herdara com o título e a riqueza. À palavra "sedução", riu discretamente. Mas o riso se transformou em incredulidade quando Sarah anunciou que estava grávida dele.

"Minha cara jovem", disse o príncipe, "como observou tão espirituosamente a atriz Augustine Brohan, você deve entender que, quando se senta num monte de espinhos, nunca pode saber qual foi que a espetou." Depois explicou que não podia abandonar seus convidados por mais tempo, beijou-lhe a mão e acompanhou-a até a porta.

Ligne retirou seu amor e seu dinheiro, porém deu-lhe um presente infinitamente mais precioso: um filho que despertou nela um afeto do qual não se julgava capaz. Entretanto Sarah foi uma madona irrequieta. Tinha apenas vinte anos quando Maurice nasceu, e a ternura que sentia por ele, a ansiedade com seus fungos e lágrimas não conseguiam satisfazer as necessidades de uma mulher dotada de uma energia infinita. Sem ofertas de trabalho no teatro, não demorou muito para se voltar para outros aspectos do que chamava seu "Moi".

"Sei que tinha pouquíssimo talento, mas estava decidida a tentar tudo", escreveu. Esse "tudo" incluía um apaixonado interesse por pintura e escultura, o qual bem pode ter surgido no ateliê de Félix Nadar, pois nas salas do grande fotógrafo respirava-se arte. Todo mundo posou para ele: Verdi, Berlioz e Rossini; Baudelaire, George Sand e Flaubert; Delacroix e Courbet; os irmãos Goncourt, o anarquista russo Mikhail Bakunin e a moribunda Rachel.

Esses luminares já eram famosos quando Nadar os fotografou, mas Sarah era praticamente desconhecida. Seus primeiros estudos da atriz poderiam intitular-se *Jovem no limiar da vida.* Nadar a mostra com a habilidade de um mestre retratista. É claro que ela o comoveu e seria capaz de comover platéias inteiras. Essas fotografias têm vida graças ao que os atores chamam de "presença". Envolta em veludo drapeado à maneira de Ticiano, Sarah revela talento para a caracterização. Num retrato representa uma virgem sonhadora, ardente e melancólica. Em outro olha sedutora para a câmera, sibilina, sensual, ávida dos prazeres da carne. Mais tarde Paul, filho de Nadar, faria literalmente centenas de fotos de Sarah.

Freqüentar Nadar equivalia a aprender. Tudo era flamejante, barulhento e novo. A conversa era nova, os quadros eram novos, a fotografia era nova. O ateliê de Nadar era novo, o boulevard des Capucines, onde se situava, era novo, e até o nome do fotógrafo — originalmente Tournachon — era novo.

Homem gigantesco, Nadar era um estudo em vermelho: os cabelos, o bigode, o chambre que usava para trabalhar, as paredes do ateliê e a fachada do prédio reluziam com sua cor favorita.

Seu ateliê constituía um ponto de encontro de *le Tout Paris artistique.* Ali Dumas convivia com Offenbach, Sardou com Doré. Enquanto Nadar tirava uma foto atrás da outra, seus amigos praticavam esgrima num canto do imenso ateliê. Outros bebiam, faziam mexericos, discutiam sobre arte e política, falavam de seus casos amorosos e das ascensões em balão de seu anfitrião.

Provavelmente foi nessa atmosfera boêmia que Sarah posou nua atrás de um leque. Que atraente é esse corpo esguio e contudo voluptuoso, com os seios pequenos e erguidos, a cintura delicada que, como um "esse" sutil, funde-se nos quadris estreitos! Apesar da altura — pouco mais de 1,50 metro —, a figura esguia e os cabelos curtos sugerem mais uma jovem deste século que uma beldade do Segundo Império. A disposição de posar nua parece indicar que ela precisava de dinheiro e não se importava de mostrar o corpo para consegui-lo. Sua carreira estava parada. Entre abril de 1864 e agosto de 1866 Sarah apareceu numa única montagem, um *spectacle*, ou *féerie*, encenado no Théatre Porte Saint-Martin e intitulado *La biche aux bois* [A corça no bosque].

O poeta Robert de Montesquiou — um dos modelos que Proust usou para criar o barão de Charlus — lembrava-se de sua futura amiga

> adormecida numa daquelas faixas de relva que os mecanismos primitivos da época moviam para a frente e para trás. Ela possuía cabelos arruivados e ligeiramente ondulados, uma graça esguia e o perfil de um cordeirinho. Em meio ao brilho alegre do espetáculo, momentos de tristeza a dominavam. Foi nesses momentos que ela mais me comoveu.

Se sua breve participação nesse "superespetáculo" popular foi um passo atrás, Bernhardt adorou-a. Como a maioria dos atores sérios, gostava da vulgaridade inocente e da rematada habilidade dos artistas do *music-hall*. Nostálgica em relação a esses astros populares, já esquecidos quando ela escreveu suas memórias, Sarah fala afetuosamente de madame Ugalde, que a ensaiou nos duetos de ambas. "Sim", escreveu, "eu ia cantar com uma cantora de verdade, a principal artista da Opéra-Comique, que me encorajou e me disse que minha voz era bonita, embora eu sempre desafinasse." A Maraquita, a dançarina do momento, dedicou elogios carinhosos: "Oh, que encanto aquela deliciosa Maraquita, com suas danças animadas e sua distinção genuína".

Representar *La biche aux bois* foi divertido, até mesmo instrutivo, mas não ajudou a pagar as contas de Sarah. Sem o menor espírito prático, ela as ignorava. A frugalidade era algo indigno e as dívidas constituíam apenas um trampolim para maiores extravagâncias. Suas roupas eram caras — haviam ficado para trás os vestidos usados de Rosine —; com ou sem pai, Maurice era mimado como o pequeno príncipe que poderia ter sido; e a babá, a empregada e a cozinheira esperavam receber seus salários regularmente, por irritante que isso fosse. Não havia outra saída senão fazer o jogo de sua mãe. E, assim, sempre atenta a possíveis contratos, Sarah cada vez mais se tornou dependente dos amantes, como ocorria com muitas de suas amigas atrizes. Em geral achava muito divertido abrir seu salão de cetim branco para aristocratas, embaixadores, banqueiros e — havia aprendido a lição — críticos teatrais. "O estranho é que se dão muito bem", confidenciou a Marie Colombier. "Nunca brigam e parece que se adoram. Às vezes penso que, se eu desaparecesse, eles continuariam se reunindo em meu apartamento com o maior prazer."

Sarah se subestimava. Era uma beldade, uma criatura original cuja vitalidade eletrizava os que a rodeavam. Seu comportamento extravagante os encantava. Divertiam-se muito quando ela se escondia dos credores na casa que alugou em Auteuil. Davam-lhe um lugar na cama depois de uma noite de prazeres, quando era muito tarde para ela voltar a seu esconderijo rural. Quando os criados carregaram seus móveis e utensílios porque ela não lhes pagava, seus amantes encheram a casa de cadeiras e mesas, roupa branca e prataria. Um cavalheiro generoso — e, sem dúvida, prudente — até a presenteou com um lindo bidê novo.

Na verdade Sarah estava fazendo mais sucesso como cortesã do que fizera como membro da Comédie Française. Aos vinte anos não tivera uma grande oportunidade de mostrar seus dotes pessoais. Talvez não acreditasse neles. Seus fracassos no teatro e a presença desdenhosa de Youle não contribuíram em nada para sua segurança. Agora, sob seu próprio teto, tranqüilizada por seus sorridentes visitantes, passara de adolescente a mulher, num salto espantoso. A falta de um palco para atuar não impedia que a atriz inata representasse. Com efeito, era preciso alguma habilidade dramática para simular paixão e embolsar o dinheiro dos amantes com calma indiferença. Ademais, ali estava uma oportunidade de se estudar; Sarah encenava suas entradas e saídas, suas risadas e lágrimas, seus gestos sinuosos com um narcisismo vigilante que a tornava tão irresistível para si mesma quanto para seu círculo.

Quinze anos depois o crítico inglês Tom Taylor lembrou os resultados da disciplina que ela se impusera em sua época de cortesã: "a música insinuante de sua voz doce e argentina, as carícias sedutoras e sinuosas de seus braços flexíveis e sua figura esguia, todo o vocabulário do submisso abandono de uma mulher apaixonada [...]".

Tais encantos não são ensinados nas academias de arte dramática nem aprendidos na privacidade do estudo. Elevar a realidade é a tarefa do ator, explorar o veio da experiência é sua obrigação. E, assim, sutilmente mas de modo seguro, os anos frívolos e promíscuos de Sarah contribuíram para a fascinação de sua presença cênica e enriqueceram sua arte.

Como a Miriam Rooth de Henry James, ela poderia ter dito sobre o "mundo vil e mau: Faça-o pagar, sem piedade, deixe-o aturdido, esprema-o até secar. É isso o que significa — pagar pela arte". Como Miriam (com certeza James tinha Bernhardt em mente quando escreveu *The tragic muse*), Sarah nunca perdeu de vista seu objetivo.

Estava "desempregada" havia mais de dois anos quando, em 1866, escreveu a Camille Doucet, solicitando uma entrevista. Ele a ajudara a ingressar na Comédie Française; talvez a ajudasse de novo. Doucet recebeu-a no dia seguinte. Depois de um severo sermão, em que condenou seu temperamento incontrolável, sua vida indiscreta e sua conduta inconveniente, prontificou-se a recomendá-la a Félix Duquesnel, o diretor adjunto do Théâtre de l'Odéon, o segundo teatro nacional da França. Havia uma condição, disse com firmeza: ela precisava prometer que iria se comportar. Sarah prometeu e chorou, mas sorria por entre as lágrimas. Sabia que sua esperta tia Rosine convidara Doucet para jantar naquela semana e que seguramente ele preferia levar uma boa notícia à mesa da família.

Duquesnel, um dos principais diretores de Paris, nunca esqueceu seu primeiro encontro com Sarah. Mandara-lhe uma carta, porém não havia recebido resposta quando um dia, segundo escreveu,

> a criada entrou em meu quarto, apavorada, e falou: "Monsieur, monsieur, está aqui uma senhora chinesa que insiste em vê-lo!". Curioso, pois não tinha conhecidos no Império Chinês, ordenei-lhe com um gesto que fizesse entrar a "senho-

ra chinesa". Então apareceu-me diante dos olhos a [criatura] mais encantadora com que se poderia sonhar: Sarah Bernhardt em todo o radioso, indescritível esplendor de sua juventude. Ela era mais que bonita, muito mais perigosa que isso! [...] Vestia uma túnica clara de crepe da China com bordados iridescentes, de um talhe chinês que lhe velava ligeiramente com renda os braços e ombros nus. Na cintura exibia um pequeno leque de plumas. Na cabeça usava um chapéu chinês de palha finamente trançada de cuja borda pendiam, em toda a volta, sininhos que balançavam a seu menor movimento.

Nossa entrevista foi breve, pois nos compreendemos de imediato. Senti que estava diante de uma criatura maravilhosamente dotada de rara inteligência e ilimitada força de vontade. A arte emanava de todo o seu ser. Ela só precisava ser colocada no caminho certo, ser apresentada ao público. O que posso dizer sobre sua voz? Pura como cristal, ia direto ao coração, como música celestial. Rendi-me de corpo e alma [...]

Sarah também se rendeu. Não podia imaginar que um homem tão jovem, tão elegante, tão encantador e jovial pudesse ser um diretor. No fim da entrevista Duquesnel pediu-lhe que voltasse às duas da tarde para conhecer seu superior, Charles de Chilly. Sarah temia o encontro. Já havia se apresentado para Chilly uma vez, e ele não gostara de sua aparência, sua voz, sua reputação. Sem embargo ela, que estava sempre atrasada, foi pontual — e ficou esperando mais de uma hora. Como a maioria das pessoas impontuais, achava imperdoavelmente rude fazerem-na esperar.

"Comecei a ranger os dentes", lembrou-se, "e só minha promessa a Doucet me impediu de ir embora." Por fim Duquesnel apareceu. Agora, anunciou com um sorriso cúmplice, ela ia conhecer o outro ogro. Cinco minutos depois Chilly, um ex-ator irascível, irrompeu na sala, examinou-a da cabeça aos pés e, sem dizer uma só palavra, apresentou-lhe um contrato. Depois apontou Duquesnel com um dedo acusador e grunhiu: "Você sabe que o responsável é ele.* Se estivesse sozinho nisso, eu nunca a teria contratado". Sempre segura com as palavras, Sarah rebateu: "Monsieur de Chilly, se o senhor estivesse sozinho nisso, eu nunca teria assinado o contrato". Havia bons motivos para sua explosão. O contrato era válido por um mês, podendo ser prorrogado apenas se ela se revelasse satisfatória. Sarah engoliu o orgulho e assinou o humilhante documento. Pelo menos estava de volta ao teatro.

Em 15 de agosto de 1866 o Odéon apresentou uma noite de gala para celebrar o aniversário do imperador. Sarah desempenhou Aricie em *Fedra* e Silvia na deliciosa *Le jeu de l'amour et du hasard* [O jogo do amor e do acaso], de Marivaux. Sua Aricie foi muito bem, mas o rococó Marivaux não condi-

(*) Como diretor adjunto Duquesnel podia contratar dois atores sem a aprovação de Chilly e tinha a garantia de assumir a direção total se este se demitisse ou morresse.

zia com seu estilo. Para aumentar os problemas, seu traje de cetim branco, coberto de fitas e laços vermelhos e azuis, não lhe cabia. Chilly mal pôde esperar para reclamar com Duquesnel. Sua suposta atriz era horrível, disse ao admirador de Sarah. Tinha a dicção ruim e a voz pior ainda. E com aquele vestido tricolor parecia que estava prestes a entoar "A marselhesa"! A receita da bilheteria já ia bastante mal sem ela. A moça devia ir embora.

Duquesnel acreditava na moça e ofereceu-se para pagar do próprio bolso uma parte de seu salário, desde que Chilly concordasse em mantê-la. O acordo, bem entendido, devia ficar em segredo. Mas no teatro existem poucos segredos, se é que existem. Logo a companhia inteira sabia que Duquesnel dormia com sua protegida. E gostava disso, como falou, "de corpo e alma".

Em 14 de janeiro de 1867 Sarah estreou oficialmente no Odéon como Armande em *Les femmes savantes*, de Molière. Menos de um século havia se passado desde que Maria Antonieta honrara o teatro com sua presença. Naquela época era conhecido como Théâtre Français de l'Odéon. Mas a França, eterna transformista, rebatizou-o a cada governo que se seguia. Com a adoção da Declaração dos Direitos do Homem, em 1789, decidiu-se que era mais adequado Théâtre de la Nation. Quando o fervor revolucionário aumentou, mudou-se o nome para Théâtre de l'Égalité. Sob Napoleão I tudo se revelou *des*igual, e o teatro foi chamado de Théâtre de l'Impératrice. Como a gangorra do poder continuava em movimento, substituíram-se as letras douradas da fachada. E com Napoleão no exílio surgiu o Théâtre Royal. Com o retorno de Napoleão e os Cem Dias, o teatro novamente se denominou Théâtre de l'Impératrice e, tão logo se restaurou a monarquia, voltou a ser Royal. Por fim se tornou Théâtre de l'Odéon, nome sugerido pelo edifício neoclássico e mantido até hoje.

Na época de Sarah o Odéon era uma instituição da Rive Gauche, um centro de artistas, intelectuais e estudantes da Sorbonne, todos ávidos de novidades temperadas com um sentimento antiimperialista. Victor Hugo, que o exílio tornara ainda mais grandioso, era seu deus; George Sand, o gênio que os presidia. Sarah escreveu:

> Oh, o Théâtre de l'Odéon! Foi o teatro que mais amei. Deixei-o com pesar. Todos nos adorávamos e éramos felizes. Parecia um prolongamento da época escolar. O público era jovem. Duquesnel era galante, espirituoso e entusiasmado. Com freqüência alguns de nós jogávamos tênis nos Jardins de Luxembourg durante o ensaio de cenas em que não aparecíamos.
>
> Eu pensava em meus poucos meses na Comédie Française, onde estava rodeada daqueles mexeriqueiros enfadonhos e invejosos. Ou no período que passei no Gymnase, onde só se falava de chapéus, roupas e outras tolices que não tinham nenhuma relação com arte. No Odéon eu estava contente. Pensávamos apenas em nossas peças. Ensaiávamos de manhã, ao meio-dia e à noite. Como eu gostava disso!

> Eu morava num pequeno pavilhão da Villa Montmorency, em Auteuil. Para ir ao teatro percorria o cais a uma velocidade vertiginosa numa pequena carruagem puxada por dois fogosos pôneis que minha tia Rosine me dera. E, a despeito dos radiosos e ensolarados dias de julho, a despeito da alegria das ruas barulhentas, o simples fato de subir a escada decrépita, dirigindo-me a meu camarim, enchia-me de júbilo. Eu gritava *bonjour* a todo mundo. Depois tirava o chapéu e as luvas e corria para o palco, emocionada por finalmente me encontrar em suas sombras sem limites. Algumas luzes fracas destacavam cá e lá uma árvore, uma torre ou um banco. Os atores mal se viam. Para mim nada era mais vigorizante que aquela atmosfera carregada de germes, mais alegre que aquela melancolia, mais luminosa que aquela escuridão. Eu queria passar minha vida ali, pois era onde me sentia mais viva.

Logo após sua estréia Sarah recebeu uma crítica encorajadora de Sarcey, que falou de seu encanto e do belo futuro que a aguardava, se ela estivesse disposta a se esforçar. Ela estava mais que disposta. Só precisava de um sorriso indulgente daquela caprichosa deusa do teatro, a Sorte. No verão a Sorte apareceu na pessoa de George Sand, que foi a primeira a notar Sarah em *Atalia*, de Racine, montada por Duquesnel.

Sempre em busca de novas maneiras de representar os clássicos, o protetor de Sarah acrescentara música de Mendelssohn a *Atalia* para intensificar o drama. Estudantes de arte dramática do Conservatoire deviam declamar os coros falados. Era uma idéia esplêndida, fadada ao fracasso. Nos ensaios os estudantes se atrapalharam com as complicadas deixas musicais e tiveram de ser dispensados. Duquesnel resolveu o problema. Sarah era ao mesmo tempo musical e rápida em decorar as falas. Por que não usá-la como um coro de uma só mulher? Graças aos anos de aulas de piano que Youle lhe impingira, Sarah não teve nenhuma dificuldade. Até o apavorado Chilly ficou impressionado, quando ela memorizou suas falas da noite para o dia. E mais impressionado ainda quando a pureza de sua dicção e a simplicidade de seu estilo arrancaram bravos da platéia na noite da estréia.

O sucesso valeu-lhe um papel insignificante em *Le marquis de Villemer* [O marquês de Villemer], romance de George Sand que a autora dramatizara com uma ajuda considerável de Alexandre Dumas filho. Três anos antes, em sua primeira apresentação, a peça levara o público a paroxismos de protestos anticlericais. Multidões imensas percorreram a place de l'Odéon, abanando os chapéus e gritando: "Abaixo a Igreja! Viva George Sand!". Dentro do teatro a platéia entregou-se ao tipo de manifestação violenta que de vez em quando os parisienses gostavam de fazer. Animados pela própria bravata, os espectadores vaiaram e urraram, assobiaram, bateram os pés e ameaçaram atracar-se uns com os outros. O imperador, que quatro anos depois seria apeado do trono, aplaudiu, apreensivo. O filho de George Sand contou que

Flaubert "chorou como uma mulher". Considerando-o em retrospectiva, o escândalo é surpreendente. Hoje *Le marquis de Villemer* está tão desbotado quanto a tinta com a qual foi escrito, e mal se percebem suas referências hostis à Igreja. Não seria a última vez que o conteúdo social ou político camuflava uma qualidade literária medíocre.

A montagem de 1867 não foi particularmente memorável, mas constituiu um belo degrau acima para Sarah, que exultou ao perceber que George Sand se afeiçoara a ela. Ali estava um modelo a emular; uma mulher corajosa, um ego magnífico, que, com o que Henry James chamou de "monstruosa vitalidade", desafiara a moralidade da época e no entanto conseguira conquistar um lugar sagrado no coração dos franceses. Sarah escreveu:

> Criatura gentil, encantadora, madame George Sand era extremamente tímida. Falava pouco e fumava sem cessar. Seus olhos grandes eram cheios de sonhos. A boca, embora um pouco grossa e grande, demonstrava imensa bondade. Provavelmente ela já fora de estatura mediana, porém parecia ter encolhido um pouco. Eu a olhava com romântica ternura. Ela não havia sido a heroína de uma bela história de amor?* Eu me sentava a seu lado e segurava-lhe a mão tanto tempo quanto ousava. Que encanto, que doçura havia em sua voz!

Um mês após sua participação em *Le marquis de Villemer* Sarah representou Mariette em *François le Champi* [François o Enjeitado], outra dramatização de um romance de George Sand feita pela autora. A escolha do elenco foi sábia. Na descrição de Sand Mariette é "uma bela jovem, rósea como a aurora [...] viva como um azougue [...] irresponsável, irritadiça e sensível a elogios". Sarah desempenhou o papel com o *pathos* e o encanto adequados. Mas não era ali que estava seu verdadeiro talento.

Naquele ano a Comédie Française voltou a encenar *Hernani*, de Victor Hugo, com retumbante sucesso. Ansioso para também apoiar o poeta republicano, o Odéon pediu permissão para apresentar seu *Ruy Blas*. A resposta foi um "não" imperial. Em seu lugar Duquesnel resolveu montar *Kean*, o soberbo retrato do grande ator inglês feito por Dumas e uma das grandes peças do século XIX. Podemos imaginar como o autor ficou contente ao saber que sua jovem protegida, agora com 23 anos, desempenharia a sedutora Anna Damby, contracenando com Pierre Berton no papel de Kean, e como deve ter se divertido ao saber que seu admirável ator principal estava perdidamente apaixonado por sua atriz principal.

Se Hugo era a alma de Paris, Dumas era seu coração. Bastava seu nome para fazer os parisienses sorrirem. Pois como sua obra o arrogante mulato era de uma vivacidade absurda, contagiante. Paris não teria sido Paris sem sua

(*) Bernhardt refere-se à ligação de George Sand com Alfred de Musset.

presença em reuniões literárias e bailes oficiais, ou nos bastidores, combinando encontros com jovens e belas atrizes. Apesar de seu afeto por ele, o público antiimperialista que compareceu à montagem de fevereiro de 1868 estava decepcionado com a substituição de *Ruy Blas* por *Kean* e pronto para lutar. No momento em que Dumas entrou em seu camarote, lembrou Sarah, os estudantes puseram-se a berrar e a bater os pés em uníssono. "Queremos *Ruy Blas*!", gritaram repetidas vezes. "Fascinada, os nervos tensos, espiei através de um furo na cortina. Ali estava o grande Dumas, branco de raiva, esbravejando, xingando e brandindo o punho, uma inútil manifestação que durou uma hora." Quando por fim a cortina se abriu, uma torrente irracional, um crescendo ensurdecedor de vaias e pateadas fez os atores pararem onde se encontravam. E quando Sarah entrou, vestida como uma inglesa da década de 1820, o tumulto se transformou em furiosas gargalhadas. Apavorada, ela se agarrou à porta pela qual havia entrado. Nesse momento aqueles a que chamou de "meus queridos amigos, os estudantes", deram início a seu contra-ataque.

Jovem e ardorosa como os próprios estudantes, Sarah se aproximou das luzes da ribalta. "Vocês querem defender a causa da justiça?", gritou, a voz elevando-se acima da balbúrdia. "Acham que estão ajudando a justiça ao responsabilizar Alexandre Dumas pelo exílio de Victor Hugo?" Fez-se silêncio. Com um radioso sorriso de Joana d'Arc, Sarah assumiu sua personagem. À medida que a peça se desenrolava, a zombaria se transformava em entusiasmo. No fim, reconhecendo Sarah como sua igual, os ruidosos extremistas aplaudiram-na com um calor fraternal. Nos bastidores Chilly era todo sorrisos. Afinal, Duquesnel estava certo. A moça tinha qualidade e merecia não só tapinhas nas costas, mas também um aumento de salário.

Dias depois Sarah abriu *L'Opinion Nationale* e leu: "Mlle. Bernhardt apareceu num traje excêntrico, que aumentou ainda mais a tempestade, porém sua voz ardente, sua voz espantosa emocionou a platéia. Como um pequeno Orfeu, ela a domou". Finalmente Sarah estava no caminho do sucesso. Ao término da temporada representou três outros papéis, entre os quais Cordélia em *Rei Lear*. Théophile Gautier escreveu sobre sua graça e a beleza de sua cena da morte. E o público se apaixonou por *la petite Sarah*. Só faltava um papel que lhe permitisse extravasar todo o seu talento.

Em janeiro de 1869 Agar, uma voluptuosa beldade que era a principal atriz trágica do Odéon, pediu a Sarah que lesse *Le passant* [O transeunte], peça em um ato de um jovem poeta pouco conhecido chamado François Coppée. Ambientada num jardim florentino do Renascimento, a peça conta a história de um encontro extasiado entre Silvia, uma cortesã madura, e Zanetto, um jovem trovador. Tímido, miúdo e apaixonado pela escultural Agar, Coppée criara em Silvia o papel perfeito para a amante, a qual lhe disse que uma de suas jovens colegas, a esguia e adorável Bernhardt, havia nascido para representar Zanetto. O único problema consistia em convencer Chilly a produzir o lírico diálogo. Duquesnel lembrava-se de Agar irrompendo na sala do diretor. "Brandindo um maço de papéis, ela gritou: 'Monsieur de Chilly, monsieur de Chilly, descobri uma obra-prima!'".

"'Em verso?', Chilly perguntou, desconfiado. 'Em verso admirável', a atriz respondeu, grandiloqüente. 'Todo verso é admirável', Chilly rebateu, desdenhoso." Foi preciso muita bajulação para convencer o diretor a ler o manuscrito, porém, isso feito, o ceticismo se transformou em entusiasmo, e ele concordou com uma ou duas apresentações da peça. Os cenários seriam reaproveitamento de outra montagem. Sarah faria o papel do ardente menestrel, e Jules Massenet comporia uma serenata para sua entrada.*

Escrito no que se poderia chamar de verso pintado à mão, *Le passant* é todo romance e renúncia em exagero. O trovador vaga por um jardim enluarado, declara seu amor à cortesã cansada da vida e na manhã seguinte parte, enquanto sua dama suspira: "Que dom é o amor, que me devolve as lágrimas!".

Quatro dias após a estréia Sarah abriu *L'Opinion Nationale* e leu:

> *Le passant* encantou o público, venceu pela surpresa e pela admiração. Parece que a pequena peça é uma obra-prima — terna, poética e graciosa. Talvez fale demais de céus azuis e campos verdes, porém a poesia é extremamente elegante.
>
> Mlle. Bernhardt, o Zanetto, assemelhava-se a uma escultura de Dubois, *O menestrel florentino* [com efeito, o traje de Sarah fora copiado da famosa estátua], e declamou suas falas deliciosas com delicadeza e graça. Se cá e lá foi um pouco afetada, sua afetação deu mais encanto à caracterização. Extasiado com seu desempenho, o público a fez voltar várias vezes ao palco. Um triunfo!

Assinava o artigo Francisque Sarcey, admirador cada vez mais entusiástico da Bernhardt. Como muitos críticos, então e agora, confundira ouropel com ouro. Com o tempo *Le passant* perdeu o brilho. No entanto Sarah vencera aos 24 anos. Fotos suas como Zanetto sugerem a qualidade de sua representação. As imagens falam de sua intensidade poética, do instinto do gesto adequado e, acima de tudo, da apaixonada identificação com a perso-

(*) Em suas deliciosas memórias, *Souvenir d'un parisien* [Lembrança de um parisiense], Coppée conta que para essa serenata, "Mignonne, voici l'avril" [Querida, eis abril], o regente Annecy compôs uma canção para Sarah que, "embora não fosse tão boa quanto a que Massenet escreveu, era muito agradável; e, como naquela época todo teatro ainda tinha um conjunto de cordas e sopros para tocar nos entreatos, Chilly decidiu que de vez em quando os músicos discretamente acompanhariam meus versos. Para tanto o velho Annecy selecionou habilmente trechos de 'Giselle'". Anos depois Sarah disse a Reynaldo Hahn que preferia cantar a serenata de Annecy, pois a de Massenet estava cheia de trinados que ela achava muito difíceis.

nagem que representa. Ela criou um ícone romântico para sua época, um terno símbolo do amor jovem que até a cínica Paris adorou.

Bernhardt representou *Le passant* 140 vezes com Agar e, quando esta não estava disponível, com Marie Colombier. Foi a primeira vez que saboreou a fama. Manuscritos, poemas de amor "longos demais para ler", flores, presentes, propostas — decentes e indecentes — lotaram seu camarim. Até *Le passant* Bernhardt havia sido uma simples mortal; agora se tornava o ídolo dos estudantes e a musa dos poetas. "Um instinto secreto a move", escreveu Théodore de Banville. "Ela declama versos como os rouxinóis cantam, como o vento suspira, como os riachos murmuram, como Lamartine escreveu em tempos idos."

Para coroar o sucesso, Agar e Bernhardt apresentaram-se, por ordem do imperador, nas Tulherias. A honra pareceu maior quando Sarah lembrou a fúria de Napoleão III ante sua tentativa de declamar poemas de Victor Hugo. Dessa vez o imperador foi todo sorrisos, especialmente quando a surpreendeu nos bastidores, aperfeiçoando sua reverência e repetindo "*Majestade, Majestade*" várias vezes, a fim de encontrar a inflexão própria da corte. Por seu turno Sarah se divertiu ao ver a imperatriz, cuja dignidade diminuíra com a perda de um sapato, mancando pelo braço de um cortesão impassível.

3

Amor e Guerra

Sarah no final da década de 1860.

Foi nesse período que Bernhardt, que haveria de ser a principal inspiração para a atriz Berma, de *Em busca do tempo perdido*, de Proust, conheceu Charles Haas, o modelo que o escritor adotou para criar Charles Swann. A partir de um ponto de vista proustiano eram personagens perdidas no tempo, à procura de um romancista que ainda estava por surgir, pois conheceram-se dois anos antes do nascimento de Proust e quarenta anos antes de ele começar a tecer sua tapeçaria da vida parisiense. Bernhardt é lembrada por suas esplêndidas realizações; quanto a Haas, Proust escreveu: "Embora nada tivesse produzido, será lembrado porque alguém que ele considerava um jovem idiota o transformou em herói de um de seus livros". Contudo, quando se conheceram, Haas era um bom partido e Sarah a felizarda que o fisgou.

"Monsieur Second Empire", como os amigos carinhosamente o chamavam, era uma personalidade importante da sociedade parisiense. Um dos poucos judeus membros do Jockey Club, era amigo íntimo do príncipe de Gales e dos pintores Tissot e Degas e um dos favoritos das senhoras e cavalheiros do *faubourg* Saint-Germain. Homem de imensa distinção, Haas tinha o melhor alfaiate de uma cidade muito bem vestida. Entretanto não foram apenas sua sobrecasaca perfeita e a gardênia fresca na lapela que atraíram Sarah; foram sua reputação de cortejador e sua disposição, rara nos libertinos do Segundo Império, de dividir com uma simples atriz suas doutas opiniões sobre a arte e a vida.

Nas cartas de Sarah a Haas vemo-la em seus vinte e poucos anos, juvenil, vulnerável e sedutoramente vulgar, desempenhando um papel que acreditava pudesse satisfazer em seu novo amante a madura urbanidade e o gosto pela torpeza. Seu instinto estava correto. Aos olhos de Haas, ela pertencia ao mundo das mulheres promíscuas com as quais os cavalheiros condescendiam em fornicar quando não estavam ocupados com obrigações sociais mais elevadas.

Numa de suas primeiras cartas a Haas, Sarah desenhou uma cama de dossel toda amarfanhada e embaixo escreveu: "Venha! Venha!! Venha!!!". O crescendo dos pontos de exclamação sugere que ele vivia de acordo com sua reputação de irresistível. Outro bilhete, igualmente sugestivo na pontuação, diz: "Estou morrendo — para ver você. Tenho mil amantes, mas só um de verdade". Essas mensagens descaradas — tão contrárias ao tom altivo das damas do *faubourg* — não foram suficientes para garantir a fidelidade de Haas, conforme podemos ver pelas cartas que se seguem:

Mon Charles adoré,

Não posso retirar o que disse. Amo você. Sei muito bem que não retribui meu amor, mas, por favor, aja como se retribuísse. Querido amigo, venha me ver às três em ponto. Dar-me-ia imenso prazer. Quem sabe? Talvez eu tenha perdido *muito* por não aparecer na última noite!!! Gosta da maneira como o digo? Venha e dê-me seus lábios.

Obrigada por suas cartas, meu amor querido. Acima de tudo, obrigada por suas visitas. Não, na verdade estou me dobrando de tanto rir! Venha se dobrar comigo em [...] riso, é claro. Mando-lhe duas vezes os beijos que me mandou. Que avalanche! Por favor, envie-me uma mensagem, menos etérea desta vez. [...]

A frivolidade se transformou em melancolia quando Sarah descobriu, por intermédio de um amigo comum, o editor Arthur Meyer, que não era a única amante de Haas.

[...] Isso me é indiferente, porém me deixa um pouco triste. Sei que estou sendo ridícula, mas este não é o momento para tentar me fazer rir. Estou doente, e meus pulmões andam me incomodando de novo. Volte assim que puder, querido Charles. Desejo muito ver você. Apesar de tudo sempre me ative a minha visão infantil do homem ideal. Achava que nunca o encontraria. Então, por acaso, conheci alguém com todas as qualidades físicas e morais que aprecio. Arrisquei tudo para incluir em meu buquê essa flor rara, pois não quero morrer antes de realizar meu sonho. Você vê que vivo por amor, guiando-me pela fantasia. Isso explica minha melancolia nervosa. Sempre esperei encontrar meu complemento, mas infelizmente, quando o encontrei, ele se revelou demasiado sinuoso. É por isso que me cheguei a você, Charles, é por isso que me dei a você. É por isso que o amo.

Minha mão, todo o meu ser vai até você. [...]

O homem ideal a que Sarah se refere como a fonte de sua desilusão naturalmente é o príncipe de Ligne, que a deixou com uma ferida que não se curou. Como poderia curar-se, quando seu filho, Maurice, a cada dia parecendo-se mais com o pai, era um lembrete constante de seu amor perdido? Ao decidir que chegara a hora de separar-se de sua amiguinha atriz, o elegante Haas tentou tornar a ruptura o menos desagradável possível; mesmo assim, Sarah sofreu:

Tudo isto é um drama pesado para alguém tão alegre como você. Se o faz rir, tanto melhor. A mim causou apenas lágrimas. Adeus, meu querido Charles. Adoro você. Não é sua culpa, se não pode retribuir meu amor. Tampouco é minha. [...]

No final do caso Haas discretamente lhe pagou.

"Aceito", ela escreveu, "mas só se é um empréstimo. Obrigada, querido amigo, obrigada."

Continuaram amigos até a morte de Haas, em 1902. Como se fosse para marcar o fim do caso, uma noite em que Haas e Arthur Meyer jantavam com Sarah em seu apartamento, na rue Auber, 16, um incêndio destruiu o apartamento e tudo que nele havia. Ninguém se machucou, porém Sarah, que não tinha seguro, ficou sem casa e sem dinheiro.

Houve uma onda de solidariedade quando os jornais noticiaram o acidente. Chegaram cartas e poemas de consolo. Uma dessas cartas, endereçada a "Le passant", dizia que um espírito livre como o seu não precisava de bens nem de ornamentos: "Seus braceletes? Seus braços nus, como os de Vênus, resplandecerão sem eles! Seus diamantes? Seus olhos luminosos cintilarão sem eles! [...]".

Sarah não se comoveu com esses sentimentos desinteressados. E tampouco Duquesnel, que a ajudou a refazer-se das perdas, organizando no Odéon um espetáculo de gala em seu benefício. Para surpresa geral, a internacionalmente famosa estrela da ópera Adelina Patti estava entre os artistas que ofereceram seus préstimos — surpresa porque a grande diva não costumava gorjear em benefício de qualquer outra pessoa além de si mesma. Quem persuadira Patti? — essa era a pergunta que circulava pela cidade. A resposta: a própria Bernhardt. A jovem soprano de coloratura casara-se recentemente com o marquês de Caux, membro fundador da "corte" de Sarah. Não desprezando uma pequena chantagem, a atriz prometera ser discreta se ele conseguisse convencer a esposa a doar seus trinados e volatas. "Fiz ambos 'cantarem'", confidenciou alegremente a Marie Colombier.

Patti encantou o público, que exigiu dois bises de "Una voce poco fa", de Rossini. "Arrebatados pelo amor à arte", como Sarah escreveu, os estudantes puseram-se de pé em suas poltronas e gritaram e patearam, criando um tumulto tal que a cantora apavorada não sabia se agradecia ou corria atrás de proteção. Ao deixar o teatro, foi escoltada por um grupo de jovens e fervorosos amantes da música, cujos gritos de "Vive la Patti!" devem tê-la compensado de levantar a voz de graça. A renda foi impressionante, e Sarah, que se vira obrigada a buscar refúgio junto à mãe, pôde alugar um pequeno apartamento na rue de l'Arcade e pouco depois se mudou para um apartamento maior na rue de Rome, 4, onde moraria nos cinco anos seguintes. Fênix renascida das cinzas, mais que nunca estava em evidência.

Em 1870 ganhou o papel principal de *L'autre* [A outra], uma nova peça escrita e dirigida por George Sand. Sendo essa a nata da temporada, Sarah sentiu-se íntima da grande dama e não hesitou em lhe fazer confidências enquanto passeavam pelos caminhos de cascalho dos Jardins de Luxembourg. Não lhe ocorreu que suas confidências sobre sua vida, seus amores e ambições caíam em ouvidos meio moucos.

As anotações que a autora fez em seu diário na época em que dirigiu *L'autre* mostram a "gentil e encantadora" Sarah com certa irritação.

29 de janeiro. No ensaio [Pierre] Berton fez um escândalo por causa de Sarah. Estará ela amuada amanhã?

2 de fevereiro. Reprovo Sarah.

3 de fevereiro. Todos estão se saindo muito bem, menos Sarah. É uma boa moça, porém decididamente burra.

5 de fevereiro. Sob muitos aspectos Sarah é imbecil, mas tem uma natureza encantadora.

9 de fevereiro. Sarah e Berton ausentes. Jeanne [Bernhardt] abortou.

10 de fevereiro. Mlle. Sarah nos deixa esperando, realmente não se importa nem um pouco com a irmã, não tem trabalhado e interpreta seu papel como a grande prostituta que é.

10 de fevereiro. É Sarah, a prostituta, que não entende a essência do papel. Como é burra essa gente do teatro!

14 de fevereiro. Receio que mlle. Sarah seja maluca, mas todo mundo diz que ela vai se sair bem.

20 de fevereiro. Toda a representação melhorou, especialmente a de Sarah. Minhas críticas a sacudiram. Por fim ela se identificou com a personagem jovem, honesta e interessante.

26 de fevereiro. O principal sucesso é Pierre. Sarah também.

Poderíamos pensar que a defensora dos desvalidos estaria acima do desprezo geral pelos atores vigente na época. Com certeza sua "gente burra do teatro" não é mais burra que as outras pessoas. Ao contrário, tem uma inteligência instintiva, um espírito e um dom da observação que são só seus. Poderíamos imaginar que em seus longos anos de dramaturga a autora de *Consuelo* tivesse se habituado às buscas e lutas que a criação de uma personagem envolve; da mesma forma também poderíamos julgá-la capaz de entender a preocupação de Sarah com o aborto da irmã. Foi, talvez, essa falta de sensibilidade que permitiu a George Sand fazer amor com o belo médico italiano no legendário quarto de hotel em Veneza, enquanto seu amante, Alfred de Musset, paciente do doutor, olhava de sua cama de enfermo. Quanto a seus xingamentos, ela chegara à idade da abstinência sexual e decidira esquecer a promiscuidade voraz dos anos anteriores. É claro que está enojada com a idéia de aceitar dinheiro em troca de amor quando se refere a Sarah como prostituta. Entretanto em sua tão alardeada busca de satisfação sexual infligiu a seus amantes um sofrimento que por certo lhes custou mais que uma simples troca de moedas.

Sarah nada sabia do diário inédito da amiga, mas teve plena consciência de seu sucesso em *L'autre* quando Théophile Gautier, menos relutante em elogiá-la que George Sand, disse que foi sua melhor criação. Assim escreveu:

Jovem e encantadora, Bernhardt possui essa qualidade, casta e audaciosa, de uma moça de verdade que nada sabe, nada teme e nada recrimina em si própria. Em seu desempenho há uma nota de ternura que é ao mesmo tempo comovente e compassiva.

A cortina se fechou sobre a florescente carreira de Sarah quando, em 19 de julho de 1870, Napoleão III declarou guerra à Prússia. Uma decisão suicida. Até então o imperador cautelosamente evitara uma guerra com a Prússia. Agora parecia que engolira a própria propaganda e estava decidido a provar que a França era não só a mais civilizada, como também a mais poderosa das nações. Se tivesse estudado bem o assunto, poderia ter hesitado, pois, enquanto alardeava *la gloire*, a Prússia andava muito ocupada fabricando armas poderosas.

Paris vira uma demonstração do poderio prussiano na Grande Exposição realizada três anos antes. Herr Krupp exibira um novo canhão de cinqüenta toneladas e um de aço (até então os canhões eram de bronze), com que presenteou o imperador. As damas da corte ficaram encantadas. Por sua vez Napoleão III se interessou mais pela nova substância chamada alumínio e mandou fazer com o metal surpreendentemente leve um serviço de jantar imperial. A exposição foi maravilhosamente moderna. Os americanos apresentaram a espantosa lâmpada elétrica de Edison, além de modernos estojos médicos e um novo modelo de cadeira de balanço. Os ingleses enviaram trens. Nadar levou os visitantes a sobrevoarem a exposição num balão de dois "andares", enquanto os *bateaux mouches*, a última palavra em barcos turísticos, pipocavam pelo Sena para cima e para baixo.

"A Arte se encontrou com a Indústria", escreveu Gautier, "com alvas estátuas ao lado de negras máquinas." A música também participou. *Roméo et Juliette*, de Gounod, estreou nessa ocasião, e Offenbach apresentou *La grande duchesse de Gérolstein* [A grã-duquesa de Gérolstein], uma opereta sobre a desastrada imbecilidade teutônica que fez Bismarck rolar de rir. Infelizmente os franceses, que tanto se orgulhavam da própria sutileza, só entenderam o riso do Chanceler de Ferro quando o Exército prussiano os derrotou.

Os prazeres da vida logo desaparecem numa cidade ameaçada pela guerra. Os teatros fecharam as portas, enquanto os atores eram chamados às armas. Sarah, preocupada com a família, conseguiu com grande dificuldade arrumar lugares num trem que se dirigia à segurança de Le Havre. De pé na plataforma da Gare Saint-Lazare, viu-se dominada pelo arrependimento. Seu primeiro impulso fora partir com eles: nunca se afastara de Maurice. Quanto a Youle, Jeanne e Régine, uma coisa era sentir-se ambivalente em relação a elas, e outra era vê-las acenar seus tristes adeuses no trem lotado. Contudo, assim como não podia imaginar-se deixando o palco durante uma representação, também não pôde resolver-se a deixar Paris num momento tão dramático. E portanto, com a vaga esperança de ser útil de alguma forma, voltou para o apartamento vazio da rue de Rome.

Sarah não ficou muito tempo sem saber o que fazer. As atrizes da Comédie Française haviam convertido parte do teatro num hospital para os feridos. Por que não fazer a mesma coisa com o Odéon? Só era preciso ter a permissão do chefe de polícia. Sarah sentiu-se apreensiva quando, dias depois, entrou na chefatura de polícia, nas Tulherias. Entretanto, no momento em que foi conduzida ao gabinete do chefe, percebeu que tudo ia bem, que as penas do amor não haviam sido inúteis, pois deparou-se com nada menos que o conde de Kératry, seu belo amante do passado. Ofegante, disparou: precisava de pão, leite, carne, hortaliças, açúcar, ovos, café — e permissão para abrir um hospital. Cheio de ternas lembranças, Kératry assegurou-lhe que ela teria "mais do que desejava". Todavia o demasiado nunca era o bastante para Sarah. Ela viu o luxuoso casaco do conde, forrado de pele, e o quis para um de seus soldados. Kératry riu ruidosamente e lhe deu o casaco. Ao esvaziar os bolsos, perguntou-lhe se poderia ficar com sua echarpe de seda. Fingindo resignação, ela consentiu.

Incentivada por seu sucesso, Sarah tratou de conseguir mais. As doações não paravam de chegar. Os Rothschild mandaram barris de vinho e conhaque. Seu ex-vizinho Félix Potin enviou arroz, lentilha e sardinha, e os grandes fabricantes de chocolate, os Menier, forneceram chocolate. Uma velha amiga da escola mandou manteiga com sal. E Betzy, irmã de sua avó, remeteu da Holanda "trezentas camisolas magníficas". Logo o Odéon fervilhava de atividade. A cozinheira de Sarah foi instalada junto a um imenso fogão a carvão. O marido da cozinheira foi intimado a conduzir a desengonçada ambulância puxada a cavalo. E Sarah, Guérard e Marie Colombier, esplêndidas em seus uniformes de enfermeira, estavam prontas para entrar em ação. Só havia um problema: os feridos não apareciam. Mais tarde Marie lembrou:

> Sarah viu-se obrigada à inatividade. Percorria o terraço sempre olhando, como a irmã Anne, para ver se chegava alguém. Oh, como teria abençoado a aparição de uma ambulância da Cruz Vermelha com um belo e interessante soldado aleijado, daqueles em que se colocam bandagens, que se opera com instrumentos reluzentes. Para ter um paciente de verdade teria sido capaz de pegar o revólver e atirar em alguém. Mas devo acrescentar que, quando por fim os feridos chegaram, a atriz cuidou deles com terna solicitude e absoluta dedicação.

Partindo da irônica Colombier, esse era um grande elogio. O triste foi que, quando apareceram, os feridos eram terrivelmente numerosos. Colocaram-se leitos na platéia, nos camarins, no bar, no *foyer*. E até mesmo o palco ficou cheio de mutilados e moribundos. Até então Sarah vira a guerra como uma alegoria marcial, empolgante porém remota. Agora ela se tornava uma feia realidade. Poucos meses antes milhares de soldados da infantaria e da cavalaria desfilaram pelos bulevares, orgulhosos de seus uniformes coloridos, gritando com ingênuo otimismo: "*À Berlin! À Berlin!*". Agora se ouvia o estrondo dos canhões de Krupp, enquanto os prussianos envolviam a capital francesa num abraço mortal. Sarah escreveu:

> Ah, a injustiça da guerra! Nunca há de chegar esse tão sonhado momento em que a guerra não seja mais possível? Quando um monarca que deseja guerra será destronado e preso como malfeitor? Nunca chegará a época em que um grupo internacional, constituído pelos homens sábios de cada país, se reúna para discutir com respeito os direitos humanos? Tantos homens pensam como eu! Tantas mulheres falam como eu! E sem embargo nada se faz. [...]

Ninguém estava preparado para enfrentar os ventos glaciais que varreram Paris em janeiro de 1871. O combustível era tão escasso que os andaimes dos edifícios em construção, as venezianas das casas, os bancos dos Jardins de Luxembourg, até os cenários e as poltronas do Odéon foram cortados para usar-se como lenha. Mulheres e crianças geladas se apinhavam na entrada do teatro. Os lampiões das ruas, aquelas sentinelas da noite, permaneceram apagados durante meses. A fome rondava. Matou-se e comeu-se o gado que se havia arrebanhado nas praças públicas. Já não se viam cães e gatos pelas ruas, e Castor e Pólux, dois filhotes de elefantes que tinham sido a alegria das crianças parisienses, desapareceram do zoológico do Jardin des Plantes.

Um açougueiro da moda pendurou carne de lobo em sua vitrine. Outro ofereceu, "a preço especial", dois cavalos de corrida que o czar dera a Napoleão III. O Brébant's, freqüentado pelos literatos, servia canguru, e Victor Hugo, que voltara do exílio, recebia de presente urso e antílope. Como seria de se esperar, surgiu um mercado negro, e os bem nutridos desdenhavam das queixas dos famintos. Contudo os franceses ainda eram capazes de rir, como sugere um cardápio preparado por um espírito reacionário: Consomê de Cavalo com Painço; Rins de Cachorro no Espeto, *maître d'hôtel*; Lombo de Gato, *sauce mayonnaise*; Begônias *au jus*;* e Pudim de Ameixa com Rum e Tutano de Cavalo.

À medida que se aproximavam, os alemães passaram a bombardear a Rive Gauche noite e dia. O resultado foi o caos. Vinte mil habitantes fugiram de casa, levando seus pertences nas costas. Todavia, como os londrinos

(*) *Maître d'hôtel*: molho à base de manteiga e salsa. *Sauce mayonnaise*: molho de maionese. *Au jus*: ao suco. (N. T.)

durante a *blitz*, os parisienses eram fascinados pelo espetáculo da guerra.* Multidões se apinhavam na place de la Concorde para ver as bombas caírem em Saint-Cloud. Ouviu-se uma senhora dizer ao filho: "Se você não parar quieto, esta é a última vez que o trago para ver o bombardeio". O pintor Auguste Renoir lembrou que um amigo distraído perguntou quem estava atirando, quando uma bomba explodiu perto de sua casa.

Muitos não escaparam tão facilmente. Um dia Sarah mandou um menino à farmácia dos arredores para comprar medicamentos. Quando se debruçou na janela para dizer-lhe que se apressasse, ele se voltou e dirigiu-lhe um sorriso tranqüilizador. Nesse instante foi morto por uma bomba. Sarah escreveu:

> Oh, que horror [...]! Os intestinos da pobre criança espalharam-se pelo chão, seu peito e o rechonchudo rosto corado foram escorchados. Não havia olhos, nem nariz, nem boca, nada, nada! Apenas um cacho de cabelo ensangüentado no final de uma massa informe a um metro do local onde jazia seu corpo sem vida. Foi como se um tigre tivesse triturado o pobre cadáver com fúria e requinte.

Quando o bairro do Odéon foi bombardeado, Sarah teve de transferir seus pacientes para o cavernoso porão do teatro. Foi inútil. Os canos congelados estouraram, o esgoto malcheiroso situava-se a alguns centímetros de profundidade e ratos famintos corriam pelas camas, tentando abocanhar os inválidos. Tudo que havia a fazer era fechar o teatro e remeter os casos mais graves ao hospital militar de Val-de-Grâce. Sarah alugou um apartamento vazio para os outros feridos e, com a ajuda de Guérard, cuidou deles até curá-los. Nessa época Marie Colombier já havia desertado, dizendo que para Sarah trabalhar em função da guerra era apenas um modo de chamar a atenção. Não obstante os protestos de Colombier, Bernhardt foi heróica. Embora não estivesse nada bem e sofresse por não receber notícias da família, encontrou forças para participar de espetáculos beneficentes, para passar noites insones com os feridos e para confortar os moribundos nos gélidos campos de batalha. Se estava desempenhando um papel, como disse Marie, desempenhou-o com uma determinação que conquistou a estima de seus conterrâneos e lhe deu um novo e duradouro amor-próprio.

Pouco antes de acabar o cerco, Sarah recebeu um recado de sua mãe por intermédio do embaixador americano. Tudo ia bem. Youle havia levado a família inteira de Le Havre para Bad Homburg, uma estação de águas perto de Frankfurt. Estavam sãos e salvos, e Sarah não devia se preocupar. Mais que preocupada, Sarah estava apavorada. Seus inimigos sempre disse-

(*) Um anúncio no jornal dizia: "Aviso aos cavalheiros ingleses que desejem assistir ao Cerco de Paris: apartamentos confortáveis, inteiramente à prova de bombas. Aposentos no porão para pessoas impressionáveis". E, segundo comentou um dos cavalheiros ingleses: "Todo mundo gostou imensamente".

ram que ela era alemã. Agora, após meses de serviços prestados à pátria, sua própria mãe conseguira jogar mais lenha na fogueira da xenofobia. Desesperada, Sarah partiu para a Alemanha tão logo se firmou o armistício. Onze dias mais tarde, depois de penosas viagens em trem de carvão, carreta de lixo e carroça de camponês, reuniu a família e, com "Maurice estreitado em seus braços", levou-a para a França.

Ali teve de encarar novos horrores. Humilhados e amargurados com a derrota em Sedan, os franceses se voltaram uns contra os outros numa sangrenta guerra civil. O opressivo regime dos *notables* de Luís Napoleão desabou; em Paris os trabalhadores, artesãos e a ralé descontente embarcaram na primeira experiência comunista do mundo. A Comuna não durou muito. Ao cabo de doze meses a brutal e eficiente repressão por parte do Exército francês estabeleceu a base da Terceira República. Sarah jamais pensara nas questões sociais. Filha do Segundo Império, achava naturais sua ostentação de riqueza e sua indiferença em face da pobreza. Levava uma vida restrita. O trabalho no teatro, seguido de alegres ceias, dificilmente despertava interesse pelo expediente desumanamente longo e pelas miseráveis condições de vida da classe operária.

Se a Guerra Franco-Prussiana foi um melodrama chauvinista, xenofóbico, a Comuna foi um drama de uma espécie mais complicada, fratricida. Com Napoleão III prisioneiro da Alemanha, Sarah viu seus inimigos políticos se engalfinharem, depois de terem ficado amordaçados durante quase vinte anos. Mais uma vez acenava-se com *Liberté, Égalité, Fraternité* a um povo esperançoso; mais uma vez essas coisas revelavam-se uma miragem. Sarah estava ao mesmo tempo intrigada e revoltada com as maquinações brutais e egoísticas que se mascaravam de amor a *la patrie.* Contudo achava que a Comuna era um despertar, uma "vida após a morte". Para ela "vida após a morte" significava estar no centro das atividades, e logo poderosas figuras políticas como Léon Gambetta, Henri de Rochefort, Émile de Girardin e Paul de Rémusat se incluíam entre seus amigos. "Cada um deles me interessava, mesmo o mais violento, o mais extremo", escreveu. (E cada um deles desempenharia um papel na fundação da Terceira República.) Nessa época 100 mil pessoas deixaram Paris. Quando consideramos o que Clemenceau definiu como "a patológica sede de sangue que se apossou dos parisienses sob a Comuna", logo compreendemos esse êxodo. Devastada pelos prussianos, Paris agora estava prestes a ser destruída pelos próprios parisienses. Durante as negociações do tratado de paz entre França e Prússia, o Exército Nacional Francês reagrupou suas forças em Versalhes e sitiou Paris, enquanto os alemães vitoriosos olhavam dos campos ao redor.

Sarah refugiou-se na vizinha Saint-Germain-en-Laye, onde se juntou a centenas de parisienses absurdamente bem vestidos que viam, incrédulos, sua amada cidade arder em chamas. A seu lado estava seu mais recente admirador, o capitão Arthur O'Connor, um irlandês aristocrático engajado no Exército

Nacional Francês. Dizia-se que Sarah havia arrancado O'Connor da cama de sua irmã Régine, a qual estava então com dezesseis anos. Pode ser, mas a triste verdade era que sua complicada irmã caçula se tornara prostituta e, mais triste ainda, tinha pela frente apenas dois anos e meio de vida.

Enquanto Paris queimava, a atriz e o capitão faziam amor e cavalgavam pela floresta de Versalhes. Suas excursões não deixavam de ser perigosas, pois as matas estavam repletas de rebeldes armados. Uma noite um comunal atirou em O'Connor. A bala se perdeu, o cavalo de Sarah empinou e jogou-a no chão. Ela ia montar de novo, quando o irlandês alvejou seu atacante. Antes que pudesse desferir o golpe de misericórdia, Sarah interveio e lhe implorou que deixasse o homem viver.

"Mal reconheci meu amigo", escreveu. "Esse homem bonito, polido — um tanto esnobe, porém encantador — transformara-se num bruto." A amizade se manteve, mas Sarah, assombrada com a cena, disse que sempre veria um matador por trás do rosto sorridente de O'Connor. O capitão não era seu único amante. Na tradição da cortesã clássica, Sarah possuía dois amantes. Um, seu *amant de coeur*, era o dono de seu coração e tinha acesso a sua cama, desde que esta não estivesse ocupada. O outro lhe dava mesada e tinha a primazia sobre seu tempo. O'Connor era seu *amant de coeur*; Jacques Stern, um rico banqueiro, era sua fonte de renda. A situação exigia discrição e habilidade. Sarah tinha pouco talento para ambas. Na verdade, tão logo conquistou sua independência financeira, preferiu entregar-se a jovens artistas atraentes a vender-se a velhos ricos. Todavia em 1871 ainda era a cocote desajeitada, como Marie Colombier se apressou em assinalar:

> O'Connor se apaixonara por Sarah. Havia cenas de ciúme, pois ele não podia tolerar Stern e achava a situação humilhante. Considerava indigno de sua posição ser amante de uma mulher mantida por outro homem. Um dia, tendo ganho 50 mil francos no clube, correu para a casa de Sarah. "Meu anjo", gritou, agitando a carteira, "aqui está um belo punhado de francos. Agora me faça um favor. Mostre a porta da rua a seu banqueiro e deixe-me fazer amor com você quando eu bem quiser." Sarah não falou nem sim, nem não. Mas planejou o passo seguinte. Na próxima vez em que Stern se encontrava em seu *boudoir* , fez a criada interrompê-los para avisar que um homem estava na porta exigindo pagamento imediato de uma conta vencida.
>
> "Querido, dê-me 10 mil francos para resolver essa situação estúpida", Sarah pediu. O financista fez ouvidos de mercador. Como a atriz bem sabia, ele não era sovina, disse Stern; mas, como havia pago três meses adiantados, não se poderia esperar que fizesse mais. [...] "Então é assim!", exclamou Sarah. "Parece que você não entende que é unicamente por amor que lhe peço dinheiro. O'Connor me ofereceu 50 mil francos para deixar você. Como sou idiota! Bastaria uma palavra minha."

"Realmente, minha querida", Stern respondeu, afagando as costeletas, "e eu achava que você era uma mulher inteligente. O quê! O'Connor lhe oferece 50 mil, e você hesita! Aceite. Serei seu *amant de coeur*."

E assim O'Connor lhe deu 50 mil francos, tornou-se seu amante oficial e pôde andar de cabeça erguida, sem corar. Quanto a Stern, filosoficamente esfregou as mãos, achando que havia feito um esplêndido negócio. Tudo dando certo, aos domingos Sarah almoçava com ele e encontrava 25 mil francos sob seu guardanapo. Assim Stern lhe pagava apenas a metade de sua antiga mesada. Quando O'Connor se reintegrou a seu regimento, Sarah tentou recuperar Stern nos velhos termos, porém o banqueiro se recusou. E por fim rompeu com ela totalmente. Dez anos depois casou-se com Sophie Croizette, amiga de infância de Sarah e sua futura rival na Comédie Française.

Na última semana de maio de 1871 o Exército francês matou de 20 mil a 36 mil parisienses, segundo estimativas variadas, e a Comuna chegou ao fim. Pode-se dizer que foi então que se iniciou a história da Terceira República. Por sorte o apartamento de Sarah fora poupado, mas a Paris que ela conhecera terminara para sempre. Os comunais haviam incendiado o Palais de Justice, o Palácio das Tulherias e o magnífico Hôtel de Ville, além de muitos teatros e igrejas. Ruas inteiras desapareceram. Montes de pedra, estuque e cacos de vidro indicavam os milhões de francos perdidos nas seis semanas de luta entre o Exército francês e os comunais. Parecia que só haviam restado tristeza e um mau cheiro inelutável, acre lembrete da vergonha da França.

Amargamente desiludida, Sarah vaporizava perfume em seus aposentos, fechava as cortinas e esperava que a vida recomeçasse. Um dia monsieur de Chilly procurou-a para dizer-lhe que o Odéon estava sendo restaurado e que se andava considerando uma nova peça. Naturalmente ela faria o papel principal. Estirada em sua *chaise longue*, a atriz murmurou um cansado "não". Chilly se levantou para sair, mas já sabia o que fazer. Na porta resmungou o nome de uma atriz rival que seria obrigado a contratar. Com isso tocou num ponto fraco. "Oh, Chilly, querido Chilly", Sarah exclamou, levantando-se de um salto. "Quando começamos?" Estava de volta ao trabalho, queria logo ensaiar para uma estréia em outubro. A peça que a reconduziu ao teatro foi *Jeanne-Marie*, de André Theuriet, a história de uma jovem bretã que se casa com a errônea impressão de que o noivo morreu no mar.* Bernhardt e Paul Porel, que representou o noivo, comoveram a platéia até as lágrimas. Foi um momento emocionante para atores e público, pois todos sabiam que apenas alguns meses antes ela tratara dos ferimentos de Porel naquele mesmo teatro. Dez dias depois Sarah figurou em *Fais ce que dois* [Faça o que deve], de Coppée, um anteato patriótico sem maior importância. A peça marcou a

(*) Muitos anos depois Sarah representaria esse papel num espetáculo particular montado para a rainha Vitória em Nice.

estréia, no Odéon, de sua irmã Jeanne, que desde os dezessete anos vinha representando e dormindo com uns e outros pela cidade. Lembrando-se de seus próprios fracassos iniciais, Sarah estava otimista. Sua linda irmã, prometeu a Chilly, trabalharia muito e se cobriria de glória. A predição infelizmente não se cumpriu, pois Jeanne era uma atriz medíocre e viciada em drogas. No entanto Sarah conseguiu obter um contrato de três anos para Marie Colombier, com resultados bem mais gratificantes, uma vez que Marie era talentosa e, ao contrário de Jeanne, divertia Bernhardt.

Uma carta que Sarah lhe enviou após uma turnê por balneários alemães com *Le passant* mostra bem o tom de sua camaradagem:

> Paris, agosto de 1869
>
> [...] Estou morrendo de tédio, entende, morrendo! Adoro você, querida Marie, adoro mesmo. Ando trabalhando muito, mas estou horrivelmente cansada por causa de um maldito resfriado que peguei no trem. Minha bolsa vem se esvaziando, e já vejo o dia em que não terei um centavo. Mas já passamos por isso antes.
>
> Ontem de manhã meu filho voltou de viagem. Que beleza magnífica ele é! Você vai ver! Aqui não há uma alma viva. Nada a não ser monstros, e ainda por cima nem sequer dourados. Imagine borboletas enormes, pesadas, esvoaçando ao redor de sua frágil *demoiselle* Sarah. Não vale a pena tentar apanhá-las, a não ser que um pouquinho de seu ouro ficasse em meus dedos. Estou sendo judia demais?
>
> Mil beijos e abraços

Sarah havia passado por uma grande mudança: da moça despreocupada de antes da guerra — a qual escreveu essa carta — à mulher que viu os horrores do conflito e trabalhou incansavelmente para ajudar suas vítimas. Não exagerou quando disse a Chilly que estava cansada. Não era fácil para ela retornar a seu passado esplendor, e, o que é bastante compreensível, a mesma coisa se poderia dizer do Théâtre de l'Odéon.

Em novembro de 1871 ela se apresentou em *La baronne* [A baronesa], a história de uma mulher que enlouquece ao ser injustamente confinada num manicômio, recupera a sanidade, mata o inimigo que a trancara no hospício e depois se finge de louca para escapar ao castigo. Até o público que adorava melodramas achou o enredo ridículo, e logo a peça caiu no esquecimento.

As esperanças eram maiores em janeiro de 1872, quando Sarah recebeu o papel-título de *Mademoiselle Aïssé*, peça em versos de Louis Bouilhet, dirigida e encenada por Gustave Flaubert. Bouilhet, cujas peças anteriores obtiveram certo sucesso, morrera havia dois anos, e Flaubert, seu amigo dedicado, decidira reafirmar o talento do dramaturgo ante um mundo indiferente. Sarah, Marie Colombier e Paul Porel aplaudiram e choraram quando Flaubert, rouco e visivelmente emocionado, leu para eles os versos de Bouilhet. Mas todo o esforço — Flaubert até providenciou aulas particulares para a sedutora Marie Colombier — não deu vida à peça. O público não se empolgou com uma obra que se assemelhava demais a *A dama das camélias*, de Dumas. *Le Figaro* considerou a interpretação de Sarah como a heroína "digna e sensível", porém lamentou que sua falta de força física freqüentemente limitasse sua voz a um som surdo e lúgubre e aconselhou-a a evitar a monotonia decorrente disso. Colombier, todavia, foi considerada perfeita no papel de uma debochada intrigante. Diante de mais um fracasso o Odéon e Bernhardt precisavam desesperadamente de uma obra de sucesso, e de uma obra de sucesso famosa ainda por cima. Victor Hugo a forneceria de modo espetacular.

Depois de viver vinte anos no exílio, Victor Hugo retornou triunfante a sua pátria, como um grisalho herói de Homero. Poucas personalidades da história da literatura tocaram seus compatriotas como ele. Símbolo da República, por meio de sua poesia deu renovadas esperanças a um povo derrotado num país oprimido.

Laissez entrer en vous, après nos deuils funèbres,
L'aube, fille des nuits; l'amour, fils des douleurs.

Deixai entrar em vós, depois de nossos lutos,
A aurora, filha das noites; o amor, filho das dores.

Ao saber que o escritor a escolhera para representar doña Maria de Neubourg, a infeliz rainha da Espanha em seu *Ruy Blas*, Sarah encheu-se de orgulho — e de dúvidas: de orgulho porque havia lido as obras de Hugo "com paixão"; de dúvidas porque sua "corte imbecil" a convencera de que a política de Hugo era odiosa. E, assim, sentiu-se constrangida ao saber que ele a esperava em sua casa para a primeira leitura, em vez de encontrá-la no campo neutro do teatro:

> Quando contei isso para minha corte das cinco horas, todos ficaram indignados. "O quê! Ir encontrar-se com esse homem que ainda ontem era um proscrito, com esse joão-ninguém que ousa pedir a nosso ídolo, nossa dama de copas, nossa maga das magas que esteja a sua disposição. Escreva-lhe isto, — escreva-lhe aquilo —"

Ajudavam-na a redigir respostas insolentes quando o marechal Canrobert interrompeu. "Mostre o devido respeito ao gênio", disse ele, "mas escuse-se alegando doença."

Sarah seguiu o conselho de Canrobert. "Monsieur, a rainha resfriou-se, e sua dama de honor a proíbe de sair", escreveu. "O senhor, mais do que ninguém, conhece a etiqueta da corte espanhola. Tenha pena de sua rainha, monsieur."

Divertido por encontrar ressonâncias de *Ruy Blas* nas palavras de Sarah, o poeta respondeu no mesmo espírito:

Sou seu escravo, madame.
Victor Hugo.

Quando por fim se encontraram, Sarah mal pôde acreditar que se deixara levar por sua corte. Ali estava um senhor fino e galante, enrugado, talvez, mas com um porte fidalgo que deixaria seus amigos do Jockey Club envergonhados. No entanto, atriz observadora que era, viu-o com clareza: achou sua barriga grande demais, o nariz comum demais, os lábios grossos demais e o olhar lascivo demais. Sem embargo tais inconvenientes não a impediram de cortejá-lo. Enquanto Hugo ensaiava um dos atores, Sarah sentou-se numa mesa e se pôs a balançar as pernas. Era o tipo de atitude que enfurecera George Sand nos ensaios de *L'autre*. Mas Victor Hugo não era George Sand. Ao ver os lindos tornozelos de Sarah, ele se levantou de sua poltrona na platéia e improvisou:

Une reine d'Espagne, honnête et respectable,
Ne devrait pas ainsi s'asseoir sur une table.

Uma rainha da Espanha, honesta e respeitável,
Não deveria sentar-se assim numa mesa.

Sarah quis muito replicar, mas dessa vez ficou sem fala.

Um momentoso evento na história do teatro francês ocorreu em 19 de fevereiro de 1872: a tão esperada reapresentação de *Ruy Blas*. Uma esplêndida platéia saudou Hugo extasiada, e Sarah brilhou como uma verdadeira estrela. Sua aparência inesperada deixou o público perplexo. Essa criatura majestosa podia ser a atriz que todos conheciam, *la petite Sarah*? As instruções cênicas de Hugo descrevem sua entrada, dramaticamente situada pouco antes de fechar-se a cortina sobre o primeiro ato: "Vestida de forma magnífica, a rainha entra sob um pálio de veludo escarlate carregado por quatro cortesãos. Rodeiam-na damas da corte e pajens". Apesar dessa entrada imponente, foi no segundo ato que Sarah cativou o público. Envolta em cintilante brocado branco entretecido de prata, com uma lindíssima coroa de prata na cabeça aristocrática, ela era uma incomparável obra de arte. Sua interpretação foi um triunfo. A graça dos gestos, a beleza da voz e a soberba declamação dos versos de Hugo estavam acima de elogios.

Sobre sua doña Maria escreveu Théodore de Banville: "Até o fim dos tempos a imagem de Sarah Bernhardt será evocada sempre que Ruy Blas disser: '*Elle avait un petit diadème en dentelle d'argent*' [Ela portava um pequeno diadema de prata rendilhada]".

Sarcey, que dez anos antes duvidara do talento de Sarah, falou extasiado de sua dignidade triste e melancólica, de seus gestos nobres e harmoniosos, de sua graça poética. Para ele seu dom mais glorioso estava nas infinitas inflexões de sua bela voz. Assim escreveu Sarcey em *Le Temps*:

> Sua enunciação é tão verdadeira no ritmo, tão clara na pronúncia que nem uma única sílaba se perde, nem mesmo quando as palavras saem flutuando de seus lábios como uma carícia sussurrada. E como ela acompanha a curva de cada fala, deixando que se desdobre sem nenhuma ruptura, projetando a fluida harmonia de seus versos!
>
> E com que sagaz delicadeza de entonação enfatiza determinadas palavras, palavras que reveste de extraordinário valor!

Sobre um desempenho posterior ele escreveu: "Com uma intuição sobrenatural, Sarah Bernhardt fez a melodia. Cantou, sim, cantou os versos com sua voz melodiosa, os versos flutuaram como os suspiros que o vento arranca de uma harpa eólia".

Se as palavras de Sarcey dão a entender que ele pensava em termos de música, era essa mesma sua intenção. Escreveu que as peças de Hugo contêm árias e duetos que imploram para ser musicados: que o enredo é o libreto; a poesia, a partitura musical.*

Quando a cortina se fechou sobre a primeira apresentação de Bernhardt em *Ruy Blas*, amigos e desconhecidos correram para os bastidores a fim de contemplar, tocar o novo fenômeno, arrulhar a sua volta. De repente todos silenciaram. O mar de admiradores se abriu para dar passagem a Victor Hugo, que, acompanhado de Émile de Girardin, fora apresentar seus cumprimentos:

> Todos os tolos pensamentos que tive sobre esse gênio imenso passaram-me pela cabeça. Lembrei-me de nosso primeiro encontro, quando, afetando um ar altivo, fui bem pouco polida com esse homem bondoso e indulgente. Naquele momento em que minha vida alçava vôo quis pedir-lhe perdão e falar-lhe de minha sincera gratidão. Mas, antes que eu conseguisse proferir uma palavra, ele se ajoelhou a meus pés e, levando minhas duas mãos aos lábios, murmurou: "*Merci, merci*". Assim, foi ele que agradeceu a mim: ele, o grande Victor Hugo, cuja alma era tão

(*) De fato, várias peças de Hugo foram transformadas em óperas. Algumas, como *Ruy Blas* de Marchetti, caíram no esquecimento; outras, porém, são apresentadas hoje em dia com mais freqüência que as peças que as inspiraram. Duas se baseiam em peças com as quais Bernhardt esteve intimamente associada: *Ernani*, de Verdi, e *La Gioconda* (*Angelo, Tyran de Padoue* [Angelo, Tirano de Pádua]), de Ponchielli. Evidentemente *Rigoletto* (*Le roi s'amuse* [O rei se diverte]), de Verdi, é de todas a mais representada.

> linda, cujo gênio universal preencheu o mundo. Como me senti pequena, envergonhada, feliz! [...] Ele estava tão bonito naquela noite, com sua testa larga que parecia captar a luz, sua cabeleira prateada como feno recém-cortado ao luar, seus olhos risonhos e luminosos. Não ousando atirar-me nos braços de Victor Hugo, caí nos braços de Girardin, o bom amigo de meus primeiros passos.*

Sarah venceu a timidez e lançou-se nos braços de Victor Hugo, como nos levam a crer as anotações que o escritor fez em seu diário a partir do dia seguinte à estréia de *Ruy Blas*:

> 20 de fevereiro de 1872: Casa cheia. Vi e cumprimentei Sarah Bernhardt. Beijo na boca.
>
> 24 de fevereiro: M. Gustave Flaubert veio me visitar com Sarah Bernhardt.
>
> 28 de março: Fui ao Odéon. Vi mlle. Bernhardt em seu camarim. Estava se trocando.

Em 10 de junho Victor Hugo ofereceu um jantar para comemorar a centésima apresentação de *Ruy Blas*. Mais uma vez Sarah conseguiu vencer a timidez. "Venha", gritou. "Beije todas as damas. Comece comigo!" O viril poeta de setenta anos mostrou-se mais que disposto a obedecer. "E termine comigo!", Sarah gritou em meio ao alarido. A ruidosa festa terminou em tragédia. Durante os discursos de congratulações Chilly sofreu um ataque apoplético. Três dias depois morreu, e Duquesnel se tornou o único diretor do Odéon.

Anos mais tarde um amigo viu Sarah, agitada, saindo da casa de Victor Hugo. "O que aconteceu?", perguntou. "Nunca vi você com essa expressão no rosto."

"Acabo de receber um beijo do Poeta", foi a resposta, pois seu caso esporádico se estendeu por vários anos.

A galanteria de Hugo não foi o único prêmio que Sarah recebeu.

Muito antes do malfadado jantar ela fora convidada a voltar à Comédie Française. Nada poderia lhe dar maior satisfação. O salário era mais alto, o prestígio era maior e o fato de o teatro mais importante da França na verdade se desculpar por tê-la demitido dez anos antes constituía um bálsamo para seu orgulho. O único obstáculo era seu contrato com o Odéon, que vigorava ainda por um ano. Porém a ética não era o forte de Sarah. Ela assinou um contrato com a Comédie Française sem se dar o trabalho de pedir ao Odéon que a dispensasse e terminou a temporada de primavera numa atmosfera hostil. Sua duplicidade custou-lhe 6 mil francos em multas, cenas de raiva e a ruptura com Duquesnel. Não foi a primeira vez que ela criou problema para seu dedicado amigo. Uma noite, durante o intervalo, sua criada a en-

(*) Chamado com freqüência de fundador do jornal moderno, o editor e jornalista Émile de Girardin foi também um dos primeiros amantes de Sarah. Foi ele que, juntamente com o conde de Kératry, ajudou-a a superar os obstáculos para converter o Odéon em hospital de convalescentes. Sarah retratou Girardin num admirável busto de bronze que foi exposto no Salão de 1878.

controu estendida como morta no chão do camarim, uma expressão beatífica no rosto. O elenco se apinhou, chorando e benzendo-se com horror. Um Duquesnel arrasado apareceu diante da cortina para comunicar a terrível notícia, e de repente ouviram-se risos. Sarah se levantara do meio dos mortos. Duquesnel não achou a menor graça na brincadeira e demitiu-a da companhia; mas chamou-a de volta quando percebeu que em função da raiva só se prejudicara. Dessa vez, porém, sua estrela, sua atriz favorita, sua descoberta, sua protegida havia ido longe demais.

"Ele ficou magoado, e eu estava um pouco envergonhada de mim mesma", Sarah admitiu. "Esse homem sempre foi a bondade em pessoa. Apesar de Chilly e outros inimigos, foi ele quem abriu a porta de meu futuro."

Foi uma Sarah diferente que voltou à Comédie Française após dez anos de ausência. Aos dezessete ela era uma desconhecida e sofria de um medo incontrolável do palco. Agora, aos 28, era uma atriz consumada que fascinava o público com seu charme insinuante e sua elegância arrogante. Como seria de se esperar, muitos atores da Comédie Française não partilhavam o entusiasmo geral. Na verdade foi preciso que Sarcey, Girardin e outras potestades da imprensa fizessem muito alarde para convencê-los de que o lugar de Bernhardt era em sua companhia. Com certeza se melindraram ao ler Théodore de Banville: "A contratação de Sarah Bernhardt pelo Théâtre Français constitui uma revolução. A poesia entrou no domínio da arte dramática. Ou, se preferirem, o lobo entrou no redil das ovelhas".

Apesar de sua hostilidade em relação a Sarah, a companhia precisava de sangue novo e de uma sacudidura geral. Talentos conhecidos e rostos ultraconhecidos haviam baixado a temperatura da casa. Instituição mantida pelo Estado, devia apresentar obras clássicas e contemporâneas de alta qualidade literária e não tinha obrigação de fazer sucesso. Por conseguinte, a casa freqüentemente estava meio vazia.

O que faltava era uma nova abordagem e uma nova Rachel para avivar as chamas e botar fogo na bilheteria. Nomeado diretor em 1871, Émile Perrin sabia avaliar tais questões. Pintor e crítico de arte, havia dirigido a Opéra-Comique e depois a Opéra, onde empolgou os parisienses com montagens esplêndidas na estréia de *Don Carlos*, de Verdi, e de *L'africaine* [A africana], de Meyerbeer. Desafio ainda maior era dirigir a Comédie Française, também conhecida como Théâtre Français e ainda como Casa de Molière. Qualquer que fosse o nome, tratava-se de uma das instituições mais civilizadas da França. Desde os tempos de Luís XIV os franceses lideravam o teatro europeu. Assim como o idioma francês era aceito como a língua internacional, peças francesas eram representadas onde quer que existisse arte dramática e os atores franceses eram considerados os melhores do mundo. Cabia a Perrin a tarefa de manter essa posição de superioridade.

Para alcançar a perfeição a arte precisa renovar-se. Molière, que disse que a única norma era agradar ao público, deu vida nova ao teatro. No entanto, com o decorrer dos anos, o espírito jovial do maior comediógrafo da França cedeu lugar a algo muito próximo do solene. Constante como um cão em sua admiração pelo venerável estabelecimento, Sarcey declarou que este era como "uma grande casa de família, rica e séria". Uma comissão de velhos atores enfatuados avaliava novas peças e novos intérpretes, sempre dispostos a desaprová-los. A eles competia promover *pensionnaires*, membros regulares da companhia, a *sociétaires*, que além do salário tinham participação vitalícia nos lucros do teatro. Sem dúvida a atmosfera consagrada e as velhas tradições da Casa de Molière tinham seu encanto, embora a cúpula estivesse imunda, as cadeiras fossem estreitas e as paredes precisassem muito de uma pintura. Contudo importava bem mais que encanto a perfeição fascinante do desempenho de um grupo homogêneo de intérpretes, quase todos tendo estudado no Conservatoire.

Perrin, que percebia o perigo da glória herdada nos estabelecimentos estatais, sabia que cumpria fazer uma faxina artística. Agia lentamente, porém com inteligência. Trajes anacrônicos cederam lugar a trajes historicamente corretos. Introduziram-se cenários e móveis autênticos. Reavaliou-se até o ato de representar, o mais espinhoso dos assuntos. Os *sociétaires* mais velhos, apesar de *diseurs* incomparáveis, recitavam num estilo pomposo que tinha o ranço de uma época mais formal. O realismo estava no ar, e Perrin pretendia adotá-lo contratando intérpretes jovens e "modernos" cujo estilo condizia com a nova década do pós-guerra.

Sarah retornou ao palco da Comédie Française em 6 de novembro de 1872 como Gabrielle em *Mademoiselle de Belle-Isle*, de Dumas pai. Fosse porque ainda a assombrava sua estréia desastrosa dez anos antes, fosse porque temia não corresponder à publicidade que precedeu sua recontratação, o fato é que esteve abaixo de seu padrão habitual. Foi só quase no final da noite, relatou Sarcey, que Bernhardt "se encontrou, estimulada pela fria recepção. Ali estava de fato nossa Sarah, a Sarah de *Ruy Blas*, que tanto admiramos no Odéon". Em representações posteriores a atriz esteve em excelente forma. Sarcey, que insistira com Perrin para que Bernhardt retornasse à Comédie numa tragédia clássica, sentiu-se coberto de razão quando a viu como Junie em *Britannicus*, seu papel seguinte. Assim escreveu em *Le Temps*:

> Vestida com magnífico bom gosto, tem um encanto indescritível e recita os versos com uma graça e uma correção racinianas. Hoje a vitória é sua. Doravante ninguém mais pode reclamar de sua admissão à Comédie Française. Ela pertence a essa casa.

A vitória não foi só de Sarah. A mesma representação marcou a terceira das três estréias tradicionais de um jovem ator belíssimo, chamado Jean Mounet-Sully, que nos dois anos seguintes seria o perturbado e perturbador amante de Bernhardt. Provinciano de Bergerac, vivera seus primeiros 26 anos numa atmosfera de piedoso calvinismo. Contudo a vida numa cidadezinha do sudoeste da França era sufocante demais para um jovem com inclinações artísticas que, embora se preparasse para o sacerdócio, sonhava em ser pintor, compositor ou ator trágico declamando versos heróicos para uma platéia embevecida. Depois de uma luta violenta com a própria consciência, Mounet deixou a vinha da família para tentar a sorte no Conservatoire de Paris.

Um trecho de suas memórias, *Souvenirs d'un tragédien* [Lembranças de um trágico], nos dá uma amostra de sua criação antiquada:

> O preconceito contra os atores ainda era espantosamente forte em toda parte, mas em especial nas províncias. Depois de muita insistência recebi permissão para sair de casa. No dia em que parti minha querida mãe beijou-me e disse: "Seu pai nos deixou uma pequena fortuna e um nome sem mácula. Não envergonhe nem uma nem outro".
>
> "*Maman*", respondi, "juro-lhe que um dia serei milionário, condecorado com a Legião de Honra." Essas foram palavras tremendas, e senti que estava prometendo mais que o razoável. Entretanto eu tinha Fé! [...] Depois lhe pedi sua bênção e seu consentimento. "Não posso aprovar sua decisão de ser ator", disse ela, "porém minha bênção o acompanhará aonde você for." Santa mulher! Sua lembrança é certamente o tesouro mais precioso de minha vida.

Em 1867 Mounet ingressou no Conservatoire e encontrou trabalho em vários teatros da cidade, como às vezes ocorria com estudantes talentosos. No ano seguinte fez um teste para Chilly, que o contratou para desempenhar pequenos papéis no Odéon, entre os quais Cornwall em *Rei Lear*. Em 6 de abril de 1868 o inexperiente estudante de arte dramática estreou, cercado de um elenco brilhante: Beauvallet como Lear, o grande Taillade como o Bobo, Agar como Goneril e Bernhardt como Cordelia.

Nessa época, Mounet lembrou, "já se falava em Sarah Bernhardt, que estava prestes a se tornar famosa. Eu a admirava apaixonadamente. Ela não me conhecia, nunca sequer notou minha presença. Eu era nada. Ela passava em minha frente como uma estrela distante". Com efeito, Sarah estava no alto e não dava atenção ao jovem inexperiente, a não ser para caçoar de seu jeito desastrado. Numa representação da qual ririam mais tarde ele gemeu um "Ah!" tão possante que a platéia caiu na gargalhada. Cego de vergonha — Mounet era incapaz de pequenas emoções —, ele se precipitou para a saída e esbarrou na porta. Desnecessário é dizer que o cenário estremeceu — bem como o público, que não parava de rir. Quando por fim conseguiu deixar o palco, o jovem se pôs a chorar. Duquesnel tentou consolá-lo, mas ele estava inconsolável. Estava acabado, nunca seria nada, soluçava, esmurrando a parede com seus grandes punhos.

Mounet era um ator muito desanimado quando entrou para o Exército, no começo do conflito franco-prussiano, e mais desacorçoado ainda quando, no final da guerra, tentou juntar os cacos de sua carreira. Duquesnel se prontificou a readmiti-lo no Odéon, mas com um salário tão ofensivamente baixo que o jovem recusou a oferta. Cansado de vagar de um teatro para outro, resolveu voltar para sua mãe e a vida dos vinhateiros. Arrumou as malas e estava prestes a sair para tomar o trem quando soube que Perrin queria ouvi-lo para o papel de Oreste em *Andrômaca*, de Racine. Naquela noite escreveu à mãe uma carta extasiada. Não só faria Oreste, como ainda — milagre dos milagres — recebera um contrato de três anos, o que era inédito no caso de um principiante.

Com seu magnífico talento seria o mais ilustre ator trágico da Comédie Française ao longo de mais de quarenta anos. Com sua cabeça leonina, emaranhados cabelos castanhos, feições bem delineadas e um corpo de gladiador, era o ideal barroco do herói raciniano. Seus gestos apaixonados eram bombásticos na grandiosidade desmesurada. Quanto a sua voz poderosa, o incorrigível Sacha Guitry diria que, quando falava num *tête-à-tête* íntimo, Mounet parecia estar gritando desde o outro lado do rio.

> Vejo-me naquela época, embriagado de entusiasmo, ensaiando Oreste pelas ruas [Mounet escreveu]. Lembro-me de me aproveitar do trânsito barulhento para gritar a plenos pulmões: "Oh, deuses, que rios de sangue correm a minha volta!". Em casa jamais teria ousado levantar a voz dessa maneira, com medo de aterrorizar os vizinhos. Meus cabelos eram tão teatralmente longos que as pessoas se voltavam na rua para me olhar.

Não eram só pedestres espantados que não acreditavam nos próprios olhos. Um dia Sarah o deteve nos bastidores.

"É você, Mounet?", perguntou.

"Sim!", trovejou ele.

"Mas o que aconteceu com você? Ficou tão bonito!"

"É o que me dizem", confessou o ator.

"Mas devo estar ficando louca", Sarah falou; "você não era bonito no Odéon, era?"

"Acho que sim."

"Tolice, eu o teria notado", insistiu a atriz, acrescentando: "Vai representar hoje à noite?"

"Sim."

"Então virei vê-lo na frente da casa." Naquela noite, após o espetáculo, Sarah teve o que muitas mulheres na platéia desejavam. Elas não se decepcionariam, pois Mounet, que aos sessenta anos diria que sempre havia pensado que "aquela coisa lá embaixo era um osso rígido", era tão apaixonado na cama quanto no palco.

Assim se iniciou um caso que uniria dois egos gigantescos tanto na luta como no amor. É raro pessoas excepcionalmente talentosas entregarem seus corações umas às outras, já que com freqüência seus corações estão preocupados com a inalterável batida do amor-próprio. Com certeza nada favorecia Bernhardt e Mounet-Sully. Nascida e criada em Paris, Sarah era mais que experiente nas coisas do mundo. Suas numerosas ligações ensinaram-na a lidar com os homens da maneira como lidavam com ela. Responder com dureza à mundanidade era um jogo que desde muito aprendera a dominar. Além disso sua fama crescente levara *le Tout Paris* a vê-la com novo respeito. Agora não eram apenas os estudantes da Rive Gauche que corriam a cruzar o Sena para sonhar em seu santuário. Artistas e gente da sociedade achavam-se desatualizados se não podiam citar seu nome. O próprio Victor Hugo não se ajoelhara a seus pés? Em suma, ela vencera. Caricaturas de Bernhardt surgiam por toda parte. As mulheres copiavam seus maneirismos, e seus admiradores tinham prazer em repetir — e ampliar — os mexericos sobre ela. Entretanto ter um caso com um filhinho da mamãe provinciano e mimado não fazia parte da experiência de Sarah. A crença de Mounet no puro e no bom, na vida e na arte, parecia repousante depois dos entediados Ligne e Haas que ela conhecera.

Por outro lado Bergerac e o conselho moralista de sua piedosa mãe não haviam preparado Mounet para a displicente promiscuidade de mulheres como Sarah. Ele não conhecia o protocolo adequado à relação amorosa com uma atriz do *demimonde*. Nunca lhe ocorreu que Sarah o visse como seu *amant de coeur*. Onde teria aprendido as mentiras e intrigas que necessariamente faziam parte de tais relações? Seu mundo era mais simples: as mães eram sagradas, as viúvas submissas e as namoradas fiéis.

Presentear uma mulher com seu corpo constituía uma liberação, uma prova explosiva de virilidade; mas respeitar uma mulher que se entregava era impensável. Segundo revelou depois, ele esperava arrancar Sarah do lamaçal do pecado e, bom calvinista que era, conduzi-la ao caminho do bem.

Sarah havia aprendido numa escola muito diferente. Não se considerava uma decaída, e sim uma mulher que subira na vida. Não pertencia a ninguém e julgava-se livre. Assumir um belo e jovem ator que ganhava o mísero salário de 6 mil francos por ano era uma diversão carnal, um luxo que ela podia se permitir. Certamente não cogitava de dispensar a corte que pagava suas contas e a mantinha com suas roupas e jóias tão amadas. Afinal, Sarah era quem havia se afirmado, e Mounet quem esperava se afirmar; ela era o sedutor, e ele a vítima de seus encantos. E para diverti-la ainda mais Mounet não se parecia em nada com os jornalistas e os dissolutos elegantes que compunham sua corte. Naturalmente a vaidade e a ambição faziam sua parte. O sucesso de ambos em *Britannicus* inspirou sonhos de uma gloriosa parceria, sonhos que se tornaram realidade quando a platéia se deu conta de que a presença heróica de Mounet contrastava intensamente com a frágil feminilidade de Bernhardt e que sua declamação impetuosa realçava as efusões líricas da atriz. E Sarah ainda tinha a dupla satisfação de aparecer ao lado do homem mais bonito do momento e de havê-lo tirado de sua amante, Maria Favart. Bem mais velha que Sarah, Maria Favart era uma ilustre atriz principal da companhia que "detinha" muitos papéis cobiçados por Bernhardt. Se esta última e Mounet-Sully haviam de ser reconhecidos como *o* par romântico da Comédie Française, então Sarah bem podia substituir Maria no teatro, como o fizera na vida real. A idéia não era lá muito bonita, porém os bastidores tampouco são um lugar muito bonito. Logo o caso Bernhardt-Mounet era o assunto do dia em Paris, já que poucas coisas empolgam mais o público teatral que saber que os amantes que admira no palco são amantes também nos bastidores. Juntos Sarah e Jean criavam a magia do teatro. Esperto como era, sempre que podia Perrin os colocava na mesma peça.

Em novembro de 1872, durante os ensaios de *Britannicus*, Bernhardt e Mounet-Sully começaram a corresponder-se no estilo grandiloqüente e apaixonado da época. Parece que Sarah significava mais para Jean do que este para ela, pois perdeu a maioria de suas cartas, enquanto o ator numerou, datou e guardou quase uma centena das cartas que sua amada lhe enviou. A correspondência dos dois compõe uma imagem vívida de um casal de intérpretes às voltas com o que se poderia chamar de amor.

Seria muito otimismo querer encontrar a "verdadeira" Sarah em suas mensagens aparentemente sinceras: ela era instável demais, fingida demais. Em suas cartas a Haas, o sofisticado freqüentador de lugares elegantes, posara de inferior, ansiosa para agradar; mas agora, como atriz consagrada, sentia-se superior a Mounet e desempenhava um papel muito diferente, adequado às fraquezas de um provinciano romântico e ingênuo o bastante para acreditar em amor verdadeiro. Depois de ler algumas de suas primeiras mensagens frívolas, é ao mesmo tempo comovente e irônico ver Sarah, a incorrigível criadora de problemas, dar conselhos surpreendentemente práticos ao amante, que também era uma pessoa difícil:

> 9 de janeiro de 1873
>
> Esta não é uma carta de amor, meu querido amigo, mas uma carta sensata. Acabo de ver nosso diretor [Perrin], que me falou de sua incrível teimosia e dos problemas que esta cria para todo mundo. [...] Eu lhe suplico, em nome da Arte, em nome do profundo amor que tenho por você: procure controlar-se.

Falou-se que na próxima semana você se tornaria *sociétaire*. Posso confirmar isso. Mas agora os numerosos inimigos que seu talento criou estão ganhando vantagem, e tudo por causa de sua natureza obstinada. Vários amigos seus, sabedores da infinita afeição que lhe tenho, chamaram-me de lado para dizer-me que você os assusta com sua determinação para contradizer, não se importando com as circunstâncias, e que temem as brigas violentas que você inevitavelmente inicia sempre que há uma discussão.

E portanto, meu querido, eu lhe peço, eu lhe imploro: abandone essa idéia de que todo mundo está contra você. [...] Refreie-se um pouco, só um pouco!

Como Bernhardt descobriria, a resistência de Mounet a conselhos era tão monumental quanto sua resistência a direção. Era preciso explicar-lhe tudo, tornar tudo real para ele. Em *Britannicus*, quando devia segurar uma cobra, o ator insistiu que esta fosse verdadeira. Diziam-lhe para sair pela direita, ele saía pela esquerda. Diziam-lhe para gritar, ele sussurrava; para sussurrar, ele gritava.

Sua necessidade de explicação ia muito além do teatro. Logo depois que se tornou amante de Sarah, Mounet recebeu uma das muitas cartas em que ela se desculpava e expunha os motivos pelos quais fora obrigada a cancelar um encontro à meia-noite:

Janeiro de 1873

[...] Meu amado, não se zangue comigo. Trouxe meu filho para passar um mês em Paris, pois ele está com febre alta. Hoje à noite estou muito preocupada com ele e ficarei a seu lado até o médico vir pela manhã. Espero que não seja nada, mas sou, acima de tudo, mãe.

Você percebe que lhe digo a verdade, meu amigo, pois sabe que neste mundo existem desculpas com as quais ninguém jamais ousaria desafiar a sorte, nem mesmo para encobrir um capricho. E portanto, meu amor, não se zangue, mas deixe-me dizer-lhe que o amo loucamente, que o amo com toda a minha alma, que meu coração é seu e que sou quase feliz; que talvez comece a amar a Vida, agora que amo o Amor, ou melhor, sei o que é o Amor! Já lhe falei de meus ardentes amores do passado e de minhas esperanças frustradas? E de minha incessante procura de amor, sempre seguida de nada, de vazio? E de minhas lágrimas de raiva, meus gritos impotentes, do desespero que me levou ao suicídio? Se não lhe contei tudo isso, conto-lhe agora com toda a sinceridade, meu querido amo e senhor, pois é graças a você que não choro mais, que estou cheia de esperança. A você, acima de tudo, devo meu conhecimento do amor, não do amor que inspiro nos outros, porém do amor que sinto e tenho para dar. Estou tão feliz por amar finalmente e por amar você! [...] Confie em meu coração, aqueça-me a tristeza e o ceticismo com sua alma ardente. Abra seu ser e deixe-me entrar para que me torne inteiramente sua, e receba com este beijo feito de recordações e esperanças tudo que há de poético e de bom no coração de uma mulher. Amo-o com toda a minha alma; embalo sua cabeça em meus braços e pouso meus lábios sobre os seus. Murmuro todas as palavras de amor.

Apesar de suas declarações de amor, a carta de Sarah continha as sementes da infelicidade de Mounet. Com sua impiedosa necessidade de analisar, ele bem pode ter imaginado por que a amante estava "*quase* feliz", por que não ousaria desafiar a sorte, "nem mesmo para encobrir um capricho". A questão era: qual de seus dúbios caprichos?* Entretanto foi a menção de suas ligações anteriores que o perturbou. Intencionalmente ou não, provocantes ou cruéis, as palavras de Sarah abriram as comportas do ciúme de Mounet. A partir daí assombravam-no seus antigos amantes, fantasmas que ele não podia nem enfrentar nem esquecer. Se no passado sua vida fora cheia de "amores ardentes", por que no presente haveria de ser de outra forma? Obcecava-o o tortuoso desejo de saber o que se escondia por trás de cada gesto, cada palavra de Sarah. Lisonjeada porém temerosa, ela o chamou de "amo e senhor" e pediu-lhe calma. Até a seu brincalhão "assim que estiver pronto, assobie, e irei a seu camarim" seguiu-se um ansioso "não se zangue e não largue esta carta por aí".

Com o passar das semanas Sarah respondia cada vez menos ao assobio de Mounet. Contudo, meio enamorada que estava, tinha interesse em mantê-lo por perto e, quando sentia que estava perdendo poder, enviava-lhe cartas apaixonadas e consentia em fazerem amor. O resultado era que Jean achava difícil distinguir sua verdade das mentiras, seu amor do fingimento. O que devia pensar de suas intermináveis desculpas? Ela estava cansada, tinha negócios a tratar, precisava consultar o médico de Maurice, receber os amigos do filho, estudar. Quando tudo isso falhava, vinha com seu eterno "doente demais para fazer amor". E talvez estivesse. Desde o início nunca hesitou em livrar-se de Mounet alegando doença:

Fevereiro de 1873

Não me sinto bem, meu amigo Jean, nada bem. Não ouso levar esta criaturinha doente para ver você. Assim, mando-lhe apenas meu coração, minha alma e meus beijos cheios de amor e ternura. Você sabe, meu doce amo e senhor, que nunca deixo de pensar em você, que sonho somente com você, que meu único desejo é pertencer a você sem nunca lhe dar motivo de aborrecimento; ser sua amante, sua propriedade? Sabe que tudo que me lembra você faz meu coração saltar? Por fim, sabe que o amo apaixonadamente, com todas as forças de minha alma, com todos os remorsos e lágrimas de meu passado infeliz?

Eu gostaria de retomar minha vida, meus beijos, todas aquelas sensações idiotas; gostaria que meu espírito fosse tão virginal quanto meu coração era quando

(*) Em seu romance *A dama das camélias*, do qual extraiu sua peça, Dumas filho afirma que as "cortesãs usam a palavra 'capricho' como um código para designar casos não comerciais que se permitem ter de vez em quando como alívio e consolação".

me apaixonei por você. E por último, porém não menos importante, saiba que o amo. É verdade; é grande como o próprio amor. Meus lábios acolhem os seus, e agora escute o que eles têm a dizer, esses pequeninos tagarelas desobedientes!

Os lábios de Sarah não eram os únicos pequeninos tagarelas de Paris. Os atores da Comédie Française se divertiam vendo-a jogar o jogo da infidelidade com seu amante ciumento, criticando-a e ridicularizando-o. Um incidente no teatro contribuiu para a hilaridade geral. Após uma vesperal Mounet viu Sarcey andando pelo palco, de um lado para o outro. Desconfiado, perguntou-lhe o que estava esperando. Estava esperando Sarah para irem jantar, explicou Sarcey. Certo de que o pequeno crítico voraz esperava também determinado divertimento após o jantar, Mounet jogou a prudência — e as resenhas favoráveis — pelos ares. Sarcey era um canalha, gritou, e desafiou-o para um duelo. O jornalista replicou que não tinha o hábito de lutar com crianças e, tomando Sarah pelo braço, conduziu-a ao encontro suspeito.

As explosões de ciúme de Mounet não se restringiam ao teatro. Uma noite, num fiacre, a caminho de seu apartamento, teve uma briga feia com Sarah.

Marie Colombier deleitou-se ao contar a história:

> Perdendo a paciência, furioso, sem saber o que fazia, para não estrangular Sarah, Mounet quebrou os vidros e chutou a frente do carro. O cocheiro xingou e parou a carruagem. Quando se formou uma multidão, Sarah apeou-se e calmamente desapareceu. Mounet foi levado à polícia, onde teve de pagar uma multa. Depois, envergonhado de si mesmo e aborrecido com a amante, foi para casa, onde a encontrou dormindo a sono solto.

Era o bastante para arrefecer o ardor de qualquer homem, mas parece que não o de Mounet. Entretanto não devem ter-lhe agradado as cartas seguintes, escritas quando Sarah tentava conciliar ensaios tensos no palco da Comédie Française com os dramas exasperadores que vivia nos bastidores com seu incontentável amante. Na verdade estava exausta.

> Fevereiro de 1873
>
> Oh, não se zangue comigo, eu lhe suplico, meu amado Jean. [...] Se quer ser gentil, venha me dar um beijo. Mas depois deve ir para casa dormir. [...] Um segredo: estou muito arrependida por tê-lo feito sofrer ontem. Lamento-o infinitamente e amo você ainda mais por isso. Não vou mais me comportar mal. Nunca mais, eu juro. Não ria. Amo você. Gostaria que fosse amanhã à noite, quando realmente terei me recuperado. Aspiro seus beijos e lhe entrego todo o meu ser.

Contudo Jean não era o único problema de Sarah. Na primavera de 1873 Perrin abalou-lhe a autoconfiança ao designá-la para representar a mundana princesa Falconieri em *Dalila*, de Octave Feuillet — papel que, achava ela, iria mostrá-la sob um ângulo desfavorável. Escritor talentoso, Feuillet era admirado por suas peças alambicadas que focalizavam pecadores de alta estirpe e os infortúnios que o destino lhes reservava. Sabendo que Sarah traía Mounet, Perrin achou-a ideal para o papel de uma *femme fatale* que engana seus amantes. Curiosamente a atriz acreditava que tal conduta era estranha a sua natureza e pediu para desempenhar a heroína virtuosa. No entanto esse simpático papel fora prometido à bela e brilhante Sophie Croizette, amante de Perrin. Loira, alta, encantadora, querida pela companhia inteira, La Croizette era tudo que La Bernhardt não era: um modelo de boa saúde, boa índole e bom comportamento. Para completar, desde a infância Sarah era amiga íntima de sua rival e a estimava muito.

O sucesso depende, em parte, do medo do fracasso. Mas nem o medo, nem a crina que Sarah colocou no corpete para avolumar o busto conseguiram incutir-lhe segurança. Com os nervos à flor da pele, convencida de que Perrin lhe dera o papel errado deliberadamente, ela se voltou para seu "amo e senhor":

> Março de 1873
>
> Meu amado Jean: desmaiei durante o ensaio, exaurida por acessos de tosse e escarros de sangue, e messrs. Perrin e Feuillet tiveram de me carregar até minha carruagem. Estou na cama. Eu lhe suplico, meu adorado, venha me ver. Com isso me daria tanto prazer. [...] Por favor, perdoe-me por todos os aborrecimentos que tenho lhe causado. [...] Você precisa desculpar muita coisa. [...]

Sem dúvida o colapso de Sarah se deveu às pressões de seu caso amoroso, exacerbadas pelo sentimento de estar trabalhando num ambiente hostil. Além de atuar com sucesso em *Britannicus*, ao longo de seus quatro meses na Comédie Française ela se apresentara, suscitando variadas opiniões da crítica, em *Mademoiselle de Belle-Isle* e *As bodas de Fígaro*, de Beaumarchais, e *Mademoiselle de la Seiglière*, de Jules Sandeau. E agora, como temia, sua princesa Falconieri era um fracasso. Profundamente perturbada, a atriz apegou-se a Jean, sem deixar de encontrar novas formas de atormentá-lo:

> Representei *Le passant* até meia-noite e meia e cheguei em casa à uma e meia. Só poderia vê-lo às duas da madrugada, e com isso estaria morta. Fiquei muito aborrecida por não ter como avisá-lo e tinha certeza absoluta de que você estaria me acusando de mil coisas horríveis. Isso é mau, é péssimo, meu amado. Porém não posso me zangar com você. [...] Para mim, amar é amar você e quero amá-lo durante muito tempo — já que "para sempre" é uma ironia. Mande-me uma palavra de estímulo para o espetáculo desta noite. Mande-me um beijo, ou melhor, leve-o a meu camarim. [...] Vou me pendurar em seu pescoço, meu adorado, até machucar-lhe a boca com meus beijos.

Suas palavras transmitiam um frio consolo. Dizer que sabia que ele a acusava de "coisas horríveis" equivalia a alimentar-lhe as suspeitas, e não a dissipá-las. Quanto ao cínico "amar [...] para sempre é uma ironia", dificilmente poderia animar um homem que esperava esposá-la. Durante toda a primavera Sarah enviou a Jean cartas destinadas a mantê-lo preso, a inflamar-lhe o ciúme e a torturá-lo com a possibilidade de perdê-la: ela estava doente, agonizante, e amava-o apaixonadamente; estava cansada demais para ir vê-lo; encontrá-lo-ia na noite seguinte; achava-se prostrada pela febre; seu filho, a única pessoa a quem realmente amava, adoecera. Esperava que todos os seus problemas se resolvessem para poder ser como ele queria; se lhe passasse pela mente a menor desconfiança, Jean podia aparecer em sua casa a qualquer hora do dia ou da noite para verificar seu paradeiro.

Uma carta datada de 2 de abril de 1873 nos leva a crer que ela o trocara por outro.

> Oh, não chore mais, Jean. Eu lhe suplico. [...] Não sei por que, mas suas lágrimas me acompanham, me queimam. Estou muito infeliz. [...] Meu doce amigo, meu amante adorado, meu amor querido, eu voltarei. Espere-me!!!
>
> Sim. Com efeito, por que hesito se a felicidade me estende os braços? E depois, se você já não me ama, a tumba está tão próxima [...] e é tão fácil entoar o canto do cisne. Será que porque cruzou seu caminho uma criatura a quem você deu seu amor, a quem você revelou o mistério da vida — será que por isso sua bela alma leal deva sofrer tanto? Não! Mil vezes não!
>
> Irei vê-lo amanhã. Teria ido hoje à noite, mas todo o meu ser me dói, e minhas lágrimas deixaram-me os olhos vermelhos, enquanto suas lágrimas me põem o coração aos saltos.
>
> Durma! Ame-me! Ame-me e ouça meu grito de tristeza, de remorso, de paixão. [...]

Jean respondeu de imediato, extasiado:

> [...] Estava prestes a gritar: "Meu Deus, o que será de mim?" — meu grito habitual, pois *já não* espero que você apareça —, quando encontrei sua querida carta em minha mesa-de-cabeceira. Oh, como estou feliz, minha Sarah — feliz e honrado com o generoso impulso que você seguiu ao me escrever! [...] Se soubesse como agiu corretamente, obedecendo a seu coração e deixando-se vir a estes braços que se abrem para você com tal obstinação. Ah! Como me parecem distantes minhas lágrimas, meus receios, minha angústia! Todas as lembranças dolorosas se esvaecem diante do presente, iluminam-se ao sol do futuro.
>
> Hoje à tarde você me disse que teme meu ciúme, teme que eu recorde o passado. No entanto o passado só existe se repercute no presente. Agora, depois do sincero grito de paixão que você não conseguiu conter, que dominou todo o seu ser e chegou a mim, ardente e luminoso — eu acredito! Estou confiante e cheio de esperança!! Oh, Sarah! Sarah! Minha Sarah! Finalmente você me ama! É verdade! É verdade mesmo! Não, nunca mais vou atormentá-la com meu

ciúme. Seria de fato uma ofensa à mulher que amo tanto. [...] a mulher que eu já esperava encontrar apenas em meus sonhos, essa mulher que eu julgava ser uma quimera de minha imaginação doentia e que estava aprisionada em seu corpo frágil, essa mulher não tem passado. (Está me ouvindo?) Enfim a conheço. Hoje a vi por um instante e a verei amanhã e sempre! Oh, que alegria! Ela tem suas feições; é *você*! Agora *vejo* você, *conheço-a, tenho-a*. Você é *nós*! Portanto, nada tema, você será feliz. Cingirei de plumas sua fronte e cobrirei seus braços com uma renda feita de beijos, já que minha travessa namorada não pode viver sem luxo!!! Querida amada, querida esposa, querida amante, você também deve ter fé, confiar e esperar. O futuro pertence às pessoas de boa vontade!!! E somos jovens e fortes e nos amamos!!

Mounet logo perceberia que, apesar de seus gritos de êxtase quando faziam amor, Sarah continuava sendo a mesma criatura ardilosa que sempre fora. Acreditando ingenuamente que o casamento constituía uma garantia de fidelidade, por várias vezes o ator pediu-lhe a mão. Sarah recusou todas as vezes, pois não conseguia imaginar-se como a vítima permanente de seu ciúme ou como sua esposa fiel e apaixonada.

Semanas transcorreram num silêncio glacial. Quando se quebrou, o gelo revelou águas mais escuras e turbulentas:

Sábado de manhã, 26 de julho de 1873

Minha querida Sarah: Não se preocupe, não tentarei defender-me. Não haverá recriminações. O que passou, passou. Não espero que esqueça, mas lhe peço que, em consideração a meu amor e meu sofrimento, perdoe qualquer mágoa que lhe tenha causado. Você diz que lhe bati, minha amada, minha adorada. Não me lembro disso. Todavia ainda vejo em seus braços as manchas escuras provocadas por minhas mãos. E seus olhos, inchados e vermelhos em função das lágrimas daquela noite, assombram-me como um pesadelo. Comportei-me de forma brutal e receio que não tinha motivo para tanto. Digo a mim mesmo que provavelmente me deixei enganar pelas aparências e que sua infelicidade [...] tão violenta resultou apenas da injustiça de minhas acusações. No entanto atirei-me *de fato* a seus pés, *de fato* lhe implorei, de todo o coração, que me perdoasse. Sem embargo durante aquela longa noite você permaneceu fria como o gelo, surda a minhas súplicas e cega a minhas lágrimas.

Como é possível? Diga-me! Se foi sincera dois dias atrás, quando encontrou palavras para me convencer de seu amor, para me inebriar de uma alegria que por um momento me fez acreditar na possibilidade de um *futuro*, então como, por que de repente me disse ontem que há um mês deixou de me amar? Há um mês! O que aconteceu há um mês? Arrebento meu cérebro — e não descubro!

Ah, aquelas marcas! As marcas em seus braços desaparecerão e serão esquecidas em poucas horas, mas como poderão sarar as medonhas feridas que suas palavras deixaram em meu coração? Quando você mentiu? Antes? Depois? E por quê? Você me acusou de egoísmo e mesquinhez — e eu que a amo *apenas* pelo que você é, como bem sabe! [...] Sarah! Sarah! Queria falar-lhe de meus projetos, de meus planos para nosso futuro. Pois fiz muitos planos, e tão lindos! [...]

Receio ter sido injusto ontem à noite. Perdoe-me. Acima de tudo são essas palavras que eu queria lhe dizer porque entendo, sim, entendo que talvez estivesse errado, e é tão importante para mim que você saiba. [...] Não chorou porque a acusei no momento exato em que você esperava concretizar nosso sonho, dando-me a prova final de amor que tanto esperei e que lhe pedi mais por sua causa que por mim? Ah, se respondesse que sim! Não fique zangada comigo. Seria injusto. [...] Tudo que importa é fazê-la saber que sofrerei mais do que posso dizer se você continuar a viver com medo de seu suplicante arrependido.

No dia seguinte Sarah respondeu:

Domingo de manhã, 27 de julho de 1873

Sim, Jean, você agiu de forma brutal e injusta e foi longe demais. Seu despotismo destruiu para sempre meus sonhos do futuro, pois eu também tinha sonhos. [...] Não me recrimine pelas poucas mentiras que lhe disse — mentiras que apenas provam meu afeto. Eu lhe falei a verdade, Jean. Nesse mês que passou muitas vezes me vi bloqueada por esse ciúme incontrolável que o leva a passar por cima de todas as normas da decência, sempre, não importa onde estejamos. Ontem à noite você me fez sofrer toda a angústia do remorso. Chorei de dor, dor verdadeira, ao ver o sonho de meu coração, meus queridos planos para o futuro esboroarem-se sob suas mãos brutais. A última vez que você fez cenas tão terríveis parecia estar tentando despedaçar meus castelos no ar. Mas eles permaneceram de pé, sustentados por meu amor. Entretanto, Jean, ontem à noite desabaram, e minhas lágrimas afogam suas ruínas. Que meus belos sonhos durmam; não desejo despertá-los.

Não, não lhe menti dois dias atrás. Pois mais uma vez meu coração encontrou no seu o eco de minha tristeza; meus olhos se depararam com seus olhos bondosos, brilhando sob as lágrimas. Fiquei comovida e *realmente* o amei naquele instante. Não quero magoá-lo sem necessidade, mas, veja, meu coração está ferido, e não sei se poderá curar-se. Acho que degradou minha dignidade de mulher quando pedi a meus amigos que esperassem enquanto trocava de roupa e apesar de tudo você se impôs e entrou em meu camarim, ao passo que eles aguardavam à porta. Foi como se tivesse dito: "Mas eu a conheço, ela é minha amante; vejo-a assim, nua, todos os dias". [...] Tive de submeter-me a sua violência para evitar um escândalo. Na verdade você me torturou com armas que eu mesma coloquei em suas mãos. Usou meu afeto e meu amor como uma bandeira carregada na batalha.

Ah, você me magoou muito, Jean, mas eu o perdoo, já que parece ser este seu desejo. Entretanto perdoar não é esquecer. Dê tempo a meu coração para que reflita, e veremos o que podemos fazer dos farrapos que sobraram de nosso amor. Não fique triste. Dentro de alguns poucos dias a Arte nos unirá novamente. Não vamos forçar nosso amor. Entrego-lhe a fronte que você brutalizou de modo tão covarde. Talvez seus beijos ressuscitem meu amor. Duvido.

Foi nessa época tumultuada, em que Mounet a brutalizava e atormentava com cartas apaixonadas, que a Comédie Française a convocou para demonstrar seus dotes de comediante em *Chez l'avocat* [Em casa do advogado], de Paul Ferrier, uma peça curta e espirituosa, em versos livres. Era uma prova difícil, já que Sarah devia contracenar com seu velho amigo, Constant Coquelin, que se tornaria o grande comediante francês. Considerando-se as circunstâncias, não surpreende que algumas críticas fossem péssimas.

Uma das mais caras qualidades de Mounet era sua adoração pela arte de Sarah. Sensibilizavam-no as críticas feitas a ela tanto quanto as que lhe diziam respeito. Assim, ela se comoveu, *quand même*, quando o ator saiu em sua defesa na seguinte carta:

> (final de) julho de 1873
>
> Prometi a mim mesmo que nunca mais iria lhe escrever. A maneira arrogante e glacial com que você relembrou todos os males que meu amor [...] demasiado violento lhe infligiu entristeceu-me o coração. [...] pois agora não posso mais ter dúvida de que você já não me ama, se é que na verdade me amou. Assim, não é para falar de *nós* que lhe escrevo, minha eterna amada, e sim para, diante da atitude de vários jornais em relação a seu último papel, gritar-lhe por sobre o oceano de gelo que nos separa: "Não tenha medo de nada!". Você está no caminho certo. [...] Não desanime. Você realizou uma verdadeira façanha. [...] Se os críticos a virem novamente nesse pequeno papel que você transformou na encarnação poética da feminidade (falo sério!), estará vingada. [...] Pois serão obrigados a engolir suas palavras, ou a viver para sempre com a consciência pesada, o que é a pior coisa que pode ocorrer — sobretudo a um crítico teatral.
>
> Com esta carta, anjo querido, beijo-lhe — tão platonicamente quanto possível — as pontas de suas lindas garras cor-de-rosa. [...]

Se o amor de Mounet era cego, sua lealdade enxergava muito bem. Bernhardt não se limitava à tragédia; brilhava igualmente na comédia. Seu público adorou-a em *Chez l'avocat*, e, embora alguns críticos, habituados a vê-la como atriz trágica, não a aceitassem como comediante lírica, outros acharam que, representando um par briguento com graça e verve extraordinárias, ela e Coquelin compunham uma dupla cômica incomparável.

Qualquer dúvida sobre os talentos de Bernhardt dissipou-se em 22 de agosto ante seu "imenso sucesso" no papel-título de *Andrômaca*, de Racine. Mounet também foi admirado, sobretudo por Sarah, que o homenageou em suas memórias:

> Jamais esquecerei aquela primeira apresentação, em que Mounet-Sully recebeu frenética ovação. Ah! Como estava lindo no papel de Oreste! Sua entrada, seus furores, sua loucura; a beleza escultural de seu corpo e a maneira como se movia; como tudo isso foi maravilhoso!

Um mês depois admitiu modestamente que seu sucesso no papel secundário de Aricie, em *Fedra*, foi o único da noite.

Como Mounet-Sully, sabia muito bem que começavam a considerá-los os atores principais da Comédie Française. E com efeito o final de 1873 marcou a consagração de Bernhardt como *tragédienne* clássica. Estimulada pelo próprio sucesso, ela não tirou férias e continuou representando Aricie e Andrômaca durante o verão. Apesar dos triunfos conjuntos, a ligação amorosa dos dois atores era um fracasso. Cinco dias após sua estréia como Aricie — papel que, segundo Mounet, desempenhou com "inesquecível beleza, ritmo e moderação" —, Sarah escreveu ao amante:

> 22 de setembro de 1873
>
> [...] Nossa felicidade depende de nossa separação. Nunca pude suportar tal tirania, tal fidelidade despótica. Assim, que nos una a amizade. Jamais conheci o amor a não ser com você e por você. Deterei meu coração enquanto é ardente. [...] Que a Arte exulte em seu triunfo. Por ela continuaremos sendo amantes no palco. Concorda? Nosso pobre verão de flores terminou. As folhas de outono espalham tristeza. Então, adeus ao amor. Você soube fazê-lo nascer, mas não sabe deixá-lo morrer.

Poucas horas depois recebeu a resposta:

> Não entendo nada, nada, nada, minha amiga, minha amada, minha amante. Não entendo nada, apenas que o pulsar de meu coração nunca foi tão doloroso. Esperei-a durante dois dias, com a mesma angústia na alma, as mesmas lágrimas nos olhos, e continuarei esperando-a [...] até que você volte ou que eu morra.
>
> P. S. Então, até amanhã, no almoço. Se preferir, não falaremos sobre nós; contudo pelo menos meus olhos fitarão os seus.

No início de outubro Sarah voltou para Jean, apenas para prolongar o drama tortuoso criado por sua exasperante manipulação, sua capacidade de infligir sofrimento ou de dar prazer. Conquanto estivesse "apaixonada pelo amor" e por Jean também, a seu modo, ela não resistia ao jogo do avanço e recuo. Em suas cartas repisa, como um *leitmotiv*, o tratamento insensível que recebera do príncipe de Ligne. O que talvez não reconhecesse em si mesma era o desejo de fazer outros homens pagarem por sua infelicidade passada.

No outono sua irmã caçula, Régine, tornou-se mais uma vítima de sua inconsciente mistura de afeto e crueldade. Num bilhete destinado a Mounet Sarah expõe um novo motivo para cancelar um encontro:

> Um telegrama de Régine anuncia que chegará hoje, às cinco horas da manhã. Ela não tem para onde ir, de modo que sou obrigada a ficar em casa para recebê-la. [...] Pelo menos posso fazer alguma coisa em prol de minha família.

Para proteger Régine de Youle, Sarah levou-a consigo ao mudar-se para o apartamento da rue de Rome. Todavia parece que sua bondade não conseguiu remediar a indiferença do passado. Sua roliça irmãzinha era agora uma magérrima prostituta de dezoito anos que se encontrava nos estágios terminais da tuberculose.

Numa sinistra passagem de *Ma double vie* Bernhardt conta como foram os últimos dias de sua infeliz irmã:

> Meu apartamento na rue de Rome era pequeno, meu dormitório minúsculo. Uma grande cama de bambu ocupava todo o espaço. O caixão no qual me instalava com freqüência para estudar meus papéis ficava diante da janela. Assim, quando Régine veio morar comigo, achei absolutamente natural dormir no pequeno leito de cetim branco que deveria servir para meu último repouso e colocá-la na cama grande sob montanhas de renda. Ela também achou isso bastante natural, uma vez que eu não queria deixá-la sozinha à noite e era impossível instalar mais uma cama naquele quartinho. Ademais, ela estava acostumada com meu caixão.
>
> Um dia minha manicure [...] veio fazer-me as unhas. Minha irmã lhe pediu que entrasse no quarto em silêncio, pois eu ainda estava dormindo. A mulher olhou em torno, pensando que eu havia adormecido numa poltrona; ao ver-me no caixão, fugiu, gritando como uma louca. A partir desse momento Paris inteira soube que eu dormia num caixão, e o mexerico maldoso alçou vôo em todas as direções com suas asas difamantes.

Não foi só o mexerico que divulgou a notícia. A fim de capitalizar a situação Bernhardt incumbiu Melandri, um dos principais fotógrafos de Paris, de fixar sua imagem no esquife repleto de flores, toda de branco, os braços cruzados, os olhos fechados no que parecia ser o eterno repouso. Logo as fotografias estavam nas lojas. Renderam um bom dinheiro a Melandri, que as vendeu na forma de cartão-postal, e a Sarah, que por elas recebeu uma bela quantia. Na verdade ainda hoje se pode comprar essas fotos em Paris. (Era bastante comum as celebridades teatrais — até mesmo luminares como Ibsen — aumentarem seus rendimentos com a venda de fotografias.)

É difícil saber de onde saiu o caixão. Sarah disse que o adquiriu para habituar-se com a idéia da morte. Uma história improvável afirma que o ganhou de sua mãe. Mais improvável ainda é a versão de Marie Colombier, segundo a qual o fúnebre objeto foi presente de um amante, um Romeu necrófilo que gostava de fornicar no caixão. Por incrível que pareça, o esquife constituía a prova palpável da natureza mórbida da atriz, como a caveira em sua escrivaninha, presente de Victor Hugo, na qual se lê uma lúgubre quadra, e o esqueleto anatômico em seu gabinete, mencionado alegremente sob o nome de Lazarus. Como muitos artistas de sua época, Sarah era fascinada pelo mistério da morte e pelo encanto do deboche. Tal qual Baudelaire, que falou por muitos de sua geração, ansiava "mergulhar nas profundezas do abismo, Inferno ou Céu, pouco importa/ Nas profundezas do desconhecido para encontrar o novo" (*Plonger au fond du gouffre, Enfer ou Ciel, qu'importe?/ Au fond de l'inconnu pour trouver du nouveau*).

Se Régine não estivesse à beira da morte, haveria certo romantismo no amor de Sarah pelo macabro:

> 26 de novembro de 1873
>
> Meu querido Jean
>
> Estou sofrendo. [...] Freqüentemente sofro dos nervos, mas não, não, o que foi atingido é minha alma, meu coração, a essência de meu ser. Tudo está contra mim. Tudo grita para mim: "Dor! Fadiga! Amargura!".
>
> Perdoe-me e receba este beijo — feito de minhas lágrimas, orvalho triste de medonhas tempestades — como o mais apaixonado dos beijos de quem adora amar você e é sua.

E alguns dias depois:

> Não tenho escrito porque estou exausta. Durante quatro noites venho disputando com a Morte seu pobre corpinho. No momento sou vitoriosa, mas o serei por muito tempo? Meus olhos, vermelhos de tantas lágrimas, oferecem-se a seus beijos, e minha amizade abraça seu amor. [...] Boa noite, Jean. Durma e não fique triste por causa desta criatura ansiosa, estranha e mórbida chamada Sarah Bernhardt.

As três palavras que escolheu para definir-se — "ansiosa, estranha e mórbida" — não poderiam ser mais exatas, pois parece que não percebia que a presença do caixão agravava a angústia da moribunda. Era quase como se Sarah — que sempre teve certeza de que morreria jovem e tuberculosa — estivesse competindo com a irmã e, até mesmo em sua preocupação com Régine, estivesse tentando ofuscá-la. Marie Colombier achava que o mínimo que ela podia ter feito era colocar o odioso esquife em outro aposento; assim escreveu: "A pobre tísica se martirizava toda vez que o olhava. Pesadelos horríveis assombravam-lhe os raros momentos de sono. Quando estava sozinha ficava aterrorizada, e igualmente se apavorava ao ver a irmã entrar no caixão. Por fim o médico se viu obrigado a dizer a Sarah que removesse o sinistro lembrete da morte".

> 10 de dezembro de 1873
>
> Esta longa e dolorosa agonia é uma ironia do destino. A luta com a morte, uma injustiça. Seus dezoito anos clamam por misericórdia. Jean, envio-lhe meu sorriso mais triste. Deve ser assim por nossa paz de espírito e por nossa Arte. Amo-o muitíssimo, porém já não estou apaixonada por você. [...]

Em 16 de dezembro de 1873 Mounet recebeu uma foto de Régine envolta num papel de tarja preta no qual leu as seguintes palavras: "Ela morreu hoje de manhã".

> O funeral foi magnífico [escreveu Marie], e Fedra desmanchou-se em lágrimas. Vendo-a chorar tanto que seu véu corria o risco de pender bambo, o velho Perrin falou: "Decididamente, ela é magnífica". Nunca um membro de sua companhia atingira tão elevado *pathos* quanto Sarah, de pé junto aos portões do cemitério Père-Lachaise, recebendo as condolências de *le Tout Paris*. Segundo comentou um jornalista: "Não é um funeral, é uma estréia".

Era tão previsível Sarah transformar sua dor em espetáculo quanto seus amigos caçoarem dela. Não eram só suas lágrimas que lhes pareciam ridículas. Meses antes a atriz ameaçara deixar o teatro para sempre a fim de dedicar-se à escultura e à pintura. Mais um exagero, pensaram; mais uma loucura. No entanto a subestimaram. Na verdade Sarah havia alugado um ateliê, encontrara um professor e trabalhava em sua escultura "com frenético entusiasmo". Os resultados foram impressionantes. Durante 23 anos, de 1874 a 1896, suas obras foram expostas no Salão oficial, onde obtiveram prêmios suficientemente importantes para exasperar artistas profissionais e irritar seus colegas atores.

Seu ateliê em Montmartre, iluminado pelo sol, era mais que um local de trabalho; ali ela se refugiava das destrutivas rivalidades da Comédie Française, onde, sentia com bastante realismo, tinha mais inimigos que amigos. No ateliê, situado bem no alto da cidade, rodeava-se de artistas e escritores, amigos nos quais podia confiar. Entre eles figurava Alphonse Daudet, cujo interesse pela atriz ia além da admiração por seu desempenho no palco. Daudet a observava com olhos de romancista — no ateliê de Sarah, em sua própria mesa de jantar e no salão do editor Charpentier, onde a Paris literária e artística se encontrava semanalmente. Em 1876 ele publicou um *roman-à-clef* intitulado *Le nabab* [O nababo]. Sucesso imediato, o livro girava claramente — claramente demais, segundo alguns — em torno de Sarah (denominada Felicia Ruys) e do duque de Morny (sob o nome de duque de Mora). Na juventude o escritor fora secretário de Morny e agora aproveitava a oportunidade para retribuir-lhe indelicadezas passadas. Sob o tênue disfarce de uma escultora, Bernhardt é retratada como uma mulher sensível e tempestuosa, consumida pela arte e impaciente com a vida. Valendo-se da licença poética, Daudet transporta Morny dos braços de Youle e Rosine para os de Sarah. Naturalmente alguns fanáticos por mexericos sobre gente do teatro acreditavam que o duque de Morny desfrutara os favores das três. De qualquer forma, para aqueles que se interessavam mais pela vida da atriz que por sua arte, *Le nabab* acrescentou um sabor picante à presença cênica de Bernhardt.

Apesar das pilhérias dos amigos, Sarah não estava representando. A morte de Régine abalou-a de tal forma que o médico lhe ordenou que fosse recuperar-se no sul da França, mas, em sendo quem era, ela resolveu ir para a Bretanha. Acompanhou-a seu novo amante, o belo e sedutor artista Gustave Doré.

Em janeiro de 1874 Sarah percebeu que não devia voltar a fazer o papel de tentadora com Mounet como vítima. Rejeitá-lo era difícil, mas mentir para ele também o era. E assim disse-lhe a verdade — pelo menos a parte da verdade com a qual conseguia lidar.

Ela valia mais como amiga que como amante, escreveu. Mounet poderia aceitar isso com coragem? Deixaria que seu afeto lhe guardasse a vida — uma vida "tão caótica, tão agitada, tão doente"?

Duas semanas depois, incapaz de enfrentar as reações de raiva que suas palavras suscitaram, Sarah escreveu-lhe mais uma carta, na qual surpreendentemente expõe seus problemas sexuais:

> Pelo que sei, nada fiz que justificasse tal comportamento. Disse-lhe claramente que não o amo mais. Apertei-lhe a mão e lhe pedi que aceitasse a amizade em lugar do amor. Por que me reprova? Decerto não é por falta de franqueza. Fui leal; nunca o enganei; fui inteiramente sua. Se não soube manter o que era seu, a culpa é sua.
>
> Além disso, querido Jean, deve compreender que não fui feita para a felicidade. Não é minha culpa se vivo em busca de novas sensações, novas emoções. É assim que serei até o fim de minha vida. Na manhã seguinte estou tão insatisfeita quanto na noite anterior. Meu coração quer mais excitamento do que alguém possa me dar. Meu corpo frágil exauriu-se no ato de amor. Nunca é o amor que sonho.
>
> Neste momento encontro-me num estado de prostração total. Parece que minha vida parou. Não sinto alegria nem tristeza. Gostaria que você me esquecesse. O que posso fazer? Não deve zangar-se comigo. Sou uma pessoa incompleta, mas de bom coração. Se pudesse evitar seu sofrimento, eu o evitaria!!! Mas você *exige* meu amor, e foi você quem o matou!
>
> Eu lhe suplico, Jean, sejamos amigos.

O velho refrão — "nunca o enganei; fui inteiramente sua" — só podia reavivar o ressentimento de Mounet. Mas dizer-lhe que fora incapaz de satisfazer sua sexualidade, entender que ela havia fingido, o havia "enganado" no mesmo instante em que gemia com falso êxtase — era demais para o orgulho masculino do grande amante. É razoável pensar que rancor, ciúme e violência bastam para enterrar o amor sob seu peso coletivo. Todavia a paixão obsessiva de Mounet era invulnerável à razão. Seis meses se passariam até ele conseguir libertar-se do que chamara "suas lindas garras cor-de-rosa".

Quando tudo terminou, Mounet, mais fastidioso na vida que no amor, reuniu as cartas de Sarah e os rascunhos de suas próprias respostas, amarrou o maço com uma fita e guardou-o num belo escrínio de prata decorado com o lema da atriz, *quand même.* Já Sarah tentou tirá-lo da cabeça — se não de sua vida. O que não se revelou nada fácil. Antes de encerrar-se o caso, eles haviam se tornado no palco o que nunca foram na vida real: uma imagem ideal do amor romântico. Pois, se tinha de fingir êxtases no quarto, no teatro Sarah não precisava disso. Ali podia seduzir o público, seu "monstro amado"; ali podia satisfazer e ficar satisfeita, assumir as muitas facetas de sua complexa natureza e ser elogiada ao invés de reprovada. Nesse ponto da vida encontrava no teatro, com sua intensidade concentrada, seus ápices de aplauso seguidos de um brilho de contentamento, mais prazer, talvez, que em sua frustrante procura de realização sexual.

Em *Cousin Pons* [Primo Pons] Balzac diz que as pessoas vivem apenas para as satisfações que obtêm por si mesmas. Sarah partilhava dessa opinião. No entanto, ao contrário do romancista, nem sempre conseguia obter as satisfações do trabalho de criação quando o espírito a conduzia. Em geral atuava duas vezes por semana, o que era considerado suficiente numa companhia que se orgulhava de ter cem peças em seu repertório e grande número de atores de primeira categoria. Infelizmente não condizia com ela submeter-se à vontade dos outros. Sarah era uma estrela que devia brilhar todas as noites, escolher seus papéis e seus companheiros de cena e ser o centro de seu universo. Contudo, sempre que pedia a Perrin um papel específico, ele lhe dizia que já o havia prometido a outrem. Neurastênica, ambiciosa, Sarah passava muitas noites chorando. Seus desmaios e vômitos de sangue tornaram-se mais freqüentes. Os amigos estavam preocupados. Achando que a Comédie Française não lhe dava oportunidades de ser criativa, ela decidiu concentrar-se na escultura. Todos os dias, às oito da manhã, mandava trazerem-lhe seu cavalo e saía. Às dez estava trabalhando intensamente em seu ateliê, no boulevard de Clichy, 11.

Finalmente, por pressão da imprensa e do Ministério das Belas-Artes, Perrin deu-lhe o segundo papel em *Le sphinx* [A esfinge], a nova peça de Octave Feuillet. Seria o grande acontecimento da temporada. Sem surpreender ninguém, Perrin confiou o papel-título a sua favorita, a talentosa Sophie Croizette. Apesar da rivalidade entre as duas atrizes, que dividia o público em duas facções belicosas, os ensaios começaram num clima de bastante harmonia. Vestida no auge da moda — ou melhor, do que entendia como moda —, Sarah parecia a excêntrica que de fato era. Flores frescas nas mãos, usava um severo vestido de veludo preto atenuado apenas por um rufo branco no pescoço. Trabalhava com seriedade — nenhum detalhe escapava a sua atenção —, mas, quando se anunciava uma pausa, transformava-se em outra mulher. Feuillet lembrava-se dela

> entrando num passo de balé, dançando, sentando-se ao piano para acompanhar-se numa bizarra canção negra que entoou com uma linda voz. Em seguida se pôs a andar, com grandes passos como um palhaço de circo; mastigou ruidosamente os chocolates que guardava na bolsa e retocou o carmim dos lábios com pincel de pata de coelho. Não havia nada mais encantador que ver

Sarah e Croizette, acompanhadas de suas mães, deixando o teatro como duas deusas assustadas. Nariz empinado, chapéu de palha posto atrás da enorme peruca loira, balançando o guarda-sol, conversando e rindo muito alto, seguiam para a confeitaria de Chibouste e se empanturravam de bolo.

Tudo correu bem até o primeiro ensaio geral. O terceiro ato de *Le sphinx* se passa numa clareira. No centro do palco Croizette é surpreendida nos braços do belo ator que desempenha o papel de marido de Sarah. Um raio de luar os ilumina num beijo tão ousado que recebe aplausos. Sarah entra por uma pequena ponte e vê a dupla infiel. Está com um vestido de baile e traz a capa na ponta dos dedos. Banhada pelo luar, pára numa pose tão irresistível e pungente que todos aplaudem mais uma vez. Todos, exceto Perrin, que se levanta de um salto e grita: "Basta uma lua. Apague a de mademoiselle Bernhardt!". No entanto Sarah não acataria isso, conforme escreveu:

> Fui para a frente do palco. "Desculpe-me, monsieur Perrin", gritei, "não tem o direito de tirar minha lua. As indicações estabelecem: 'Berthe avança, pálida ao luar, trêmula de emoção'. *Estou* pálida, *estou* trêmula, *quero minha lua*!"

Perrin replicou que, tendo Croizette o papel principal, devia ser seu o único foco de luz. "Então dê a Croizette uma luz forte e a mim uma menos intensa", disse Sarah.

O diretor recusou-se a ceder, e Bernhardt também, ameaçando sair do elenco se não lhe fizessem a vontade. Passaram-se dois dias. Sarah permaneceu teimosamente em casa, enquanto Perrin experimentava outra atriz. Por fim Feuillet a procurou. Estava tudo acertado, falou, beijando-lhe as mãos. Cada uma terá sua lua.

A estréia de *Le sphinx* foi um triunfo para ambas. A publicidade gerada pelas batalhas entre os "croizettistas" e os "bernhardtistas" contribuiu para transformar a peça em tamanho sucesso popular que havia três espetáculos semanais — coisa inédita na Comédie Française, que em geral mudava o programa diariamente.

Croizette causou sensação em sua cena de suicídio, quando engoliu um frasco de veneno e com a ajuda de luzes e maquilagem especiais ficou verde, aterrorizando a platéia com o que parecia um caso grave de trismo e *delirium tremens* combinados. Durante várias semanas os jornais publicaram artigos calorosos, muitos escritos por médicos, que demonstravam a autenticidade — ou o exagero ridículo — dos prolongados espasmos agônicos de Croizette. Para contrabalançar a interpretação melodramática da rival, Sarah atuou com uma força calma que conquistou o aplauso dos especialistas, entre eles Sarcey, que escreveu:

No último ato, como a esposa traída mas complacente, Bernhardt mostrou uma apaixonada intensidade tão veemente e sem embargo tão digna que arrancou gritos de admiração. E quando perguntou: "Quer saber se tenho suas cartas?", as palavras saíram-lhe dos lábios trêmulos como flechas aguçadas e penetrantes sibilando pelo ar.

A intensidade ao dizer essas falas talvez se devesse às cartas aflitivas que na época Bernhardt recebia de Mounet — cartas que guardou apesar do conteúdo ofensivo e desagradável. De qualquer modo as constantes exigências de Mounet abalavam-lhe o bom humor natural. Segundo escreveu Benjamin Constant: "É terrível infortúnio não ser amado quando se ama; entretanto é um infortúnio ainda maior ser amado apaixonadamente quando já não se ama".

Sarah já não amava Mounet — se é que, como ele mesmo disse, um dia o amou.

Em *Ma double vie* Bernhardt fala de si mesma como uma tísica que cuspia sangue, desmaiava com freqüência e sofria horríveis acessos de exaustão. Alguns não acreditavam em nada disso e tachavam-na de hipocondríaca histérica. Talvez tivessem razão, pois ela trabalhou muito e viveu intensamente até o dia de sua morte.

No verão excepcionalmente quente de 1874, quando o doloroso caso de Sarah e Jean cobrava de ambos um preço tremendo, Perrin os reuniu numa montagem de *Zaïre*, de Voltaire, que havia vinte anos estava fora do repertório. Alegando doença, a atriz pediu um mês de afastamento; como não confiava nela, Perrin recusou-lhe o pedido e marcou ensaios em junho e julho para a estréia em agosto. Enfurecida com "a obstinação desse burguês intelectual", Sarah jurou que representaria até morrer.

Uma história que conta em *Ma double vie* nos leva a suspeitar — tal qual Perrin — que talvez usasse a doença (provocada, se necessário) para que lhe fizessem as vontades. Quando era criança, lembrou, a mãe insistia que no desjejum tomasse *panade*, uma papa de pão e manteiga. Ao saber pela criada que a filha nunca tocava na detestada *panade*, Youle obrigou-a a tomar uma tigela da papa em sua presença. Assim que a mãe se afastou, a menina engoliu o conteúdo de um imenso tinteiro. Como seria de se esperar, teve uma terrível dor de estômago e correu para a mãe, gritando: "Você me matou!". Sem saber que sua voluntariosa filha havia bebido tinta, Youle levou as mãos ao peito e desmaiou. Sarah escreveu:

> Nunca mais fui forçada a comer o que não queria, e passados tantos anos tinha os mesmos sentimentos rancorosos e infantis: "Não me importo", dizia a mim mesma, "vou ensaiar até cair inconsciente; vomitarei sangue; talvez morra! E tanto pior para Perrin! Ele ficará furioso!". Sim, tais eram meus pensamentos. Às vezes chego a ser tão tola. Por quê? Não sei explicar, só sei que é assim.

Apesar do calor e de seu relacionamento complicado, Sarah e Mounet atuaram bem juntos. Cada um ensaiava e animava o outro; cada um encontrava inspiração no talento do outro.

Na manhã da estréia Jean recebeu um bilhete de Sarah:

> 6 de agosto de 1874
>
> Meu querido Mounet
>
> Você estará magnífico esta noite, prometo-lhe. Suplico-lhe que omita aquela arfagem da qual reclamei ontem. Passei a noite trabalhando na cena que você mencionou. Farei todo o possível para transmitir o sentimento de terror através de minhas falas. Juro-lhe que o farei com a maior boa vontade; tudo que desejo é agradar você.
>
> E até a noite — *courage*!

Embora estivesse decidida a cair morta no palco, Sarah não morreu. Ao contrário, sentia-se mais viva que nunca, principalmente quando Sarcey convidou o público a ver o que Bernhardt e Mounet podiam fazer com Voltaire. Assim escreveu o crítico:

> Que graça, que atitudes nobres! Foi deslumbrante. Demorará muito para vermos dois artistas representarem *Zaïre* com tão perfeita afinidade, dois artistas que trazem para seus papéis tanta juventude, tanto ardor, tanto gênio, ouso dizer.

Sarah achou que a estréia de *Zaïre* marcou um momento decisivo em sua vida:

> Aprendi que minhas forças vitais estavam a serviço de meu cérebro. [...] E descobri que, tendo me dado toda e ainda mais, encontrava-me em perfeito equilíbrio. [...] Até então ouvi e li nos jornais que minha voz era bonita mas fraca, que meus gestos eram graciosos mas indefinidos, [...] que me faltava autoridade. [...] Agora, porém, recebi provas de que podia contar com minha resistência física, pois comecei *Zaïre* em tal estado de fraqueza que se poderia pensar que não chegaria ao fim do primeiro ato sem desmaiar. [...] Além disso o papel exigia dois ou três gritos que facilmente poderiam provocar o vômito de sangue que na época me atormentava com freqüência. [...] Proferi aqueles gritos com raiva e dor reais, esperando romper alguma coisa em meu desejo idiota de agastar Perrin. Assim meu pequeno plano secreto voltou-se a meu favor. Incapaz de morrer como queria, [...] decidi ser forte, responsável, viva e ativa — para grande irritação daqueles meus colegas [...] que começaram a me odiar tão logo se convenceram de que eu poderia viver muito.

Sua miraculosa recuperação nos leva a pensar que ou ela exagerara seu estado, ou o sucesso constitui uma cura magnífica para a neurastenia — se não para a tuberculose. Porque foi um sucesso. Trinta apresentações, o máximo que uma peça de Voltaire jamais tivera. Contudo é verdade que ao cabo de uma semana Sarah estava doente demais para prosseguir, e Perrin se viu obrigado a interromper a série de espetáculos até ela se recuperar.

O sonho que Bernhardt e Mounet acalentaram — o de tornar-se a grande dupla de atores da França — agora era reconhecido como realidade pela maioria dos críticos. Que decepcionante para ambos verem que seu sonho se transformara em pesadelo, que a "perfeita afinidade" que apresentavam no palco nunca existiu na vida real! Naturalmente cada um culpava o outro, conforme demonstra esta carta de Jean a Sarah:

> Domingo, uma hora da madrugada
>
> Você não virá. Agora tenho certeza disso, e, depois de tudo que foi dito e feito, está agindo corretamente. [...] Sim, é verdade; fiz uma mulher chorar [mais uma vez Mounet se refere a Maria Favart], uma mulher que me amava e era melhor e mais bonita que você, só porque você conseguiu apossar-se de meu coração. Todavia fui honesto com ela e quase a obriguei a sentir pena de mim, porque sabia dos perigos a que me expus com essa idéia louca de que a amava. [...] Há muito tempo deixei de acreditar em seu amor, afirmado com tanta freqüência e tão raramente provado. O que ainda me unia a você era minha desesperada necessidade de acreditar que você possuía alguns sentimentos verdadeiros. Porém isso terminou. Você foi julgada. Já não é perigosa. Recentemente fez uma proposta infame, e eu disse a mim mesmo: "Ela ousa sugerir isso porque está certa de que eu não aceitaria. Já não me ama. É um subterfúgio para fazer parecer que parte de mim a idéia de uma separação definitiva [...]". No entanto agora não deveria me surpreender ao descobrir que mais uma vez fui feito de bobo. Quando se é totalmente desprovido de sensibilidade, quando se é capaz de escrever — sem assinar, claro — o que você escreveu esta noite, acaba-se chegando à errônea conclusão de que os outros poderiam partilhar tais sentimentos. Adeus, pois, e desta vez é realmente adeus, minha pobre menina. Peça a Deus que eu logo fique indiferente, pois o desprezo é algo terrível para minha fraca natureza.

Nunca saberemos o que Sarah propôs em sua carta sem assinatura — *ménage à trois*? promiscuidade recíproca? perversão sexual? —, mas, fosse o que fosse, Mounet considerou-o execrável. A "proposta infame" da atriz deu-lhe forças para fechar a cortina sobre seu amor infeliz. O calvinista que esperara purificá-la de seus pecados finalmente estava livre, com a dignidade restaurada — ou assim pensava:

> 8 de novembro de 1874
>
> Minha pobre Sarah
>
> Você me causou grande sofrimento, porém a amei tanto! Perdoo-a por ter me enganado porque sinto que você é infeliz. Peço-lhe apenas uma coisa: pense que às vezes posso ter sido desajeitado; entretanto pelo menos todos os meus esforços

visavam a torná-la uma pessoa melhor, a torná-la digna de si mesma. Você não quis isso. Talvez estivesse além de você. Seja como for, eu a perdoo e tenho pena de *nós*.

> 10 de novembro de 1874
>
> Agradeço-lhe de todo o coração, Jean. Agradeço-lhe sua feliz inspiração e agradeço-lhe seu perdão. O que você fez é bom. [...] Sempre lhe serei infinitamente grata.

Oito meses depois Mounet enviou a Sarah um pós-escrito de sua correspondência. Nessa época, como o gêmeo canceroso do amor, o ódio o corroía:

> 9 de julho de 1875
>
> [...] Você me daria grande prazer se me devolvesse a fotografia que tirou de meu álbum *contra minha vontade*. Guardo-a como uma relíquia sagrada, pois durante a guerra meu irmão a trazia no peito a fim de proteger-se das balas prussianas. Acharia muito desagradável deixá-la em suas mãos. [...] Para mim é um objeto sagrado, e você não acredita em coisas sagradas. Nega sua existência, e o sacrilégio me horroriza. Portanto, devolva-ma. [...]
>
> Já não tenho direitos sobre você, salvo um, que pretendo usar: o de romper todos os laços que nos ligam ao passado. [...] Sofri muito por sua causa; no entanto não sofrerei mais. Terei você por morta até o dia em que o corpo daquela prostituta que se parece com o seu morra. Talvez nesse dia o pálido fantasma de nosso amor passado volte para chorar em meus braços. Até lá, porém, não só não a amo mais, como lamento tê-la amado! Assim, você percebe que não tem direito àquela fotografia e nem a minhas cartas e deve devolver-me tudo.
>
> Tenha a coragem de aceitar as conseqüências de suas perversas fantasias e tente comportar-se como um cavalheiro, já que *nada* poderia convencê-la a comportar-se como uma dama.

No final de 1874 Bernhardt foi chamada a lutar com um antagonista poderoso — o eterno fantasma de Rachel. Poucos dias antes da apresentação de *Fedra*, no "aniversário de Racine", Perrin lhe pediu que assumisse o papel-título. A simples idéia levou-a a pensar que "morreria de medo". Se a peça era pura tragédia, a situação tinha suas cômicas ironias. Maria Favart, a atriz quarentona de quem Sarah roubara Mounet, recusara o papel, sem imaginar que Perrin o ofereceria a sua jovem rival de trinta anos. Mounet, que poucos meses antes achara perversa a "proposta infame" de Sarah, representaria Hipólito, o alvo inconsciente de seus desejos incestuosos. Bernhardt pode ter sido irresponsável no amor, mas era a responsabilidade em pessoa quando se tratava de seu trabalho. Dispondo de apenas alguns dias para preparar esse papel monumental, procurou os conselhos de François Regnier, um de seus velhos professores. Não devia ter medo, disse-lhe o mestre, acrescentando que sabia muito bem o que ela conseguiria fazer. O principal era não forçar a voz, projetar mais *pathos* que fúria. Seria o melhor para todos, inclusive Racine.

Como todos os bons alunos do Conservatoire — e muitos espectadores também —, Sarah sabia de cor grande parte de *Fedra*. No entanto era uma tarefa tremenda preparar num prazo tão curto o papel feminino mais difícil do teatro francês. Nessa época, porém, Sarah *era* tremenda e na noite da estréia sabia seu texto na ponta da língua. Estava sentada em seu camarim, esperando o início do espetáculo, quando um ator nervoso entrou às pressas para contar-lhe que a casa estava lotada até o teto e que duzentas pessoas tiveram de voltar da porta. De repente ela sentiu todo o peso de sua missão e se pôs a chorar. Perrin tentou acalmá-la, mas as palavras de nada serviram. Então, com o instinto de um homem do teatro, o diretor empoou-lhe o rosto de um jeito tão engraçado que ela, agradecida, caiu na gargalhada. Nesse momento um ator que desempenhava um pequeno papel na peça apareceu para mostrar-lhe como estava bobo seu nariz de massa.

"Sua entrada restaurou-me toda a alegria", lembrou Bernhardt, "e a partir de então recuperei a plena posse de minhas faculdades." Essa brincadeira nos bastidores é tocante na medida em que a habilitou a entrar no palco. Contudo ela não havia recuperado a "plena posse" de suas faculdades. O medo a tomara, como costumava acontecer na estréia de um papel importante. Seu nervosismo sempre se manifestava da mesma forma: levava-a a afinar demais a voz, a falar depressa demais e a enfatizar demais os "dês" e os "tês" — e infelizmente foi o que ela fez durante todo o primeiro ato. E o pior era que percebia tais defeitos e não conseguia corrigi-los. Entretanto uma de suas maiores forças estava em sua determinação — sempre que sentia a platéia decepcionada ou hostil — de enfrentar a situação, conquistar o público "*quand même*". Nessa noite esteve soberba a partir do segundo ato.

Na opinião dos velhos da platéia a peça ainda pertencia a Rachel, mas para Sarah foi um brilhante começo (a partir do segundo ato). Ela foi extremamente expressiva em sua colocação dos versos de Racine — versos que nos anos seguintes haveria de ponderar, polir e tornar seus. Mas em 21 de dezembro de 1874 não podia saber que glórias o futuro lhe reservava. O estudo, o tempo, as repetidas representações e a maturidade a habilitariam a convencer até aqueles que ouviram a voz de bronze de Rachel de que a "voz de ouro" de Sarah conseguia produzir uma poesia igualmente bela, que Fedra era o maior papel de Bernhardt e que Bernhardt era sua maior intérprete viva. Para muitos dos que achavam ambas sublimes Rachel tinha a força monumental de uma deusa e Sarah a trágica fragilidade de uma mulher.

O poeta alemão Heinrich Heine considerava Rachel mais inteligente que Bernhardt. O crítico inglês George Henry Lewes, consorte de George Eliot, comparou-as na expressão de uma única frase, "*C'est toi qui l'as nommé*" ["Foste tu que o nomeaste"], e concluiu que Sarah era melhor, quando, "estremecendo de horror", desviava o rosto da intrigante Oenone, ao passo que Rachel simplesmente a olhava com um ar de reprovação. A "única frase" dirige-se a Oenone, a qual revelou que Fedra incestuosamente tentou seduzir Hipólito, seu enteado.

Em 1908 Lytton Strachey, do grupo de Bloomsbury, viu a Fedra de Sarah. E, num texto tão apaixonado quanto aquele em que Charlotte Brontë descreve Rachel no mesmo papel, declarou:

> Ouvir as palavras de Fedra proferidas pela boca de Bernhardt, ver no horror culminante do crime e do remorso, do ciúme, da fúria e do desejo todas as forças sombrias do destino desabarem sobre aquele grande espírito, quando os céus e a terra a rejeitam, e o Inferno se abre, e a terrível urna de Minos atroa e se despedaça no chão — é realmente aproximar-se da imortalidade, mergulhar trêmulo em abismos infinitos e, mesmo que apenas por um instante, vislumbrar a luz eterna.

Possivelmente Sarah nunca leu as arrebatadas palavras de Strachey, mas nessa época já não precisava de estímulo nem de elogios. Fazia muito tempo que havia provado seu poder, quando, nas vestes gregas de Fedra, entoou os sonoros versos do grandioso drama de amor e morte criado por Racine.

4
Alçando vôo

Sarah como doña Sol em *Hernani*, de Victor Hugo, 1877.

Em 14 de fevereiro de 1875 Bernhardt tornou-se *sociétaire* da Comédie Française. No dia seguinte criou o papel-título de *La fille de Roland* [A filha de Roland], de Henri de Bornier, uma seqüência fantasiosa da medieval *Chanson de Roland* [Canção de Roland]. Tinha na peça um breve monólogo, uma descrição de um duelo no qual seu noivo vence o inimigo sarraceno. A maneira empolgante como pronunciou essas vinte e poucas linhas despertou lembranças da Guerra Franco-Prussiana e colocou a platéia a seus pés. Poucos anos haviam transcorrido desde a derrota da França, e o espírito dos franceses era o "de um patriotismo quase mórbido", como disse Henry James. Caracterizada de tal modo que parecia uma figura na fachada de uma catedral românica, Sarah causou uma impressão profunda e duradoura. Essa foi a primeira das muitas vezes em que se viu considerada como um símbolo de sua pátria. No entanto o reconhecimento oficial, as doze representações bem espaçadas de *Fedra*, os ensaios, acessos, amores, deveres sociais e familiares não bastavam para alimentar uma mulher com seu apetite. E assim ela se voltou cada vez mais para a escultura e a vida no ateliê. Até então seu professor havia sido Mathieu-Meusnier, um artista respeitável que a presenteara com uma imagem de bronze na qual figurava como "Le passant". Agora ela encontrava um mestre mais interessante na pessoa de Gustave Doré. Conheceram-se três anos antes, quando Doré a viu na Comédie Française e, impressionado com a beleza de seu desempenho, enviou-lhe um desenho bíblico. O presente suscitou um convite para ir ao camarim da atriz e a sua cama, já que Sarah achava que fazer amor era o caminho mais curto para a amizade. Em pouco tempo Paris ficou sabendo do caso e da romântica viagem dos dois ao litoral selvagem da Bretanha — viagem, aliás, que inflamou o ciúme de Mounet.

Doré devia constituir uma bela mudança em relação ao sofrido Mounet. O ator havia esperado reformá-la; o artista, que teve casos com divas eminentemente não reformadas — como Adelina Patti, a soprano sueca Christine Nilsson e Hortense Schneider, a rainha da opereta —, não esperava nada além de prazer. Mounet oferecera a doméstica segurança de seu pequeno apartamento e a vida enclausurada do teatro; Doré oferecia a empolgação da alta boêmia e os horizontes ilimitados da liberdade artística. Até mesmo seu ateliê era do gosto de Sarah, com vastos murais de florestas, ruínas e lagos desertos e vistas do Reno em *trompe l'oeil.*

Com quarenta anos, Doré era rico e bonito: um artista famoso que usava a *Légion d'honneur*, era bem recebido na corte inglesa, mantinha um animado salão musical e freqüentava as celebridades literárias e artísticas da época. Em suma, era um homem bem ao gosto de Sarah. Não que fosse universalmente admirado. Os Goncourt, que o mencionam repetidas vezes, achavam-no grosseiro, enfadonho e pretensioso, "um camponês com ataques de sombrio misticismo". Só depois de sua morte Edmond de Goncourt conseguiu dizer, num epitáfio relutante e sofrível, que ele era um "sujeito leal" — elogio pobre para um artista tão prodigioso. Talvez Doré fosse muito rústico, muito alsaciano para os exigentes Goncourt, que escreveram romances sobre a "vida real" mas consideravam-na repelente quando a viam de perto. Com certeza abominavam a descarada bebedeira, a dança desinibida e as espalhafatosas proezas atléticas de Doré. E horrorizaram-se ao vê-lo plantar bananeira num baile a fantasia. Vincent van Gogh, que gostava particularmente de suas gravuras com cenas da vida londrina, admirava-o por ter dito que "trabalhava como um burro de carga". E Gustave Courbet modestamente anunciou: "Não existe ninguém a não ser ele e eu. Ele tem sangue nas veias".

Evidentemente Sarah achava que sangue nas veias de um homem nunca era demais quando se tratava de agradá-la. E não resistia às macabras fantasias de Doré, a tortura e a morte nas paisagens desoladas que enchiam seus livros e telas.

Infelizmente as cartas que lhe enviou lembram muito as que escrevera a Mounet. Mudara de amante, mas não de conduta: ele era seu adorado, seu amado, um grande artista que a possuía de corpo e alma. Ela era sua, cada vez mais profundamente sua. Doré devia saber que ela não dizia essas coisas levianamente. Essa era a verdade, insistia. Depois de avançar, Sarah recuava. Não poderia encontrá-lo na segunda-feira, porém seria sua na sexta, no sábado e no domingo. Em outra carta perguntava como podia ter-se esquecido de que na noite anterior prometera vê-lo. Como isso podia ter-lhe fugido da mente? Depois, retomando velhas fórmulas, cancelava um encontro em função de uma enfermidade de Maurice ou sua. Doré aceitava suas desculpas com uma calma que Mounet invejaria. Contudo Mounet a amara com melodramática intensidade e um ciúme que chegava às raias da loucura, enquanto Doré a amava como se ama um bichinho de estimação: grato por seu afeto e cauteloso com suas presas e garras. Não obstante tiveram muitos momentos felizes, quando ela não se esquivava ou quando trabalhavam lado a lado: Bernhardt atenta às lições do artista; Doré comovido com sua vontade de atingir a perfeição.

Depois de algum tempo Sarah começou a pensar que Gustave poderia servir para outras finalidades. Seu amigo comum, Charles Garnier, o arquiteto responsável pelo novo e suntuoso teatro de ópera de Paris, estava agora concebendo um cassino em Monte Carlo: um teatro com salas de jogo anexas. Se ela conseguisse convencer Doré a fazer uma escultura para a fachada, disse-lhe Garnier, receberia a encomenda de uma peça que formaria par com aquela. Sarah correu para a escrivaninha e escreveu a Doré, torcendo um pouco os fatos para adequá-los a seu propósito:

> Meu amigo. Confiaram-me uma missão diplomática. Serei rude e irei direto ao assunto. Trata-se do seguinte: Garnier está construindo um grande teatro em Mônaco. Colocará na fachada um par de grupos escultóricos. Pediu-me para fazer um e disse-me que tem grandes esperanças de que você faça o outro, mas receia que você se recuse. Será possível, querido amigo, que não me queira como parceira? Eu ficaria tão orgulhosa! Responda logo a sua amiga que o ama de todo o coração! Diga já se Garnier pode procurá-lo sem correr o risco de não ser atendido por Sua Alteza!

Doré relutou em aceitar tais condições, o que é bastante compreensível. Tinha ambições em relação à escultura, à qual passara a dedicar-se em época relativamente recente, e estava tentado pela oferta de Garnier, porém não queria associar sua obra à de uma amadora. Novata em escultura, em intriga Bernhardt era mestra veterana. Sem consultar Doré, comprometeu-o insinuando à imprensa que ambos haviam concordado em decorar o cassino. Quando leu a notícia, seu "adorado" acusou-a de traição. Novamente Sarah correu para a escrivaninha, dessa vez com a esperança de inocentar-se.

> Meu amado Mestre
> Sabe muito bem que os jornais inventam histórias e sempre entendem tudo errado. É tudo mentira. [...] Eu nunca faria nada sem antes informar você. Amo-o muitíssimo.

Quando Doré finalmente aceitou, Sarah, exultante com sua hábil manipulação de arte, amor e negócios, escreveu a seguinte mensagem num de seus cartões de visita e enviou-o ao amante:

> Você fez duas pessoas felizes: Garnier e
> SARAH BERNHARDT,
> que lhe manda um beijo.
> *S. B.*
>
> Garnier irá vê-lo amanhã, creio,
> ou depois de amanhã.

Sarah convidou Marie Colombier para a inauguração do cassino em Monte Carlo. Sempre atenta, Marie não deixou de perceber que no trem a amiga "devorava uma salsicha após outra, de modo que, quando um grupo de admiradores a convidou para jantar, recusou-se com o ar etéreo de uma freira jejuando". Sarah não precisou dar-se ares ao ver sua escultura num nicho próprio. Na verdade seu *Le chant* [O canto], uma figura alada dedilhando uma lira e tendo aos pés uma graciosa criança, comparava-se a *La danse* [A dança], de Doré. Estimulada pelo sucesso, Sarah pôs-se a trabalhar em *Après la tempête* [Depois da tempestade], uma estátua em tamanho natural de uma camponesa bretã que chora pelo neto afogado. A obra emocionou o público e recebeu menção honrosa no Salão de 1876. Alguns visitantes não acreditaram que a atriz a tivesse esculpido. Outros acharam que ela nunca deveria tê-la feito. Rodin, por exemplo, chamou-a de "lixo antiquado" e considerou seus admiradores um bando de idiotas. Doré, por outro lado, ficou orgulhoso do progresso de Sarah e continuou sendo seu amigo até morrer, sete anos depois.

Decerto não nos surpreende o fato de Bernhardt não se dedicar exclusivamente a Doré. Após uma de suas visitas a Victor Hugo, este anotou em seu diário de 2 de novembro de 1875: "Não haverá filho". Em sua biografia de Hugo, André Malraux cita uma carta misteriosa dos arquivos de sua família — carta escrita por Sarah naquele mesmo ano e endereçada ao dr. de Lambert, médico da atriz:

> Quanto à Inglaterra, a viagem foi adiada. [...] O verdadeiro motivo é o medo de que possa haver problema em relação a Victor Hugo. Estou doente e tenho os nervos à flor da pele [...] a estupidez egoística da raça humana me exaspera. Amanhã farei outro esforço.

Malraux se pergunta se Sarah esperava ter um filho do grande poeta, então septuagenário. Mas também é possível que "amanhã farei outro esforço" se refira a uma tentativa de aborto.

A vida escandalosa e o imenso sucesso de Bernhardt fascinavam a todos. Ainda em seus trinta e poucos anos ela já começava a tornar-se lenda e fetiche. Visitantes estrangeiros iam vê-la representar com a mesma curiosidade que os levava a ver o sorriso da Mona Lisa. Tchaikovsky falou de sua "brilhante atuação como Andrômaca". William James, o filósofo-psicólogo americano, tão encantado com Bernhardt como seu irmão Henry, escreveu que o desempenho da atriz era "o melhor que já vi — como que traçado com a ponta de uma agulha — e no conjunto ela é a criatura humana mais semelhante a um cavalo de corrida e mais valorosa que já vi — fisicamente é um perfeito esqueleto".

Os jornalistas telegrafavam a outros países notícias sobre ela. Os romancistas, como sabemos, tomavam-na por modelo de suas heroínas, e os pintores a retratavam. Estimulado por uma figura que podia tanto idolatrar quanto depreciar, o público acompanhava cada movimento seu com a avidez geralmente reservada a personalidades políticas e a milionários. A celebridade mudou a imagem que Sarah tinha de si mesma e a atitude dos que a rodeavam. Agora consideravam-se seus furores magistrais, sua arrogância régia e sua promiscuidade como o direito divino das rainhas. Em suma, Sarah se tornara uma criatura muito especial. Naturalmente se considerava vulgar seu amor pela publicidade, e sem dúvida o era, mas a vulgaridade tem muitas faces. Bernhardt era mais vulgar que o convencido Dumas, o extravagante Gautier ou George Sand com suas calças e seu charuto? Essa é uma questão em aberto. Certamente a empolgava ser o centro das atenções, o que também empolgava Dumas, Gautier ou Sand. Contudo, justiça seja feita: ao escrever-se a história da publicidade, Bernhardt deve ocupar um lugar bem alto na lista de seus pioneiros.

Se é uma norma das celebridades teatrais ter a sua disposição admiradores dedicados, então essa foi a única norma que Sarah nunca transgrediu. No estilo clássico escolheu dois amigos, nenhum dos quais tinha seu talento fenomenal nem seu fenomenal sucesso. Ambos pintores muito bem-dotados, Louise Abbéma e Georges Clairin estariam sempre no centro de seu círculo íntimo — um lugar que ficou vazio quando Youle faleceu, em maio de 1876. Não que Sarah fosse muito apegada à mãe, e sim porque Youle era uma das poucas pessoas com quem podia ser autêntica. E agora ela se comprazia com o mais raro dos luxos domésticos: escolher a própria família.

Filha de uma família rica e distinta, Louise Abbéma era catorze anos mais jovem que Sarah. Aluna de Carolus Duran, chamou a atenção pela primeira vez quando, ainda adolescente, pintou um retrato delicioso de sua família desfrutando um dia à beira-mar. Dois anos depois Sarah posou para ela num elegante vestido de cauda. O resultado foi exposto no Salão de 1876, junto com o soberbo retrato a óleo da atriz elaborado por Clairin e *Après la tempête*, da própria Bernhardt.

Naturalmente a crescente intimidade entre as duas não passou despercebida, pois Abbéma era uma jovem masculinizada que usava camisa e gravata, tinha cabelos curtos e alardeava sua paixão pela amiga. Não sabemos se a atriz retribuía esse amor ou mesmo se tinha uma queda por mulheres, mas em geral acredita-se que sim, pois apesar de toda a sua sedutora feminilidade gostava de fazer papel de homem, dentro e fora do teatro. Melandri, que a fotografara em seu caixão, agora vendia cartões-postais que a mostravam com a camisa e as calças de seda branca que ela própria concebeu para seu papel de escultora séria. Bernhardt representou rapazinhos ardentes em *Le passant* e *As bodas de Fígaro* e continuou fazendo papéis masculinos como Lorenzaccio de Musset, Hamlet de Shakespeare, Pelléas de Maeterlinck e L'Aiglon de Rostand. *Romans-à-clef* como *Dinah Samuel*, de Félicien Champsaur, e *Le tréteau*, de Jean Lorrain, levam a crer que de vez em quando ela se voltava para mulheres. Talvez fosse essa uma das "novas sensações" que vivia procurando, conforme disse a Mounet. De qualquer modo, os favores que concedeu a Louise Abbéma, quaisquer que fossem, tiveram poder suficiente para manter a pintora cativa durante quase cinqüenta anos.

Os astros se encontravam numa conjunção igualmente feliz quando Sarah conheceu Georges Clairin. Esse homem era uma presença saudável: caloroso, culto, divertido e, quando a atriz se comportava mal, crítico como costuma ser um irmão afetuoso. Começaram como amantes e, conforme ocorria freqüentemente com Bernhardt, acabaram como grandes amigos. Pouco sabemos sobre a vida de Clairin, e no entanto é graças a seu trabalho que sabemos algumas coisas sobre Sarah: seus retratos a mostram em casa e em diversos papéis que desempenhou; seus desenhos, elaborados para ilustrar as memórias da atriz, mostram-na ao longo da carreira admirável. Clairin pintou cenas encantadoras do norte da África, criou os cenários para a primeira montagem da *Carmen* de Bizet e decorou tetos na Opéra de Paris e no cassino de Monte Carlo. No dia em que concluiu seu mais famoso retrato de Sarah atingiu a maestria. No quadro ela figura sentada num sofá iridescente e luxuoso, com um leque de plumas na mão. Usa uma *robe d'intérieur* de cetim branco, justa e adornada com plumas brancas no pescoço, nos punhos e na borda da farta cauda que se arrasta até o elegante cão a seus pés. Calça chinelas pretas e meias de um azul surpreendentemente vivo que remete ao azul de seus olhos. Não há nada da grande dama em sua postura sinuosa ou em seu sorriso inescrutável. Na verdade nenhuma dama do subúrbio se deixaria retratar em trajes tão íntimos ou numa posição tão convidativa. Mas Sarah, que estava acima de tal decoro, representa uma esfinge parisiense sabedora de mais segredos do mundo do que o mundo considerava decentes.

Le Tout Paris se apinhou diante do quadro quando foi exposto no Salão, encantado com a imagem que o fitava com uma insinuação tão urbana. Novamente o nome de Bernhardt estava na boca de todo mundo, agora como o da atriz que conseguira colocar sua escultura no Salão — o que não era pouca coisa para um amador — e cujas feições adornavam as paredes das salas da exposição em retratos elaborados por um homem jovem e uma mulher ainda mais jovem, ambos apaixonados por ela, segundo se dizia.

Quando tinha seus trinta e poucos anos, Henry James morou durante algum tempo em Paris e mandava suas impressões da vida parisiense para o *Tribune* de Nova York numa série de "cartas" que mais tarde foram publicadas em livro sob o título *Parisian sketches* [Cenas parisienses]. Em sua resenha do Salão, datada de 6 de maio de 1876, não demonstra o menor entusiasmo em relação à escultura criada por Bernhardt ou a seus retratos:

> Uma obra que de qualquer modo tem sua parcela de espectadores é uma enorme representação, elaborada por m. Clairin, de mlle. Sarah Bernhardt, a estrela brilhante e extraordinária da Comédie Française. Considerando-se o espaço exíguo que essa senhora ocupa na vida real — sua magreza é fenomenal —, no Salão ela ocupa um espaço imenso. O retrato de m. Clairin é grande e superficialmente brilhante, mas a meu ver não vai além da mediocridade. Há uma veste notável de cetim branco, na qual a atriz, que repousa numa espécie de divã oriental, se torce e se enreda com alguma coisa de sua estranha graça colubrina, que brilha de longe; e há cortinas e plantas e tapetes e um cão enorme. Só falta mesmo mlle. Bernhardt. E ela está ainda mais ausente em seu segundo retrato, feito por mlle. Louise Abbéma, no qual figura de pé, trajando um vestido preto; e nessa obra quase tão grande [quanto a outra] não há acessórios, bons ou maus, que compensem a deficiência. [...] Para completar devo dizer que mlle. Sarah Bernhardt, a atriz, tem um grupo imenso de uma velha camponesa segurando no colo [...] o corpo de seu neto afogado. É obra de amador, porém surpreendentemente boa para uma jovem que, como o público sabe, usa sua inventividade artística para tantos outros propósitos.

Se achou que Clairin não conseguiu captar Sarah, talvez James preferisse o retrato da atriz elaborado por Philippe Parrot no ano anterior. Nesse quadro não há atmosfera de estufa, nem cão para completar a curva serpentina do vestido, nem lindos pezinhos envoltos em azul para se admirar. Na tela de Parrot Sarah é uma criatura voltada para dentro, uma jovem incerta quanto a seu futuro; na tela de Clairin é uma aventureira confiante, pronta para dominar o mundo; e ambos os quadros são retratos verdadeiros da atriz aos 32 anos.

A não ser pela morte de sua mãe, 1876 foi um ano glorioso para Sarah. Para começar, sua reputação de *femme fatale* aumentou quando dois diplomatas desafiaram dois jornalistas para um duelo a fim de defender o que se poderia chamar de sua honra. Essa tolice resultou de um artigo malicioso publicado num obscuro jornal sensacionalista. O autor da matéria saiu do embate ferido com suficiente gravidade para guardar o leito. Depois o outro, o ofensor, apresentou suas desculpas, conquanto tivesse vencido o duelo. "Madame, lanço-me a seus pés e humildemente lhe peço perdão", escreveu. "Está perdoado, mas, por favor, não fique a meus pés", Sarah respondeu.

Enquanto as espadas se chocavam no Bois de Boulogne, a atriz ensaiava *L'etrangère* [A estrangeira], comédia dramática de Alexandre Dumas filho. O anúncio da peça causou sensação, pois era a primeira vez que o famoso autor escrevia para a Comédie Française. Reuniu-se um elenco jovem e brilhante: Bernhardt, Croizette, Coquelin e Mounet-Sully. O enredo era sedutor, com seu conflito de amor e ambição social entre os pobres de coração puro e os ricos venais e desregrados. Além desses atrativos o próprio nome de Dumas significava entretenimento. Aos 52 anos ele conhecia todos os truques da profissão; só não sabia, talvez, como criar obras-primas. Durante um quarto de século o hábil dramaturgo dera ao público diálogos pungentes e situações chocantes combinados com julgamentos morais — fórmula que empolgava seus admiradores e os fazia sentirem-se virtuosos. A nova peça seguia o padrão usual de Dumas, porém surpreendeu a platéia com sua personagem central, mrs. Clarkson, vivida por Sarah. Novamente Perrin tentou prejudicá-la, confiando a Sophie Croizette o papel mais simpático e plausível da duquesa de Septmonts. E novamente Sarah esbravejou e ameaçou sair da peça. É curioso como cada uma dessas duas atrizes cobiçava o papel da outra.

Insegura, Croizette escreveu a Dumas: "Tenho o coração pesado porque estou prestes a mergulhar no desconhecido. Para mim o desconhecido é a duquesa. Mas e se eu me perder? Oh, céus!". Na noite da estréia evidenciou-se que Croizette estava certa ao considerar o papel inadequado para ela e que Bernhardt tinha bons motivos para querê-lo. Alphonse Daudet e Henry James ficaram de seu lado.

"Se mademoiselle Bernhardt tivesse representado a duquesa de Septmonts", escreveu Daudet, "teria sido mais convincente que Croizette e com seu encanto poético teria retificado os aspectos mais grosseiros do papel."

Em sua melhor forma mordaz e puritana James criticou *L'etrangère* para os leitores do *Tribune* nova-iorquino:

> [...] A história é extremamente inverossímil e profundamente desagradável. Desagradável acima de tudo, pois não há na peça uma só pessoa que, de um modo ou de outro, não se comporte mal. Todo mundo está errado, principalmente o autor. E esse drama está saturado daquele aroma de má companhia e vida desregrada que constitui a marca distintiva da musa de m. Dumas. [...] A estrangeira do título, representada por essa atriz interessantíssima, mme. Sarah Bernhardt, é uma filha de nossa democracia, chamada mrs. Clarkson. Numa arenga mortal — a mais longa, medida no relógio, que já ouvi — ela explica [...] que é filha de uma escrava mulata e de um fazendeiro da Carolina. [...] "Minha mãe era bonita: ele a notou; nasci disso", diz. [...] Mrs. Clarkson [...] é a figura menos feliz que o autor já criou. Por que precisava ser americana, por que precisava ter sangue negro, por que precisava ser o demônio implacável que a representam, por que precisava declamar a tirada melodramática e interminável que mencionei, por que precisava entrar, por que precisava sair, por que, em suma, precisava existir — tudo isso é o supra-sumo do mistério. Ela é um incrível erro de gosto por parte de Dumas. Deve-se confessar, porém, que sua entrada na peça tem uma eficácia magistral.

Basta olhar para uma foto de Bernhardt como mrs. Clarkson para entender por que James ficou empolgado com sua entrada. À parte sua sombria intensidade, Sarah, num magnífico vestido preto e amarelo que luxuosamente se estende pelo chão, é a própria elegância teatral. Num artigo que escreveu para a revista americana *The Galaxy*, James compara Bernhardt e Croizette. E despertou grande interesse, pois a rivalidade das duas se tornara uma *cause célèbre*.

> Essas duas jovens pertencem a [...] uma categoria eminentemente contemporânea [...] de atrizes que visam não a suscitar interesse, e sim a fascinar. Seria desnecessário falar de mlle. Croizette; pois, embora ela possua grandes atrativos, acho que (pela fria imparcialidade da ciência) pode ser classificada como uma Sarah Bernhardt secundária, menos inspirada e (para usar a grande palavra do momento) mais "brutal". (A "brutalidade" de mademoiselle Croizette é seu grande trunfo.) Quanto a mademoiselle Sarah Bernhardt, é simplesmente uma das grandes figuras da atualidade em Paris. Seria difícil imaginar uma encarnação mais brilhante de sucesso feminino; ela merece um capítulo à parte.

Por esse texto podemos entender por que Sarah achava que a Comédie Française não a valorizava. Excluindo-se os papéis clássicos e românticos em que ela brilhava como ninguém, a companhia constantemente lhe confiava a personagem errada ou a ignorava. Contudo chegou um momento em que Sarah resolveu provar que, mesmo quando representava um papel inadequado, conseguia roubar o espetáculo. Meses após *L'etrangère*, Perrin, que tinha mais talento para montar uma peça que para avaliá-la, encenou *Rome vaincue* [Roma vencida], drama em versos de Alexandre Parodi. O nome do autor é bem apropriado. *Rome vaincue* parece uma paródia em seu pretensioso remanejamento de uma lenda antiga. Como muitas peças fracas, oferecia a seus intérpretes oportunidades extraordinárias. Nessa época Sarah já havia desempenhado um número suficiente de papéis inferiores para saber julgar seu valor relativo. E assim, para surpresa de todos, pediu não a parte da vestal, mas a da avó da donzela, uma octogenária cega que (para dar o tom da peça) apunhala a neta a fim de evitar que seja enterrada viva por haver cometido a blasfêmia de perder a virgindade. O público de teatro em geral acha que um dos testes para o grande ator é tornar-se irreconhecível em rosto, voz e caráter. Sarah não só passou no teste como superou a si mesma. O impacto foi de tal ordem que seus admiradores mais sagazes faziam questão de chegar todas as noites por volta das dez horas para vê-la "surgir muito forte", segundo as palavras de James. E não era ironia do escritor, que afirmou em *The Nation*:

> Ao contrário do que se poderia esperar, mlle. Sarah Bernhardt não interpreta a vestal culpada, e sim a ancestral heróica. A maneira como desempenha o papel constitui mais uma prova de sua inteligência e versatilidade extraordinárias; é altamente pitoresco. Ela esconde sua juventude e beleza sob longos véus e tranças grisalhas, assemelhando-se a uma perfeita *Mater Dolorosa*, a Madona de uma *pietà*. Não sabemos como consegue mostrar apenas o branco dos olhos durante meia hora de cada vez para fingir-se de cega. Sua narrativa do acidente no qual perdeu a vista provoca aplausos imensos pela terrível tranqüilidade. [...]

O elogio de James é discreto em comparação com a euforia que Sarah provocou em Sarcey. Três dias após a estréia o crítico que com sua pena era capaz de levar um ator francês ao sucesso ou à ruína escreveu que Sarah era

> uma força da natureza, uma alma ardente, uma inteligência maravilhosa. [...] Essa mulher representa com o coração e as entranhas. É uma maravilha, uma artista incomparável, uma criatura magnífica da mais alta qualidade. Em suma, é uma atriz de gênio.

Nessa época Sarah havia se mudado do apartamento na rue de Rome para sua própria casa na esquina da rue Fortuny com a avenue de Villiers. Foi um gesto grandioso e caro — tão caro que muitos se perguntavam de onde teria saído o dinheiro. Sarah disse que herdara uma soma enorme de uma tia-avó, mas pouca gente acreditou nisso. Com seu jeito despreocupado não media despesas e acumulava dívidas imensas. Não obstante sua luxuosa residência era sinal de sucesso e a fez feliz. Na verdade poucas coisas lhe deram mais prazer que acompanhar a construção da casa na planície do elegante bairro Monceau. No alto dos andaimes oscilantes ou na altura vertiginosa do telhado inacabado ela ria das advertências dos amigos horrorizados, brincava com os pedreiros ou discutia planos com seu arquiteto. Terminada a casa, achou-a "deslumbrante". Na verdade era uma daquelas extravagâncias muito em voga na época, com um pouco de fortificação renascentista, um pouco de castelo de conto de fadas. A decoração dos interiores não apresentou problemas. Com grande entusiasmo Doré, Clairin, Abbéma, Parrot e outros amigos pintores subiram em escadas e andaimes para cobrir as paredes de murais alegóricos. O mais divertido é o de Clairin, que no teto sobre a cama da atriz retratou-a como Aurora, a deusa do amanhecer, instalada comodamente e rodeada por uma multidão de amigos disfarçados de criaturas mitológicas. A situação era propícia a festas, e seguiu-se uma festa ininterrupta, com Sarah em seu traje de escultora presidindo longas e alegres refeições na sala de jantar inacabada. Quisesse ou não, ela estava construindo não só uma nova casa, mas também um novo estilo de vida. A partir daí, com o Jockey Club por trás, seria uma artista entre artistas, a rainha da boêmia extravagante.

Doré captou a Sarah de fins da década de 1870 numa aquarela que elaborou por essa época. É lamentável que ela nunca tenha posado para Manet — como Marie Colombier posou — ou para um dos grandes mestres impressionistas; contudo dificilmente alguém nos teria deixado um retrato mais adorável de Bernhardt nas vésperas de se tornar uma celebridade internacional. Pois no retrato de Doré temos o aspecto terno, frágil, poético de uma criatura que logo haveria de conquistar o mundo.

Em 21 de novembro de 1877 a Comédie Française apresentou uma brilhante montagem de *Hernani*, de Victor Hugo, com Mounet-Sully no papel-título e Sarah como doña Sol. No dia seguinte a atriz recebeu um presente com o seguinte bilhete:

> Madame: Esteve magnífica, esteve adorável; comoveu-me — a mim, o velho guerreiro —, e em certo momento, enquanto o público aplaudia, encantado e vencido pela emoção, eu chorei. A lágrima que a senhora arrancou de mim lhe pertence. Coloco-a a seus pés.

A "lágrima" do poeta era um diamante em forma de pera que pendia de um delicado bracelete. Não é preciso dizer que Sarah ficou deslumbrada com o presente e a mensagem.

A estréia da peça, em 1830, provocara uma das maiores batalhas da história do teatro. Estudantes de cabelos compridos e intelectuais de aparência suspeita, liderados pelo jovem Théophile Gautier em seu gibão cor-de-rosa e suas calças verde-claras, irromperam na Comédie Française para incutir o terror nos corações burgueses com gritos de "Abaixo os carecas!". Depois disso muita coisa mudou. Os coloquialismos de Hugo, que haviam chocado os adeptos do classicismo, agora eram considerados uma grande arte. Os então jovens partidários do romantismo — Gautier, Dumas pai, Sainte-Beuve e Gérard de Nerval — tinham morrido. Só Hugo estava vivo para lembrar a luta gloriosa. O incendiário *Hernani* se tornara um clássico inofensivo, pois, apesar do estilo bombástico e do enredo inverossímil, o ritmo e a ternura de sua poesia tocavam os imaginativos e os faziam suspirar pelo passado cavaleiresco da história.

Poucos foram mais sensíveis que Sarah ao gênio grandiloqüente do poeta. Sempre cuidadosa no tocante ao trabalho, ela o procurou várias vezes para conhecer sua visão de doña Sol e burilar cada verso. A estréia de *Hernani* provocara um tumulto; a montagem de 1877 foi recebida com um respeito quase religioso.

Num texto comovente Alphonse Daudet diz que ficou pasmo ao ver "o público da primeira noite, sempre *blasé* e crítico — tão receptivo à mediocridade uniforme e às aventuras banais da comédia moderna —, render-se à beleza da poesia de Hugo". Com relação a Sarah, Daudet foi todo elogios:

> Ela nunca havia sido tão comovente. Nunca mostrara com tão maravilhosa arte seu talento para sentir profundamente e expressar seus sentimentos com um toque tão pessoal. Aqueles versos que todos conhecem, que a platéia inteira murmurava de antemão, de repente ganharam, graças à harmonia de sua dicção, uma beleza arrebatadora, inesperada. [...] Os versos são admiráveis; e que encanto a atriz lhes acrescenta! Temíamos que sua voz de puro cristal [...] não tivesse força suficiente para a explosiva cena final. Todavia subestimamos os recursos artísticos da atriz, que em sua fragilidade encontrou gritos lancinantes, perfeita-

mente adequados ao drama sinistro. [...] Como ela escuta e reage com emoção quando a ação se intensifica.

As palavras de Daudet deixam claro que Sarah havia alcançado o auge de sua pujança juvenil. Como Hugo, ela achava que "*Les mots sont les passants mystérieux de l'âme*" [As palavras são as mensageiras misteriosas da alma]. Fluentes e melodiosas, suas interpretações levavam ao público toda a beleza do texto. Oito anos antes, como o trovador florentino de Coppé, ela conferiu ao papel tanta sensibilidade poética que passou a ser chamada carinhosamente de "Le passant". Agora colocava sua marca indelével na heroína de Hugo, passando a ser chamada de "Doña Sol".

Além de figurar em nada menos que 116 representações de *Hernani*, ainda participou de *Amphytrion*, de Molière, e *Mitridates*, de Racine. Como se isso não bastasse para lhe preencher o tempo, esculpia, pintava grandes telas, recebia um número sempre crescente de amigos e conseguiu se meter numa deliciosa enrascada. Os balões haviam conquistado a imaginação popular. Em seu romance *De la Terre à la Lune* [Da Terra à Lua], Jules Verne levou Nadar aos céus sob o anagrama Ardan. Victor Hugo também prestou homenagem aos novos aeronautas:

Audace humaine! effort du captif! sainte rage!
Effraction, enfin, plus forte que la cage!
Que faut-il à cet être, atome au large front,
Pour vaincre ce qui n'a ni fin, ni bord, ni fond,
Pour dompter le vent, trombe, et l'écume, avalanche?
Dans le ciel une toile et sur la mer une planche!

Audácia humana! esforço do cativo! santa fúria!
Erupção, enfim, mais forte que a jaula!
O que é necessário a este ser, átomo de larga fronte,
Para vencer o que não tem fim, nem borda, nem fundo,
Para domar o vento, a tromba-d'água, a espuma, a avalanche?
No céu um pano e sobre o mar uma prancha!

Os versos de Hugo bem podem ser uma homenagem a Léon Gambetta, que se tornou um herói nacional ao sobrevoar de balão as tropas prussianas durante o Cerco de Paris. Íntimo — e segundo alguns amante — de Sarah, o líder republicano se oferecera para levar documentos ao quartel do Exército em Tours, esperando, assim, conseguir ajuda militar para libertar a cidade sitiada. Uma imensa multidão se apinhou onde hoje se ergue o Sacré-Coeur para ver Gambetta, romanticamente pálido em seu capote forrado de pele, entrar na frágil barquinha, olhar apreensivo para o aerostato cheio de gás inflamável e dar o sinal de partida. Uma tripulação de terra colocou o balão no ar, enquanto Gambetta desfraldava uma bandeira tricolor aos gritos de "*Vive la France! Vive la République!*". Após uma série estonteante de solavancos e giros a aeronave iniciou sua ascensão. Momentos depois a barca voadora, silente e majestosa, dirigiu-se para Tours.

Um dos favoritos do círculo de Sarah, Gambetta, que não primava pela discrição, brindava os amigos com relatos de sua aventura. Essas façanhas perigosas não eram para as mulheres, dizia. Sarah, para quem a coragem não tinha sexo, discordava.

Durante a Exposição de Paris de 1878 ela demonstrou seu ponto de vista, subindo diariamente num balão cativo estacionado no Jardim das Tulherias e tripulado por Henri Giffard, inventor do primeiro dirigível. Mas ficar presa ao solo com segurança não era o que Sarah tinha em mente. Um dia perguntou a Giffard se não podia lhe providenciar um vôo livre. Uma semana depois, com Clairin e o piloto, um sobrinho do balonista pioneiro Eugène Godard, ela subiu à barquinha do *Doña Sol*, um esplêndido balão laranja assim batizado em sua homenagem. Foi um espetáculo absurdo como uma peça de Labiche. A intrépida Sarah usava um longo vestido de cauda, uma jaqueta adornada com penas de marabu, uma fina echarpe de seda e um chapeuzinho com fitas. Uma delgada bengala e um par de botas de montar lindamente engraxadas completavam sua indumentária. De terno e cartola, o elegante Clairin parecia pronto para um passeio pela rue de la Paix. Só o jovem Godard usava o que considerava o traje adequado para voar: um casaco comprido até os pés e cheio de bolsos e na cabeça o que parecia um barrete de alquimista. Os apetrechos de bordo incluíam um telescópio, uma cesta de piquenique bem provida e, para Clairin, um bloco de desenho.

Enquanto o *Doña Sol* subia, um grupo de entusiastas se reuniu para erguer os chapéus e fazer suas apostas; e os amigos de Sarah gritavam: "Cuidado! Volte! Não a deixe morrer!". Logo o balão se afastou das Tulherias e sobrevoou a place de la Bastille e o cemitério Père-Lachaise, onde Sarah, que havia levado flores consigo, despejou uma chuva de pétalas na direção dos túmulos de Youle e Régine. Por fim tudo que avistavam era o céu infinito no alto e o campo verdejante embaixo. Depois a atriz lembrou:

> Foi esplêndido, espantoso. Deixei Paris na neblina; agora via o sol radioso. Opacas montanhas de nuvens coroadas de luz iridescente nos circundavam. Nem um ruído, nem um suspiro. Foi um espetáculo mágico. Enormes cortinas laranja orladas de violeta pendiam dos céus e perdiam-se num tapete de névoa.

Em sua euforia Sarah declamou versos medievais na adaptação de Musset, depois cantou com Clairin canções populares da Bretanha. Ao entardecer, preparou sanduíches de *foie gras*, e Clairin abriu uma garrafa de champanhe. Ergueram-se as taças ao dia glorioso, ao futuro da aviação e a todos os artistas, passados e presentes. A 2600 metros de altura Sarah queixou-se de hemorragia nasal e zumbido nos ouvidos. Ao cair da noite, Godard disse ao par extasiado que se preparasse para a descida. Abriram-se válvulas sibilantes e lançaram-se cabos de amarração, enquanto o *Doña Sol* se aproximava do solo. A quinhentos metros de altura Godard tirou de sua trompa um som ensurdecedor. Um apito estridente foi a resposta. O balão pairava sobre uma pequena estação ferroviária, a alguns quilômetros de lugar nenhum. Instantes depois cinco homens recolheram os cabos e puxaram o *Doña Sol* para a terra. Sarah olhou para o céu, mas tudo que avistou foi a face interna do balão. A rija beleza inflada desaparecera, restava apenas um saco amarrotado de seda revestida de verniz. Quando o grupo saiu da barquinha de vime, um aguaceiro desabou. A aventura terminara. Alguém ofereceu um guarda-chuva a Sarah. Não havia necessidade, disse ela; magra como era, podia esgueirar-se por entre as gotas de chuva. Depois de uma tediosa espera na estação, o trio tomou um trem para Paris. Era meia-noite quando Sarah se deitou em sua cama, onde a criada lhe entregou um bilhete de Perrin, pedindo-lhe para procurá-lo pela manhã. Enquanto o *Doña Sol* planava, ele encontrara Robert de Montesquiou. "Olhe, lá vai sua estrela", disse o poeta. "Que estrela?", o severo diretor perguntou. "Ora, Sarah Bernhardt, é claro", respondeu o poeta. E Perrin resmungou: "Mais um de seus truques. Ela vai pagar por isso". No dia seguinte o diretor arrasou-a; ela era temperamental, caprichosa e excêntrica. Ademais, infringira uma das normas da casa ao sair de Paris sem a permissão da diretoria. Teria de pagar uma multa. Anos antes Sarah reagiria com lágrimas. Agora riu com estudada condescendência, disse a Perrin que tudo aquilo era enfadonho demais para se discutir e pediu demissão. Mas a Comédie Française já era impensável sem Bernhardt. Apresentaram-se desculpas, esqueceu-se a multa, e logo ela estava de volta ao trabalho.

Como muitos intérpretes famosos, Sarah jurava que nunca lia os jornais, sobretudo quando falavam dela. Essa era outra de suas "mentirinhas inofensivas", pois no mesmo ano respondeu a um artigo que, segundo parece, estudou com grande cuidado. Dizia a matéria:

> Em Paris e em todos os círculos elegantes fala-se tão-somente dos atos e gestos de mlle. Sarah Bernhardt. Até a questão da Bósnia* passou para segundo plano. Os editores dos jornais parisienses esquecem-se de tudo para concentrar-se em mlle. Bernhardt e em sua recente ascensão no balão de m. Giffard. Ela é uma deusa, aérea e ideal, uma criatura de sonho, um espírito que anseia o céu azul. Sua esbeltez é resultado da dissolução da matéria. [...] Ela só consegue respirar acima das torres de Notre-Dame.

(*) Em junho de 1878 a Bósnia foi ocupada pelas tropas do Império Austro-Húngaro, ao qual seria posteriormente anexada. (N. T.)

Se tivesse parado a leitura aqui, Sarah talvez tivesse aceitado com graciosa complacência a descrição do jornalista, o qual, porém, não estava para elogios. Ao contrário, estava entre os fúteis que imaginam que podem mudar o curso das estrelas e mostrar-lhes como e quando brilhar. Achava que mademoiselle Bernhardt se encontrava rodeada por um bando de desastrados que com seu instinto da publicidade e as histórias que espalhavam acabavam por prejudicar seus artistas favoritos. Ninguém admirava mais do que ele a graça, o espírito, a educação e as nobres aspirações da jovem atriz. Por que alguns de seus bajuladores insistiam em danificar essa imagem dizendo que ela era estranha e excêntrica? — reputação com a qual, esperava o articulista, Sarah não se importava nem um pouco. No fim teriam Sarah Bernhardt a balonista, Sarah Bernhardt a escultora, Sarah Bernhardt e seus onze pais. Albert Millhaud, o jornalista, achava que nenhuma delas era digna da Sarah Bernhardt que ele aplaudia em seus grandes desempenhos teatrais.

Sarah não engoliu tudo isso passivamente. Dias depois *Le Figaro* publicou sua réplica:

> Sua boa vontade para com a artista leva-me a defender a mulher. Não são meus amigos desastrados que me lançam frente ao público: são meus hábeis inimigos. [...] Eu me diverti muito passeando de balão. [...] Mas quero lhe assegurar que nunca escorchei cachorros vivos nem queimei gatos. E lamento não poder provar que sou loira natural. Consideram minha magreza excêntrica. Eu preferiria ser deliciosamente carnuda. [...] Acusam-me de querer fazer tudo menos representar: esculpir, pintar, tocar piano. A quem isso pode incomodar, já que não afeta minha atuação no Théâtre Français?

Como se desejasse dar mais provas de sua versatilidade, Bernhardt escreveu um livro delicioso sobre seu vôo de balão, intitulado *Dans les nuages. Impressions d'une chaise. Récit recueilli par Sarah Bernhardt* [Nas nuvens. Impressões de uma cadeira. Relato colhido por Sarah Bernhardt]. Profusamente ilustrado por Clairin, o livro não só teve êxito, como ainda deu à autora a oportunidade de ridicularizar os que a criticavam, exagerando ao absurdo suas afirmações ridículas. "Dizem que doña Sol se regala com iguarias feitas de cauda de lagarto", relatava a cadeira; "come miolo de pavão passado em gordura de macaco e joga croqué com caveiras recobertas de perucas Luís XV." Despretensioso e engraçado, o livro, que se destinava sobretudo às crianças, divertiu quase todo mundo, com a exceção de Gustave Flaubert.

Seu editor, Charpentier, "que várias vezes prometeu lançar uma nova e luxuosa edição de meu *Saint Julian*", escreveu o romancista, "está preterindo minha literatura em prol do lixo de Sarah". Entretanto o que o irritou ainda mais foi um artigo publicado em *La Vie Moderne*, periódico de Charpentier, que comparava favoravelmente o desempenho de Bernhardt à obra de George Sand. "Onde haverá de terminar essa estupidez?", esbravejou Flaubert. Se tivesse visto Sarah na nova produção de *Ruy Blas*, de Victor Hugo (o grande escritor abandonara o teatro havia alguns anos), talvez tivesse pensado melhor, pois, embora arte dramática e literatura sejam coisas distintas, um grande desempenho provoca emoções tão profundas e memoráveis quanto um grande romance. Sarah proporcionou esse prazer em *Hernani*, de Hugo. No Odéon, sete anos antes, ela empolgara uma platéia despreparada para seu jovem talento. Agora, com trinta e poucos anos, era a atriz completa, capaz de transmitir a essência de sua arte: a voz, o corpo, a compreensão inigualável da poesia romântica. Além disso, transmitiu o que Sarcey, com inexprimível admiração, chamou de *je ne sais quoi*: aquela coisa indefinível que permanece na lembrança muito depois que a peça já foi esquecida.

A Comédie Française abria tradicionalmente todos os dias do ano, porém em 1879 fez um anúncio excepcional: o teatro permaneceria fechado em junho e julho porque precisava de uma reforma. Imediatamente Perrin recebeu uma oferta dos diretores do Gaiety Theatre de Londres, m. Hollingshead e Mayer. Firmou-se um contrato que levaria toda a companhia para uma temporada de seis semanas em Londres, de 2 de junho a 12 de julho. Perrin estava encantado, pois isso ajudaria a pagar a restauração de seu teatro. Ademais, queria mostrar aos ingleses as maravilhas que realizara em seus oito anos de reinado. Tinha bons motivos para se orgulhar do que Henry James definiu como a "perfeição característica" da Comédie: "Algo consagrado, histórico, acadêmico. [...]". Nunca esse crítico cuidadoso viu nada "tão harmonioso, tão artístico, tão completo — um trabalho dramático de um refinamento que o teatro inglês desconhece".

Perrin enviou a Hollingshead uma programação meticulosa que excluía Sarah da estréia. E recebeu um telegrama no qual Hollingshead dizia que metade dos ingressos haviam sido vendidos em função de Bernhardt; portanto, era essencial que ela participasse da estréia. Não podendo ofender os atores já escalados para o primeiro espetáculo, Perrin decidiu acrescentar ao programa o segundo ato de *Fedra* especialmente para Sarah. É bem provável que ele e Croizette se ressentissem com a popularidade de Bernhardt e gostassem de humilhá-la.

Sarah aproveitou a oportunidade para dizer que só iria para Londres se fosse promovida a *sociétaire à part entière*, o posto mais alto na hierarquia da Comédie Française. A princípio o comitê endureceu, mas acabou cedendo; assim, Sarah e Sophie Croizette foram promovidas e passaram a receber uma porcentagem maior dos lucros da companhia. No entanto esse era apenas o começo do que se revelaria uma mudança espetacular na vida de Bernhardt.

Alguns dias antes da partida Sarah recebeu em seu ateliê um visitante inesperado: Edward Jarrett, um empresário teatral que tinha escritórios em Nova York, Paris e Londres. A atriz escreveu:

> Ele era muito alto, tinha penetrantes olhos azuis, cabelos prateados e uma barba muito bem aparada. Desculpou-se muito polidamente e, sem se apresentar, passou dez minutos admirando meus quadros e esculturas. Quando lhe pedi que se sentasse e me expusesse o objetivo de sua visita, falou com um sotaque carregado: "Sou mr. Jarrett, o empresário. Posso torná-la rica, se quiser ir para a América".
>
> "Nunca!", exclamei. "Nunca!"
>
> "Está bem. Não se zangue. Aqui está meu cartão. Não o perca."

Ao sair, Jarrett perguntou-lhe se gostaria de fazer uma "pequena fortuna" em Londres.

"Como?", perguntou Sarah, que precisava mais do que uma pequena fortuna para ficar longe de seus credores.

"Apresentando-se em elegantes salões particulares de Londres", Jarrett respondeu.

Em poucos minutos firmou-se o contrato, e uma semana depois *The Times* de Londres anunciou:

> Comédias de mlle. Sarah Bernhardt sob a direção de sir Benedict:
>
> O repertório de mlle. Sarah Bernhardt compõe-se de comédias, quadros, peças de um ato e monólogos escritos especialmente para ela e um ou dois artistas da Comédie Française. Essas comédias são representadas sem acessórios nem cenários e podem ser adaptadas para as *matinées* e *soirées* da melhor sociedade londrina e parisiense. Para saber todos os detalhes e condições, por favor comunique-se com mr. Jarrett (secretário de mlle. Sarah Bernhardt) no Teatro de Sua Majestade.

Perrin ficou horrorizado ao ler *The Times*. Não podia acreditar que um membro da austera Comédie Française pudesse rebaixar-se a um mercantilismo tão barato. Sarah estava agindo conforme seus direitos legais (outros atores da companhia haviam se apresentado em espetáculos privados) e não voltaria atrás. A briga logo se tornou pública, e no fim Perrin teve de admitir perante a imprensa que os atores do teatro nacional francês podiam fazer o que bem quisessem com seu tempo livre.

Bernhardt julgava-se preparada para tudo quando embarcou em Le Havre. Envolta num casaco pesado, apesar do calor, levava consigo pastilhas contra enjôo, sedativos para dor de cabeça, papel de seda para proteger as costas, emplastros para colocar no estômago e solados de cortiça para aplicar aos sapatos a fim de manter os pés aquecidos. Preocupado com os perigos que seu ídolo pudesse enfrentar, um jovem admirador acrescentou a tais precauções um salva-vidas que inventara especialmente para ela. Tratava-se de um volumoso objeto do qual pendiam doze bexigas do tamanho de um ovo. Onze estavam cheias de ar e tabletes de açúcar. A décima segunda continha conhaque. Tão logo o barco zarpou, Sarah soltou um de seus famosos *fou-rires* e lançou o salva-vidas no mar.

> Um espetáculo que jamais esquecerei foi o de nossa chegada a Folkestone [ela recordou em suas memórias]. Ali estavam milhares de pessoas, e pela primeira vez ouvi o grito: "*Vive Sarah Bernhardt!*". Virei a cabeça e vi diante de mim um jovem pálido, o rosto ideal para Hamlet. Ofereceu-me uma gardênia. Fiquei ligeiramente embaraçada, mas também encantada. [...]
>
> "Logo lhe farão um tapete de flores", resmungou uma colega despeitada.
>
> "Aqui está um!", gritou um jovem, jogando diante de meus pés uma braçada de lírios. Parei, confusa, sem ousar pisotear as flores, porém a multidão me empurrou para a frente. [...]
>
> "Hip, hip, hurra! E um viva para Sarah Bernhardt!", gritou o impetuoso jovem. Sua cabeça se elevava sobre as demais. Com olhos luminosos e longos cabelos, parecia um estudante alemão, mas era um poeta inglês, e um dos maiores deste século, um poeta de gênio que infelizmente seria atormentado e enfim vencido por sua loucura. Era Oscar Wilde.

A recepção extasiada não contribuiu em nada para granjear-lhe a estima dos colegas, os quais suspeitavam que se tratava de mais um de seus truques. Estavam enganados, segundo lembrou John Hollingshead:

> Não era uma multidão organizada, e sim uma turba totalmente espontânea e entusiástica que ali estava para ver Sarah Bernhardt. Os fotógrafos presentes aguardavam Sarah Bernhardt; os cronistas e "correspondentes especiais" faziam uma reportagem especial sobre Sarah Bernhardt. Antes de erguer-se a cortina na noite de estréia o grande público inglês já havia feito de Sarah Bernhardt uma estrela — uma estrela de primeira grandeza.

Como se poderia esperar de alguém com seu temperamento, essas atenções prematuras deixaram-na com os nervos em frangalhos. Destacar-se dentre os magníficos atores da Comédie Française era lisonjeiro mas assustador, pois colocava-a numa posição particularmente vulnerável. Seus primeiros instantes na Victoria Station a fizeram sentir-se abandonada. Em lugar das gloriosas multidões de Folkestone apenas dois lacaios de Hollingshead aguardavam a chegada do trem para levar os atores a seus hotéis. Um tapete vermelho encheu-a de esperança. Seria para eles? Não, disseram-lhe; o tapete fora estendido para o príncipe e a princesa de Gales, que acabavam de partir para a França. Por que partiram?, Sarah perguntou, amuada. Porque tinham compromissos em Paris. Então não estariam em Londres para a estréia? Não, mas o duque de Connaught estaria no camarote real.

"Fiquei desesperada [...]", a atriz escreveu. "Não sei por que, mas sentia que tudo ia acabar mal. Atravessei Londres angustiada."

Sua primeira visão da cinzenta Londres vitoriana não a animou nem um pouco.

Deprimida como estava, Sarah achou sombria a casa encantadora da Chester Square onde ficaria durante as seis semanas de sua estada; igualmente sombrias achou as montanhas de flores que amigos parisienses lhe mandaram. Até o imenso buquê de rosas enviado por sir Henry Irving, o principal ator da Inglaterra, pareceu-lhe agourento. Tudo — a casa, as flores, os 37 jornalistas que a entrevistaram no dia seguinte —, tudo parecia dizer: "Você está prestes a representar para um público estrangeiro. Agora prove que é tão grande como falam".

Em 2 de junho de 1879 a Comédie Française estreou em Londres; foi um espetáculo de gala, pois aquela era uma das raras vezes em que a companhia inteira viajava para o exterior. Grandes aplausos eclodiram quando a cortina se abriu e mostrou seus cinqüenta e tantos membros, cada qual caracterizado para o papel que ia desempenhar. Bustos de Shakespeare e Molière adornavam as laterais do palco, e o decano da companhia, Edmond Got, declamou um poema em homenagem aos venerados poetas. Após a cerimônia, Sarah foi para seu camarim, emocionada com as boas-vindas, porém apavorada com a responsabilidade de sua missão. Maquilou-se três vezes e três vezes retirou a maquilagem. Testou a voz e verificou que estava rouca nos graves e estridente nos agudos:

> Chorei de raiva, e nesse exato momento disseram-me que *Fedra* estava prestes a começar. Eu não havia colocado meu véu nem fechado meu cinto de camafeu. [...] Todos se assustaram com meu estado de nervos. Ouvi Edmond Got murmurar: "Ela está ficando doida. [...]". Quando entrei no palco, ainda sentia medo, não do tipo que paralisa, mas do tipo que enlouquece. Era péssimo, porém melhor que a outra espécie de medo. Leva-nos a fazer demasiado, mas de qualquer modo fazemos alguma coisa. Enquanto o público aplaudia minha entrada, eu disse para mim mesma: "Sim, sim — vocês vão ver —, hei de dar meu sangue, minha vida, minha alma". Contudo, quando comecei a falar, minha voz saiu muito alta, e não consegui baixá-la.
>
> Sofri, chorei, gritei — e tudo parecia verdadeiro. [...] Minhas lágrimas corriam, ardentes e amargas. Implorei a Hipólito o amor que estava me matando, e os braços que estendi para Mounet-Sully eram os braços de Fedra, contorcidos no desejo cruel de seu abraço. Os deuses estavam comigo. Ao fechar-se a cortina, Mounet carregou meu corpo inerte para meu camarim.

Quando a cortina se abriu para os agradecimentos, a platéia foi brindada com um espetáculo quase tão extraordinário quanto a representação em si. Linda, exausta e visivelmente enfraquecida, Bernhardt se mantinha em pé graças ao apoio de Mounet. De cabeça erguida, olhava com a grave dignidade das estátuas antigas para a multidão que os aplaudia de pé. Foi uma ovação como raramente se viu na Inglaterra. Tragada pelas ondas de admiração que inundavam o proscênio, Sarah sentiu que havia ocupado seu lugar entre os ídolos do teatro.

Entretanto até os ídolos têm problemas. Na noite seguinte Sarah representou *L'etrangère* em tal estado de exaustão que esqueceu duzentas linhas do discurso que fazia para Croizette. O monólogo era essencial para o enredo, se não para Sarah, que se viu improvisando: "O motivo pelo qual a chamei, madame, é que queria explicar-lhe por que agi daquela forma" (longa hesitação), "mas pensei melhor e resolvi não lhe explicar hoje" (saída rápida). Desamparada, Sophie Croizette esgueirou-se para fora do palco, enquanto o corajoso Coquelin entrava para concluir o ato da melhor maneira possível. O embaraçoso episódio forneceu uma história que os três repetiram durante anos. Podemos imaginar o encanto especial com que cada um deles contava sua hilariante versão da gafe histórica de Sarah.

Os jornais londrinos não mencionaram seu lapso de memória, talvez porque os críticos, assim como o público, tivessem se apaixonado cega e irrestritamente pela nova Rachel. Segundo escreveu Henry James: "Seria necessário algum engenho para dar uma idéia da intensidade, do êxtase, da loucura, como diriam alguns, da curiosidade e do entusiasmo provocados por mlle. Bernhardt".

Entre o público que compareceu à estréia não havia ninguém mais empolgado que o jovem Oscar Wilde. "Só depois de ouvir Sarah Bernhardt em *Fedra*", declarou ele, "foi que percebi a doçura da música de Racine." Wilde escreveu um soneto para a atriz — publicado em *The World* de 11 de junho —, cobriu-a de flores e convites e tratou de ser-lhe útil. A seu respeito disse Bernhardt:

> A maioria dos homens que são corteses com as atrizes e lhes prestam serviços têm um motivo oculto. Não era o caso de Oscar Wilde. Ele foi um servidor dedicado e muito fez para tornar as coisas agradáveis e fáceis para mim em Londres, porém nunca apareceu para me cortejar.

Naturalmente Sarah conhecia a vida bastante bem para saber que, se Wilde tinha um motivo oculto, não era o mesmo dos que a cortejavam, e sim uma vaga ambição de escrever uma peça para ela. (Tal ambição se concretizou, embora de modo insatisfatório, uns doze anos depois, quando Bernhardt voltou a Londres para ensaiar a Salomé que Wilde concebera tendo-a em mente.) Londres celebrava-a de maneiras um pouco diferentes das que a atriz conhecia. Paris a acostumara com a homenagem — e a lisonja — de escritores e artistas, e de vez em quando ela ficava feliz por partilhar suas camas, ler suas peças e posar para seus quadros. Mas quando um francês elegante — um Rothschild ou um Polignac — aparecia nos bastidores quase invariavelmente estava propondo um caso. Com certeza não pensava em convidá-la para jantar com a esposa e a família. Afinal, ela era uma atriz. Os nobres londrinos poderiam ter se comportado da mesma forma, se o príncipe de Gales não tivesse se afeiçoado a Sarah. Suas régias atenções deram a deixa para a alta sociedade. As portas de Mayfair se escancararam. Logo Sarah era vista cavalgando com lord Dudley no Hyde Park e jantando em casa da duquesa T., da marquesa R. e de outras irrepreensíveis damas da corte. Contudo houve certa resistência. Lady Cavendish, por exemplo, confidenciou a seu diário:

> Londres está enlouquecida com a atriz principal da Comédie Française, Sarah Bernhardt, uma notória desavergonhada. Como se não bastasse ser cortejada no palco, essa mulher é convidada a casas respeitáveis para representar e até para almoçar e jantar; e todo mundo vai. É um escândalo revoltante.

Sarah hesitava em relação aos convites dos ricos e poderosos. Embora achasse seus anfitriões ingleses "encantadores, espirituosos, as pessoas mais hospitaleiras do mundo", conseguia ser tão arrogante quanto o mais orgulhoso deles. Sabia que sua conduta era "totalmente odiosa", mas, chegada a hora de honrar um compromisso, resistia, aborrecida por ter de escrever desculpando-se, aborrecida com os que não falavam francês, aborrecida consigo mesma por não falar inglês, aborrecida até com a idéia de que poderia chamar mais atenção pela ausência que pela presença. Desde o início ficou claro que Londres preferia Bernhardt a qualquer outra atração da Comédie Française. Quando ela constava do programa, a receita chegava a quinhentas libras ou mais; quando não constava, caía para quatrocentas libras ou menos. Os franceses consideravam tais cifras uma lamentável amostra do gosto dos ingleses e indignavam-se com um povo que tão evidentemente preferia o talento de Bernhardt ao de seus ilustres colegas mais velhos. Não que os ingleses deixassem de apreciar a soberba atuação da companhia; no entanto seu estilo formal de declamação estava um tanto deslocado no Gaiety. *The Truth*, um semanário londrino, achou que,

> exceto no caso de Bernhardt e Coquelin, cada frase que os atores pronunciam era acompanhada de um gesto que se julga convencionalmente adequado. Tal gesto é mantido não só durante a fala, como um minuto após sua conclusão. Sem dúvida o tom é variado, mas sempre tem algo de teatral ou declamatório.

No terceiro sábado da temporada Sarah não se sentiu bem e, como devia apresentar-se duas vezes no mesmo dia, pediu que a dispensassem da vesperal. Edmond Got, encarregado dessas questões, recebeu a notícia calmamente. Com certeza uma boa substituta, secundada por um elenco brilhante, compensaria sua ausência. Não considerou, porém, o enorme atrativo que era seu nome para a bilheteria. Tão logo se anunciou o cancelamento de Bernhardt, o público correu ao teatro para devolver os ingressos. Naturalmente Sarah exultou, enquanto seus colegas achavam que ela traíra não só a Comédie Française, mas também a própria França.

Como que para irritá-los ainda mais, a atriz anunciou uma exposição de seus quadros e esculturas numa elegante galeria de Piccadilly. Dizia-se que o príncipe de Gales estaria presente, pois a essa altura já não era segredo que Sarah havia feito mais que reverências ao futuro rei da Inglaterra. Se ainda restava alguma dúvida, ela a dissipou com uma carta que enviou ao decano da companhia:

> Acabo de chegar de uma visita ao príncipe de Gales. É 1:20, e não posso ensaiar a esta hora. O príncipe me segurou até as onze horas. Peço-lhe que me perdoe, caro monsieur Got; compensarei o transtorno amanhã com meu texto decorado.

O "espetáculo particular" de Bernhardt, com especulações sobre sua duração, foi um prato cheio para os irreverentes atores e as invejosas atrizes da companhia, que diziam uns aos outros que o comportamento de Sarah estava abaixo da crítica. Não obstante, junto com centenas de outras pessoas, foram a seu *vernissage* para ver o príncipe Edward e a princesa Alexandra; o príncipe Leopoldo, mais tarde Leopoldo II da Bélgica; o primeiro-ministro, mr. Gladstone; os pintores Everett Millais e lord Leighton; e — não menos importante — a atriz. Uma versão em mármore de *Après la tempête* foi vendida juntamente com a maioria de suas obras. Na abertura da mostra serviu-se champanhe — uma inovação ousada — e Sarah estava encantadora como só ela podia estar. Vestida num traje elegantemente simples, uma das mãos pousadas sobre a preciosa bengala que o príncipe de Gales lhe dera, trocou idéias com mr. Gladstone sobre as lições morais de *Fedra* e os males da pena capital. Desnecessário é dizer que encontrou um jeito de gastar o dinheiro das vendas. Na verdade declarou que só organizara a exposição porque queria comprar alguns animais. Num dia de folga foi a Liverpool visitar o viveiro de um certo mr. Cross. Não sabemos por que sentiu necessidade de adquirir mais bichos de estimação, tendo já três cachorros — Minuccio, Bull e Fly —, um papagaio de nome Bizibouzou e um macaco chamado Darwin. De qualquer modo, ao voltar para Chester Square, era a orgulhosa proprietária de um guepardo, um *wolfhound* e seis camaleões de olhos assustados, um dos quais levava preso ao vestido por uma corrente de ouro. Gustave Doré, Georges Clairin, Louise Abbéma e madame Guérard, que haviam ido a Londres segurar-lhe a mão, estavam na porta para saudá-la. Ao ver a nova coleção de bichos, o mordomo recuou, horrorizado, e madame Guérard correu gritando para seu quarto. Mas quem roubou a cena foi o guepardo mal-encarado, que, tão logo foi solto da jaula, subiu rosnando na árvore mais próxima. Os cachorros uivavam, o papagaio gritava, Darwin chacoalhava a gaiola e os amigos de Sarah, sempre encantados com seu talento para o inesperado, riam a valer. A séria Chester Square nunca viu nada igual.

"Todas as janelas se abriram, e mais de vinte rostos surgiram acima do muro de meu jardim", lembrou Sarah, "todos curiosos, assustados ou enfurecidos."

No dia seguinte Londres não falou de outra coisa a não ser do pandemônio da Chester Square. (Será que a placa "Não se admite barulho após as 22 horas", que hoje se vê nessa praça tranqüila, foi colocada ali por causa do comportamento indômito de Bernhardt?) Monsieur Got avisou-lhe que, se continuasse a agir como uma louca, a imprensa se voltaria contra ela. Indignados com a maneira como Sarah havia ofuscado toda a Comédie Française, os correspondentes franceses estavam em pé de guerra. Diziam que por um *shilling* qualquer um podia ver Bernhardt vestida de homem; que ela fumava charutos imensos no terraço de sua casa em Londres; que usava a criada como parceira em seus espetáculos particulares; que praticava esgrima trajando uma fantasia de pierrô; que havia quebrado dois dentes de seu professor de boxe. Até seu velho amigo Francisque Sarcey, que fora a Londres com a Comédie Française, escrevia artigos venenosos sobre ela, em parte, talvez, porque os ingleses deixavam claro que a achavam encantadora, ao passo que o crítico — que cobrava caríssimo para conferenciar antes dos espetáculos a respeito da imensa superioridade do teatro francês sobre o inglês — era tido como pretensioso e arrogante.

Sarah poderia ter ficado acima de tanto disparate, mas nesse caso não seria Sarah. Assim, escreveu uma carta aberta a Albert Wolff, seu principal detrator em *Le Figaro*, perguntando-lhe como podia acreditar em tais bobagens. Se as calúnias publicadas a seu respeito aborreciam seus compatriotas e se estes decidissem recebê-la indelicadamente, ela abandonaria a Comédie Française. Quanto aos ingleses, se estavam cansados de todo o alvoroço e se viessem a demonstrar-lhe má vontade em lugar da calorosa estima que até então lhe dedicaram, ela deixaria a Inglaterra a fim de poupar maiores constrangimentos à companhia. Seus colegas atores foram solidários ao ler a carta. Para sua grande surpresa muitos a chamaram de lado para dizer-lhe que não devia nem pensar em sair da Comédie Française.

Apesar de sua posição forte, Sarah estava apreensiva quando retornou a Paris depois de seu triunfo sem precedentes. Embarcara para Londres numa onda de popularidade. Agora se afogava num mar de desaprovação. Que crime havia cometido? Sim, ofuscara a Comédie inteira, mas não porque tivesse modificado a maneira como sempre representara em Paris. Preferiram-na a Croizette, mas era sua culpa se os ingleses acharam essa atriz demasiado robusta e mais do que um pouco vulgar? Ela vendera suas obras de arte, mas era o único integrante da Comédie Française que fazia obras de arte.

Émile Zola foi a pessoa que saiu em sua defesa. Como seria de se esperar, sua visão era mais tolerante que a de Sarcey ou Wolff. Num artigo publicado em *Le Voltaire* perguntou por que a imprensa tinha declarado guerra a madame Sarah Bernhardt. Por que seus quadros, esculturas e textos enfureciam os jornalistas parisienses? O que os levava a pensar que ela criava arte por mera publicidade ou que não devia vender suas telas e estátuas como os outros artistas? As chacotas implacáveis e banais sobre sua magreza eram mais vulgares do que qualquer coisa que Bernhardt tivesse feito. Atacavam-na porque queriam ver seu nome impresso, mas eram os jornalistas, não Sarah, que inventavam histórias diabólicas para alimentar a imprensa. Com certeza não acreditavam que ela se exibira em Londres vestida de homem por um *penny* a espiada ou que assava macacos e dormia com esqueletos. Ainda que essas histórias ridículas fossem verdadeiras, não lhes diziam respeito. Era obra dos jornalistas o maldoso alarido sobre a atriz que ainda ontem adoravam. Foram eles que criaram o escândalo, não a grande artista cujos talentos deviam poder falar por si mesmos.

Sarah teve sua primeira oportunidade de encarar o público francês no tributo anual a Molière. No início Perrin aconselhou-a a não participar da cerimônia, pois poderia haver uma manifestação contra ela. Uma carta ameaçadora que a atriz lhe mostrara justificava sua preocupação:

> Meu pobre esqueleto, você faria bem em não mostrar seu horrível nariz de judia na cerimônia de abertura. Receio que ele sirva de alvo para todas as batatas que estão sendo cozidas especialmente para você em sua amável cidade de Paris. Mande os jornais publicarem que você vem cuspindo sangue e fique na cama, pensando sobre as conseqüências da publicidade excessiva.

Enojado, Perrin afastou a carta. Havia outras, disse-lhe Sarah, grosseiras demais para que alguém as lesse. Ao que Perrin, indignado, retrucou que, nesse caso, ela *precisava* participar da noite de Molière.

Um público imenso compareceu para homenagear o comediógrafo e recepcionar seus atores que retornavam a Paris. Como era costume, estes avançaram, dois a dois, para colocar palmas no busto de Molière; contudo, quando chegou sua vez, Sarah entrou sozinha, suscitando um repentino silêncio. Mais tarde lembrou:

> Caminhei até o proscênio e, em vez de fazer uma reverência, como meus colegas haviam feito, permaneci ereta, fitando os olhos voltados para mim. Preveniram-me sobre uma batalha, uma batalha que eu não tinha a menor vontade de provocar, mas que estava decidida a enfrentar. Esperei em silêncio durante um

minuto, agitada pelos nervosos tremores de emoção que enchiam a casa. Então, de repente a platéia inteira explodiu em bravos e aplausos. Foi um dos mais belos momentos de minha carreira.

Houve muitos outros belos momentos na temporada de 1879-80, sobretudo quando Sarah representou dois de seus maiores papéis: a rainha em *Ruy Blas* e doña Sol em *Hernani*. Para comemorar o qüinquagésimo aniversário do histórico drama de Victor Hugo, em 25 de fevereiro de 1880 realizou-se uma festa na qual Bernhardt leu com extraordinário ardor o poema de Coppée "La bataille d'Hernani". Seguiu-se um banquete no Hôtel Continental. As celebridades literárias e políticas de Paris ali estavam para homenagear o grande Victor Hugo. Por sua vez o escritor homenageou sua grande doña Sol, fazendo-a sentar-se a sua direita.

Bernhardt voltara, porém não ficaria muito tempo. Na primavera Perrin insistiu que participasse de *L'aventurière* [A aventureira], de Émile Augier. Ela detestava a peça e desprezava o autor. Como norma Sarah trabalhava com empenho e esmero, gostasse ou não do papel. Dessa vez agiu levianamente, faltando aos ensaios e às provas de trajes. Na véspera da estréia, acometida de uma laringite providencial, como desconfiava Perrin, pediu a este que adiasse o espetáculo. Ele não a atendeu. Relutante, Sarah prosseguiu, parecendo "um bule de chá inglês", segundo suas próprias palavras, e atuando como uma vulgar meretriz de um romance de Zola, segundo o crítico Vitu. A acusação de vulgaridade forneceu-lhe o pretexto perfeito para fazer o que queria. E assim, conforme ela mesma disse: "Joguei aos quatro ventos meus louros e tributos florais e rompi o contrato que me prendia à Comédie Française e, portanto, a Paris". Em 18 de abril de 1880 escreveu a Perrin:

> Monsieur l'Administrateur,
>
> O senhor me concedeu apenas oito ensaios no palco, e a peça teve apenas três ensaios completos. Achei que não devia me apresentar perante o público, mas o senhor assim o exigiu. O que eu previ aconteceu. [...] É meu primeiro fracasso na Comédie e será o último. Eu o avisei no dia do ensaio geral, porém o senhor não me deu atenção. Sempre cumpro minha palavra. Quando o senhor receber esta carta, terei deixado Paris.
>
> Por favor, aceite minha demissão imediata.

A fim de evitar maiores discussões com Perrin ou com o comitê dirigente da Comédie Française, Bernhardt enviou cópias de sua carta a *Le Figaro* e *Le Gaulois*. No dia seguinte estava em Sainte-Adresse, perto de Le Havre, onde passou uma tarde chuvosa caminhando pela praia e refletindo. Dissera ao comitê que sua demissão se devia à maneira vergonhosa como a direção e a imprensa a haviam tratado. O que omitira — e seria revelado no processo que a Comédie Française moveu contra ela — era que, embora afirmasse estar doente demais para comparecer aos ensaios de *L'aventurière*, na verdade andara formando sua própria companhia para ir ao Gaiety Theatre de Londres cumprir um contrato que havia assinado com Hollingshead e Mayer sem notificar a Comédie Française. (Como se comprovou depois, estava atuando em Londres com sua nova companhia quando o caso foi julgado em Paris.) Pior ainda: maître Allou, o advogado da Comédie, disse que ela infringira uma norma da casa, segundo a qual nenhum ator podia afastar-se sem a permissão do comitê. E prosseguiu: essa mulher calculista seduzira o público inglês com sua arte magnífica, sua feminina elegância, seu talento para a escultura e suas realizações literárias. Mas era digno de tal mulher firmar um contrato (novamente sem notificar a Comédie Française!) com um americano sensacionalista para ir aos Estados Unidos? Seria punida por esse gesto. E o advogado proclamou:

> Na Inglaterra e na América ela representará cercada de atores de segunda categoria, e ninguém entenderá uma só palavra do que disser. Pode levar sua grande reputação para o exterior como uma carga exótica, porém à medida que sua fortuna aumentar sua reputação declinará.

No fim do processo Bernhardt teve de renunciar aos 43 mil francos de pensão que receberia como *sociétaire* se permanecesse no teatro por vinte anos e deixá-lo amigavelmente. Além disso foi multada em 100 mil francos por danos infligidos. Nunca pagou a multa. No entanto anos depois, quando um incêndio irrompeu na Comédie Française, ofereceu seu teatro à companhia sem lhe cobrar nada.

No final de maio de 1880, cerca de um mês após sua ruptura com o teatro nacional francês, Sarah voltou ao Gaiety Theatre de Londres. Era uma recontratação e, como toda recontratação, um desafio. Ela sabia que precisava superar seus desempenhos anteriores e sabia também que o público, apesar da disposição favorável, esperava ver justificada a admiração que lhe tinha. Sarah venceu o desafio. E ainda se comportou como um anjo.

Hollingshead, que não gostara de negociar com a Comédie Française, era todo elogios para com sua honestidade, sua confiabilidade e sua disposição para ceder. Mas o que achou realmente extraordinária foi sua energia — ela se apresentou 28 vezes em trinta dias. Igualmente extraordinária era a presença dos críticos Sarcey, Vitu e Lapommeray em Londres. No ano anterior os três a massacraram, e Sarah só podia imaginar que a tivessem seguido na esperança de assistir a sua queda. Para seu alívio, acharam-na mais sedutora que nunca. Tudo não passara de uma briga de amantes, afinal. Depois que ela abriu sua primeira temporada independente, em 24 de maio, Sarcey enviou um telegrama a Paris:

Bernhardt esteve prodigiosa. Nunca uma platéia se emocionou tanto. Que pena que ela resolveu se demitir. [...] Nada na Comédie Française poderia comparar-se a seu último ato em *Adrienne Lecouvreur*. Seria muito melhor se ela tivesse ficado na Comédie. Nossa perda é tão grande quanto a sua. Que pena! Que pena!

Uma semana depois Sarcey escreveu sobre seu enorme sucesso em *Froufrou*, de Meilhac e Halévy:

Creio que nunca houve emoção mais pungente em teatro nenhum. Houve momentos excepcionais em que os artistas se transportaram para além de si mesmos, para cima de si mesmos. Após o espetáculo eu disse a Sarah Bernhardt: "Esta é uma noite que reabrirá as portas da Comédie Française, se você quiser". [...] "Não vamos falar sobre isso novamente", ela respondeu. Assim seja. Mas que pena!

Durante sua estada em Londres, Edmond Got visitou-a oficialmente. A Comédie a queria de volta, mesmo que ela insistisse em ir primeiro para a América. Devia entender que a América a destruiria; que, se alguma coisa sobrasse, devia se considerar muito feliz em ser aceita pela Comédie Française, a qual não ficaria com a melhor parte. Tais palavras lhe pareceram inaceitáveis. Com os bolsos transbordando (seus ganhos no Gaiety eram muito maiores do que tinham sido na Comédie Française no ano anterior), seu orgulho profissional restaurado e sua vaidade gratificada, Sarah recusou-se. Estava felicíssima por repousar sobre louros que conquistara sozinha, explicou a monsieur Got. Ademais, conseguia dormir melhor.

"Dormindo melhor, passei a comer melhor", lembrou, "e grande foi o espanto de minha pequena corte ao ver seu ídolo voltar a Paris roliça e rosada."

Paris não a viu durante muito tempo. Depois de ficar alguns dias na cidade a atriz-empresária partiu para Bruxelas e Copenhague a fim de ganhar um dinheiro para ajudar a pagar as contas de sua casa. Se sua temporada de quatro dias no Théâtre de la Monnaie em Bruxelas foi como um sólido sucesso na província, Copenhague constituiu uma revelação, pois ali Sarah compreendeu que era uma estrela internacional. Debruçando-se na janela quando o trem entrou na estação, ela ouviu "um hurra tão poderoso" que se assustou. Dois mil dinamarqueses lotaram as ruas, desde a estação até o hotel, jogaram flores a seus pés, atiraram-lhe beijos, lançaram os chapéus para o alto e gritaram: "*Vive Sarah Bernhardt*". A atriz pensou que nunca poderia corresponder às expectativas desse público, mas à noite, no Teatro Real, provou que merecia sua fama. E não foi com pouca satisfação que leu em *Le Figaro* de 16 de agosto que seu desempenho em *Adrienne Lecouvreur* constituiu-se num imenso sucesso perante uma platéia magnífica — os soberanos da Dinamarca; sua filha Alexandra, princesa de Gales; e seu filho, que se tornara Jorge I da Grécia, onde reinava com a esposa russa, Olga — e que as damas reais "atiraram seus buquês à artista francesa em meio aos aplausos ensurdecedores de um público em delírio. Um triunfo sem precedentes".

O rei Cristiano IX presenteou-a com a Ordem do Mérito, cravejada de diamantes, e emprestou-lhe o iate real para uma excursão a Elsinore. Romântica que era, Sarah ficou deprimida ao ver a pequena coluna que estaria assinalando o túmulo de Hamlet.

Na viagem de volta debruçou-se na amurada do navio e olhou para a água. Para sua surpresa viu pétalas de rosa flutuando:

> Parecia que eram milhares, e no misterioso crepúsculo ouvi, como uma fanfarra distante, as vozes melodiosas dos filhos do Norte. Diante de nós, movido pelo vento, havia um lindo barco com as velas enfunadas. Muitos jovens lançavam braçadas de rosas e entoavam as lendas de séculos passados. Tudo isso era para mim: todas as rosas, todo o amor, toda a poesia da música. Pensei que até o sol se punha para mim. Nesse momento fugidio, que me trouxe a vida em toda a sua beleza, eu me senti muito perto de Deus.

Ao que parece ela se sentiu mais perto do diabo quando foi a uma ceia imensa organizada em sua homenagem. Tudo correu muito bem até que o barão Magnus, o embaixador prussiano, fez um brinde. "Bebo à França, que nos deu tão grandes artistas", rugiu, voltando-se para a atriz; "à França, país que todo mundo ama." Ainda amargando a perda de Alsácia e Lorena no final da Guerra Franco-Prussiana, Sarah se levantou, pálida e nervosa. "Sim", bradou em seu tom mais raciniano, "bebamos à França, mas à França inteira, Sua Excelência, Embaixador da Prússia." Imediatamente a orquestra tocou "A marselhesa". A gafe patriótica de Bernhardt não lhe causou nenhum dano. Ao deixar Copenhague, em meio aos gritos ardentes de "*Vive la France!*", sentiu um entusiasmo dirigido não só a ela, mas também a sua pátria.

Antes de Sarah partir para a América, Félix Duquesnel, que lhe perdoara sua saída do Odéon, organizou uma turnê pela França durante a qual a atriz se apresentaria em 25 cidades ao longo de 28 dias — algo muito diferente da Comédie Française, que a colocava em cena uma ou duas vezes por semana. Nada poderia ser melhor. Ela adorou a atividade constante, as somas generosas e a oportunidade de aprimorar *Adrienne Lecouvreur* e *Froufrou* para Nova York. Os amigos planejaram encontrá-la nas várias cidades em que Duquesnel organizara excursões e festas em sua homenagem. Apenas uma coisa perturbava seu prazer. Na ânsia de fazê-la feliz, Duquesnel convidara dignitários de cada cidade para lhe mostrarem os atrativos locais. Mas Sarah se entediava só de pensar em igrejas:

> Não posso fazer nada. A idéia de entrar naqueles espaços frios, enquanto alguém conta sua história absurda e interminável; de olhar para o teto com o pescoço esticado; de ser obrigada a admirar a restauração da ala esquerda — melhor seria que a deixassem desmoronar! —, a exclamar ante a profundidade de um fosso que outrora estava cheio de água [...] tudo isso me dá vontade de gritar! Sempre detestei casas, castelos, igrejas, torres e todos os edifícios mais altos que um moinho. Não tenho nada contra as Pirâmides, mas preferiria cem vezes que nunca tivessem sido construídas.

Como sabemos, Sarah tinha uma mentalidade independente. Agora que não estava mais sob o comando de Perrin, era responsável por seu próprio gosto, seu julgamento e suas decisões. De fundamental importância era o repertório para a turnê americana. Com seu instinto seguro ela escolheu peças que mostrariam os melhores aspectos de seu talento — *Fedra*, *Adrienne Lecouvreur*, *Hernani*, *Froufrou* e uma na qual ainda não se apresentara: *A dama das camélias*, de Dumas filho. Depois devia deslumbrar com seus figurinos e nisso não teve a menor dificuldade. Mestra na criação de roupas e estudiosa de trajes de época, era hábil no desenho e na costura, sabia o que lhe caía bem e tinha um majestático desprezo pelos gastos. Mandou tecer sedas especiais em Lyon, encomendou veludos da Itália e zibelinas e cinchila da Rússia. Seus trajes reluziam com contas de raro cristal, aplicações de madrepérola e rosas de cetim feitas a mão. E ela não hesitou quando lhe cobraram 10 mil francos (cerca de 25 mil dólares na época) pelo vestido de baile que usaria como Marguerite, a Dama das Camélias.

Infelizmente os figurinos de Bernhardt ofuscaram a companhia de Bernhardt. Mas não havia outra alternativa. Em 1880 os franceses relutavam em ir para a América, salvo quando pretendiam fazer fortuna ou fugir da lei. Achavam empolgantes os livros de James Fenimore Cooper, mas não eram bobos para querer participar de tais aventuras. E, assim, Sarah teve de se contentar com um parceiro chamado Édouard Angelo, um belo ator, embora não muito talentoso, que de vez em quando partilhava sua cama desde a época do Odéon. "Forte como Hércules" e quase tão corajoso, Angelo seria um tranqüilizador cão de guarda em caso de perigo e um amante tranqüilizador em caso de sobrar-lhe tempo livre. Sua irmã, Jeanne, deveria desempenhar papéis secundários, porém tomou uma *overdose* de drogas poucos dias antes de a companhia embarcar e foi internada num sanatório. Sem ter a quem recorrer, Sarah pediu a Marie Colombier que assumisse a função de Jeanne. Era uma situação delicada. No começo Marie se considerava igual a Sarah. Agora esta era inacreditavelmente famosa, enquanto aquela não passava de uma atriz frustrada, corpulenta demais, perturbada demais, despeitada demais e esperta demais para seu próprio bem.

Marie lembrava-se de sua "melhor amiga", como chamava Sarah, saltando-lhe ao pescoço e pedindo-lhe que fizesse as malas. Por quê? Vou a algum lugar?, perguntou.

"Vai para a América", Bernhardt respondeu. "Estou pedindo a você porque é a única pessoa que me faria esse favor num prazo tão curto. Sei que ainda me ama, apesar de nossas brigas tolas." Mas e meus trajes?, Marie perguntou. Quando poderia decorar os papéis? Tudo se arranjaria, disse Sarah. Para seu alívio, Colombier concordou em ir. Entrementes os jornais previam todos os desastres possíveis, inclusive naufrágio. Lembre-se do fracasso de Rachel na América, alertavam. Pense em todos aqueles selvagens que não entendem uma palavra de francês. Os elefantes de circo combinavam mais com seu gosto. A verdadeira fortuna não podia ser contada em dólares americanos, e sim no apreço e no aplauso do único povo civilizado do mundo, os franceses. "Empolgada com as aventuras que a aguardavam, empolgada com a idéia de ultrapassar a fronteira do mundo", Sarah ignorou as terríveis profecias.

Em 15 de outubro de 1880, às seis horas da manhã, envolta em arminho, a atriz subiu a bordo de *L'Amérique*, uma banheira velha, meio veleiro, meio vapor, que a levaria para Nova York. Uma multidão de amigos e admiradores reuniu-se no cais para a despedida. Ali se encontravam Clairin, Abbéma, Duquesnel e outros membros de sua corte. Ela estava triste por deixar os amigos e mais triste ainda por deixar o filho de quinze anos, que corria para o cais e corria para o navio em chorosos adeuses. Por fim ergueu-se a prancha de embarque, canhões dispararam, apitos silvaram, e o *Amérique* lentamente se afastou do porto e entrou no canal. Sem volta. Sarah havia partido para conhecer o Novo Mundo.

5 INGLATERRA E AMÉRICA

Fédora, 1882.

A travessia do oceano marcou um novo capítulo na evolução artística de Sarah. Até então, apesar de sua originalidade, ela era um produto inequívoco do Conservatoire e da Comédie Française. Agora, como atriz-empresária, estava livre para ampliar seus horizontes e criar um teatro a sua imagem. Era admirável como os que trabalhavam com ela respeitavam seu senso crítico, seu conhecimento da arte teatral e sua capacidade de demonstrar e esclarecer as passagens mais espinhosas de qualquer peça, de *Fedra* a *Froufrou.* Entretanto o turbulento Atlântico Norte não era bem o lugar adequado para exercer seus dotes de diretora. Sarah passou os primeiros dias fechada em seu camarote, num "desespero absoluto", segundo escreveu, "chorando lágrimas amargas, lágrimas que me queimavam as faces. Depois minha força de vontade se afirmou e triunfou sobre minha dor". Colocado de maneira menos dramática, estava mareada e com saudade de casa, e nada, nem mesmo os ternos cuidados de Guérard e da criada, Félicie, puderam encorajá-la a deixar o leito. Por fim o médico de bordo prescreveu uma boa caminhada ao ar livre. No convés ela encontrou Marie Colombier flertando com o comandante. Ante a idéia de ser eclipsada, Sarah reanimou-se, ergueu os braços para os céus e entoou um hino ao vento e às ondas. E depois de lançar ao comandante um olhar sedutor, fitou a ampla cintura de Colombier e disse que nada como a magreza para evitar o *mal de mer.* Nesse momento, tão maldoso quanto ela, o navio escalou uma onda gigantesca, hesitou em pleno ar e mergulhou, estremecendo. Ninguém viu Sarah pelo resto do dia, mas, quando se restabeleceu, ninguém conseguia detê-la. Repassava suas cenas com Angelo, ensaiava a companhia, consultava seu empresário, estudava seu papéis durante horas e procurava tranqüilizar Marie, que estava compreensivelmente apreensiva por não ter um contrato assinado.

As lembranças da viagem, que Sarah registrou em suas memórias, são tão pitorescas quanto as gravuras de Doré: *L'Amérique* afundando numa épica tempestade; *L'Amérique* um galeão fantasmagórico coberto de neve, enquanto uma figura vestida de arminho — a própria Bernhardt, evidentemente — olha extasiada; Sarah assistindo o parto de uma imigrante; um bando de assassinos ameaçando exterminar os passageiros da primeira classe. Extraordinário foi seu encontro com uma dama velada que graças a ela não rolou pela escada quando o navio balançou de repente.

"A senhora podia ter morrido", disse Sarah.

"Sim", retrucou a estranha, "mas não era a vontade de Deus." Depois, olhando distraída para sua salvadora, perguntou-lhe como se chamava. Sarah Bernhardt, foi a resposta. "E eu sou Mary Todd Lincoln", a dama apresentou-se.

> Percorreu-me um frêmito de angústia [Bernhardt lembrou mais tarde], pois parece que prestei um desserviço à infeliz criatura. O presidente Lincoln fora assassinado por um ator, [John Wilkes] Booth, e agora uma atriz impedira que a viúva fosse encontrar-se com seu amado esposo.

Nos onze dias que passaram no mar, Sarah e seu empresário estavam sempre juntos. "O terrível mr. Jarrett", como ela o chamava, era frio, obstinado e inflexível. Suas histórias comprovavam isso. Um dia Sarah o inquiriu sobre a cicatriz que tinha na face. Era o resultado de uma briga com outro empresário por causa do contrato de Jenny Lind, explicou ele.

"Veja este olho", dissera ao rival. "Consegue ler em sua mente todos os fatos que o senhor está tentando esconder."

"Então não sabe ler", rosnou seu adversário, disparando o revólver em sua cabeça.

"Péssima pontaria! É assim que se fecha um olho", Jarrett resmungou, alvejando mortalmente seu agressor.

Desnecessário é dizer que Sarah achava fascinantes as histórias inacreditáveis de Jarrett. Sempre se referiu a ele como um homem honesto, corajoso e leal — raro tributo de uma atriz a um empresário. Felizmente o paternal Jarrett não era apenas corajoso, leal e honesto. Empresário brilhante, fanático admirador do talento de Bernhardt, contratou centenas de apresentações a preços inauditos e não poupou esforços para que sua preciosa carga tivesse todo o conforto. Foi esse, pois, o homem que apresentou Sarah Bernhardt à América. Durante meses fornecera à imprensa matérias extravagantes sobre os triunfos e excentricidades da atriz. Assim, quando *L'Amérique* ancorou no porto de Nova York, jornalistas e autoridades francesas subiram a bordo para encontrar La Bernhardt no salão principal. Sua primeira impressão não foi a que esperavam. Não viram ali nenhuma *femme fatale* devoradora de homens, proveniente da cidade da moda e do vício. Ao contrário, viram uma jovem incrivelmente pálida, graciosa e distinta, que ouviu com adequada modéstia o discurso de boas-vindas do cônsul francês, escutou "A marselhesa" de pé, atenta e maravilhada, e sorriu um sorriso de esteta ao mergulhar o rosto nas flores que recebera. Uma fila interminável de entusiásticos admiradores forçou a entrada, derramou-se sobre ela e apertou-lhe a mão até os anéis se enterrarem em seus dedos. Cansada do que chamou "*le handshake*" e sem conhecimento de inglês, Sarah sentiu-se uma completa idiota quando se ouviu murmurando: "*Oh! Combien je suis charmée!*" [Oh! Estou encantada!]. Por fim seus nervos não agüentaram mais.

> Tive medo de me descontrolar e explodir em pranto [lembrou ela]. Assim, fingi desmaiar. Fiz um movimento com a mão como se desejasse concluí-lo e não pudesse. Depois abri a boca, fechei os olhos e caí nos braços de Jarrett.

Especialista em fazer-se de morta, ficou deitada num sofá, ouvindo o burburinho a sua volta até que um médico apareceu e mandou os visitantes se retirarem. Assim que todos saíram, Sarah levantou-se de um salto, envolveu Jarrett em seus braços e pôs-se a valsar com ele pelo salão. Mas sua alegria se transformou em desespero quando o empresário lhe comunicou que havia convidado todos os repórteres para irem ao hotel naquele mesmo dia.

Tal atitude em alguém que amava tanto a publicidade pode parecer descabida, porém é compreensível quando lembramos que os europeus ainda não haviam adotado o jeito americano de atacar celebridades em massa. Transtornada ante a perspectiva dos repórteres, Sarah ficou horrorizada ao ver a ruidosa multidão que a esperava no cais. Ali não estavam poéticos ingleses portando lírios, nem respeitosos dinamarqueses prontos para abrir caminho para um ídolo do teatro. Não, aquela multidão não arredava pé, olhava-a boquiaberta e sorridente como se ela fosse o circo chegando à cidade. Com efeito, foi preciso que Jarrett, seu sócio Henry Abbey — a quem Sarah sempre chamaria de monsieur l'Abbé — e um formidável detetive unissem esforços a fim de abrir caminho para a frágil carga que transportavam. Uma carruagem fechada levou-os ao Albemarle, um elegante hotel da Quinta Avenida. (É curioso pensar que, se continuassem rumo ao norte, em pouco tempo chegariam a um campo aberto.)

Os aposentos que Abbey escolhera agradaram a atriz na medida do possível. Monsieur Knoedler, o *marchand*, enviara bustos de Molière, Racine e Victor Hugo para que ela se sentisse em casa. O salão imitava sua sala de visitas em Paris, com tapetes de urso, otomanas turcas, vasos de palmeiras e um divã recoberto de almofadas de cetim e colocado diante de uma tapeçaria persa. Havia apenas um inconveniente: cinqüenta repórteres ali a aguardavam. Ao vê-los, ela entrou no aposento vizinho, encostou um móvel na porta, deitou-se num tapete e dormiu, surda às batidas na porta e aos avisos furiosos de Jarrett. Sua atitude insolente recebeu mais atenção da imprensa que as perguntas que lhe foram feitas quando Sarah finalmente se dignou a aparecer. Que número calçava? Quanto tinha de cintura? O que comia no café da manhã? Era verdade que alimentava seu filhote de leão com codornizes vivas? O que achava de Nova York? Quanto valiam suas jóias e roupas? Entrementes um jovem desenhava sem parar. Um colega artista, pensou ela, e pediu para ver o que havia feito. Mais tarde lembrou:

> Totalmente impassível, ele me entregou o desenho medonho de um esqueleto com uma peruca encaracolada. Rasguei-o e joguei-lhe os pedaços no rosto. No dia seguinte os jornais publicaram um horror idêntico, acompanhado de uma desagradável legenda.

Durante sua estada na América, Bernhardt inspirou uma série infindável de caricaturas: uma virago magérrima aplicando um pontapé num repórter; um esqueleto sendo vestido e maquilado para entrar no palco; uma taquara encimada por uma esponja; uma sorrateira jibóia; uma corda retorcida dando nós em si mesma. Adeptos fervorosos da publicidade, Jarrett e Abbey resolveram aproveitar o alvoroço fazendo declarações bombásticas sobre seus caprichos e modos tempestuosos — inventados ou não. Barata e ruidosa, essa foi a primeira campanha publicitária que fabricou, popularizou e lançou uma estrela. Sarah reagiu com um filosófico "nada mata, exceto a morte". No entanto, como Oscar Wilde, achava que "só há uma coisa pior do que falarem de nós: *não* falarem".

Dois dias após sua chegada Bernhardt foi conduzida ao Booth Theatre, na esquina da Twenty-third Street com a Sixth Avenue, onde ia apresentar-se. Os atores têm um prazer especial em transpor a entrada dos artistas — *sua* entrada — e encontrar a silenciosa penumbra de uma platéia vazia. Sarah não teve esse prazer. Para seu horror, deparou-se com uma horda de inspetores alfandegários fumando charutos e vasculhando com as mãos sujas os 42 baús de trajes que ela já havia mandado para o teatro. Deparou-se também com um par de "costureiras medonhas" que ali estavam para avaliar cada peça. Quanto pagou por este?, perguntou uma das senhoras, segurando o vestido bordado de pérolas de *A dama das camélias*. A atriz lembrou depois:

> Rangi os dentes e recusei-me a responder. Quando terminaram, eram cinco e meia. Eu estava com os pés gelados, meio morta de cansaço e de raiva reprimida. Por fim o bando de homens feios se ofereceu para recolocar tudo nos baús, porém não permiti.

Sarah mandou comprar quase quinhentos metros de musselina para cobrir a montanha de roupas que recobria o palco e ali postou o marido de sua criada Félicie armado de um revólver para que ninguém roubasse nada. Depois, precisando relaxar, foi ver "o milagre de Manhattan", a ponte do Brooklyn, parcialmente concluída. Se os aduaneiros aos quais acabou pagando taxas enormes a fizeram sentir-se violentada, a nova estrutura deixou-a encantada, pois era "tão louca, tão admirável, tão imponente que me levou a orgulhar-me da mente humana".

O orgulho pela mente humana diminuiu um pouco quando Sarah viu Clara Morris, a atriz favorita de Nova York, em *Alix*, uma versão pasteurizada de uma peça francesa vagamente picante, *La comtesse de Sommerive*, de Théodore Barrière. Abbey anunciara à imprensa que Bernhardt desejava aplaudir sua grande colega americana antes mesmo de pensar em pisar num palco americano. Naturalmente o teatro ficou lotado.

Marie Colombier descreve a noite de um modo que evidencia que não era mais bondosa com outras atrizes do que com sua velha amiga:

28, 29. À esquerda: Mounet-Sully, parceiro de Sarah no palco e o mais exigente de seus amantes. Abaixo: o pintor, escultor e gravador Gustave Doré foi professor de escultura e amante de Sarah.

30. Édouard de Max, chamado em geral "a Sarah Bernhardt dos atores".

31, 32. À esquerda: Sarah e Clairin almoçando. Abaixo: Georges Clairin, pintor, amante e amigo mais íntimo de Sarah até o fim da vida.

33-35. À esquerda: Jean Richepin. Sarah encomendou-lhe uma nova tradução de *Macbeth*, de Shakespeare. Abaixo, à esquerda: Louise Abbéma, pintora de talento, foi a amiga mais íntima de Sarah até o fim de sua vida. À direita: Aristides Damala era um diplomata grego e conquistador notório que, por insistência de Sarah, tornou-se seu amante, parceiro de cena (sob o nome de Jacques Damala) e marido.

46-48. À esquerda: Como a rainha da Espanha, doña Maria de Neubourg, em *Ruy Blas*, de Victor Hugo. Abaixo: Mounet-Sully como *Hernani*. À direita: Como doña Sol em *Hernani* (1877), de Victor Hugo, com Mounet-Sully no papel-título.

49. *Froufrou* (1880), o drama de uma mulher frívola escrito por Meilhac e Halévy.

50. *Fédora* (1882), melodrama russo de niilismo elaborado por Sardou.

51, 52. A imperatriz de Bizâncio em *Teodora*, de Sardou, foi um dos sucessos mais espetaculares de Bernhardt.

Oito horas: A casa está lotada. Sarah chega às nove, a tempo para o segundo ato, acompanhada de Jarrett e Abbey. A orquestra toca "A marselhesa", enquanto eles se acomodam em seu camarote, decorado com bandeiras francesas. Aplausos entusiásticos. Sarah agradece ao público com gestos dignos de uma rainha. A cortina se abre para mostrar Clara Morris. Imaginem uma mulher tão magra que faz Sarah parecer roliça. [...] Decerto nunca foi bonita. Ou o foi há muito, muito tempo. Sua boca é um buraco preto, os dentes escuros. [...] E dizem que a América é o berço da odontologia! Visivelmente emocionada, ela se agarra à cortina e lança um beijo para Sarah. Mais aplausos. Sem querer ficar para trás, Sarah desprende do vestido seu pequeno buquê de rosas brancas e atira-o aos pés da atriz. Gritos e bravos de ambas as artistas! Para ser justa devo dizer que Sarah ria por dentro. E quando voltavam ao hotel Jarrett deve ter dado a sua protegida notas altas pelo bom comportamento.

Em 8 de novembro de 1880 Bernhardt fez sua estréia americana no Booth's Temple of Dramatic Art em *Adrienne Lecouvreur*, escrita para Rachel por Ernest Legouvé e Eugène Scribe. Uma das peças de maior sucesso na época, focaliza o trágico amor da ilustre atriz setecentista por seu erradio amante, o barão de Saxe. Obra virtuosística, começa num tom de doce frivolidade e inclui declamações de La Fontaine e Racine, bem como um virulento confronto entre Adrienne e sua rival, a princesa de Bouillon. Termina num tom exaltado de traição e morte por envenenamento. A ação — e há muita — transcorre num ambiente Luís XV, que na produção de Bernhardt constituiu um espetáculo à parte. E isso foi muito bom, já que a maioria do público não entendia francês e ficou feliz com o entretenimento visual que o esperava quando parava de ler a sinopse e olhava para o palco.

A noite foi divertida para Bernhardt. Para começar, uma peça que multidões de escolares iam ver em Paris como parte de sua educação fora proibida para a juventude americana, pois considerou-se imprópria para ouvidos virginais a história de uma atriz solteira que se envolve com um aristocrata libertino. Depois alguém a procurou nos bastidores para contar-lhe que um espectador furioso reclamou seu dinheiro de volta porque ela não apareceu no primeiro ato. O que mais a divertiu foram os cancãs de Offenbach e os solos de xilofone, totalmente inadequados, que a orquestra executou nos intervalos. Não, decididamente o Booth's Temple of Dramatic Art não era a Comédie Française. Contudo a noite foi gratificante. Sarah ficou encantada com suas 27 chamadas ao palco para agradecer os aplausos, com as gigantescas corbelhas que funcionários do teatro carregavam pelos corredores e com a coroa de flores acompanhada de uma mensagem em letras douradas: "Para nossa Sarah, dos artistas e escultores de Paris". E naturalmente ficou emocionada com as multidões de admiradores que esperavam no frio para aplaudi-la e gritar: "Boa noite, Sarah!".

O entusiasmo de Nova York não acabou aí. No Albemarle centenas de pessoas se apinharam sob sua sacada, que a engenhosidade dos americanos iluminara com uma poderosa luz elétrica. Uma banda tocou "A marselhesa" quando a atriz saiu para o terraço e lançou beijos à multidão. Na festiva recepção que se seguiu um amigo americano assegurou-lhe que o imperador do Brasil não causara tamanha comoção. Sim, disse outro, mas ele era apenas um imperador. Se ainda precisava de elogios — e Sarah sempre precisava —, os críticos a atenderam. O *New York Times* considerou sua Adrienne "melhor e mais natural que a de Rachel". Outro jornal observou que situações que Clara Morris "regaria com lágrimas copiosas ou estragaria com uma declamação veemente, Sarah Bernhardt ilumina com um simples gesto, uma inflexão mínima, um olhar". Entretanto foi William Winter, do *New York Herald*, quem fez o elogio mais gratificante, ao escrever sobre seu apaixonado abandono que "libertou a alma da humanidade e redimiu a vulgaridade do mundo mortal".

Sarah não ficou dormindo sobre seus louros. Durante sua estada em Nova York apresentou-se 27 vezes em 27 dias e, ainda mais impressionante, desempenhou sete papéis difíceis, dois dos quais eram novidade para ela. Foi uma façanha que hoje em dia poucos atores tentariam realizar. Seus esforços foram plenamente recompensados. Após a estréia os ingressos de três dólares subiram para quinze e as assinaturas passaram de sessenta para 120 dólares. Jarrett e Abbey imediatamente trataram de explorar tamanho sucesso. A seu comando Sarah ganhou dinheiro para recomendar doces, perfumes, luvas, vestidos, frisadores de cabelos e até charutos. As páginas femininas traziam desenhos de seus vestidos parisienses, a história de sua vida, descrições de sua casa e suas opiniões sobre tudo, de maquilagem a Molière.

Um sucesso desse tipo em geral inspira chistes de alguma espécie, conforme demonstram os versos sobre Bernhardt. Um pequeno poema ridiculariza seu guarda-roupa extravagante:

Imaginem os vestidos da rameira,
"Feitos expressamente", nada menos.
Cetins bordados, festões, rendas em profusão.
Dizem que um só dos trajes
Que ela usa em suas noitadas
Custaria a caixa toda de uma loja de tecidos.

Outro poema falava de seus ganhos impressionantes:

Quando disser "adeus" a este país
Sei que estarei cega de lágrimas;
No entanto levarei muitos dólares,
A mais doce de todas as lembranças.

Esses versos eram carícias amorosas em comparação com a fúria de um pregador apocalíptico chamado dr. Crosby. Sarah Bernhardt era uma prostituta enviada para destruir os bons princípios dos cidadãos americanos, escreveu ele. *The Methodist*, um jornal religioso, adotou outra linha ao criticar os ingleses por abrirem as portas para uma atriz pecadora, uma cortesã corrupta que exibia o filho ilegítimo. Quanto a seu repertório, representava algo proibido, estrangeiro e mau. A alta sociedade também repudiou a artista visitante. Foi o caso de James Stebbins, homem rico, respeitado e elegante. Esse cavalheiro — se de fato era um cavalheiro — movera céus e terras para encontrar Bernhardt em Paris e quando finalmente conseguiu cobriu-a de elogios e ostensivos presentes. Agora se recusava a vê-la, dizendo que estava em Nova York, não em Paris — com o que Sarah concordou. James Gordon Bennet, proprietário de *The New York Herald*, mostrou-se igualmente insensível quando ofereceu um jantar no Delmonico's em homenagem à atriz e pediu aos amigos convidados que não levassem as esposas.

Tais atitudes eram selvagens aos olhos de uma mulher que tinha entre seus amigos George Sand, Victor Hugo, Flaubert, Doré, o príncipe de Gales. Tentando melhorar a situação, Jarrett organizou uma exposição das obras de Sarah no exclusivo Union Club. Mais uma vez proibiu-se a entrada de mulheres, e mais uma vez o antropólogo que havia em Bernhardt refletiu sobre os costumes tribais daqueles machos empertigados e respeitáveis que achavam perigoso expor suas companheiras a uma atriz francesa.

Se a evitavam como a um pária, as *grandes dames* de Nova York correram a vê-la pecar e sofrer como Marguerite em *A dama das camélias*. Não que *Camille*, como chamavam a peça, fosse uma novidade completa para elas. Haviam assistido já a *Heart's-ease* [Amor-perfeito], uma versão bem-comportada da obra de Dumas, na qual Marguerite é uma namoradeira inofensiva e Armand um jovem correto embora volúvel que a abandona com tanta indiferença que ela morre. Agora era a primeira vez que Nova York via o drama original de Dumas e que Sarah representava o papel. E que papel, que riqueza teatral o autor colocou em sua história de amor, sacrifício e morte de uma mulher inconstante! Henry James descreveu-a "lindamente", como diria:

> *Camille* permanece como uma obra admirável. A peça difundiu-se pelo mundo num ritmo assustador. Todavia a história nunca perdeu sua juvenilidade, um encanto que nada pode vulgarizar. É toda champanhe e lágrimas — grande perversidade, grande credulidade, grande paixão, grande sofrimento. [...] [Ocupa] alta posição entre as histórias de amor mundiais.

Palavras generosas de um homem que não admirava Dumas filho. Contudo há na peça mais que champanhe e lágrimas, perversidade e paixão. Há o papel de Marguerite, uma inspirada criação para aquelas divas privilegiadas que têm a capacidade de brincar com nossos nervos, despertar nossos sentidos, embotar nossa capacidade crítica e deixar-nos exaustos de emoção. Seria incorreto dizer que Sarah fez sucesso como Marguerite. Ela *era* Marguerite, e durante trinta anos atriz nenhuma, por mais que tentasse, conseguiu alterar esse fato. Como Sarcey escreveu:

> Só uma bela mulher mundana, nascida e criada em Paris; só uma mestra em transformar prosa em poesia poderia unir moderação, alegria febril e um trágico anseio de amor ao cinismo infinito e à despreocupada insolência que eram fruto da vida de uma cortesã.

Sarah encerrou sua temporada nova-iorquina com uma vesperal de gala de *A dama das camélias.* Nesse momento já era saudada como "a mulher mais querida da cidade", fato que se evidenciou de forma dolorosa quando ela chegou ao teatro e encontrou centenas de adoradores esperando-a para se despedirem. Foi emocionante, até Sarah perceber que seus ruidosos admiradores não tinham a intenção de abrir-lhe caminho para a porta dos artistas. Ao contrário, lutavam para aproximar-se dela, para apertar-lhe a mão e tocar suas peles, para lhe dizer que a amavam e esperavam que voltasse. Uma mulher desvairada quase a derrubou na ânsia de prender-lhe um broche no casaco. Outra cortou-lhe uma pluma do chapéu. Então alguém teve a idéia, nova para Sarah, de pedir-lhe um autógrafo. A idéia agradou a todos, e logo um "bando de jovens rufiões" se acotovelava a sua volta, enfiava-lhe as mãos no rosto, implorava-lhe que assinasse o nome no punho das camisas. A adulação — ou seja o que for que leva o povo a molestar as celebridades — deu lugar à histeria. Sarah chorava, quando a polícia chegou para afastar a multidão à força e "com a mesma falta de cerimônia" empurrá-la para dentro do teatro. Meia hora depois ela estava no palco, uma figura cintilante em seu traje de Dama das Camélias. Curiosamente a primeira fala de Marguerite é uma resposta a um admirador que lhe pergunta se é sua culpa amá-la: "Meu caro senhor, se eu tivesse de dar atenção a todos que me amam, não me restaria tempo sequer para comer" — resposta que Sarah deve ter dito com ênfase especial depois de sua desagradável experiência na entrada do teatro.

Após um desempenho glorioso e muitas chamadas para agradecer os aplausos, a atriz estava à beira do colapso. Informaram-lhe, porém, que milhares de pessoas aguardavam na porta dos fundos para vê-la. Nesse caso, disse ela, se trancaria no camarim e jogaria a chave fora. Mais criativo que Jarrett quando se tratava de publicidade, Henry Abbey propôs uma solução menos dramática. A irmã de Sarah, Jeanne, que estava doente quando a companhia partiu de Paris, acabara de chegar a Nova York. Por que não aproveitar a semelhança de família e deixá-la acenar para a multidão, enquanto a própria Sarah saía pela frente? Mais tarde, desarrumada porém feliz, Jeanne apareceu no Albemarle.

Divertira-se muito representando sua famosa irmã através de uma cortina de boás, véus e buquês. Pode bem ter sido o melhor desempenho de sua carreira.

Sempre ávido de manchetes, naquela mesma noite Jarrett levou Sarah para conhecer Thomas Alva Edison em sua casa, em Menlo Park, New Jersey. Era um encontro pouco auspicioso. Sarah entendia tanto de telegrafia e telefone quando Edison de La Fontaine ou Racine. Para ela o inventor era um mágico, um Cagliostro americano.* Para ele, se o rubor que lhe cobriu as faces constituía uma indicação, a atriz era uma figura de conto de fadas que saíra da noite nevosa vestida de seda e calçada de cetim. A visita começou formalmente, com "O Rei da Luz" tímido e a atriz imaginando como poderia animar o ambiente. Depois Sarah lembrou:

> Por fim seus magníficos olhos azuis, mais luminosos que suas lâmpadas incandescentes, permitiram-me ler seus pensamentos. Eu sabia que precisava ganhá-lo e instintivamente exerci todo o meu poder de fascinação para conquistar o sábio adorável, conquanto tímido.

Inteiramente "conquistado", Edison tomou-lhe o braço e guiou-a por seu laboratório. Um cenário espantoso: fornalhas incandescentes, rodas imensas tinindo e girando, luzes brilhando — verdes e faiscantes — como sinuosos rastros de fogo. Tão dotado de senso teatral quanto Sarah, ele deixou o melhor para o fim. Sem explicar nada, parou junto a sua recente invenção, o fonógrafo, e cantou "John Brown's body". Instantes depois sua voz se fez ouvir de novo como um eco mágico. A atriz mal conseguiu esperar sua vez. E assim, longe de tudo, realizou sua primeira gravação: um trecho de *Fedra*. A histórica sessão terminou com Edison, esquecido da timidez, cantando "Yankee doodle dandy". Na volta para Nova York, Sarah ria a valer, pensando no encontro da incestuosa heroína de Racine com o ianque puritano nos ermos gelados de New Jersey. No dia seguinte a companhia partiu para Boston. Antes, porém, leu manchetes que diziam: O HOMEM MAIS FAMOSO DOS ESTADOS UNIDOS CONHECE A MULHER MAIS FAMOSA DA FRANÇA.

Sarah sentiu-se aliviada por encontrar-se em Boston depois de suas semanas febris em Nova York. E nisso não estava sozinha. Muitos visitantes estrangeiros viam esta última cidade como um centro de bazófia, vulgaridade e cobiça e achavam seus habitantes desconfiados dos europeus, incultos e obcecados com dinheiro, poder e posição social. A seu ver Boston possuía valores mais elevados. Como disse Mark Twain: "Em Nova York perguntam: 'Quanto ele vale?'. Em Boston perguntam: 'Quanto ele sabe?'".

Boston descobriu que Bernhardt "sabia" muito — mais, talvez, que qualquer outra atriz que a cidade já vira —, quando ela abriu sua temporada

(*) Alessandro Cagliostro (1743-95) foi um famoso aventureiro e impostor italiano. (N. T.)

de duas semanas com *Hernani*, de Victor Hugo. Os críticos ficaram deslumbrados; definiram seu desempenho como "perfeição que desafia a análise". Sarah estava encantada com todos os prazeres que Boston oferecia. Primeiro — o que tinha incalculável importância para artistas em turnê — havia o conforto de sua suíte no Hotel Vendôme. Mais que confortável, a suíte era repleta de obras de arte, porcelanas raras, tapetes enviados pela nata da sociedade que lhe mandava convites e seus cartões de visitas. Boas maneiras e generosidade não eram suas únicas virtudes. Essa gente possuía uma tradição de cultura e amor ao belo que lhe permitia ver Bernhardt não como uma personalidade escandalosa, e sim como o expoente supremo de sua arte. Por sua vez Sarah estava fascinada pelo que chamou de "raça bostoniana", em particular pela irmandade de solteironas que sabiam de tudo, entendiam tudo, eram independentes, sinceras e discretas em comparação com as mulheres estridentes de Nova York. E parecia que todas falavam francês! A atriz teve sua aprovação retribuída decuplamente. Nos anos seguintes as senhoras cultas de Boston correriam a assistir a todos os seus espetáculos. E, se a Divina Sarah sorria, como aias de Terpsícore elas ficavam felizes em atender seus mínimos desejos. Já Colombier via suas adoradoras como exemplos lastimáveis de mulher: nada femininas, mergulhadas nos livros e frustradas. Todavia até Marie teve de admitir que elas foram em grande parte responsáveis pela atitude tolerante de Boston em relação a Bernhardt.

Porém havia pessoas que não levavam tão a sério os encantos de Sarah. Uma das mais interessantes era Lillie Moulton, que vivera em Paris durante o Segundo Império. Cantora amadora de talento excepcional, ela chamara a atenção de Napoleão III quando patinava no Bois de Boulogne; a partir de então passou a "conhecer todo mundo" e, o que raramente acontecia com americanos, tornou-se muito requisitada pelos aristocratas europeus. Suas cartas apresentam vívidas descrições do imperador, de sua corte e dos divertimentos em Compiègne.

Para mrs. Moulton Sarah era apenas mais uma das muitas celebridades que cruzaram seu apinhado caminho. Numa noite de maio, em Paris, Lillie levou sua filha Nina para assistir a uma apresentação de Bernhardt. Acompanhavam-nas mrs. Bradley, uma grande dama de Boston, e o filho desta, George, jovem impecavelmente correto. Durante o segundo ato mrs. Moulton colocou Nina na frente do camarote para que a criança pudesse ver. E escreveu numa de suas cartas:

> Observem como a virtude é recompensada! Uma *ouvreuse** entrou e pediu para *parler à monsieur*. Imaginem os sentimentos do casto George quando soube que a famosa Sarah desejava falar-lhe e, mais ainda, queria que fosse a seu camarim. Que

(*) *Ouvreuse*: indicadora de lugares numa sala de espetáculos. (N. T.)

situação! Seus cabelos ruivos coraram até a raiz, e seu rosto amarelo se transformou num pôr-do-sol. Todavia um homem é ou não é homem. Ele mostrou-se capaz de enfrentar o perigo no devido momento. Tremendo ao pensar em Boston, nos virtuosos quando soubessem disso, imaginou a altura a que se ergueriam as sobrancelhas de sua distintíssima família quando a notícia se espalhasse pela cidade, e certa cena bíblica passou na frente de sua visão mental. Ele torceu o bigode [...], murmurou para si mesmo: "Salve o herói triunfante que acaba de chegar!", afivelou a espada e saiu — todos os seus estandartes tremulando.

Conforme se constatou, Sarah não tinha nenhum plano sinistro em relação ao intrépido jovem bostoniano. Só queria perguntar se mrs. Moulton não ficaria tentada a deixá-la esculpir um busto de sua linda filha. Mais que tentada, mrs. Moulton ficou encantada. Poucos dias depois descreveu as sessões numa carta endereçada a sua mãe:

Foi fascinante ver a artista trabalhando. Ela estava vestida como um homem, com calças e paletó brancos e um *foulard* branco artisticamente amarrado na cabeça. [...] Fumava o tempo todo. [...] Para manter a menina imóvel, de vez em quando ensaiava seus papéis na voz que definem como de ouro, porque lhe rende ouro, suponho; entretanto o que manteve Nina mais imóvel foi a informação de que Sarah estava preparando um álbum para ela. Todos os artistas seus conhecidos contribuiriam com um trabalho, e, quando o álbum ficasse pronto, Nina o ganharia. Meissonier, por exemplo, estava pintando uma cena da Guerra Franco-Prussiana. Gounod estava compondo uma música dedicada a *le charmant modèle*, e assim por diante.

Em cada sessão Nina perguntava: "*Et mon album?*" Mas o álbum nunca apareceu. Existia apenas na fértil cabeça de madame Bernhardt. Não tinha outra finalidade senão manter a modelo imóvel. Parecia cruel enganar a criança. Até no fim, quando Nina perguntou pela última vez: "E hoje eu vou ganhar meu álbum?", Sarah respondeu que não estava *totalmente* pronto, pois a encadernação fora insatisfatória e [contou] outras mentiras que [...] surtiram o efeito desejado, porquanto concluiu o busto. A semelhança não era muito grande, porém ali estava uma bela obra de arte, que foi enviada à Exposição seguinte, onde recebeu "menção honrosa". [...]

Naturalmente Nina nunca recebeu o álbum fictício, mas Sarah enviou a mrs. Moulton uma cópia em terracota do busto.

Por acaso mrs. Moulton estava em Boston, visitando a família e os amigos, quando Bernhardt se apresentou na cidade, em janeiro de 1881:

Fui vê-la no hotel. Ela estava encantadora, trajada em seu estilo mais característico: um vestido branco debruado de pele. [...] É sua primeira visita. Ela disse que estava surpresa com a quantidade de americanos que falam francês. "É mesmo?", perguntei. "Não foi o que me pareceu naquela noite em que a vi em *A dama das camélias*". "Não me refiro ao público", explicou. "A platéia entende pouquíssima coisa, e o virar das páginas do libreto me perturba tanto que às vezes esqueço meu papel. De qualquer modo espero até que as folhas parem de farfalhar. [...]"

Quando me levantei para sair, ela perguntou: *"Chère madame*, conhece mr. Longfellow?".

"Sim", respondi; "muito bem."

"Poderia conseguir que eu fizesse seu busto? Pode lhe dizer que conhece meu trabalho e que *sou capaz* de fazê-lo, se ele permitir."

Eu lhe disse que ia tentar. Ela agradeceu muito, mas, quando lhe falei sobre o assunto, mr. Longfellow descartou a idéia. Pediu-me que garantisse a Sarah que nada lhe daria maior prazer, porém, acrescentou com uma piscadela brincalhona, "vou partir para Portland dentro de alguns dias e receio que ela já tenha deixado Boston quando eu voltar. [...]". Evidentemente arrependido de seu modo brusco, falou: "Diga-lhe que, se ela estiver livre amanhã, eu lhe ofereço uma xícara de chá". Depois acrescentou: "Você precisa vir para me fazer companhia. Não convém que eu fique sozinho com uma visitante tão perigosa e cativante".

Ele convidou mr. [William Dean] Howells e Oliver Wendell Holmes para conhecê-la. [...] No dia seguinte, à tarde, encontrei Sarah em casa de mr. Longfellow. Estávamos tomando chá quando ela falou: "*Cher* monsieur Longfellow, eu gostaria muito de fazer seu busto, mas estou tão ocupada que na verdade não disponho de tempo". E ele respondeu com a maior delicadeza: "Eu teria imenso prazer em posar para a senhora, porém infelizmente parto para o campo amanhã". Como as pessoas são espertas!

Mr. Longfellow fala francês como se fosse sua própria língua. Disse: "Eu a vi em *Fedra.* [...] Vi Rachel nessa peça há cinqüenta anos, mas a senhora a supera. É magnífica, pois é mais vívida, *plus vivante.* [...] Gostaria de poder fazê-la sentir o que senti".

"O senhor pode", respondeu ela, "e me faz sentir — com sua poesia."

"Consegue ler minha poesia?"

"Sim. Li seu 'He-a-vatere'."

"Meu — oh, sim — 'Hiawatha'. Mas com certeza não entendeu?"

"Sim, sim, entendi", afirmou ela, "*chaque mot*" ["cada palavra"].

"A senhora é maravilhosa", ele disse e, temendo que Sarah caísse na tentação de recitar "cada palavra" de sua "Hiawatha", apressou-se em lhe apresentar Holmes, que era todo atenções. Por fim o chá terminou. Todos nós a acompanhamos até a carruagem, e, quando estava prestes a entrar, ela se voltou num impulso repentino, envolveu com os braços o pescoço de mister Longfellow, falou: "*Vous êtes adorable*", e beijou-lhe a face. Ele não se mostrou aborrecido, mas, quando Sarah se afastou, voltou-se para mim e comentou: "Como vê, eu precisava mesmo de companhia".

Seria difícil dizer quem se divertiu mais: Bernhardt, ao pensar no velho poeta protegendo-se de suas artimanhas; ou o barbudo Longfellow, ao pensar que escapara por um triz.

Embora Sarah considerasse Boston muito mais refinada que Nova York, foi em Boston que se viu envolvida no que foi provavelmente o golpe publicitário mais vulgar de sua carreira. Procurou-a um certo mr. Henry Smith, proprietário de uma frota de barcos pesqueiros; um de seus empregados conseguira arpoar uma baleia e levá-la viva até o porto de Boston. Infelizmente mr. Smith convenceu a audaciosa Sarah a ver a baleia, que jazia imóvel, e depois caminhar sobre seu dorso. A partir desse momento passou a persegui-la um tipo de publicidade sobre o qual ela não tinha controle.

Após uma última e extraordinária representação de *A dama das camélias*, Sarah e sua companhia partiram para New Haven e depois seguiram para Hartford. Para seu horror, a baleia, coberta de muito sal (evidentemente estava morta), viajava num vagão-plataforma, seguindo o mesmo itinerário que ela. Acompanhavam-na grandes cartazes que diziam:

VENHAM VER O ENORME CETÁCEO MORTO POR SARAH BERNHARDT,
QUE LHE ARRANCOU AS BARBATANAS PARA COLOCÁ-LAS
EM SEUS ESPARTILHOS

Mr. Smith estava ali para anotar as encomendas das mulheres que quisessem comprar espartilhos feitos com as barbatanas da baleia favorita de Sarah. Naturalmente a atriz ficou indignada, mas não havia como detê-lo, e ademais Jarrett a aconselhava a nunca desaprovar a publicidade, por pior que cheirasse. Em Hartford ocorreu outro episódio desagradável. Numa representação de *Froufrou* a platéia recebeu por engano a tradução inglesa de *Fedra*. O maravilhoso foi que passou a noite em total contentamento, sem perceber que acompanhava o texto de uma peça enquanto assistia a outra.

"Oh, tudo bem!", Marie comentou. "Pagaram. Choraram. O que mais se podia querer?"

A resposta estava em Montreal, próxima escala da turnê. *La Presse* descreveu a chegada de Sarah:

> Ontem uma delegação de preeminentes cidadãos franceses partiu num trem especial para receber Sarah Bernhardt em St. Albans, na fronteira canadense. Pouco antes de chegarem a St. Albans [o trem] da famosa artista apareceu, vindo dos Estados Unidos. Mr. Louis Frechetta, poeta laureado da Académie Française de Quebec, leu um poema dirigido à célebre atriz. A Divina Sarah usava um manto de pelúcia azul-verde ornado de peles e um vestido de vários tons da mesma cor. Seu chapéu de pele de foca era decorado com o que parecia um morcego.
>
> A viagem de St. Albans a Montreal transcorreu sem incidentes, a não ser o fato de que madame Colombier honrou o carro especial com sua presença, conversando e brincando com os cavalheiros de Montreal. Imensa multidão

> havia se reunido na estação, e, quando o trem chegou, a banda da cidade executou [...] "A marselhesa". Entrementes a multidão se impacientava. Por fim o objeto de sua admiração apareceu e foi saudado com gritos entusiásticos de *Vive la Bernhardt! Vive la France!*, todos se apinhando a sua volta de tal modo que se lhe abriu caminho com a maior dificuldade.
>
> Tão grande era a aglomeração que mlle. Bernhardt, exausta em função da viagem e da fraqueza resultante do trabalho intenso, quase desmaiou e uma vez deu vazão às lágrimas. Depois de consideráveis esforços a grande atriz e seus acompanhantes, messrs. Jarrett e Abbey, passaram por entre a multidão — que, somada aos que cobriam o topo do trem, chegava a no mínimo 5 mil pessoas — e, entrando num trenó, rumaram para o Windsor Hotel. Muita gente lotara a esquina das ruas Bonaventura e Cathedral para saudá-la em sua passagem.

Nem toda a cidade canadense a saudou. Durante semanas o bispo de Montreal ameaçara excomungar qualquer membro de seu rebanho que fosse assistir às maléficas apresentações da atriz. Não contente com isso, estendeu as excomunhões a Sarah e sua companhia, bem como a Scribe e Legouvé, autores da "abominável" *Adrienne Lecouvreur* — gesto inútil, pois fazia já alguns anos que Scribe partira para seu repouso celestial ou seu tormento infernal. Um poetastro da revista *Chic* resumiu a situação:

Um bispo — isto não é boato —
Alertou seus paroquianos.
Disse-lhes: "Se forem
Ao espetáculo de Sarah B.,
No mundo que está por vir hão de arder".
Diante disso o rebanho entristeceu
Por um instante, mas logo se empolgou,
E quando Sarah atuou
A sala estava tão lotada
Que nem lugar em pé havia.
E Sarah comentou: "Bendito seja,
Em meu coração não há maldade.
O bispo não sabia
Que, ao lançar aquela maldição,
A mim estava promovendo!".
E disse o bispo tristemente:
"Fossem os bons tempos de Torquemada,
E essa moça eu pegaria,
Com poste, lenha e fósforo
Um auto-de-fé faria!".

A presença de Bernhardt em Montreal provocou mais que empolgação teatral. Foi um sinal para que os canadenses franceses mostrassem que, embora estivessem sujeitos à dominação britânica, seus corações pertenciam à França. Na estréia de Sarah um coro de duzentas pessoas entoou "A marselhesa". Durante toda a noite houve aplausos e mais aplausos. O público aplaudiu o texto, a estrela, os artistas coadjuvantes e os trajes Luís XIV — lembretes das glórias passadas de uma distante pátria ancestral. Os gritos da multidão prosseguiram fortes durante os agradecimentos. Soltaram-se pombas brancas, corbelhas penderam do teto e surgiu uma grande coroa de louros com a bandeira francesa. Reverenciosa e sorridente, Sarah beijou-a, depois segurou-a bem no alto, tremulante. Naquela noite, e em todas as noites subseqüentes, um grupo de estudantes esperou no frio para carregar "*Notre Sarah*" até o trenó, envolvê-la em peles e transportá-la ladeira acima até o Windsor Hotel.

Depois de Montreal a companhia se apresentou em Springfield, Massachusetts, onde Sarah passou a tarde comprando uma pistola filigranada para proteger-se dos perigos do Wild West.* A arma ficou guardada no estojo, pois a atriz descobriu que não precisava dela durante seus quatro dias em Baltimore, uma cidade que a surpreendeu pelo clima frio, no interior e no exterior, e por seu ar de cosmopolita opulência. Quando se apresentou na véspera de Ano Novo, a companhia espantou-se ao verificar que as senhoras sulinas se igualavam às européias em se tratando de exibir diamantes e decotes. Para comemorar o Ano Novo Sarah convidou a cear Marie, Jeanne e dois funcionários da embaixada francesa em Washington. "Por um instante esquecemos a América e seus dólares", recordou Marie. "Que prazer falar de nossa terra e dos amigos parisienses!" Naquela noite Sarah chorou. Havia dois meses que deixara a França, e a idéia de comemorar o Ano Novo "longe de todos e de tudo" que amava deixou-a terrivelmente deprimida.

No dia seguinte Marie pediu permissão para ir fazer compras em Nova York. Sarah consentiu, sabendo que a amiga saíra de Paris às pressas e não tivera tempo de se preparar para o que parecia ser uma turnê interminável. E, assim, Marie partiu, prometendo que encontraria o grupo em Filadélfia, onde representaria a princesa de Bouillon, papel importante de *Adrienne Lecouvreur*, na estréia da temporada local. Tudo correu conforme o planejado até o momento em que o trem que a conduzia a Filadélfia parou e depois de uma pausa imensa começou a andar para trás. Marie perguntou o que estava acontecendo. A explicação foi um choque. Ocorrera um desastre de trem mais adiante, e demoraria horas para desobstruir a ferrovia. Marie consultou o relógio. Eram seis e meia.

"O medo apoderou-se de mim", escreveu. "O que seria do espetáculo? E a primeira fala era minha! O que fazer?"

(*) Wild West: o oeste americano anterior à implantação de um governo estável. (N. T.)

Por fim um francês que estava no trem se ofereceu para enviar um telegrama de uma estação situada nas proximidades. O texto dizia: "Acidente trem. Mude peça desta noite".

Quando Marie chegou ao teatro, Sarah estava no palco interpretando *Fedra*. "Assim que ela me viu", Marie escreveu, "Não! Não posso descrever sua fúria. Deus, os santos, o céu e o inferno foram invocados com tal força trágica que não consegui abrir a boca."

"'Você nem está morta', ela gritou. 'Nem pode me mostrar um braço quebrado, uma perna quebrada. Você é... imperdoável!'"

Colombier contou essa história em seu *Les voyages de Sarah Bernhardt en Amérique* [As viagens de Sarah Bernhardt na América], uma coletânea de artigos que enviara ao jornal parisiense *L'Événement*. O livro teve grande sucesso e marcou o início de sua carreira literária. Arsène Houssaye, um dos homens mais brilhantes de Paris, emprestou seu prestígio à obra elaborando-lhe o prefácio. Houssaye dirigiu a Comédie Française de 1849 a 1856, era um hedonista notório, bom memorialista e amigo de todo mundo, de Morny e Rachel a Marie e Sarah. Seu prefácio contém palavras amáveis sobre os dotes de Colombier e uma desinibida apresentação da mulher:

> Marie [escreveu com algumas alusões a Sarah] desfrutou todas as aventuras possíveis, toda fortuna possível. Entretanto não ficou milionária como outras atrizes que se dão o luxo de possuir casas caras em Paris. Não é tão tola, pois, se mantivesse uma grande residência, seria obrigada a morar ali. E nesse caso, adeus, escapadas! Sua vida seria tão organizada quanto uma página de música. Ela não poderia rasgar seus contratos quando tivesse vontade. Ao contrário, ver-se-ia obrigada a ser uma daquelas senhoras respeitáveis que representam os clássicos no Odéon. Não, não, ela prefere viver dia a dia, entregue aos jogos do amor e do acaso. Foi por isso que Marie Colombier partiu de repente para conhecer o Novo Mundo com sua amiga Sarah Bernhardt. Digo amiga, mas talvez devesse dizer inimiga. Duas criaturas tão ardentes não podem coexistir na doce passividade da amizade. Ambas vivem para as tempestades e preferem arremessar raios uma na outra. Felizmente também há arco-íris. Já as vi em seus dias mais sombrios e nos mais luminosos e devo admitir que são sempre adoráveis — até em seus furores.

Num de seus momentos de maior ternura Marie fez seu editor colocar no frontispício um retrato de Sarah desenhado por Clairin. A dedicatória dizia: "De Sarah Bernhardt para sua melhor amiga, Marie Colombier". Depois Marie conseguiu que Édouard Manet pintasse seu retrato e colocou-o na página de rosto.

O compromisso seguinte de Bernhardt levou-a a Chicago para uma temporada de duas semanas. Seu sucesso ali "superou todas as expectativas". O teatro lotou, e a crítica endeusou-a, apesar dos violentos sermões que, como seu colega de Montreal, o bispo de Chicago pronunciou contra a atriz e sobre o perigo de assistir a suas apresentações. Os sermões resultaram em tamanha publicidade que Henry Abbey escreveu uma carta e enviou cópias aos jornais locais:

> Monsenhor:
>
> Quando venho a sua cidade, tenho por hábito gastar quinhentos dólares em publicidade. Todavia, como o senhor a deu de graça para mim, permita-me enviar-lhe 250 dólares para seus pobres.

As severas advertências da Igreja não impediram que matronas da sociedade competissem entre si nas homenagens a Sarah. No último espetáculo elas uniram suas forças para presenteá-la com uma esplêndida gargantilha de diamantes em forma de camélias. Para proporcionar-lhe prazer ainda maior um jovem aristocrático viajara da Inglaterra a fim de estar a seu lado. Juntos descobriram Chicago, "a mais americana das cidades americanas", na opinião de Sarah. Para começar, havia "a vitalidade da metrópole em que os homens passam uns pelos outros sem se deter, os sobrolhos franzidos e um único pensamento: alcançar seu objetivo". Depois havia os trens elevados — máquinas inexoráveis que corriam e rugiam acima da multidão, soltando fumaça e fogo. Edifícios altos se perdiam na neve turbilhonante. Bancos enormes como o Louvre ladeavam as ruas. Vapores de carvão enchiam o ar, e o lago Michigan era um mar de gelo. Até o hotel onde Sarah se hospedou, o Palmer House, foi uma surpresa. Ela nunca esperava ver um hotel com alfaiatarias, lojas de calçados, restaurantes, salões suntuosos, farmácia e elevadores tão grandes que comportavam dez pessoas. Sua suíte era uma fantasia faraônica de sofás egípcios, lâmpadas apoiadas em imensas esfinges de bronze, relógios montados em pirâmides de mármore e imagens de cenas de ócio no Nilo. Como ocorria com todos os visitantes, instou-se também com Sarah e seu janota inglês para que fossem ver o matadouro. O espetáculo era repulsivo, evidentemente, e ela não conseguiu suportar o extermínio em massa, o cheiro nauseabundo e os gritos de horror que acompanhavam o desmembramento e a evisceração dos animais indefesos.

Ainda abalada com a experiência, naquela noite Sarah desmaiou durante a apresentação de *Fedra.* A cortina baixou temporariamente; no entanto, quando a atriz recuperou a consciência e entrou no palco para retomar seu papel, era tarde demais. Entendendo o desmaio como o final da peça, o público deixava o teatro.

Sarah não tinha a menor vontade de atuar em mais trinta cidades onde pouquíssima gente compreendia uma palavra do que dizia. Contudo era forçada a prosseguir: não em função de contratos, que podiam ser rompidos; não por causa de um senso de responsabilidade em relação a sua companhia, pois ganhara mais que o suficiente para dispensar o grupo inteiro; e sim porque, como muitos que enriqueceram da noite para o dia na América, havia descoberto uma mina de ouro, um filão que podia explorar sempre que sua prodigiosa extravagância lhe esvaziasse a bolsa. E assim, morrendo de saudade da França, obrigou-se a continuar.

Havia um consolo, porém. Sabendo que as cidades menores onde ela se apresentaria só podiam oferecer-lhe acomodações precárias, Jarrett e Abbey alugaram um magnífico trem particular para transportá-la pelo país com sua companhia. O Bernhardt Especial era digno de uma rainha. E como a atriz-rainha Sarah ficou com o Vagão-Palácio, um salão sobre rodas provido de madeira marchetada, vitrais, luminárias de metal, tapetes turcos, peles de zebra, *chaises longues*, piano e — para desconforto de todos, exceto de Sua Majestade — um fogão a lenha que permanecia aceso até no clima mais quente. Um prazer extra era o vagão-mirante com sua plataforma aberta; dali, envolta em peles e véus, Bernhardt podia contemplar a paisagem.

O vagão-restaurante era igualmente régio, com uma mesa para dez e toalhas, guardanapos, pratos e prataria decorados com o "*quand même*" de Sarah. Vizinha a sua sala de jantar particular havia uma cozinha onde duas cozinheiras negras a apresentaram aos arcanos mistérios da culinária americana. Seu dormitório deixava pouco a desejar, com uma cama grande o suficiente para ela e o sempre disposto Angelo, uma penteadeira de mogno, um espelho dourado de corpo inteiro e uma cesta adornada com fitas para o inevitável cachorro — desta vez um *griffon* desagradável e presumivelmente melancólico chamado Hamlet. Mais além desse esplendor havia um quarto para Guérard e um compartimento duplo para Jarrett e Abbey.

"Três vagões *pullman* destinavam-se a mortais como eu", escreveu Marie, acrescentando que as acomodações eram muito mais luxuosas que as que tinha visto na Europa. Com tamanha grandiosidade locomotiva, Sarah achou que estava na hora de organizar uma cerimônia. Antes de deixar Chicago chamou o maquinista, apertou-lhe a mão, sorriu-lhe seu sorriso mais cativante e perguntou-lhe pela esposa, pelos filhos, pela saúde. Tranqüilizada em relação a sua segurança futura, deu-lhe uma generosa gorjeta e presentes para a família.

Marie Colombier descreveu a vida a bordo do Sarah Bernhardt Especial:

> Lemos, conversamos, discutimos. Os mais eruditos traduzem os jornais americanos, os jogadores jogam bacará e *piquet* sem parar, os conscienciosos estudam seus papéis, e mais de uma carta para a família ou o amigo distante é rabiscada nas mesinhas que os garçons negros colocam como num passe de mágica. De vez em quando alguém conta uma piada, e o vagão inteiro estremece com as risadas. Às vezes Sarah aparece. Mas em geral fica trancada com Angelo, com o qual ensaia incessantemente.

Em outras ocasiões Sarah convidava a companhia para uma festa em suas dependências. Então havia números de *music-hall*, canções, adivinhas e tudo que os atores sempre apreciaram. Entretanto a turnê esteve longe de ser uma sucessão de festas. Quando tinham sorte os atores chegavam uma hora antes de iniciar-se o espetáculo, corriam para o teatro, vestiam-se, desempenhavam seus papéis e voltavam para dormir, enquanto o trem prosseguia rumo à próxima cidade. Quando não tinham tanta sorte, o trem atrasava, e os atores, sujos de fuligem, representavam com o estômago vazio. Depois, para seu horror (eram franceses, afinal), viam-se obrigados a satisfazer-se com as bolachas, sardinhas e frutas que haviam guardado para tais ocasiões.

Naturalmente ocorreram incidentes no trajeto. Um deles consistiu numa tentativa de roubar as jóias que Sarah expusera em St. Louis com o intuito de atrair compradores. Mas atraiu uma quadrilha de ladrões. Em suas memórias Bernhardt transformou o episódio num caso melodramático: "um verdadeiro gigante" escondido sob o trem, seu plano para encontrar os cúmplices depois de separar dos demais o vagão de Bernhardt, o enforcamento do principal culpado, o remorso que ela sentiu porque o havia tentado ao exibir as jóias.

Marie Colombier enviou a *L'Événement* sua versão do "assalto":

> Fazia algumas horas que havíamos saído da cidade quando percebi, para meu espanto, que estavam distribuindo revólveres aos homens da companhia. O que é isso?, pensei. Sarah vai ensaiar uma peça militar? Não, é muito mais engraçado. O chefe de polícia de Cincinnati telegrafou a Abbey, avisando que uma quadrilha assaltaria nosso trem no descampado, esvaziaria nosso cofre e roubaria os diamantes que Sarah expusera. Abbey contratou um detetive que ficou conosco no restante da viagem. Bem, aqui estamos nós, armados até os dentes, e devo dizer que parecemos divinamente selvagens. Os que não receberam armas empunham o tipo de cassetete que os policiais de Nova York e Chicago usam. Sarah segura um magnífico revólver. Eu recebi um que comporta seis balas. De repente paramos no meio de uma floresta para praticar tiro. Pena que não haja prêmios! Todos ganharíamos medalhas. Voltamos para o trem. São dez horas da noite, e ainda nem sinal dos bandidos. É irritante. Então passamos a rodar cada vez mais depressa, esperando ser assaltados. O trem pára. Eis os piratas, finalmente!! Mas não, é só um começo de incêndio no vagão das bagagens. Vamos dormir. A noite cede lugar à aurora. Não ocorre assalto nenhum. O trem continua rodando. [...] Então pára. Estamos na estação de Mobile. Uma comissão de boas-vindas liderada pelo cônsul está ali para nos saudar. Ao vê-los, Sarah perdeu o controle: "Diga-lhes que não estou aqui, que estou doente — melhor ainda, que morri. Jarrett querido, diga-lhes qualquer coisa, desde que eu não tenha de encará-los". A essa altura alguns valentões batiam no trem e chamavam Bernhardt. Foi demais para Sarah, que levantou a janela e jogou-lhes na cabeça um jarro de água.

Desse momento em diante a turnê passou a ser muito mais cansativa para a infatigável Bernhardt, pois, além dos compromissos nas grandes metrópoles, havia ainda muitos espetáculos de uma só noite em várias cidadezinhas. A companhia apresentou-se em Atlanta, Nashville, Memphis, Louisville, Columbus, Dayton, Indianapolis, St. Joseph, Leavenworth, Quincy, Springfield, Milwaukee, Detroit, Cleveland, Pittsburgh, Toledo, Erie, Toronto, Buffalo, Rochester, Utica, Albany e Troy; então voltou para Boston (quatro meses após sua primeira visita), onde ela pôde "descansar" atuando em seis espetáculos consecutivos que se encerraram com sua estréia em *La princesse Georges*, de Alexandre Dumas filho — papel que havia decorado e ensaiado durante a turnê. Sarah mal teve tempo de perceber o entusiasmo com que a peça foi recebida, pois logo seguia viagem para Worcester, Providence, Newark, Washington e novamente Baltimore e Filadélfia.

Por fim retornou a Nova York para uma última série de espetáculos que se iniciou com *La princesse Georges* e terminou em 3 de maio de 1881 com *A dama das camélias*. As duas peças foram recebidas com ovações e gritos de "Volte, Sarah! Volte!".

De fato Bernhardt voltaria à América, a primeira vez em 1886-87 e a última em 1916-18, durante a Primeira Guerra Mundial. Nos seis meses e meio de sua primeira turnê americana ganhou aproximadamente o equivalente a 1 milhão de dólares hoje — soma que guardou no cofre de metal que sempre mantinha a seu lado. Atuou em 150 espetáculos em 51 cidades grandes e pequenas.

Como muitos artistas experientes que se apresentam nas províncias, achava mais divertidos os contratempos e aventuras relacionados com suas viagens que as noites passadas na tentativa de seduzir uma platéia obtusa. Na Geórgia recebeu uma multa de um dólar e meio por caçar no domingo. Em Nova Orleans insistiu com o maquinista para que atravessasse a toda velocidade uma ponte abalada pelas águas transbordantes do Mississípi — e a ponte caiu tão logo o trem acabou de passar. Na Luisiânia comprou um pequeno jacaré ao qual chamou de Ali Gaga e que adquiriu o péssimo costume de subir em sua cama. Angelo, que partilhava habitualmente o leito de Sarah, deve ter ficado mais feliz quando Ali Gaga adoeceu e morreu, talvez porque sua dona teimasse em servir-lhe apenas leite e champanhe.

Nas cataratas do Niágara Sarah, Marie e outros membros intrépidos da companhia escalaram um monte de gelo para se aproximar das águas estrondeantes e depois se viram obrigados a descer escorregando, para a hilaridade geral.

O temerário amor à aventura era uma coisa; a capacidade de manter o público americano fascinado era outra. Afinal, Sarah não tinha a vantagem de uma Patti ou de uma Melba, que cantavam melodias conhecidas com o apoio de uma grande orquestra — a qual já por si era uma atração. Tampouco podia comparar-se à Pavlova, que falava a linguagem da dança, muda porém compreensível. Sim, suas produções ofereciam uma rica sucessão de trajes e jóias, bem como traduções e sinopses das peças em inglês. Em outras mãos isso não bastaria para alimentar o encantamento da platéia. A explicação se encontra no que Oscar Wilde definiu como "o fascínio de sua personalidade" e em seu poder magnético de comunicar emoções através da química oculta de sua presença, da beleza de sua voz, da expressividade de seus gestos, da graça de seus movimentos.

Seu sucesso financeiro não agradava a todos. Exemplo disso é uma caricatura publicada na revista *Puck* e que mostra Bernhardt com um nariz enorme e adunco sob uma chuva de moedas de ouro. "A Dânae judia", dizia a legenda. Sem embargo, ao voltar para Nova York ela convidou os atores e artistas locais para assistirem gratuitamente a *A dama das camélias* numa vesperal de despedida. Foi uma tarde emocionante. Sarah recebeu mais de cem buquês de seus admiradores. A platéia — e não existe nenhuma mais calorosa ou compreensiva que aquela composta por colegas atores — aplaudiu de pé. Tommaso Salvini, que Sarah considerava o maior ator vivo, subiu ao palco para presenteá-la com um porta-jóias de lápis-lazúli. E uma jovem linda e tímida, chamada Mary Anderson — que se tornaria uma atriz ilustre —, correu para oferecer-lhe um broche de turquesa em forma de miosótis, símbolo de fidelidade e amizade.

Dois dias depois, em 5 de maio, Bernhardt partiu para a França. A viagem parecia interminável, o mar turbulento uma afronta, o futuro incerto, pois Sarah tinha a certeza de que seus inimigos — e eram muitos — haviam empreendido uma guerra em sua ausência. Ela estava "acabada", diziam, "paupérrima", era "uma sombra do que fora". Até *Le Figaro* publicou um ataque de mau gosto escrito por J. J. Weiss:

> Pobre Sarah Bernhardt, pobre amante apaixonada da fama! Se pecou por amar em demasia a publicidade, está pagando seus pecados na América. Imaginava que os salões de Nova York e Washington disputariam entre si a honra de recebê-la. Todavia os Estados Unidos ainda não chegaram à falta de decoro social que temos em Paris. [...] Seus espetáculos ruidosamente anunciados realizaram-se em teatros semivazios. Foi por esse lamentável resultado que ela jogou no rosto de Perrin seu contrato com a Comédie Française. Pobre, pobre Sarah Bernhardt!

Naturalmente a "pobre Sarah Bernhardt" estava ofendida com as mentiras e preocupada com a recepção que a aguardava na França. Entretanto, ao receber um telegrama da *Société des Sauveteurs du Havre* que lhe pedia para apresentar-se, por ocasião de seu retorno, em benefício dos tripulantes dos barcos salva-vidas de Le Havre, ela viu um promissor raio de luz no fim do túnel.

"Foi com indescritível alegria que aceitei", escreveu, "pois, voltando para minha amada pátria, podia fazer o gesto que seca as lágrimas." E passou o resto da viagem com o "coração leve e o rosto sorridente, desdenhando o horrível desconforto" da travessia. Depois de doze dias avistou-se terra; então um pequeno barco se aproximou do navio. Impacientes demais para esperá-la no porto, Maurice e Clairin foram recebê-la no mar.

Marie presenciou a cena: Sarah chorando e agarrando-se ao filho, afastando-o para exclamar como estava alto. Para aumentar sua alegria centenas de pessoas se apinhavam no cais a fim de comemorar seu retorno. Uma passagem tocante do livro de Colombier relembra esse momento:

> De repente meu coração bate mais rápido. Debruço-me na amurada para olhar a multidão. Julgo ver minha mãe e minha irmã. Grito para Sarah. Depois estremeço com meus soluços. É apenas um sonho, ai de mim! É Louise Abbéma e *sua* mãe. Sarah entende a situação de imediato. Carinhosamente me toma nos braços e murmura: "Adoro você, pobre querida". São esses ímpetos de sincera generosidade que explicam por que tudo lhe é perdoado.

Dias depois, quando Sarah representou *A dama das camélias* em Le Havre a fim de arrecadar dinheiro para as equipes de resgate, Abbéma, Clairin e muitos outros amigos deslocaram-se de Paris para vê-la. Era a primeira vez que ela desempenhava esse papel na França, e todo mundo estava curioso para saber como se sairia. Será que cairia no exagero, temiam alguns, tal qual fizera na América? Ou será que ainda tinha capacidade de contenção, sutileza, total envolvimento com um papel? Não havia motivo para preocupação. Sarah estava em grande forma. O público aprovou ruidosamente, e até Marie, que não participava do final, ficou nos bastidores assistindo de pé à cena da morte e "chorando como uma criança". Ao agradecer os aplausos, Sarah recebeu uma medalha e um Certificado de Salva-Vidas. Sua reação foi esplêndida. Erguendo os braços num amplexo universal, exclamou: "Salvarei alguém! Prometo salvar alguém! É verdade que não sei nadar, mas isso não importa. Vou aprender!".

Se não estava preparada para salvar afogados, estava decidida a salvar a si mesma. Nada lhe agradava mais que uma boa briga, principalmente quando achava que podia vencer. Além dos pontos que ganhara ao ajudar os corajosos barqueiros que arriscavam a vida nas águas turbulentas do Atlântico para resgatar embarcações pesqueiras em perigo, guardava outros trunfos na manga. Londres era um deles. Logo Sarah arranjou uma temporada de três semanas no Shaftesbury Theatre, onde atuaria nas duas peças de Dumas filho que apresentara com sucesso na América: *La princesse Georges* e *A dama das camélias*. Até então esta última estava proibida na Inglaterra, e foi graças aos bons ofícios do príncipe de Gales que Bernhardt recebeu permissão para encená-la. Ao contrário de Paris, Londres não se melindrara com sua viagem à América. Dickens, Thackeray e Trollope haviam estado lá, Henry Irving e Ellen Terry planejavam ir, e o jovem Oscar Wilde em breve levaria a Beleza à rude Terra Nova. Na verdade a atitude dos ingleses em relação a seus filhos rebeldes era decidida e realista. Por que não ganhar com um país rico que precisava tanto de uma influência civilizadora? Quanto a Sarah, não podia fazer mal a ninguém. A sociedade londrina achava-a divertida, os jovens a veneravam e os atores adoravam-na. Ellen Terry, que se tornou sua amiga, brincava com ela carinhosamente e a chamava de sua "Sally B.", anos depois relembraria suas impressões de Bernhardt no início da década de 1880:

> Como ela era maravilhosa naquela época! Translúcida como uma azaléia, só que um pouco mais; como uma nuvem, porém não tão densa. A fumaça que se desprende de um papel em chamas descreve-a com maior precisão! Tinha os olhos fundos, uma aparência quase de tísica. Seu corpo não era prisioneiro de sua alma, e sim a sombra desta. Ela é sempre um milagre.

Sarah gostava de dizer que atraía todos os excêntricos do mundo, especialmente na Inglaterra. Não era exagero. Quando saía do teatro, as mulheres se ajoelhavam a seus pés. As jovens colavam em seus álbuns fotos de Bernhardt e notícias sobre ela. Aspirantes a atriz decoravam seus papéis e imitavam seu estilo e seu sotaque anasalado num inglês inequívoco. Uma velha solteirona construiu um altar à Divina Sarah com montes de postais e relíquias como luvas, pentes e grampos de Bernhardt. Ao saber disso, Sarah falou: "Não deviam rir dela. Eu a amo". Então pensou um pouco, riu e acrescentou: "Deve ser uma bêbada".

Depois de algumas semanas desfrutando o calor dos ingleses, Sarah retornou à França e mais uma vez se viu acusada de traidora da pátria e de sua arte. Não era nem uma coisa nem outra, mas como provar? Por fim surgiu uma oportunidade. Haveria um espetáculo de gala na Opéra no décimo aniversário daquele dia feliz de 1871 em que o Exército prussiano abandonou o território francês que conquistara. Jules Grévy, o presidente da República, estaria presente com Gambetta e outras figuras primordiais do *grand monde*. O programa se compunha de três atos de *Robert le Diable*, de Meyerbeer, recitações e cenas apresentadas por atores da Comédie Française e no final uma declamação de "A marselhesa" por Agar, velha amiga de Sarah e a primeira Silvia de seu Zanetto em *Le passant*.

Por acaso Hortense, que cuidava do vestuário de Agar, gostava muito de madame Bernhardt e estava sempre disposta a servi-la. Tendo isso em mente, Sarah mandou chamá-la. Poderia fazer-lhe um favor e dizer a Agar que seu namorado, um capitão da cavalaria estacionado em Tours, quebrou a perna ao cair do cavalo? A mulher ficou encantada com tal cumplicidade. Agar correu para junto do amado, depois de pedir à camareira que notificasse a Opéra de sua partida repentina. Mas, seguindo as instruções de Sarah, Hortense não disse nada, e o resultado foi que não se convocou nenhuma substituta. Naquela noite houve pânico nos bastidores porque Agar não aparecia. Mounet-Sully estava terminando de declamar um poema de Victor Hugo quando, para surpresa geral, Bernhardt entrou no palco, envolta num manto com capuz. Ao passar por Mounet, entregou-lhe o manto; depois se aproximou e encarou o público. Trajando um vaporoso vestido branco, uma faixa vermelha, branca e azul na cintura, esperou que a orquestra começasse a tocar. Às primeiras notas do hino nacional, o presidente e toda a magnífica assembléia se levantaram, emocionados com a ocasião, mas estupefatos com a aparição da renegada que não fora convidada. Bernhardt iniciou "*Allons enfants de la patrie*" com calma intensidade. Pouco a pouco sua voz foi subindo num crescendo de emoção. Ao entoar os últimos versos, desfraldou uma enorme bandeira tricolor. Imóvel, a cabeça erguida, os olhos brilhando, ela era a própria encarnação da França. O efeito foi eletrizante. Os homens recorreram a seus lenços, enquanto as mulheres choravam abertamente. O presidente Grévy aplaudia sem cessar, e Gambetta gritou até ficar rouco. As pessoas balançavam a cabeça, pasmas, dizendo que nunca se emocionaram tanto, que Bernhardt era prodigiosa, única, um milagre. Sarah vencera mais uma batalha. Voltara à pátria para enfrentar uma derrota e a transformara em triunfo. Consta que Agar encarou a traição da amiga com sua bondade de sempre. Em sua idade já havia visto manobras suficientes para saber que retidão moral não era o ingrediente principal na criação de uma estrela.

6 MARIDOS E AMANTES

Marguerite Gautier, protagonista de *A dama das camélias*, de Dumas filho, foi o papel mais popular de Sarah.

Em princípios de 1882 Sarah conheceu um jovem grego chamado Aristidis Damala. Ele tinha 25 anos, doze menos que a atriz. Nascera no Pireu, a cidade portuária onde seu pai fizera fortuna com navegação. Quando ainda era menino, a família se transferiu para Marselha. Ali Damala se formou no Lycée Louis-le-Grand. Depois, ávido de ação, voltou para a Grécia e alistou-se no Exército. Atenas o conhecia como um dos mais atraentes oficiais de cavalaria da cidade: generoso, bonito e tão contente consigo mesmo quanto Narciso. Um ano depois, tendo ultrapassado sua cota de duelos, jogatina e mulheres gregas, foi para Paris trabalhar na legação de sua pátria. Contudo a diplomacia exige discrição, uma qualidade que Damala infelizmente não possuía. Na verdade seu ponto forte era o escândalo. Ele era viciado em morfina, arruinou a vida de várias francesas bem-nascidas e, dizia-se, também apreciava rapazes. Como esse corsário byroniano, arrogante, infinitamente indiferente aos sentimentos alheios entrou na vida de Sarah é uma questão em aberto. Dizem alguns que quem os aproximou foi a irmã da atriz, Jeanne, que freqüentava círculos de viciados em morfina. Dizem outros que Damala sonhava ser ator e procurou Bernhardt para pedir-lhe conselhos. Seja como for, todos concordam que Sarah perdeu a cabeça quando ele se inclinou para beijar-lhe a mão. Não que lhe faltassem admiradores. Diariamente o correio lhe trazia declarações apaixonadas. Angelo esperava casar-se com ela. Philippe Garnier, outro belíssimo ator de sua companhia — e melhor que Angelo —, amava-a perdidamente. No entanto era fácil demais manobrá-los. O que Bernhardt queria, se Damala constitui um indício, era a conquista e a empolgação que acompanha a incerteza. Logo teria incerteza em quantidade mais que suficiente.

Quando conheceu o jovem grego, a atriz estava prestes a embarcar com sua companhia numa grande turnê: as províncias francesas, Itália, Grécia, Hungria, Áustria, Suécia, Inglaterra, Espanha, Portugal, Bélgica e Holanda. E Damala estava prestes a deixar Paris. Horrorizado com seu notório comportamento, o governo grego decidira enviá-lo para a distante São Petersburgo. Sarah agiu com rapidez quando seu corsário disse que queria vê-la na Rússia. Telegramas cruzaram a Europa, datas foram remanejadas e compromissos cancelados. Tudo resolvido, Bernhardt avisou Damala que o encontraria em São Petersburgo, onde deveria apresentar-se em março.

Sarah percorreu a Europa como um herói vitorioso. A imprensa foi entusiástica, o público pagava em dobro para vê-la e a história de sua vida, depurada e romanceada, precedia-a em avalanches de publicidade. Mas, sem que ela soubesse, uma tempestade estava se formando.

Em Turim uma promissora atriz de 24 anos chamada Eleonora Duse assistiu a suas apresentações — ou melhor, vivenciou-as. Para a estréia Bernhardt escolheu *A dama das camélias.* Como geralmente acontecia, não só se entregou ao papel, como fez da platéia sua confidente. Durante o primeiro ato, por descuido ou de propósito, alguém abriu um buraco na porta de papel que servia para suas entradas e saídas. Era o tipo de coisa que qualquer atriz fingiria ignorar. Mas Sarah não era qualquer atriz. Ao sair do palco, enfiou a mão no buraco e rasgou o papel de alto a baixo, num gesto furioso. Nada teria agradado mais ao público de Turim. Ali estava um tigreza tempestuosa, uma *prima donna* para alegrar o coração dos italianos. Duse lembrou que durante a permanência de Sarah na cidade

> só se falava dela, daquela noite e de todas as outras noites — nos salões e no teatro. Uma mulher conseguira isso! Senti-me liberada, senti que tinha o direito de fazer o que bem quisesse. [...] Fui a todos os espetáculos, para ouvir e chorar. Eis aí uma mulher que enobrece a profissão, que induz a platéia a respeitar o Belo e a curvar-se diante da Arte.

Nessa época ninguém desconfiava que a italianinha provinciana acabaria por disputar com Bernhardt a supremacia no reino do Belo e da Arte. Mas isso foi depois. Em 1882 Bernhardt era tratada como um monarca visitante. A realeza a reverenciava, oferecia grandes *soirées* em sua homenagem e cobria-a de presentes. O rei Umberto da Itália deu-lhe um esplêndido leque veneziano. Alfonso XII da Espanha brindou-a com um broche de diamante. Após uma representação de *Fedra* Francisco José, o imperador austríaco, pediu que lhe concedesse o privilégio de colocar em seu pescoço um colar com um camafeu antigo. E o arquiduque Friedrich insistiu em hospedá-la num de seus palácios enquanto ela estivesse em Viena, pois as rainhas não ficam em hotel. O que essas cabeças coroadas ganharam com sua generosidade é uma questão em aberto, mas em geral acredita-se que a troca de favores era tradicional. Como Sarah respeitava a tradição e amava a aventura, não é impossível que tenha acrescentado esses nomes ilustres a sua lista particular de *souvenirs de voyage.*

Num plano menos elevado, porém talvez mais comovente, os habitantes de um vilarejo escandinavo pediram ao maquinista do trem que diminuísse a velocidade ao passar por ali de modo que pudessem fazer uma reverência a Bernhardt. E em toda parte aqueles que não podiam comprar ingressos para o teatro ficavam postados diante de seu hotel na esperança de vê-la.

Sarah estava ansiosa para chegar à Rússia, pois não só Damala a esperava, como fora lá que Rachel triunfara anos antes.

La Vie Parisienne publicou um desenho que a mostra atravessando as estepes numa carruagem imperial, escoltada por ferozes cossacos. O que foi concebido como ironia não estava longe da verdade. Em São Petersburgo criados de libré desenrolaram um imenso tapete vermelho para proteger-lhe os pés da neve, enquanto a atriz, envolta em peles, caminhava de sua troica até a porta do teatro. A família imperial e a corte aplaudiram-na noite após noite. Para um espetáculo oficial no Palácio de Inverno ela escolheu *Le passant*, a cena da morte de *Adrienne Lecouvreur* e dois atos de *Fedra*. No final da noite o czar Alexandre III, profundamente emocionado, aproximou-se para cumprimentá-la. Bernhardt curvou-se até o chão na mais profunda reverência. "Não, não", protestou o imperador de Todas as Rússias, "somos *nós* que devemos nos curvar diante da senhora." O grã-duque Vladimir não a tratou com a mesma elegância. Mandou seu escudeiro convidá-la para outro tipo de espetáculo oficial — uma ceia íntima para dois após a peça. Sarah aceitou, desde que monsieur Damala também fosse convidado. Pouco depois o escudeiro voltou com uma mensagem de Sua Alteza Imperial, que de repente se lembrou de um compromisso anterior.

Nos velhos tempos Sarah teria achado tentador um *tête-à-tête* no meio da noite com um grã-duque — um modo divertido de despertar o ciúme de um amante. Agora a situação se invertera: era Damala quem jogava o jogo de Bernhardt e era Bernhardt quem se consumia de ciúme. E com boa razão, pois seu "autêntico macho", como o definiu Colombier, não se esforçava nem um pouco para esconder o fato de que andava dormindo com uma atriz mais jovem da companhia. Sarah perdeu a cabeça e com ela seu discernimento artístico. Resolveu que Aristidis Damala tinha potencial de ator. E confiou-lhe os papéis principais que até então Philippe Garnier desempenhara — nos bastidores e no palco. Furioso, Garnier deixou a companhia, e Damala, que possuía apenas um lampejo de talento, mudou "Aristidis" para "Jacques" e passou a atuar com La Divine Sarah. Foi um gesto extremo, concebido talvez na esperança de que a memorização dos textos e os espetáculos noturnos limitassem suas oportunidades de escapar.

Houve outras situações tensas. Em Odessa e Kiev a turba atirou pedras e insultos anti-semíticos na carruagem de Bernhardt. Em Moscou um estudante de medicina, jovem pobre de 21 anos chamado Anton Tchekov, atacou-a de outras maneiras — não que sua voz tivesse grande influência. Ele era um principiante com idéias fora de moda que escrevia artigos para um jornal humorístico especializado em criticar dignitários locais e celebridades visitantes. Por certo suas palavras foram inócuas em comparação com os ditirambos que Sarah recebeu ao estrear no Teatro Bolshoi em 26 de novembro de 1881 com *A dama das camélias*. "Em vez de uma heroína pomposa", declarou o *Russkie Vedomosti*, "vimos ontem a imagem viva de uma mulher profundamente apaixonada, profundamente sofrida, de um ambiente notório, que arrebatou com força irresistível a simpatia e a atenção da platéia." A matéria prosseguia elogiando a técnica, a voz, a dicção, a meticulosidade de Bernhardt. Outro crítico, depois de declarar que a Marguerite Gautier de Bernhardt tinha algo do eterno feminino, disse que não obstante era "uma *parisienne* da cabeça aos pés". Sendo Marguerite realmente parisiense, perguntamo-nos se o crítico, como um de seus infortunados colegas americanos, acompanhou por engano o libreto de outra peça.

Coube a Tchekov desferir o ataque. Ainda antes de Bernhardt chegar o incipiente autor reclamou da "quantidade assustadora" de publicidade a ela dedicada:

> Se empilhássemos tudo que se escreveu sobre ela e vendêssemos essa pilha a toneladas (150 rublos cada tonelada) e dedicássemos o resultado da venda à "Sociedade Protetora dos Animais", poderíamos — juramos por nossa pena! — pelo menos dar jantar e ceia aos cavalos e cães no [elegante] Olivier's ou [naquela espelunca do] Tatar's.

Tchekov concluiu o artigo ridicularizando as aventuras americanas de Bernhardt, seu encontro com Edison e seus ganhos absurdos que não conseguia acreditar que ela os merecesse. Belicosamente escreveu: "Nós a cumprimentaremos como visitante e a criticaremos com toda a severidade possível como atriz".

Tchekov cumpriu a palavra. "Que diabo está acontecendo?", perguntou depois de vê-la pela primeira vez. "Ó Sarah Bernhardt! Toda essa baboseira terminará com a tensão máxima de nossos nervos de repórter. [...]." Parece que ele não exagerou o estado de seus nervos quando reclamou que a imagem de Sarah evocava "o Bois de Boulogne, a Champs-Elysées, o Trocadéro, Daudet com seus longos cabelos, Zola com sua barba redonda [e] nosso Turgueniev. [...]". Afinal, eram maravilhas nada desprezíveis. Na seqüência o jovem crítico deixou claro o motivo de seu ressentimento: a aversão dos eslavófilos pelos franceses, aos quais consideravam decadentes e superficiais.

Quando Rachel esteve na Rússia, em 1853, o crítico Pavel Annenkov condenou-a ao fogo. Agora Tchekov empunhava a tocha. Achava Bernhardt inteligente, fina, profunda conhecedora do coração humano e "do que mais quiserem", mas no fundo era toda artifício, produto de estudo.

> Invejamos e com todo o respeito reverenciamos seu trabalho árduo. Não nos opomos a aconselhar nossos artistas de primeira e segunda categoria a aprenderem com nossa visitante. Nossos artistas, sem querer ofendê-los, são terrivelmente preguiçosos. Para eles estudar é mais acre que raiz-forte!

Sempre atento, Tchekov não podia deixar passar: Bernhardt não buscava o natural, lamentou, mas sim o extraordinário, o "ultra-sensacional". No entanto abrandou um pouco:

> Vimos Sarah Bernhardt e tivemos um prazer indescritível com seu árduo trabalho. Houve em sua atuação breves passagens que nos comoveram quase até as lágrimas. Contudo as lágrimas não brotaram só porque todo o encanto está envolto em artifício. Não fosse esse desprezível artifício, essa trapaça premeditada, essa ênfase exagerada, honestamente, teríamos chorado.

Numa carta a um amigo Turgueniev foi igualmente violento:

> Estou irritado com meus compatriotas que estão fazendo papel de bobo por causa da insuportável Sarah Bernhardt, a qual nada tem além de uma voz maravilhosa — todo o resto é falso, frio e afetado — e a mais repulsiva elegância parisiense.

O último artigo de Tchekov sobre Bernhardt terminava assim: "Amanhã, Sarah Bernhardt de novo. [...] Ufa! No entanto não escreverei mais nada sobre ela, mesmo que o editor me pague cinqüenta copeques por linha. Esgotei minha capacidade de escrever! Peço demissão!". Raras vezes Tchekov voltou a se manifestar sobre o objeto de seu desprezo. Mas as palavras que proferiu em sua juventude predisseram o futuro. Os russos não adotariam a escola dramática francesa, nem produziriam uma Rachel ou uma Bernhardt. Contudo produziriam atores igualmente grandes e desenvolveriam uma esplêndida escola dramática que iria iluminar a poesia do cotidiano, uma poesia tão estranha à principal atriz da França quanto a grandiosidade francesa ao maior dramaturgo da Rússia.

Durante sua estada na Rússia, Sarah viveu obcecada por um anseio incontrolável de dominar e domesticar seu selvagem amante grego. Tratava-se de uma tarefa impossível. Ele era declaradamente infiel, continuava tomando drogas, perdia no jogo grandes somas do dinheiro da atriz e faltava aos espetáculos. Para complicar a situação, desprezava as mulheres: amava-as e deixava-as numa atitude que implicava humilhação e futuros desastres. Para Bernhardt, que se habituara a ser assediada, Damala constituía um desafio. Por fim, em Nápoles, ela o pediu em casamento. Era um pedido lisonjeiro da rainha das atrizes, e Damala o aceitou. Sarah tratou de malhar o ferro ainda quente. Sendo ela católica romana e ele ortodoxo grego, era quase impossível oficializar a união na Itália ou na França, onde tinham seus compromissos seguintes. Assim, rumaram para a protestante Inglaterra. Sua agenda estava repleta: partida de Nápoles no sábado, 2 de abril, pela manhã; chegada a Londres nas primeiras horas da segunda-feira, 4 de abril; cerimônia nupcial naquela manhã em St. Andrew's; partida imediata para Nice; apresentação logo após a chegada.

Como tudo que se relacionava com sua união, a viagem foi agitada: sessenta horas de trem para ir, 36 horas para voltar. O trem para Londres atrasou muito. Damala (estaria resistindo?) esqueceu os papéis do casamento e teve de atravessar a cidade para buscá-los. Sarah perdeu a apresentação em Nice por causa do atraso, mas ganhara Damala. A notícia do casamento espalhou-se com rapidez. Ninguém a recebeu bem. Clairin, Abbéma e o restante da corte de Bernhardt acharam que ela enlouquecera. Sardou, que estava escrevendo uma peça para Sarah, achou que havia perdido sua atriz principal. Magoadíssimo, Maurice declarou: "Agora temos um *monsieur* Sarah Bernhardt". E a imprensa passou o dia muito ocupada em ridicularizar os laços que uniam o disparatado casal.

Em 26 de maio de 1882 Paris teve a oportunidade de ver "monsieur Sarah Bernhardt" amar madame Sarah Bernhardt em *A dama das camélias*. Foi uma noite empolgante. Fazia dois anos que Sarah não atuava em sua cidade natal, e os espíritos mesquinhos estavam ansiosos para avaliar os danos infligidos a seu talento, enquanto ela, a venal, a negligente louca por publicidade, desfrutava seus triunfos no exterior. Ademais, irritava-os seu atrevimento de impingir ao público um ator amador. Quando pisou no palco do Théâtre de la Gaîté, Sarah estava consciente da presença dos dragões na platéia — tão consciente que perdeu a voz e a coragem. Consta que nos dois primeiros atos parecia uma criança assustada. Mas, quando se inflamou e representou como só ela sabia representar, ninguém resistiu. Ao baixar a cortina, seus amigos apreensivos sorriam por entre as lágrimas e até os lenços de seus inimigos estavam molhados.

Contudo Damala não se saiu tão bem, de acordo com Edmond Stoullig, o crítico de *Le Rappel*:

> Como se pode imaginar, a presença do marido de Bernhardt era uma das atrações. Sua entrada causou sensação. Damala! Aí está ele! E os binóculos se voltaram para o belo tipo de olhos negros que teve a honra de ser escolhido pela grande artista para o posto de marido perante a lei. Se do ponto de vista físico ele conquistou todos os corações como Armand Duval, do ponto de vista artístico não podemos dizer a mesma coisa. Sua falta de experiência é colossal; sua voz tão profunda que se torna indistinta; suas falas prejudicadas por um pronunciado sotaque estrangeiro; sua atuação uniformemente triste e horrível. No quarto ato ele conseguiu em alguns poucos momentos transmitir sincera emoção. Se trabalhar muito, talvez acabe sendo um ator. Por certo sua mestra, madame Bernhardt, poderia ajudá-lo.

E de fato sua mestra ajudou-o tanto que Damala começou a ser reconhecido como um ator de qualidade. Mas não por Victorien Sardou, que — apesar da insistência de Sarah para contracenar com o marido — recusou-se a deixá-lo sequer chegar perto de *Fédora*, peça ambientada na Rússia e escrita especialmente para Bernhardt.

A descrição que Sardou faz de sua heroína equivale a um retrato da própria Sarah:

> Ela é a feminilidade personificada — com todas as suas repentinas mudanças de humor, com todos os seus contrastes! [...] Ora carinhosa e terna, ora aduladora e traiçoeira! Com sua graça flexível, como os sinuosos movimentos de uma víbora! Toda a perfídia e toda a devoção! Uma conjugação de mente masculina e superstição infantil. Olhos tão profundos que nos estonteiam. Uma voz que provoca em nós vibrações desconhecidas; o langor da oriental indissoluvelmente ligado à graça da parisiense. Uma mulher incomparável. Quanto a isso não pode haver dúvida!

Para colocar sua heroína em ação Sardou criou um hábil melodrama, repleto de intriga, tensão e revelações inesperadas. A princesa Fédora é levada a acreditar que um belo niilista matou seu amado noivo. Em seu desejo de vingança decide conquistar o amor do assassino a fim de entregá-lo à polícia secreta. Entretanto se apaixona por Loris Ipanoff, o terrível criminoso. Mas, para surpresa geral, descobre-se que Loris não é o assassino, e sim um sujeito bom e correto. Além disso Fédora fica sabendo que seu noivo era na verdade um cafajeste infiel. Arrasada com essa descoberta, ela toma veneno e tem a oportunidade de representar uma esplêndida cena da morte. Enquanto a cortina baixa lentamente, Loris ergue seu corpo inerte para um último beijo e desmaia em seus braços.

Sarah estava ansiosa para abocanhar esse prato apetitoso, embora sangrento. Ansioso também estava Pierre Berton, seu Loris Ipanoff, que, além de ser um grande ator, tivera um longo caso com Bernhardt na época do Odéon. Enquanto Sarah ensaiava *Fédora*, Damala ficava em casa, amuado. Sua situação nada tinha de invejável. Três meses antes se casara com a atriz mais famosa do mundo na esperança de partilhar seus triunfos. Em vez disso, os críticos o massacraram, os amigos de sua mulher o desprezavam e seu enteado o detestava. Somente Sarah parecia amá-lo — mas somente em seu tempo livre. Damala não percebia sua generosidade. Um dia ela lhe mostrou uma peça de um velho amigo, o poeta e crítico Catulle Mendès. Intitulava-se *Les mères ennemies* [As mães inimigas] e tinha um papel que certamente transformaria o belo grego num astro. Gostou?, perguntou-lhe a atriz. Relutante, ele admitiu que sim. Sua resposta desencadeou uma das maiores extravagâncias de Sarah, que alugou o sombrio Théâtre Ambigu, redecorou-o com grandes gastos e, a fim de apaziguar o filho de dezessete anos, colocou-o em seu nome e confiou-lhe a direção. Impôs apenas uma condição: Maurice dividiria o cargo com Auguste Simon, o qual, explicou gentilmente, podia conhecer melhor que ele o funcionamento de um teatro.

Dirigida por Bernhardt e estrelada por Damala e Agar, a peça de Mendès tinha a estréia marcada para dezembro de 1882. Com isso Sarah, que havia pensado em tudo, podia dizer que o marido rejeitara a peça de Sardou por causa de um compromisso anterior. Sarah trabalhou com Damala até descobrir o talento no qual só ela acreditava. Quando *Les mères ennemies* estreou, ninguém pôde falar que o jovem marido de Bernhardt não pertencia ao ramo. Infelizmente um elogio tão ambíguo não bastou para aplacar-lhe o ego ferido.

Por outro lado *Fédora* foi um dos grandes triunfos de Sarah. Com ela iniciou-se um novo estágio de sua carreira. Três anos antes Bernhardt era a rainha da Comédie Française. Agora se tornara a rainha do teatro comercial. Devia muito disso a Sardou, que, se escreveu uma peça de segunda categoria, criou um melodrama de primeira classe, cheio de vida, com uma ação explosiva, interrogatórios policiais, sadismo e morte. Diretor magnífico, captara determinado aspecto do talento de Bernhardt e o fez expressar-se no palco. Ela sempre ouvia com extraordinária concentração. Em *Fédora* não só ouviu, como teve de preencher longos momentos com reações pantomímicas e gestos que soube tornar mais poderosos que a própria fala. Até Vitu, seu crítico mais severo, viu-se obrigado a admitir que "seus silêncios foram suprema arte". Quanto ao resto, acrescentou: "Ela soube mergulhar a emoção como uma faca no mais íntimo do espectador" — e foi mais ou menos dessa forma que seu grande sucesso afetou seu infeliz marido. Vingativo e amargo, Damala a apoquentava chamando-a de "judia nariguda", comprava jóias para as amantes e mandava a conta para a esposa, ofendia-se sem motivo. Quando Sarah revidava, ele a exasperava assumindo o ar de um homem superior a pequenos detalhes e outros disparates femininos.

Um dia, sem avisar, Damala comprou um uniforme vermelho, notificou o Ambigu e deixou Paris a fim de juntar-se às tropas de *spahi** na Argélia. Sua partida repentina significou o fim da bem-sucedida temporada de *Les mères ennemies* e o início de uma série de lamentáveis fracassos no teatro que sua esposa arrendara para fazê-lo feliz. Obrigada a lotar o Ambigu, Sarah saiu à procura de obras que agradassem multidões. Mas das cinco peças que produziu apenas uma foi satisfatória: um trabalho vigoroso do poeta-dramaturgo Jean Richepin intitulado *La glu* [O visco]. A estrela foi Réjane, uma nova atriz, jovem e brilhante, que com seu encanto e seu *pathos* inefáveis iluminou o céu cinzento de Paris. A peça obteve algum sucesso, mas, como assustou o público com seu realismo implacável, também saiu logo de cartaz. Se contribuiu para a ruína financeira de Bernhardt, a produção enriqueceu-lhe a vida. Réjane tornou-se sua amiga adorada até o fim de seus dias, e Richepin tornou-se seu amante adorado por um breve período.

Em fevereiro de 1883 Sarah havia perdido quase meio milhão de francos e, temendo perder também sua casa, decidiu leiloar suas jóias. Durante três

(*) *Spahi*: soldado da cavalaria argelina a serviço da França. (N. T.)

dias consecutivos o Hôtel des Ventes ficou apinhado de colecionadores, gente da alta sociedade, atrizes e *demimondaines*, cada qual oferecendo um lance mais alto pelo privilégio de possuir pérolas e diamantes de Bernhardt. Para recuperar-se das perdas Sarah ainda levou sua companhia numa lucrativa turnê pela Escandinávia e Grã-Bretanha. Richepin foi junto, conforme anotou numa carta um amigo de Ibsen, o crítico dinamarquês Georg Brandes: "Sarah, a Divina esteve aqui em Copenhague com sua sombra, o poeta Jean Richepin. Andava constantemente a seu lado, jantava e dormia com ele". Os mexericos continuaram em Londres, onde a atriz exibiu seu amante entre apresentações aplaudidíssimas de *Fédora*.

Se tinha motivos para arrepender-se de seu casamento, tinha todo o direito de orgulhar-se de seu novo caso. Cinco anos mais jovem, Richepin era um tipo muito diferente daqueles que costumavam compor sua "corte". Filho de um médico do Exército, nascera na Argélia e crescera em Paris, onde se formou na École Normale. Em 1870 serviu como atirador de elite na Guerra Franco-Prussiana. Seguiu-se uma vida de aventuras. Em várias ocasiões ele foi marinheiro, estivador, lutador e boxeador. Depois trabalhou no circo como acrobata e levantador de peso. Talvez tendo isso em mente, Goncourt o descreveria como uma "personalidade poderosa, sorridente — um acrobata agradecendo depois de realizar uma prodigiosa façanha".

Em 1876 Richepin escreveu um livro de incendiária poesia em defesa dos pobres, vagabundos e sem teto, intitulado *La chanson des gueux* [A canção dos miseráveis]. Com isso ganhou fama imediata e — por sua severa crítica à negligência do governo em relação aos pobres — alguns meses na prisão. Quando conheceu Sarah era um *hippie avant la lettre*: um belo fauno barbudo, um boêmio que corria por Paris naquela nova loucura de duas rodas, a bicicleta, vestido numa malha justa que exibia seus músculos salientes e seu desprezo pelas convenções.

Sarah tomou-o como amante quando Damala a trocou pela vida militar no norte da África. Todavia parece que a condição de soldado agradou menos seu marido que uma vida de indolência e o prazer de maltratá-la, pois ao voltar da turnê a atriz o encontrou deitado em sua cama, lendo calmamente os jornais. Ela deve ter gostado, pois não só lhe pediu para ficar, como dispensou Richepin — e a felicidade. Foi um período negro de sua vida. Damala sempre tomou morfina, porém agora estava irremediavelmente viciado. Aplicava-se uma injeção após outra e, quando a necessidade era muito grande, não hesitava em espetar a agulha através do tecido das calças. Sarah deu uma surra de chicote na irmã, Jeanne, porque trazia drogas para dentro de casa. No entanto a violência era inútil. Sem saber mais o que fazer, a atriz pediu a separação legal, internou seu desafortunado esposo numa clínica e voltou para Richepin. Seis meses depois Damala estava novamente sob seu teto. A Richepin, compreensivelmente enciumado, Sarah disse que fosse paciente, que se lembrasse de que o amava e só estava com Damala para salvá-lo de si mesmo. A fim de mostrar sua determinação foi até a farmácia onde o marido adquiria a droga e quebrou um guarda-chuva na cabeça do farmacêutico, o que resultou em nada além de um guarda-chuva a menos.

Durante essa fase infeliz ela arrendou o Porte Saint-Martin, um imenso teatro de 1800 lugares. Ali, como atriz-empresária, produziu e representou *Froufrou* e *A dama das camélias*. Seria de se esperar que no trabalho estivesse livre dos problemas domésticos. Mas Damala tinha uma mania irritante de assistir dos bastidores os espetáculos. Com a tola insolência dos amadores — seu vasto conhecimento da arte dramática baseava-se em cinco meses de experiência — decidiu apresentar sugestões, criticar e ridicularizar. Naturalmente Sarah ficava furiosa, cobria-o de invectivas e punha-o para fora do teatro. Os jornais de mexericos adoravam. *L'Événement* vibrava com o "casal ruidoso e briguento da avenue de Villiers". Outro jornal frívolo publicou uma caricatura de Damala deitado num divã, arrasado; e a legenda dizia: "*La Damala aux camélias*".

Enquanto Damala vadiava, Richepin trabalhava numa peça para Sarah. Não era a primeira vez que escrevia expressamente para ela. Em 28 de abril de 1883 Bernhardt apresentou-se no Trocadéro como Pierrot, contracenando com Réjane como Colombine, em *Pierrot assassin* [Pierrô assassino], pantomima macabra que deixou uma impressão duradoura embora se mantivesse pouco tempo em cartaz. *Pierrot* teve vida curta, porém proporcionou a Nadar uma de suas fotografias mais comoventes: Sarah como um palhaço de cara branca destinado a representar a cruel comédia de amor e intriga. A nova peça de Richepin tentava retratar a dramática situação da Índia em 1857, quando os indianos se sublevaram contra a dominação britânica. Infelizmente o público a viu como um espetáculo exótico que apresentava gente inverossímil, trajando roupas diáfanas e fazendo coisas inverossímeis. *Nana Sahib* estreou no Porte Saint-Martin em 20 de dezembro. Não favoreceu a carreira de ninguém, muito menos a de Richepin: o ator principal adoeceu e o dramaturgo assumiu o papel, conseguindo mostrar tão-somente que sua atuação não era melhor que seu inconsiderado exotismo oriental.

Enquanto *Nana Sahib* malograva, Damala inesperadamente saiu de seu torpor e teve um belo desempenho em *Le maître de forges* [O mestre ferreiro], de Georges Ohnet. O sucesso não lhe aprimorou os modos. Uma tarde ele se sentou na primeira fila do Porte Saint-Martin para ver Sarah e Richepin contracenarem. O teatro estava meio vazio, e o público meio dormindo. Damala se encarregou de acordá-lo. Toda vez que sua esposa se aproximava da ribalta, ele balançava a cabeça, compadecido, e lamentava em alto e bom som: "Pobre Sarah". Quando saiu do teatro, Richepin agarrou-o, espancou-o até quase matá-lo e disse-lhe que o mundo era pequeno demais para os dois. E de fato era. Pouco depois Damala estava de novo na clínica, e Richepin tinha Bernhardt só para si — ou nisso era levado a acreditar. Mas acreditar em Sarah, ou pelo menos em sua fidelidade, equivalia a sofrer o martírio que Mounet-Sully sofrera dez anos antes. Richepin não era Mounet e não queria nada disso. E desaparecia sempre que a amante resolvia se divertir.

Uma carta de Bernhardt, que lembra aquelas que enviou a Mounet e Doré, porém é infinitamente mais erótica, descreve a situação:

> Meu amo adorado, enlouquecedor, peço-lhe que me perdoe. Oh, sim! Um grande perdão. O que eu lhe disse deve ter sido abominável, pois você me escreve com tanta raiva. Estou perplexa. Suas palavras penetram-me até o coração e ecoam em todo o meu ser. Li as oito páginas de sua carta, cada uma mais insultuosa que a outra. Estou cansada de todas as suas críticas e no entanto sou mais sua que nunca. Preciso de você. Não posso viver sem você. Volte, eu lhe suplico, volte, pois nasci para ser sua. Eu lhe juro, meu adorado *seigneur*, que sou incapaz de enganá-lo. Sim, bem sei que gosto de enganar, que sou feita de maus pensamentos e traições. Mereço todos os nomes feios com que você decidiu me chamar. Sou todas essas coisas, porém só me comportei mal porque me senti superior a todos que me rodeavam. Isso acabou. Você apareceu. Com seu peito poderoso soprou minhas mentiras, e meus equívocos "talvez" e "porque" se foram para longe. Sorvi de seus lábios a verdade do amor e, tremendo em seus braços, experimentei as sensações reais e selvagens do êxtase corporal e vi em seus olhos a supremacia absoluta de seu ser. Dei-me a você inteiramente — e inteiramente nova — pois lhe entreguei um ser que pertencia só a você. Não inventei nada sobre mim mesma. Na verdade eu me redescobri em você.
>
> Jean, deve perdoar meu comportamento abominável. Você me deixou sem me dar tempo para pensar, enquanto eu ainda estava úmida de seus braços, perfumada com a inebriante fragrância de seu corpo. Olhei para nossa cama, pensei em nossa noite juntos, nosso despertar, nossos abraços, nosso... Está bem, está bem, vamos omitir isso. Peço-lhe perdão com os braços em seu pescoço, sofrendo por ter gritado. Ah, Jean, abrace-me forte, bem forte. Leve-me para os céus azuis dos amores ternos, role-me em nuvens escuras, esmague-me com suas tempestades, dilacere-me em seus furiosos desejos. Mas ame-me, meu amante adorado.
>
> Por fortes que sejam, minhas garras não podem deixar uma marca muito profunda em seu coração, pois seu coração é feito de amor. Destrua minha tola carta e diga-me que sabe que não o engano, que sou incapaz de enganá-lo. Isso seria covarde, bobo, inconsiderado.
>
> Soltei um grito de vingança — e você acreditou! Não foi nada além de raiva e dor. O que você não percebe, meu ídolo, meu amo, é que está sempre perto de mim, olhando-me com seu olhar dourado. Acalme-se, das alturas onde vive compadeça-se de minha triste loucura. Eu estava doente. Estava errada. Submeto-me a sua vontade e engulo meu orgulho. Seria um castigo insuportável você não me deixar beijar-lhe os lábios. Escreva-me uma carta carinhosa; a última

magoou-me tanto! Você não está mais zangado, está? Seu sorriso sardônico desapareceu, não é? Beijo delicadamente seus lindos pezinhos.

Vamos retomar nosso vôo! Nunca mais deterei seu curso louco. Se você me fizer sofrer demais, simplesmente me atirarei das alturas, meu amor, e — juro — me matarei na queda.

Acaricio seu corpo adorado, beijo-lhe cada fio de cabelo, cada pêlo — e meus lábios pedem que seus lábios me perdoem mil vezes.

Richepin a perdoou mais de uma vez só para encerrar o caso no ano seguinte. Todavia, ao contrário de Mounet, que se voltou com ódio contra ela, posteriormente o dramaturgo veio a aceitar o fato de que, se não podia ser uma amante fiel, Sarah conseguia ser uma amiga fiel.

Dezembro de 1883 viu a publicação de *As memórias de Sarah Barnum*. Era o segundo livro de Colombier sobre Bernhardt. O primeiro, *Sarah Bernhardt na América*, parece que não ofendeu sua heroína, apesar do tom irreverente e da cáustica zombaria. *Sarah Barnum* era outra história — e devastadora. O que inspirou a crueldade de Marie? A lhe darmos crédito, a culpada foi Sarah, que se recusou a pagar-lhe mais que uma ninharia pelos meses que passou na América. A inveja fornece uma explicação adicional para a raiva de Marie. As duas iniciaram a carreira em pé de igualdade. Talentosas e ambiciosas, atuaram juntas, partilharam seus segredos, riram de suas muitas conquistas e sonharam com a glória futura. Agora o futuro as alcançara, deixando Colombier bem atrás de sua famosa colega. A não ser o fato de que engordara e mais ou menos desistira de representar, Marie continuava sendo a mesma de quinze anos antes. Ainda era a irreprimível cocote do Segundo Império que preparava jantares deliciosos para os amigos, sabia de todos os mexericos mais recentes, freqüentava círculos animados e trocava de amante com a mesma facilidade com que mudava a cor dos cabelos. Teria de ser uma santa para aceitar sem ressentimento a posição extraordinária que Sarah conquistara. Havia outro motivo mais premente. Marie precisava de dinheiro e esperava ganhar uma fortuna se o livro agradasse. Foi Sarah quem involuntariamente fez isso acontecer. Por ocasião de seu lançamento *Barnum* não provocou sequer um murmúrio. A imprensa absteve-se de comentá-lo, pois cheirava perigosamente a roupa suja e processos por difamação. Foi Octave Mirbeau, membro recente da corte de Bernhardt, quem chamou a atenção do público para o livro. Não havia nada que o impetuoso escritor amasse mais que uma boa briga. Na verdade foi quase irracional em seu ataque a *Barnum* no jornal satírico *Les Grimaces*:

Se eu fosse Maurice Bernhardt, pegaria um martelo e quebraria a cabeça de m. Bonnetain. Depois arrastaria Marie Colombier à praça pública. Ali ergueria suas saias, mostraria à multidão seu traseiro velho e sujo e lhe daria uma bela surra.

Paul Bonnetain, então amante de Marie, era autor de *Charlot s'amuse* [Charlot se diverte], um romance sobre os perigos da masturbação excessiva, e Mirbeau denunciou-o como co-autor de *As memórias de Sarah Barnum*. Muito provavelmente era mesmo, porém se ofendeu e desafiou o ofensor para um duelo. Mirbeau aceitou o desafio e impôs uma condição: Bonnetain devia jurar que não tinha nada a ver com o livro. Bonnetain jurou, o duelo realizou-se, e Mirbeau foi proclamado vencedor depois de tirar sangue do que esperava ser a mão com a qual seu adversário escrevia. Enquanto os duelistas se defendiam e se atacavam, outra cena violenta ocorria. Acompanhado de seu amigo Jean Stevens,* Maurice irrompeu no apartamento de Colombier, onde a encontrou calmamente tomando chá com um jornalista chamado Jehan Soudan. Ela era uma rameira, Maurice gritou. E ele, riu Marie, era um filho da... de Sarah Bernhardt. Diante desse atrevimento o rapaz arrancou da parede um retrato de Colombier, atirou-o no chão e pisoteou-o. Depois saiu, a honra lavada. Momentos depois, Sarah, armada de um chicote e um punhal, e Richepin, brandindo um trinchante, entraram na sala. A essa altura Marie havia tido o bom senso de sumir. Num instante seu apartamento transformou-se num caos. No dia seguinte o *Morning News* de Londres informou:

> M. Soudan foi atacado por m. Richepin, que se encontrava num estado de grande agitação. Madame Bernhardt chicoteou as almofadas do sofá, as tapeçarias e as cortinas e quebrou uma considerável quantidade de porcelana. Monsieur Richepin ofereceu mil francos à criada para que lhe dissesse onde sua patroa se escondera, porém não teve sucesso. Então o grupo saiu às pressas.

A notícia do escândalo espalhou-se rapidamente. Em Nova York o *Herald* publicou um artigo imenso e a *Police Gazette* celebrou o incidente com um desenho medonho e barato que mostrava Bernhardt e Richepin ocupados na vingativa pilhagem, os olhos chamejantes, as narinas dilatadas. Pouco depois Sarah processou Marie por difamação. Se Marie pagou seus pecados — foi multada em 2 mil francos e condenada a três meses de prisão (embora esta pena tenha sido suspensa) —, o livro pagou Marie. Nas semanas seguintes venderam-se 10 mil exemplares de *As memórias de Sarah Barnum*, o que tornou a autora mais rica do que nunca havia sido. Os cínicos não aceitaram o episódio só pelo que parecia ser. Alguns achavam que Sarah tumultuara o apartamento em busca

(*) Em princípios da década de 1880 Sarah estudou pintura com o pai de Jean, o artista belga Alfred Stevens, que naturalmente se tornou seu amante e pintou-lhe um belo retrato.

de publicidade. Outros chegaram ao ponto de dizer que ela e Marie se uniram para montar uma cena que estimularia a venda do livro e ao mesmo tempo despertaria interesse por *Nana Sahib*, que acabara de estrear com resenhas desanimadoras. O crítico Albert Wolff deu um conselho tardio: "Com certeza Sarah Bernhardt teria agido melhor ficando em casa para salvaguardar sua dignidade como artista e deixando que o desprezo público cuidasse do livro abominável".

No inverno de 1884 os parisienses acorreram ao Porte Saint-Martin a fim de ver Bernhardt em *A dama das camélias*. A impressão que ela causou foi indescritível. Sarcey tentou retratar sua caracterização pela análise de sua técnica, mas a tentativa dá apenas uma pálida idéia de sua força. Só nos resta imaginar que sua Marguerite provocava as sensações que experimentamos, profundamente emocionados, sob a magia hipnotizante de um artista incomparável. Seu sucesso em *A dama das camélias* proporcionou-lhe muita felicidade e um certo alívio em relação a seus problemas financeiros. O dinheiro despejado na bilheteria permitiu-lhe — não sem um suspiro — pagar as vultosas dívidas de jogo do filho e recuperar-se das somas imensas que esbanjara com a *Nana Sahib* de seu amante.

Mas Sarah tinha planos auspiciosos para o futuro. Sempre quis montar *Macbeth*. Agora pediu a Richepin que traduzisse a peça — uma idéia admirável que infelizmente não vingou. Em menos de um mês o espetáculo saiu de cartaz. Em junho Bernhardt teimosamente incluiu a obra em sua turnê pela Escócia e por Londres. Se os parisienses não gostaram, apesar das críticas favoráveis a sua lady Macbeth, os londrinos em geral gostaram ainda menos.

Oscar Wilde foi uma exceção notável. Ele e sua esposa, Constance, haviam passado a lua-de-mel em Paris. Em 9 de junho de 1884 Oscar foi entrevistado em seus aposentos no Hotel Wagram, que dava para as Tulherias. Depois de informar ao repórter do *Morning News* que se entediava com facilidade, mudou de tom e disse:

> Não é fácil esgotar a mensagem de Paris, sobretudo quando Sarah Bernhardt está representando. Vi *Macbeth* várias vezes. Não existe nada igual em nosso teatro, e é sua melhor criação. Digo sua criação deliberadamente, porque a meu ver não se pode falar de *Macbeth* de Shakespeare, ou *Othello* de Shakespeare. Shakespeare é apenas uma das partes. A segunda é o artista através de cuja mente sua obra passa. Quando os dois se reúnem para me dar um herói aceitável, não exijo mais nada. As intenções de Shakespeare eram um segredo seu: só podemos opinar sobre aquilo que está efetivamente diante de nós. [...]
>
> Não há ninguém como Sarah Bernhardt. Ela traz para o papel toda a sua inteligência, todo o seu conhecimento teatral instintivo e adquirido. Sua influência sobre Macbeth é [...] tanto do fascínio feminino como da vontade — entre nós acentua-se apenas esta última. Ela o mantém enfeitiçado: ele peca

porque a ama, sua ambição é um motivo secundário. Como poderia não amá-la? Ela o prende com todos os laços, até mesmo com o laço da coqueteria. Vejam seu vestido — a túnica justa e as dobras esculturais do manto. Toda a peça é admiravelmente bem-feita.

Depois Wilde elogiou a tradução em prosa de Richepin, que Ernest Pronier, o biógrafo suíço de Bernhardt, descreveu como "muito literária, sem medo da linguagem comum e grosseira, extremamente vívida e muito próxima do original". Tais qualidades não eram necessariamente apreciadas pelo público francês quando se tratava do grande Shakespeare.

Sarah passou um verão melancólico em sua vila de Sainte-Adresse, lamentando e remoendo o fracasso de *Macbeth*. E não ajudava em nada o fato de Richepin ter literalmente desaparecido depois de fazer os amigos prometerem que não revelariam à amante seu paradeiro.

Jean,

Enviei minhas cartas desacorçoadas a todo lugar onde achei que você poderia estar. Sem dúvida nenhuma delas chegou a suas mãos. Também esta terá o mesmo destino? Não sei. Escrevo-a de qualquer forma, e seu amigo Ponchon se encarregou de levá-la até você. Eu lhe imploro de joelhos [...] que me mande notícias.

Enlouqueço de dor. Não posso viver no silêncio mortal que me rodeia. Estou sofrendo, Jean, sofrendo. Aonde você vai, o que está fazendo, e se está magoado, e se — meu Deus, nada fiz para merecer tamanha tortura. Sim, sim, outro dia fui má. Oh, quanto choro por essa maldade que há em mim! Quanto lamento ter dito más palavras nas quais você pensa agora que está sozinho. Oh, meu amante adorado, meu ídolo amado, meu senhor, pense apenas nas doces, ternas palavras que lhe disse, meu príncipe, em minha paixão absoluta, minha adoração, minha devoção. Já não tenho orgulho nenhum. Estou domada! A seus pés, submissa e arrependida. Nunca, nunca mais serei má; meu amor selvagem vive só para amar você, para ouvir você. Meu Deus, Jean, o que foi que eu fiz para merecer esse tratamento?

Mas você não pode saber a angústia que sinto desde sua partida. Quando recebi seu bilhete, desfaleci e não mais deixei o leito. Ponchon lhe dirá que só ele consegue me acalmar [...] pois com ele posso falar de você. [...]

Escute! Já que você sabe se esconder tão bem e já que ninguém sabe onde está, gostaria que eu fosse a seu encontro? Nada me importa, nem o teatro, nem Maurice, nada a não ser você. Quero você. Nunca olharei para trás. Serei covarde, serei desprezível, mas estarei a seus pés. Ou diga-me que me mate, que está farto de mim, que já não me ama, que meu amor é um peso para você.

Falando sério, você achou que eu poderia esperar em silêncio? Nunca olhou para mim, nunca me compreendeu quando eu fazia amor com você? Eu choro, isso é tudo, choro, e chorar me deixa feia. Se você queria destruir meu orgulho, dobrar minha vontade, obrigar-me a entender que é meu amo, conseguiu. [...] Percebo com toda a clareza que sua vontade é mais forte que a minha, pois lhe permite fazer-me sofrer tanto. [...] Já não me orgulho de nada, a não ser de amar você. Faça de mim sua escrava, sua propriedade, mas continue me amando. Que noites terríveis são as minhas! Procuro você, esmurro seu travesseiro, depois o beijo e lhe suplico que confie em mim, que me conte seus últimos pensamentos, os que o levaram para tão longe de mim. Como é enorme o espaço que nos separa! O travesseiro não responde, e choro sozinha.

Piedade! Tenha piedade, meu amo. Imploro misericórdia. Não posso prosseguir. Tudo desmoronou a minha volta, e os que estão comigo me vêem, estupefatos e desolados, morrer de amor por você. Nada disso importa. [...] Mas, e se você já não me ama? Diga que me permite ir vê-lo. Não direi nada, nada. Beijarei seus lábios e, num espasmo de amor, suavemente me matarei com sua faca de marfim. E você jogará na rua o corpo de sua amante. E ninguém saberá, e então você mostrará a todos esta carta e dirá: "Como vêem, ela estava louca". E Ponchon, quando lhes mostrar as coisas insanas que lhe escrevi, também dirá: "Ela estava louca".

Sabe, Jean, seria melhor, pois não posso continuar sofrendo. É demais! Sufoco. Talvez viver não seja tão importante, já que eu deveria morrer para abrandar seu coração. Oh, meu amante, comova-se. Você me torturou tanto que não conseguirá me torturar mais. Eu lhe imploro, tenha piedade de sua escrava, sua amante. Não me atrevo a beijar-lhe os lábios, se você não quer. Amo você.

Por fim Sarah recebeu uma resposta de Richepin, mas uma carta que enviou ao poeta Raoul Ponchon, seu amigo comum, indica que deve ter perdido a esperança de reconquistá-lo:

[...] Jean me escreveu uma carta tão monstruosa que estou desesperada. Acusou-me de tal infâmia que não posso me defender. Sua carta deixou-me doente, desorientada, estupefata, ultrajada. [...] Ah! Como é horrível, e como ele se portou mal! Eu lhe juro, meu caro Ponchon, não poderia escrever. Meus braços se reduziram a uma massa, e meus olhos estão roxos. Temi que, se lhe escrevesse, ele se zangasse demais, e minha credulidade me leva a recear que ele volte correndo. Pobre de mim! Ele já não me ama! Eu o adoro, amo-o, choro, sofro, pois estou ferida nas profundezas de minha alma, ferida em minha dignidade de amante, ferida em meu orgulho de mulher, ferida no idealismo de meu amor.

Não quero escrever-lhe novamente, a menos que ele me peça para esquecer suas infames acusações. Escreva-me, tenha pena de mim, estou tão infeliz que poderia me matar. Se você soubesse... Ah, se você soubesse o que ele me disse. E eu que só pensava nele e no medo de ficar feia e não conseguir mais agradá-lo. Ah, que natureza mesquinha e abominável é a de Jean!

O que não é capaz de fazer, já que pensa dessa forma? Estou triste, Ponchon, triste e sem esperança em relação ao futuro.

Apesar do tom histérico, desamparado e masoquista de sua carta, Sarah não estava exagerando. O desaparecimento de Richepin deixou-a realmente enferma.

Madame Guérard, que como sempre se encontrava a seu lado, alarmou-se com seu estado e enviou um bilhete a Duquesnel:

> Sainte-Adresse
>
> Há dias que madame vem tendo uma febre muito alta. O médico esteve aqui. Ele acha que pode se tratar [...] de tuberculose galopante. Por favor, procure vir vê-la. Ela está muito deprimida.

Naquele mês de setembro Félix Duquesnel assumira a direção do Porte Saint-Martin. Por insistência de Sarah — e contrariando seu bom senso — concordou em reapresentar *Macbeth* na versão de Richepin. Dessa vez o espetáculo manteve-se em cartaz apenas duas semanas. No futuro Richepin obteria grande sucesso com suas peças, mas tudo que fez com Sarah estava fadado ao fracasso. Profundamente deprimida com o fim do caso, ela ansiava pela estréia de *Teodora*, uma nova obra de Victorien Sardou. A peça tinha tudo para fazer sucesso. Ambientada na Istambul do século VI, foi escrita com amplas penadas gotejantes de sangue e rescendendo a sadismo, luxúria e violência. O espetáculo, dirigido por Duquesnel, constituiu uma revelação em termos de montagem. "Foi a maior realização cênica do século XIX", declarou Émile Perrin. Na opinião de muitos os cenários e figurinos, concebidos pelos principais especialistas da Opéra e da Comédie Française, foram construídos mais solidamente que a própria peça. Os grandes espaços do palco reluziam com seu esplendor bizantino. Um dos cenários, uma sala do palácio com maciças colunas e arcos elevados, estava repleto de tapeçarias orientais, frisos e mosaicos, estátuas e móveis fantásticos, incrustados de prata e pedras preciosas. O pano de fundo mostrava os jardins imperiais e as cúpulas douradas da cidade. Outro cenário ostentava um plátano cuja fronde cobria o palco inteiro; atrás da árvore, uma floresta pintada e o azul do Bósforo. Outro ainda era todo adornado de ouro e jóias.

Naturalmente Sarah fazia o papel de Teodora, a devassa dançarina que saiu de uma vida de libertinagem para se tornar imperatriz de Bizâncio. A peça era um magnífico disparate. Sem embargo, como os filmes de Cecil B. DeMille, encantou o público e divertiu os conhecedores. E, como aqueles épicos do cinema, tinha o tipo de papel pelo qual as atrizes se matam. Bernhardt e seu autor levaram a sério o exótico melodrama. Fanático por autenticidade — e mestre em torcê-la para adequá-la a seus objetivos —, Sardou debruçava-se noite e dia sobre livros de história. E Sarah viajou a Ravenna para estudar o retrato em mosaico de Teodora até absorver na própria alma seu espírito melancólico. Cumprida essa missão cabalística, fez desenhos detalhados dos trajes da imperatriz, voltou correndo para Paris e encomendou uma coroa e roupas incrustadas com milhares de pedras semipreciosas: um peso enorme que devia carregar no palco com uma graça imperial.

O enredo de *Teodora* é tão tortuoso quanto a intriga que floresceu na corte do imperador Justiniano. Com todas as reviravoltas que contém proporcionou a Sarah muitas oportunidades de exibir seu infinito virtuosismo. Com que habilidade Sardou as forneceu! O primeiro ato começa lentamente, um artifício que permite ao público admirar o cenário. De repente uma grande explosão, a música de órgão de Massenet anuncia a entrada de Teodora, que aparece no fundo do palco, com seu séquito de criados e eunucos. Usa um vestido dourado com bordados de cabeças de anjo e sobre ele uma capa de brilhante cetim entretecido de ouro e reluzente de topázios. Uma coroa cravejada de pedras completa o traje. Hierática e misteriosa, caminha até o centro do palco e pára, como um ícone, enquanto a corte inteira se ajoelha. Depois se acomoda em seu divã, estende a mão para que a beijem e em seguida — sim — o pé! Estabelecida sua régia presença, a ação leva Sarah, ou melhor, Teodora — para a platéia as duas são uma só — às ruas sombrias de Istambul, onde, vestida como a lasciva escrava que era na juventude, conhece Andréas, o homem que está conspirando para derrubar o imperador, e se apaixona por ele. O enredo se intensifica, bem como as oportunidades de Teodora exibir um vasto guarda-roupa e uma gama de emoções ainda mais vasta. No fim, tendo sofrido mais do que qualquer pessoa merece, ela envenena o amante por engano. Enlouquecida com seu ato, cai sobre o corpo prostrado de Andréas. Um sinistro carrasco, segurando uma corda de seda vermelha, aproxima-se lentamente.

"Venha", diz ela, chorando. "Estou pronta." A cortina se fecha quando Teodora está prestes a ser estrangulada com o laço escarlate.

Na estréia, em 26 de dezembro de 1884, o melodrama, a montagem e principalmente Bernhardt foram brindados com uma das mais estrondosas ovações da história do teatro. Sarah manteve *Teodora* em cartaz durante todo o ano de 1885. Apresentou a peça trezentas vezes em Paris e mais de cem vezes em Londres. No verão levou-a a Bruxelas, Genebra e às províncias francesas. Tudo isso a despeito dos críticos, que acharam o enredo inverossímil, o ambiente histórico confuso e a fantasia romântica falsa. No entanto, apesar de todas as suas reclamações, admitiram que até um disparate podia ser glorioso nas mãos de uma Bernhardt. Para o crítico Jules Lemaître ela era "uma Salomé, uma Salammbô: uma criatura distante e quimérica, sagrada e colubrina, com um fascínio ao mesmo tempo místico e sensual".

A maioria dos espectadores se contentavam em deslumbrar-se com Sarah e parar por aí. Mas havia os que ansiavam por aproximar-se dela, descobrir de que matéria era feita. O romancista Pierre Loti era um desses. Nascido em 1850 com o nome de Julien Viaud em Rochefort-sur-Mer, um tranqüilo e pequeno porto no litoral atlântico da França, Loti cresceu numa atmosfera de rígido protestantismo entre mulheres que adoravam mimá-lo. Quando menino tocou piano e criou um museu com peles de cobra, borboletas, conchas e penas que seu tio marinheiro lhe trazia dos trópicos. Essas calmas ocupações não o impediram de abraçar a dura vida de marujo que observava da janela de seu quarto. Foi talvez o chamado da sereia, conjugado com as aventuras náuticas que o irmão lhe contava, que o levou à academia naval. Três anos depois ele era aspirante numa escuna que viajava para o Taiti e a ilha de Páscoa.

Pierre não era um marinheiro comum. Tinha necessidade de expressar-se e aos vinte e poucos anos começou a enviar artigos e desenhos para *L'Illustration* e *Le Monde Illustré*. Aos 25 conheceu Sarah, que estava com 31. Por essa época Loti percorrera o mundo, envolvera-se em amizades ardentes, com homens e mulheres, e era obcecado pelos prazeres exóticos e proibidos da vida nativa.

Viu Bernhardt pela primeira vez sentado na fileira da frente na platéia da Comédie Française. "Nunca esquecerei", confidenciou a seu diário, "o momento em que ela se aproximou do proscênio e fitou-me com aqueles grandes olhos sombrios, a cabeça estendida para a frente como um anjo do mal. Por duas vezes encontrei aqueles olhos [...]."

O jovem Loti adotou um tom mais brincalhão ao narrar o fato numa carta a seu colega da Marinha Lucien Jousselin. (O "Pierre" ao qual se refere evidentemente é ele mesmo.)

> Imagine [...] em meados de junho caí nas estranhas garras de Sarah Bernhardt. Certa noite o vigia de gávea Pierre, que nunca sequer pensara em *milady* S. B., resolveu ir com seu modesto uniforme azul de marinheiro à Comédie Française e obter um bom lugar. [...] A bela doña Sol, que já estava no palco, brindou-o com seu mais gracioso sorriso, para grande espanto da platéia.
>
> No dia seguinte o marujo Pierre foi à casa de *milady* S. B., que o recebeu da maneira mais encantadora, ofereceu-lhe uma rosa, aceitou o esboço de seu retrato feito por ele e disse-lhe *au revoir*. No outro dia, vestido em seu traje turco mais bordado e dourado, Loti fez uma segunda visita a *milady* S. B. Essa visita demorou quatro horas, quatro horas durante as quais foram ditas e feitas muitas coisas loucas. Inspecionou-se a casa inteira, e Pierre foi apresentado aos empregados, a um macaco e a vários cães *wolfhounds* e dinamarqueses. Duas horas muito curiosas passaram-se num certo sofá, e durante esse tempo *milady* S. B. se comportou de modo muito estranho e nervoso. Na hora do jantar Loti ingenuamente se despediu e rumou para Rochefort.
>
> Nunca mais o pobre Loti ouviu uma palavra de *La Belle Dame Sans Merci* [A Bela Dama Sem Piedade]. Mandou-lhe rosas, bonitos desenhos e lindas cartas ardentes de amor. Mas a dama ficou indiferente e não respondeu. Pierre mostrara falta de coragem e ousadia; cometeu o imperdoável ao deixar escapar o momento psicológico — aquele momento que não volta mais. A inevitável conseqüência e a moral: Loti, que nunca sequer pensara em *milady* S. B., agora

está enfeitiçado por ela e, contrariamente a todas as expectativas, deseja-a da maneira mais louca. [...]

Uma vez Loti falou que não era seu próprio tipo físico. Tampouco era o de Sarah. Todos sabiam de sua queda por homens grandes e fortes, como Mounet e Richepin — e Loti não era nada disso. Um pingo de gente com olhos de gazela, usava pesada maquilagem, ostentava sapatos de salto alto e estava envolvido com o que chamava "os pecados de Sodoma". Sarah ignorou-o após sua primeira visita, já que ele parecia ser mais um de seus muitos fãs efeminados e tontos. Enganou-se, porém. Um dia dois homens corpulentos entregaram um grande tapete em sua casa, desenrolaram-no e Loti apareceu, travesso e sedutor como Cleópatra quando se fez conduzir à presença de César. Parece que sua travessura divertiu a atriz, pois logo os dois se tornaram amigos íntimos.

Em pouco tempo Loti sentiu-se bastante seguro para enviar a Sarah a foto de um marinheiro nu. E quando publicou seu primeiro romance, *Aziyadé*, dedicou-o a ela:

> Madame. O obscuríssimo rapaz a quem chama de "*Pierre, le Fou*" [Pierre, o Louco] humildemente dedica esta história à senhora, que reluz com tanto brilho em meio aos inteligentes deste mundo. Seu nome emprestará poesia e encanto a estas tristes páginas.

Infelizmente o editor informou a "Pierre, le Fou" que era tarde demais para incluir a dedicatória, uma vez que o livro já estava no prelo. A omissão teve pouca importância, pois com ou sem seu nome Sarah achou *Aziyadé* admirável. Sua reação nada teve de surpreendente. Se Loti era um mestre menor, era um talento maior, cujas histórias trazem extasiados retratos do mar, de marinheiros, de gente primitiva e de seu amor por ela. O fato de Sarah ter gostado de seu livro comoveu-o e o levou a declarar: "Ela os entende a fundo". Firmada sua amizade, o romancista descobriu que a atriz era ainda mais extraordinária do que pensara. Em outra carta a seu amigo Jousselin descreve o quarto de Bernhardt:

> Um quarto amplo, suntuoso e fúnebre: das paredes, do teto, das portas e janelas pende um cetim chinês pesado e negro, bordado com morcegos e monstros mitológicos. Há um grande baldaquim decorado com o mesmo tecido negro e sob o qual, parcialmente escondido, está um caixão de madeira aromática e preciosa, acolchoado em cetim branco. Um maciço leito de dossel, em ébano, com cortinados negros; e uma colcha bordada com um imenso dragão vermelho de asas e garras douradas. Num canto um espelho de corpo inteiro emoldurado com veludo negro; empoleirado na moldura, um morcego empalhado, verdadeiro, com as peludas asas abertas. No meio de todo esse esplendor mortuário três

figuras em pé se contemplam no espelho, de mãos dadas. Uma, "o esqueleto de um belo jovem que morreu de amor", um esqueleto chamado Lazarus, de ossos lisos como marfim, uma obra-prima de arte anatômica que consegue manter-se erecto e sabe fazer poses. No centro, encarando o espelho, uma mulher num vestido de cetim branco com uma longa cauda — uma mulher jovem, deliciosamente linda, com grandes olhos sombrios, graciosa, distinta, encantadora, uma estranha criatura: Sarah Bernhardt. A terceira personagem, um jovem usando um traje oriental bordado a ouro como se fosse a uma festa em Istambul: Pierre Loti, ou Ali Nyssim, como você preferir. Quantas loucuras nós três fizemos nesse quarto de cortesã, quarto único no mundo!

Uma página do diário de Loti nos mostra Bernhardt em casa pouco antes de sua primeira viagem a Londres com a Comédie Française:

28 de maio de 1879

Às quatro em ponto apresento-me a Sarah em meu uniforme de marinheiro. Encontro-a no grande salão-ateliê, mais atulhado que nunca com estranhos e preciosos objetos orientais; buquês de rosas e flores raras por toda parte. Ela se veste toda de negro com um ramalhete de rosas vermelhas. Ali presente se acha uma multidão de artistas e literatos, no meio dos quais minha roupa de marinheiro produz um efeito singular. Sarah Bernhardt se aproxima e me estende a mão com uma graça perfeita. Cumprimenta-me por meu livro, que já fez circular por sua corte, a qual o louvou como "a obra de um poeta". Desde que chego suas atenções colocam-me no mesmo nível daqueles que me rodeiam e me olham com grande curiosidade. Pergunto-lhe se posso vê-la a sós amanhã. Ela concorda. Conta as horas nos dedos, repassando rapidamente seus compromissos para o dia seguinte, e marca o encontro para uma e meia da tarde. Ao despedir-me, seguro-lhe a mão por um tempo um pouco longo demais, com emoção maior do que convinha mostrar em público. Pensar em nosso encontro me perturba.

Precisamente à uma e meia toco a campainha na casa da avenue de Villiers. Uma criada sorridente conduz o pobre marinheiro Pierre ao bizarro salão. Madame aparece com um ar sonhador, ainda vestida de negro. Recebera um telegrama antecipando de um dia sua partida para a Inglaterra. As visitas — príncipes, marquesas, escritores e artistas — chegam aos bandos para despedir-se. Ainda vejo a cena: um grupo de artistas e mulheres preeminentes, o pintor Jules Bastien-Lepage, mlle. Abbéma, mlle. [Jeanne] Samary, a velha *dame de compagnie* [Guérard], as criadas, o cão dinamarquês e o grande *wolfhound* retratado por Clairin. Todo mundo está atarefado com os preparativos da viagem; uma desordem indescritível. Extremamente calma, sentada à escrivaninha na alta cadeira gótica que traz seu lema *Quand même*, Sarah Bernhardt dá suas ordens. No meio dessa confusão chega uma grande quantidade de cartas e cartões de despedida. Levantando-se graciosamente, Sarah me oferece sua fotografia como doña Maria de Neubourg [a rainha da Espanha em *Ruy Blas*].

"Escreva-me [...]", diz, "77 Chester Square — e não se esqueça de mim!"

Isso era muito difícil de acontecer. Desconhecido e novato em Paris, Loti estava mais do que encantado em participar da corte de Sarah e constrangido com sua posição entre os amigos famosos da atriz. No entanto seu relativo anonimato não duraria muito. Em 9 de julho de 1879 ele lhe escreveu:

> Parece-me que ocorreu uma mudança em minha vida: que consegui algo inesperado e impossível quando você tão abertamente me aceitou como seu amigo. De vez em quando lhe escreverei das terras longínquas às quais voltarei em breve. Falarei de minha existência, tão distante da sua. Mandar-lhe-ei minhas impressões de solidão. [...] Ao receber minhas cartas, você nem sequer as olhará. Você as dará ao esqueleto, Lazarus, que as lerá em voz alta para o morcego.
>
> Ainda estou sob o encantamento daqueles poucos instantes que passei com você. Contudo tremo ao pensar que devo ter parecido ridículo, principalmente em meu traje turco. [...] Preferiria que você se lembrasse de Pierre o marujo, que mais tarde naquela noite a divertiu por um momento. Nunca desejei adulá-la; aliás, isso seria banal, já que você recebe tanta adulação. Deixe-me dizer-lhe de uma vez por todas que para mim você é um ideal, colocado muito alto, uma criatura extraordinária e deliciosa, pairando bem acima das outras mulheres; que você tem o misterioso fascínio de um enigma; que um certo lado sombrio de sua natureza exerce sobre mim a mesma atração, talvez, que seu encanto.
>
> Meu sonho irracional seria levá-la comigo, singrar os mares num navio comandado por mim e tendo meus amigos por tripulantes. Por meus amigos quero dizer um bando de piratas que não sabem o que é medo e não se detêm diante de nada, exceto de meu comando. Como você combinaria bem conosco, e quantas maravilhas veríamos! Por favor, desculpe esta carta insensata.

Oito meses depois, em 29 de março de 1880, Loti ainda medita sobre seu fracasso na sedução de Sarah:

> Em casa de Alphonse Daudet. Eis aí um homem que me encanta. Ele tem algo de único. Diz que nestes últimos anos não viu nada na literatura francesa tão bom quanto (meu livro) *Le mariage de Loti* [O casamento de Loti].
>
> Em casa de Sarah Bernhardt, às três horas. Ela está doente. Sua porta está fechada para todos, mas deixam-me entrar. Conduzem-me ao grande salão e pedem-me que espere; uma velha senhora, tagarela e espirituosa — uma atriz, sem dúvida — vem me fazer companhia. É uma explosão interminável de chistes. Uma criada aparece e me concede permissão para subir ao quarto de Sarah. Ela se encontra em seu leito monumental de cortinados de cetim negro em sua monumental câmara mortuária revestida de negro. Está mergulhada em acolchoados de cetim branco com bordados de cisnes. Nunca a vi com um aspecto tão jovem, tão descansado, os olhos tão brilhantes. Parece alguém que faz papel de doente.
>
> O esqueleto está ali, sentado perto dela. A velha espirituosa estorva ainda mais que ele. S. B. está com um humor adorável. Estende a mão para eu beijar com uma graça admirável — como no segundo ato de *Ruy Blas* —, porém seu

tom já não é aquele de dois anos atrás, quando a visitei vestido de turco. Meu momento ao sol passou para nunca mais voltar. A velha ama recebera ordens de não nos deixar a sós; é ela quem me conduz à porta, muito delicadamente, com muitos cumprimentos — e um certo ar irônico que é por demais engraçado.

Uma anotação no diário feita em 1884 revela que Pierre Loti concluiu sua viagem do anonimato para a fama:

Dez dias empolgantes em Paris. Agora sou uma celebridade, assediado e festejado como nunca fui.* No entanto ainda sonho com a deslumbrante criatura escandinava que sem dúvida nunca mais verei. [E que, considerando-se a natureza ambivalente da sexualidade de Loti, provavelmente era um homem.]

Sinto-me outra vez atraído por Sarah Bernhardt, sobretudo na noite em que a visitei no camarim durante os intervalos de *A dama das camélias*. Enquanto ela se veste para o primeiro ato, ainda em suas roupas íntimas, madame Guérard e a camareira me dizem que, por ordem sua, devo entrar de costas com os olhos fechados. A voz que responde é sedutora e um tanto excitada. Seu camarim, adornado com cetim chinês branco bordado de diabretes e demônios, está delicadamente perfumado.

"Esta noite vou representar para Renan [Ernest Renan, autor de *A vida de Jesus*] e para você", diz ela, "porque você voltou de Tonking. Vai ver como será bom." De fato, ela foi incomparável. Que engraçado seu entusiasmo por Renan!

"Não me importa que ele cheire mal", declara, "que pareça um sapo; digam o que quiserem, eu o admiro."

"Faço o possível", responde a toda uma corte que vem elogiá-la após o espetáculo. Para deixar o teatro naquela noite simplesmente colocou uma longa pele de raposa sobre a camisa sem mangas de batista e lá está, pronta para entrar em seu enorme landau, enquanto estende a mão para mim, entre as duas fileiras de obscuros admiradores que esperam para vê-la sair.

Não havia ambivalência sexual no caso do poeta conde Robert de Montesquiou, outra das amizades literárias de Sarah. Ostensivamente homossexual, inconsistente como seus poemas, imponente como seu nome, requintado como a pérola cinzenta que usava na gravata, Montesquiou era talvez a orquídea mais rara de toda a Paris. Sarah o bajulava e o chamava de "meu irmão, minha alma gêmea, meu *alter ego* para sempre". Foi ainda mais longe. Seduziu-o — gesto que levou o pobre conde a perder seu jantar. Passada essa provação, Sarah continuou num plano mais espiritual.

(*) Os esnobes parisienses que em fins dos anos de 1870 se perguntavam o que o minúsculo marinheiro fazia no salão de Sarah agora se orgulhavam de conhecer o autor do idílio polinésio *Le mariage de Loti* e de *Mon frère Yves* [Meu irmão Yves], seu romance sobre as viagens de um marujo ao redor do mundo, publicado em 1883. Nesse ano, como oficial da Marinha francesa, Loti participou da batalha da baía de Tonking naquela parte da Indochina francesa que hoje se chama Vietnam e enviou artigos altamente polêmicos para *Le Figaro*, expondo uma série de escândalos que se seguiram à queda de Hué.

"Amo-o com uma doce e infinita ternura", disse, arrebatada. "Amo-o com uma divina paixão maternal e tenho certeza de que minha vida está ligada à sua."

Celebrando seu amor platônico, posaram para uma fotografia engraçada: Bernhardt como *Le passant*, de Coppée, o jovem e ardente trovador Zanetto; e Montesquiou num traje idêntico. O poeta conde era, talvez, o homem mais afetado de sua geração — característica que agradava em cheio à teatral Bernhardt. De fato era puro teatro ver a atriz, os braços estendidos, os olhos luzindo de admiração, dirigir-se para seu "*poète adoré*", enquanto ele, curvado num espasmo de êxtase *fin de siècle*, beijava-lhe os dedos cobertos de jóias e apreciava-lhe o vestido prateado, bordado com guirlandas de íris. Ainda mais teatral era ver Bernhardt habilmente apoiada na lareira de um salão aristocrático lendo os últimos poemas de Montesquiou, enquanto ele, atento e encantado, assumia a pose de *O pensador*, de Rodin.

Todos esses jogos de salão ficaram para trás em 22 de maio de 1885, quando Victor Hugo morreu aos 83 anos de idade. Sua morte foi um golpe profundo para Bernhardt. O grande poeta era sua juventude; as peças que ele escreveu fizeram-na sentir pela primeira vez o gosto da glória. Agora seu velho amigo se fora, levando o romântico fervor que alimentara sua arte. Dois milhões de pessoas acompanharam o funeral de indigente que o escritor pedira. Em meio à onda humana que se deslocou a pé desde a Étoile até o Panthéon estava Sarah — uma anônima figura velada, toda de preto. Caminhando pelos bulevares cobertos de negro, foi reconhecida, e a multidão afastou-se para criar um espaço a sua volta: doña Sol de luto por seu criador morto. Para homenageá-lo, no final do ano ela reapresentou *Marion Delorme*. Infelizmente os parisienses se animaram mais a seguir o grande herói nacional até a tumba que a comprar ingressos para assistir a sua peça.

A fim de agradar Philippe Garnier, o amante que despachou na Rússia quando decidiu transformar Damala em ator, no final de fevereiro de 1886 Sarah concordou em contracenar com ele em *Hamlet* no papel de Ofélia. Foi um desastre. Nos dez dias em que a peça ficou em cartaz Garnier foi vaiado. Conquanto aplaudida e elogiada por sua Ofélia, Sarah não teve melhor sorte — teve-a pior, na verdade, pois era quem pagava as contas do Porte Saint-Martin. Precisando desesperadamente de dinheiro, colocou seus bens em leilão, vendeu sua luxuosa casa na avenue de Villiers e alugou um apartamento com parcos móveis na rue Saint-Georges para servir-lhe de *pied-à-terre*.

Em abril de 1886 partiu para uma turnê de catorze meses pela Grã-Bretanha e Américas do Norte e do Sul. Antes de deixar Paris reapresentou a infalível *Fédora*, de Sardou, por um breve período. Uma noite um visitante inesperado apareceu em seu camarim. Era o príncipe de Ligne. Vinte anos haviam se passado desde que Sarah tivera um filho dele, anos imprevisíveis em que Bernhardt chegara ao ápice, enquanto Ligne continuava o que sempre fora: o descendente de uma casa rica e nobre. No dia seguinte, depois de almoçar com Sarah e Maurice, ele se ofereceu para reconhecer o filho e doar-lhe um dinheiro. Maurice recusou polidamente, mas com firmeza, dizendo que, como sua mãe o criara sozinha, em geral com grande dificuldade, devia tudo a ela e por gratidão preferia conservar seu nome.

Com seu jeito aristocrático, Maurice, que nunca se interessara em saber de onde vinha o dinheiro que recebia sem cessar, desconsiderou a possibilidade de expressar melhor sua gratidão pela mãe — que aos 41 anos se encontrava em dificuldades financeiras humilhantemente notórias — deixando que o pai a liberasse da obrigação de sustentá-lo. Na verdade é muito provável que o príncipe de Ligne tenha reaparecido para ajudar Sarah, mas acabou sendo rejeitado por seu belo filho arrogante.

Naquela tarde Maurice foi até a estação com o pai, que devia partir para Bruxelas. A Gare du Nord estava apinhada de gente, e Ligne, temendo perder o trem, pediu a um funcionário que o passasse na frente da multidão. A fim de encorajá-lo, colocou-lhe uma moeda na mão e murmurou seu nome principesco. Não teve o menor sucesso. Então Maurice interferiu: era filho de Sarah Bernhardt, informou; não se podia fazer alguma coisa? À menção do nome mágico, os dois foram conduzidos por entre a multidão até o compartimento do príncipe. Ao apertar a mão do pai, Maurice não resistiu a um último dardo: "Como vê, não é tão ruim ser um Bernhardt", falou. Palavras verdadeiras, pelo menos de seu ponto de vista. Aos 21 anos Maurice era o "delfim" de Sarah, seu queridinho mimado. Quando se revelou incompetente para administrar o teatro, ela deu de ombros e o perdoou. Quando perdia grandes somas no jogo, ela lhe desejava sorte melhor da próxima vez. Quando esbanjava dinheiro com roupas, carruagens e cavalos, ela achava que era seu direito de nascença, por ser filho de um príncipe, e sorria orgulhosa ao ver seu lindo e extravagante jovem dândi cavalgando rumo ao Bois de Boulogne. Em suma, ela era a mãe que amava incondicionalmente, sempre disposta a mimar o filho em troca de seu amor. E cabe acrescentar que Maurice sempre esteve disposto a mostrar seu amor em troca de sua mimada existência.

No final de abril de 1886 Bernhardt e sua companhia embarcaram em Bordeaux com destino ao Rio de Janeiro, onde deviam se apresentar no mês de junho. Em sua primeira viagem à América ela deixara o filho, que tinha então quinze anos, com tia Henriette e tio Faure. Agora que Maurice estava com 21, Sarah ficou encantada em levá-lo junto na primeira parte da turnê. Para que ele tivesse companheiros de sua idade, convidou seu amigo Jean Stevens. E também contratou como atriz Saryta, filha de sua irmã Jeanne. (O pai de Saryta era Oscar Planat, uma das "celebridades" de Paris, que freqüentava os mesmos círculos que Charles Haas e o príncipe de Ligne. Atriz talentosa, a sobrinha de Sarah faria carreira na Comédie Française com o nome de Saryta Bernhardt.)

A primeira visita de Sarah ao Brasil foi um longo triunfo. Ela gostou de ver o imperador, dom Pedro II, assistir a todas as suas apresentações, embora insinue em suas cartas que o monarca não era tão generoso em presentear como alguns dos soberanos europeus que conhecera.

Acompanhá-la do Brasil a Argentina, Uruguai, Chile, Peru, Cuba, México e depois do Texas pelos Estados Unidos até Nova York seria quase tão exaustivo quanto refazer seu percurso. Contudo para Bernhardt a saudade da pátria, o trabalho extenuante e os milhares de quilômetros de viagem desconfortável eram compensados pelos tapetes vermelhos, festas e homenagens, presentes preciosos, governantes exóticos e ganhos astronômicos.

Essa turnê pelas Américas não consta de *Ma double vie*, já que o livro termina em 1881, quando ela voltou à França após sua primeira viagem aos Estados Unidos. No entanto Sarah descreveu-a em cartas, que diferem das memórias da mesma forma que uma conversa íntima difere de um discurso em público.

Os principais destinatários dessas cartas foram seu filho e Raoul Ponchon. Ponchon bem poderia ser uma personagem de *La bohème* de Murger ou de Puccini. Amigo íntimo não só de Richepin, mas também de Paul Bourget, freqüentava o Quartier Latin, escreveu um livro de poemas intitulado *A musa do cabaré* e, como Richepin, orgulhava-se de seu afeto pela gente das ruas de Paris. Para Sarah era o *petit ami* ideal, o afável confidente com quem podia falar abertamente sobre Richepin, que — ela procurava iludir-se — perdoaria suas infidelidades e voltaria para seus braços.

As cartas seguintes são de Bernhardt para Ponchon:

A bordo, 4 de maio de 1886

[...] Apesar da dor, da vergonha e da tristeza que minha *liaison amoureuse* com Jean me causou [...] ainda tenho uma grata lembrança: a de conhecê-lo e de saber que você está para sempre em meu coração. Amo-o profundamente; você é parte de meus sonhos para o futuro. Querido amigo, continue sendo sempre meu amigo, mantenha intato o lugar que ocupo em seu coração. Sinto-me tão bem ali. [...]

Rio de Janeiro, 27 de maio de 1886

Meu querido Ponchon, meu Ponchinot

Finalmente aqui estou, depois de 22 dias no mar. Que viagem esplêndida, que país maravilhoso! [...] Mas a cada alegria corresponde uma tristeza. Se o país é extraordinário, o clima é terrível. A fabulosa vegetação se deve ao calor extremo e à medonha umidade. [...] Todo mundo anda meio doente. [...] Eu lhe escreverei depois da primeira representação. [...]

Abraço-o com toda a minha alma.

[...] O pobre Berthier, membro de nosso grupo, quase morreu de febre amarela, e Jarrett não está nada bem. Maurice tem cuspido sangue. Os médicos daqui dizem que é um problema cardíaco. Mas infelizmente o fato de ser o coração e não os pulmões não faz com que me sinta melhor. Dentro de alguns dias partiremos para um lugarejo chamado São Paulo, a catorze horas do Rio. Chamam-no de Suíça brasileira e dizem que lá faz muito frio.

Que ladrões sanguinários há aqui! Ah, se a febre amarela os levasse! Eu não derramaria uma lágrima. [...] Segunda-feira represento Fedra, sim, Fedra. Naturalmente não entenderão nada. [...] Minha companheira de viagem é Marie Jullien [uma atriz da companhia]. Tomamos as refeições juntas e dormimos em quartos vizinhos. Deixamos aberta a porta de comunicação e conversamos até cair no sono. Sobre o que as mulheres geralmente conversam? Roupas. Mas nós falamos de amor. Ela adora seu capitão, seu amante há seis anos. Mulher de sorte, confia nele e o capitão confia nela! Escuto-a com inveja. E enquanto Marie me faz suas confidências, penso em meu amado Richepin e em Ponchon, o palhaço triste que nunca ri.

A vida aqui é triste e feia — oh, muito feia. Não que as pessoas não sejam encantadoras e meu sucesso enorme. Mas que teatro! Ratos e camundongos por toda parte. Luzes tão fracas que cenas matutinas parecem ter lugar à meia-noite. Não há acessórios, apenas um sofá tão duro que me arrebenta as costas e um tapete tão pequeno que poderia ser o cachecol que o contra-regra estende para secar seu tabaco. E contudo tenho rido muito. Fiz espetáculos ótimos, e logo estaremos de partida.

Um grande abraço, um beijo e todo o meu coração.

[...] Sua Majestade, o imperador do Brasil, parece que é pobre demais para comprar uma assinatura. Toda noite chega ao teatro numa carruagem puxada por quatro mulas ofegantes. E que carruagem! Tão absurda quanto seus guardas esfarrapados. Esses galantes brasileiros parecem que estão sempre brincando. Brincam de construir casas, de abrir estradas, de apagar incêndios, de ser entusiásticos.

Há um lugar magnífico, bem no alto, uma floresta virgem em todo o seu esplendor com atalhos margeados de bambus grossos como suas pernas e bananeiras magníficas carregadas de frutos. E iúcas grandes como carvalhos, e camélias com gigantescos troncos retorcidos. Em frente há uma montanha coberta de várias árvores floridas e muitas camélias e cascatas por entre plantas raríssimas. Beija-flores pequeninos como borboletas esvoaçam em torno da cabeça das pessoas. Garças de crista dourada, frangos-d'água com enormes bicos vermelhos e íbis cor-de-rosa: o efeito é mágico.

Para caçar nas lagoas da região é preciso entrar numa pequena piroga escavada no tronco de uma única árvore. Um barqueiro negro fica de pé na proa e o caçador senta-se no meio. Um movimento repentino [...], um espirro, e a piroga emborca. Nunca naveguei assim, mas da próxima vez que formos lá vou experimentar. [...] Como seria interessante fazer esta viagem com você! Abraço-o com toda a minha força e amo-o muitíssimo.

Escreva-me para o Hôtel de la Paix em Buenos Aires.

Buenos Aires, 17 de agosto de 1886

Escute, lord Ponchinot, neste exato momento, neste 17 de agosto às quatro horas da tarde, tenho 200 mil francos. Todas as minhas despesas estão pagas, meus vestidos, as contas de Maurice — tudo! Dê-me parabéns e conte a Richepin, sei que ele vai gostar. Na verdade levarei comigo 1 milhão. Completo. Com todo esse grande sucesso, tenho de admitir que trabalho como uma escrava e anseio por partir da Argentina para o Chile — embora a travessia de doze dias seja terrivelmente perigosa. Escreva aos cuidados de meu tio, Hôtel Colon, Valparaíso.

Meu Maurice está muito bem e volta para a Europa em outubro. Desde minha chegada fotografias de Jean Richepin estão à venda junto das minhas. É um pouco irritante, mas esse tipo de amolação me acompanhará até o fim da vida, e preciso me habituar. Contudo ele está tão feio nas fotografias que é *isso* que me irrita ainda mais. Quando um de meus adoradores locais me diz, com as narinas infladas e a voz carregada de emoção: "Sua fotografia está em tal e tal loja, perto da de Richepin", respondo: "Sim, porém ele é muito mais bonito que isso".

Tenho dois admiradores aqui. Ambos perdidamente apaixonados por mim. Um tem 22 anos, é muito elegante, muito namorador, muito forte e, creio, muito depravado. Está tão loucamente apaixonado que, dia sim, dia não, é preciso colocar-lhe sanguessugas atrás das orelhas para tirarem um pouco de seu sangue quente! Cego de desejo e incrivelmente tolo, não é possível desencorajá-lo. O outro tem 24 anos. É sincero, tem os olhos e a boca de uma mulher sentimental. É discreto, ardente e está disposto a ser inteiramente fiel. O primeiro é um importante advogado e inimigo político do segundo, que é secretário particular do presidente. Acho melhor sair da cidade antes de iniciar-se a confusão. Desde que cheguei aqui só tem havido duelos por minha causa, pois todos pensam que estão apaixonados por mim. Oh, querido Ponchinot, como prefiro sua doce ternura!

Estou perplexa com esses infames jornais franceses. Nunca vi mentiras tão covardes nem uma alegria tão evidente como quando informam que estou arruinada e enferma. Que criaturas miseráveis! Que tolos nojentos! Não há verdade no que dizem, exceto, admito, na história da louca que me atacou e em quem bati com meu chicote. [...]

Antes de fazer a perigosa viagem pela porção meridional da América do Sul, Sarah mandou o filho e seu amigo para Nova York, onde, escreveu a Ponchon, "Maurice está se divertindo muito. Celebridade do momento e queridinho da sociedade e do *demimonde*, está orgulhoso como um pavão". E igualmente egocêntrico, conforme nos mostra uma carta que ela enviou de Londres, última parada de sua extenuante turnê de treze meses:

Se vir Maurice, querido Ponchon, diga-lhe que estou morrendo de tédio e que seria uma obra de caridade ele vir passar uns dias comigo. Ele diz que virá dia 18, porém não acredito. Por favor, escreva-lhe nessa linha, mas *não o repreenda nem o force a vir.*

Sarah relatou sua viagem da Argentina ao Chile numa carta para Maurice em que revela mais uma de suas facetas: a intrépida viajante do mundo muito distante da criatura decadente e frágil que está nos diários de Pierre Loti:

> A bordo do Cotopaxi, 11 de agosto de 1886
>
> Meu querido, amado Maurice
>
> Acabo de receber seu telegrama, anunciando que chegou a Paris. [...] Oh, como estamos longe um do outro, meu querido filho, e como é doloroso para mim contar as horas que nos separam! Enquanto seu navio se dirigia para a França, o meu me afastava cada vez mais de você. [...]
>
> Os dois primeiros dias da viagem foram tempestuosos, mas depois o sol apareceu e entramos no estreito de Magalhães facilmente, por nossas próprias forças. O capitão era todo sorrisos, quando — bum! — numa esplêndida manhã, em mar calmo, o navio deu uma guinada, pendeu para um lado, endireitou-se violentamente e encalhou. [...] Pela vigia avistei uma casa branca à distância de um tiro e — quase tocando o navio — gado assustado com essa grande máquina. Se o mar estivesse violento, juro por minha honra que teríamos batido na casa. Tal habitação pertence a dois ingleses que vivem sozinhos nessa estranha ilha árida, sem colinas, nem árvores, nem nada exceto um áspero capim amarelo. Eles subiram a bordo para ver quem eram seus inesperados visitantes. Ao saber que madame, sua mãe, estava entre esses visitantes, disseram-me que viajaram quatro dias até Montevidéu só para me ver representar. Convidaram-me a ficar com eles e caçar o puma que avistávamos à distância nas dunas baixas, porém o capitão suplicou-me que não desembarcasse. Permaneci a bordo, não sem me lamentar. Jogamos bacará o dia inteiro, e ganhei mil francos, que deduzi do que você deve a Grau.* Disparei nas gaivotas com o Winchester de Garnier, mas só consegui danificar uma bóia. Às quatro horas um grande navio alemão apareceu no horizonte. Parou a 1,5 quilômetro de distância. Depois seu capitão veio até nós numa lancha. [...] Nosso capitão Hayes parecia muito nervoso. Chamou-me à parte e disse: "O comandante alemão se ofereceu para nos rebocar até alto-mar, porém é possível que não consiga. O que a senhora acha? Tem medo de ficar encalhada ou confia em mim?".
>
> "Ah, capitão", respondi, "peço-lhe que o mande embora. Confio no senhor e em minha boa estrela", e toquei a medalha da sorte que você me deu, aquela que trago numa corrente ao redor do pescoço. Visivelmente emocionado, o capitão expressou seus sinceros agradecimentos. Naquela noite, durante o jantar, bebemos a sua saúde e às marés das quais dependia nosso destino. No dia seguinte, após horas de trabalho duro por parte do motor e da tripulação, o navio endireitou-se e partimos. É essa, meu querido, a história de minha pequena odisséia.

(*) Sarah ficou muito triste quando seu empresário, Edward Jarrett, que adoecera no Brasil, morreu durante a viagem do Rio a Buenos Aires. Seu secretário, Maurice Grau, substituiu-o e nos vinte anos seguintes organizaria suas turnês. Também dirigiria a Metropolitan Opera Company de Nova York em seus "anos dourados".

12 de agosto de 1886

[...] Hoje de manhã retomo a história de nossa viagem. O estreito de Magalhães proporciona um esplêndido espetáculo: uma cadeia de montanhas recobertas de vegetação e neve. Às vezes parece que se está encerrado ali [...] mas atravessa-se, apertado em ambos os lados pela majestosa, impressionante Grande Cordilheira dos Andes. Ah, como pensei em você, meu querido Maurice, sobretudo quando uns patagônios vieram até nós. Detiveram sua piroga ao pé de nosso navio. Eram três homens e quatro mulheres, uma com um bebê nas costas. As mulheres tinham a pele vermelha e a cabeça raspada com um tufo de cabelos grossos e negros. Seu rosto ossudo e largo era sorridente e encantador. Usavam mantos de guanaco* ou de pele de foca. Um homem estava nu até a cintura e vestia calções de fino tecido negro; outro trajava uma jaqueta xadrez. Outro ainda usava meias de mulher, ceroulas marrons cortadas acima dos joelhos e um colete de flanela. Em sua voz doce as mulheres pediram biscoitos, dizendo: "*Gayetta! Gayetta!*". Também gostam de repetir uma frase em inglês que provocou ataques de riso em toda a tripulação. Ninguém a traduziu para mim, pois foi ensinada por marinheiros e é muito indecente.

O primeiro homem desceu ao barco e negociou o boné do capitão em troca de dois colares de ossos que o capitão me deu de presente. Um é para você. Por fim perguntei a uma das mulheres se me daria o que estava usando, uma pele de avestruz presa por duas correias. Ela se levantou, rindo, e sem falsa modéstia tirou-a e a deu para mim. Ela era muito bonita: forte, pernas jovens, seios pequenos e pés extraordinariamente grandes, dos quais provém o nome de patagônios, é óbvio.

Enfim retomamos nossa viagem. Ao entardecer do dia seguinte o navio parou. Estávamos prestes a contornar o perigoso cabo Silas. Vimos dois navios encalhados, um com a proa no ar, o outro com o mastro principal acima da água. Nossa chegada a cabo Silas foi horrível: quatro dias e noites enfrentando um vento furioso. O barulho era infernal; o navio inteiro rangia; e todo mundo se agarrava nas paredes.

Avistamos Lota às quatro da manhã, com cinco dias de atraso. Uma lancha coberta de flores foi nos encontrar. Assim que pus o pé nela, a música começou: "A marselhesa", seguida do hino nacional chileno. Os jardins de Lota são adoráveis: cascatas, pontes, grutas, montanhas, um magnífico castelo e um esplêndido palácio do governo, tendo como fundo o mar e os rochedos. Ao longe vemos uma aldeia de mineiros, espremida e tosca.

Após o almoço, que apreciamos muito, fomos conduzidos até as minas num vagão cargueiro enfeitado com fitas, flores e bandeiras francesas. Quando chegamos, aguardava-nos uma heterogênea multidão de mineiros, mulheres e homens. A descida de sessenta metros até o subsolo é impressionante, assemelhando-se muito às descrições contidas em *Germinal*, de Zola. Dentro da mina, sucumbi à emoção. Os mineiros postavam-se em fila, com suas surradas roupas de trabalho, lâmpadas presas

(*) Guanaco: animal castanho e lanoso aparentado com o camelo, porém sem corcova. Junto com o avestruz, constituía o principal meio de subsistência dos nativos, que o caçavam a cavalo com a ajuda de cães.

à testa. Um deles presenteou-me com folhas de palmeira. Ouvimos uma música suave e triste. Era tão pungente que todos nos pusemos a chorar. Oh, que dia lindo! Nada faltava, a não ser sua doce presença. Mas sinto-me assim sempre que alguma coisa me dá prazer. Espero que você não tenha a mesma tristeza. [...]

Em Valparaíso Sarah foi recebida por seu tio Édouard (irmão de Youle), por sua tia e por numerosos primos, alguns dos quais a haviam visitado na França. Depois de um dia passado num dos hotéis de seu próspero tio, ela seguiu viagem para Santiago:

> Mas o que posso fazer? [continuando sua carta épica a Maurice] As pessoas investem contra o trem, entre elas meus primos Édouard e Jeanne, que sobem para me cumprimentar. Mas preciso sair do trem! Assim que ponho o pé no chão, há gritos ensurdecedores e um aperto terrível. Édouard, Garnier, Decori [um dos atores da companhia] e um francês que não conheço dão-se as mãos para formar um círculo a meu redor. A prima Jeanne me pega por um braço, Grau pelo outro. Trinta minutos para percorrer trinta metros. Empurram-me, quase desmaio. Garnier e Decori estão indignados, meu primo Édouard sacode os punhos, e Grau grita: "Acalme-se, é só um bando de selvagens!". Por fim me salvam, contudo o pobre Decori torceu o braço. [...]
>
> Chego ao hotel. Quando Saryta finalmente aparece, [conta] que seu relógio fora roubado. Conseguiu agarrar o ladrão, que ainda estava com a corrente na mão. Agora foi condenado a dois anos de prisão. [...]
>
> Estreei com *Fédora*. Sucesso imenso e receita maravilhosa, embora não tão boa como em Buenos Aires. Estou exausta com esta carta [...] e preciso despedir-me de você, e isso é difícil. Não se esqueça de me mandar sua fotografia para Havana. Dia 23 é meu aniversário. Posso esperar um pequeno telegrama seu, meu querido? [...] Concordei em me apresentar nas duas cidades, Valparaíso e Santiago, duas vezes por semana. São quatro horas de viagem entre uma e outra.
>
> As críticas aqui são excelentes, mas que novas infâmias estão dizendo a meu respeito nesse lindo país chamado França? Ah, como amo você, meu filho! Sonho com você constantemente. Se encontrar Jean Richepin, dê-lhe lembranças. A ingratidão é a qualidade mais comum dos homens! Amo *você*.

À medida que a companhia Bernhardt prosseguia pela costa ocidental da América do Sul, a vida se tornava mais e mais primitiva. A febre amarela constituía uma ameaça. "Bichos imundos e perigosos" rastejavam sobre as mesas e corriam pelos palcos. As acomodações nos hotéis eram escassas, e Sarah se via obrigada a dividir com quatro companheiros quartos infestados de mosquitos. No entanto se empolgava com a viagem e a aventura, conforme demonstra uma carta que enviou do Equador para Ponchon:

> Diverti-me caçando crocodilos. O rio é soberbo, vinte vezes mais largo que o Marne, e cheio de grandes répteis. Fomos em dois barcos. Os nativos tomam

> cuidado para que os animais não lhes quebrem os remos. Matamos uma porção deles, dois dos quais levarei comigo, meu querido Ponchon. [...]

No meio da carta seus pensamentos se voltaram para a França. Se Richepin, Maurice e seu querido Ponchon estivessem no lugar de Guérard, Saryta e do resto, como seria maravilhoso! Ponchon lhe enviaria seu livro de Édouard Drumont sobre os judeus? Estava ansiosa para saber o que aquele demônio anti-semita tinha a dizer sobre ela. Poderia estender sua viagem por seis meses e ir à Austrália, à Índia e ao Egito, já que com isso se tornaria financeiramente independente. Aliás, não queria se apresentar em Paris nunca mais. Estava farta das línguas maliciosas e da imprensa pérfida da capital francesa.

Entretanto não se aventurou até o Oriente. Continuou com sua turnê pelo hemisfério ocidental, entrou no Texas via México, atravessou os Estados Unidos num roteiro de metrópoles e cidadezinhas, como fizera cinco anos antes, e chegou a Nova York em abril. Em maio estava em Londres. Dali partiu para sua primeira turnê pela Inglaterra, Irlanda e Escócia.

Por toda parte era um triunfo. Em seu livro *Les contemporains* [Os contemporâneos] Jules Lemaître escreveu:

> Mais que qualquer outro, ela terá conhecido imensa glória, a glória concreta, inebriante, enlouquecedora dos conquistadores e dos Césares. Em cada país deste mundo recebeu acolhidas que não se concediam nem aos reis. Teve o que os príncipes da mente nunca terão.

Pouco depois que Sarah retornou a Paris, naquele verão, a Comédie Française convidou-a a voltar ao redil. Em setembro ela estava em Belle-Île, pensando no assunto. Era uma oferta tentadora; Perrin morrera havia dois anos, e Jules Claretie, sempre um de seus mais ardentes admiradores, era agora o diretor. Entretanto a idéia de perder a liberdade, de sufocar na rigidamente controlada Casa de Molière não a seduzia. Ademais, não pretendia viver com os 150 mil francos anuais que lhe ofereceram, quando podia ganhar a mesma quantia num mês atuando por conta própria.

Sua recusa provocou uma nova espécie de castigo por parte da imprensa. "Aos 43 anos", escreveu *Le Gaulois*, "ela é uma sombra do que foi, está velha demais para fazer outros papéis além de confidente e mãe." Bernhardt teve sua desforra. Em 24 de novembro, com o viço e o aspecto jovem de sempre, representou *La Tosca*, o terceiro melodrama criado por Sardou a sua imagem. Mais uma vez os críticos se desconcertaram, e mais uma vez os moços correram a registrar suas emoções em seus diários. O poeta Pierre Louÿs, então com dezoito anos, escreveu, maravilhado: "Ah, Sarah! Sarah! Sarah é graça, juventude, divindade! Estou desvairado. Meu Deus, que mulher! [...] Quando a verei novamente, minha Sarah? Choro, tremo, enlouqueço! Sarah, eu amo você!".

O crítico inglês Clement Scott não estava menos enlevado quando escreveu: "Bernhardt com a faca na mão sobre Scarpia moribundo é a coisa mais parecida com a grande tragédia que já se viu nos tempos modernos".

Tosca, a ópera de Puccini, estreou em 1900, treze anos após a peça de Sardou. Com o tempo a ópera suplantou a peça em que foi baseada, porém não eclipsou o desempenho de Sarah. Ao contrário, os sopranos da época a imitaram e transmitiram a imitação a suas alunas. Assim, o que hoje vemos no teatro de ópera muitas vezes é criação de Bernhardt: a maneira de fixar os olhos no barão Scarpia enquanto procura a faca que está na mesa a suas costas; de colocar as velas ao redor do morto e o crucifixo sobre o coração silenciado; de sair da sala do crime e desaparecer nas sombras, fazendo seguir em seu rastro a cauda sinuosa do vestido. Sua caracterização era tão poderosa que ainda emocionava o público quando a atriz tinha já 65 anos.

No verão de 1887, quando retornou a Paris depois de sua turnê americana e britânica, Sarah era uma milionária, conforme se gabou a Ponchon. Comprou uma casa no boulevard Péreire, 56, que manteria até o fim da vida. Fotografias e desenhos falam um pouco da atmosfera reinante na casa e, o que é talvez mais impressionante, mostram como Bernhardt havia mudado. Acabara-se o salão galante de sua época de cortesã. Acabara-se também o macabro dormitório infestado de morcegos que intrigara Loti. Em seu lugar Sarah criou um ambiente que falava de viagem e aventura. E onde ela era uma criatura à parte. Poucos amigos seus haviam ido além da Normandia e da Bretanha, ou do sul da França, e os que não foram se encantavam com seu salão de dois andares, clarabóia no teto, paredes vermelhas recobertas de lembranças: máscaras primitivas, sabres indianos, adagas sul-americanas, taças de prata do México, espelhos dourados de Veneza, baixos-relevos da Grécia e os retratos que Clairin e Abbéma pintaram de Sarah, Maurice e dos cachorros. Palmeiras tocavam a clarabóia. Profusões de rosas, lilases, orquídeas e tuberosas luxuriantes espalhavam-se por toda a sala superaquecida. E quando sua fragrância começava a perder o frescor, Sarah, que sempre queria aperfeiçoar a perfeição, borrifava-as com os perfumes adequados. Num canto erguia-se uma grande jaula. No passado hospedara seus filhotes de leão, Scarpia e Justinian; agora abrigava dezenas de aves exóticas. Em frente havia um divã. Imenso e um pouco desconcertante, estava forrado de peles e couros — de tigre, jaguar, castor, búfalo e crocodilo —, bizarros troféus de caçadas distantes.

Para atenuar o efeito selvagem, almofadas de seda espalhavam-se profusamente sobre o divã. Um dossel de seda, sustentado por colunas com cabeças de dragão, filtrava a luz do alto. Ao pé do divã, uma pele de urso. Ninguém ousou questioná-la quando ela disse que caçara o urso nas altitudes vertiginosas dos Andes. O resto da sala estava atravancado de móveis Renascença, vasos, Budas, monstros japoneses, pedestais de mármore, tapetes orientais e vitrines para abrigar o excedente. Se o acúmulo parece opressivo para os puristas de hoje, para os parisienses de ontem constituía a última novidade. Felizmente ali estava Sarah para atenuar a atmosfera de estufa. Sarah com seu riso fácil, seu humor implacável, suas imitações hilariantes e suas gafes mais ou menos conscientes: "Já viu minha nova aquisição?", perguntou, apontando para um belo recém-chegado. "Contaram-me que vocês acabam de se divorciar", disse a um casal que convidara para almoçar. "Coloquei-os lado a lado porque devem ter muito o que conversar." Um *habitué* explicou que não aparecera no dia anterior porque fora ao cemitério visitar o túmulo da esposa. "O quê!", Sarah exclamou. "Sua esposa morreu, e você nunca contou para mim, para *mim*, que sou sua amiga mais antiga! É incrível."

"Mas minha querida Sarah, ela morreu há três anos, não se lembra? Você foi ao enterro."

"Eu sei, eu sei, mas ainda não consigo acreditar", foi a resposta.

A nova casa de Bernhardt era administrada por uma figura extraordinária, um ex-violinista chamado Pitou. Homem de estatura mediana, negros cabelos sem vida, olhos saltados e um terno de sarja azul que já havia conhecido dias melhores, Pitou corria pela casa, fazendo-se indispensável. Copiava peças, poesia e música; lia todos os outros papéis quando madame estava estudando uma nova personagem; supervisionava os criados; pagava as contas domésticas; e corria a entregar pessoalmente as cartas da patroa, que, segundo parece, preferia esse método ao correio. Talvez por ser sempre obsequioso, ou por ter sempre razão, ou por roer unhas e andar com um lápis atrás da orelha, Pitou deixava Sarah furiosa. Ela lhe atirava pratos, dos quais o coitado se esquivava sem parecer que se mexia; xingava-o aos berros, e ele fingia não ouvir; e à meia-noite, quando, morto de cansaço, ia até seu quarto perguntar-lhe se precisava de alguma coisa, Pitou a ouvia, cabisbaixo e manso, acusá-lo de preguiçoso e imprestável. Com o masoquismo satisfeito, o pobre homem se recolhia em seu quarto, pegava o violino e consolava-se com uma melancólica melodia. Nunca pensou em deixá-la. A dedicação em pessoa, considerava um privilégio estar ligado a uma grande artista e representou sua tragicomédia até o final.

Um mês após seu triunfo como Tosca, Sarah conheceu um outro tipo de triunfo, pois em 29 de dezembro seu filho esposou a princesa Marie-Thérèse Jablonowska na elegante igreja de Saint-Honoré d'Eylau. Na opinião de Sarah foi um casamento perfeito. A linda noiva era filha de uma ilustre família polonesa. E Maurice, com apenas 24 anos, era o que fora criado para ser: o filho adorável e inútil de uma atriz rica e famosa, um dândi de belas maneiras, desportista e jogador. Foi educado primeiramente por preceptores, depois em internatos. Como Sarah dava especial importância às aulas de esgrima, ele se tornou um dos melhores duelistas de Paris — e aproveitou isso bem, pois não hesitava em desafiar qualquer um que fizesse comentários a seu ver desairosos sobre sua mãe.

Embora o filho fosse indubitavelmente o grande amor de sua vida, a atriz raras vezes dispunha de muito tempo para ele. O curioso é que os primeiros anos de Maurice foram bastante parecidos com os de sua mãe. E ele poderia dizer praticamente as mesmas palavras que Sarah escolheu para iniciar suas memórias: "Minha mãe adorava viajar. Ia da Espanha à Inglaterra; de Londres a Paris; de Paris [...] a Christiania; então voltava para me dar um beijo e partia de novo". No entanto a negligência materna afetou-os de forma distinta. Sarah escapou de Youle e encontrou no teatro sua razão de ser; Maurice contentou-se em viver a vida inteira à sombra protetora da mãe. Os amigos de Bernhardt não aprovavam. Louise Abbéma dizia-lhe que ela precisava parar de mimá-lo; mais específico, Georges Clairin implorava-lhe que não pagasse as dívidas de jogo do filho e segurasse melhor seu dinheiro suado. Naturalmente Sarah não lhes dava atenção. Maurice era seu "Delfim", explicava, e eles eram egoístas sem filhos, infelizes estéreis incapazes de compreender que os sacrifícios constituíam a maior alegria de uma mãe.

Le Tout Paris — ou melhor, *le Tout Paris* de Bernhardt — foi ao casamento de Maurice: o príncipe de Sagan e a condessa de Béthune, Dumas filho, Sardou, Duquesnel, Alfred Stevens, Whistler e outros artistas e atores da época, entre os quais estavam evidentemente Clairin e Abbéma.

Um amigo inglês recordou a entrada tardia de Bernhardt "entre pescoços esticados e murmúrios de 'lá está ela, lá está Sarah'". Com efeito, Maurice e Terka, como a noiva sempre foi chamada, pareciam quase redundantes, quando a atriz atravessou a igreja "num manto de veludo cinzento sobre um vestido de macio *faille* cor-de-rosa. Os marabus do manto escondiam-lhe o contorno do rosto. Seus lábios vermelhos abriam-se naquele sorriso que faz parte da toalete diária da mulher francesa".

Seu sorriso era realmente oficial. Na intimidade ela chorou a perda do filho até compreender que, apesar dos votos matrimoniais e do fato de não mais viver sob seu teto, de qualquer modo Maurice sempre seria o menininho da mamãe e iria vê-la todos os dias.

Bernhardt representou *La Tosca* por um mês antes e quatro meses depois do casamento de Maurice; então, conquanto a casa estivesse sempre lotada, partiu com a peça para Londres, onde foi recebida com entusiasmo ainda maior que em Paris. Mas era o que se poderia esperar dos ingleses, que oito anos antes haviam lançado sua carreira internacional. No decorrer desse período Sarah fez muitos amigos entre eles, sendo W. Graham Robertson o mais querido.

Muitos homossexuais são fascinados pelas atrizes, talvez porque admirem e invejem seu poder de atrair os homens, sua indiferença às convenções e sua declarada promiscuidade. Ou talvez porque se identifiquem com as heroínas que elas retratam. Quaisquer que fossem os motivos (um podia ser seu amor à excentricidade; outro, seus amores malogrados e sua relutância em assumir um compromisso), Bernhardt foi amiga de alguns dos homossexuais mais famosos da época: Oscar Wilde, Robert de Montesquiou, Reynaldo Hahn, Jean Lorrain e Graham Robertson.

Em 1931 Robertson escreveu *Time was* [Houve uma época], discretas memórias sobre gente indiscreta. Sua contenção não se deveu a falta de perspicácia. Como ele disse, sabia que um "livro realmente interessante elaborado a partir de minhas omissões seria um *best-seller*" e, eduardiano decente que era, sabia também que seria indecente divulgar segredos escandalosos — seus ou de seus amigos.

Graham conheceu Sarah no Metropole Hotel de Londres quando tinha vinte anos. E escreveu: "Lembro-me bem dela atravessando a grande sala vazia, vindo em minha direção, os cabelos arruivados presos frouxamente no alto da cabeça, o longo roupão de veludo creme sobre uma camisola de seda malva presa por uma faixa prateada". Ao visitá-la pela primeira vez em Paris,

> encontrou-a deprimida em seu ateliê diante de uma imensa massa de argila da qual tentara tirar o Amor fazendo alguma coisa — triunfando, creio. A Morte também estava por ali, bem como outras alegorias bastante inconvincentes. [...] Sarah lançou ao Amor vacilante e torto um olhar sanguinário, agarrou um arame grosso e decepou uma parte considerável de sua anatomia.

Com a ajuda de Robertson o Amor logo foi reduzido a uma "inocente massa de barro" e atirado pela janela. No mesmo dia Graham expressou sua curiosidade sobre uma jaula vazia no salão:

> "Eu tinha um leão ali", Sarah explicou.
>
> "E... ele morreu?"
>
> "Não", respondeu ela, "não morreu", e seu tom sugeria que havia coisas ainda piores que a morte.
>
> Depois soube, por mme. Guérard, que o leão fora um dos fracassos de Sarah.
>
> "Vou criar um leão", ela anunciara.
>
> "Sim, sim, claro, um leão", concordaram seus amigos, sabendo que seria inútil argumentar, "mas ele não..., não vai...?"
>
> "Não vai o quê?", Sarah perguntou.
>
> "Não vai... talvez... feder um pouquinho?"
>
> "Feder?", gritou Sarah. "Feder? O leão, o rei dos animais? Não, claro que não vai feder."
>
> Assim, o leão chegou — e fedia. Sarah suportou bravamente e nada demonstrou; no entanto pouco a pouco o cheiro se estendeu do ateliê à sala de jantar, da sala de jantar aos quartos. Sarah se pôs a pensar, mas ninguém se atrevia a

apresentar nenhuma sugestão; por fim numa manhã ela desceu, pela última vez cheirou bem o ar e declarou: "Ele fede; levem-no embora".

Logo depois Graham conta que a atriz "comprou um filhote de tigre e às vezes deixava-o passear ao redor da mesa, o que o excitava e enfurecia, e eu sempre me sentia aliviado quando ele passava rosnando por meu prato, sem me dispensar maior atenção".

Afeiçoado aos animais quase tanto quanto Bernhardt, Robertson apresentou seus respeitos ao lince de estimação da atriz: "A figura misteriosa de Sarah, vestida de branco, descendo a escada do ateliê com o lince deslizando silenciosamente a seu lado evocava Circe de tal modo que [o visitante] se punha a procurar os porcos".

Com o fortalecimento de sua amizade, ele fez vários retratos de Sarah, que também o desenhou diversas vezes. Numa ocasião Robertson a viu ensaiar a cena da morte de *A dama das camélias* e ficou fascinado com a "precisão absoluta com que ela criou efeitos aparentemente espontâneos".

"Eu sei que qualquer dia vou quebrar o pescoço", disse-lhe Bernhardt. "Se Armand não me segura a mão com firmeza enquanto oscilo, estou perdida."

> Sua arte favoreceu o belo [Robertson escreveu]. Muitas atrizes se torturam nos momentos finais de *A dama* com lancinantes acessos de tosse e todos os sintomas de doente. Sarah passava [...] por cima desses detalhes e produzia um efeito infinitamente mais profundo e tocante com o retrato de uma felicidade avassaladora. Muitas vezes a assisti das coxias, a uns quatro metros de distância, mas não se tratava de nenhum artifício teatral. Um rápido olhar lançado ao portador da notícia [da chegada de Armand], e o rosto emaciado começava a iluminar-se; a pele retesava-se, produzindo o efeito de uma luz [...] vinda de dentro; as pupilas dilatavam-se, chegando quase a cobrir toda a íris e brilhando fracamente; os lábios tensos relaxavam e adquiriam suaves curvas infantis, enquanto soltavam um grito que de perto parecia um suspiro e sem embargo se fazia ouvir no ponto mais distante do teatro. O corpo frágil parecia consumir-se perante nossos olhos na chama de uma alegria insuportável e libertar um espírito glorificado e transfigurado.

Um dia Sarah levou Robertson ao estúdio onde seria fotografada como Tosca. E ele escreveu:

> Várias vezes ela assumiu a pose de horror e triunfo após o assassinato de Scarpia, mas sempre se mostrava insatisfeita.
>
> "Venha aqui, Graham", chamou. "Venha e deixe-me matá-lo." Ora, mais de uma vez eu havia figurado como o cadáver em *Fédora* [o príncipe de Gales também se divertiu fazendo esse papel facílimo] e achava emocionante a sensação de ser pranteado pela heroína transtornada; assim, adiantei-me, animado e confiante. Todavia, quando aqueles olhos terríveis de Floria Tosca — cheios de pavor e determi-

nação de matar — arderam [...] a tão pequena distância, inquietei-me e por fim, quando ela me agarrou com a mão esquerda e ergueu a faca com a direita, [...] gritei:

"Madame Sarah, lembre-se de que está segurando uma faca *de verdade*, e não uma daquelas que se enfiam para dentro do cabo!"

A pedido de Bernhardt, Robertson levou-a a visitar seu amigo, o pintor Edward Burne-Jones, cujas meditações pré-rafaelitas haviam causado profunda impressão na atriz — tão profunda que ela decidiu encomendar-lhe um retrato seu como Teodora. Nesse sentido enviou uma carta a Robertson pedindo-lhe ajuda:

Meu caro Graham

Você me faria um grande favor? Gostaria que Burne-Jones pintasse meu retrato. Pode lhe perguntar quanto me custaria? Será um imenso prazer para mim possuí-lo e deixar para meu filho uma obra de gênio. Conto com você para essa delicada missão.

Robertson procurou Burne-Jones, mas o pintor não estava interessado e infelizmente nunca pintou um retrato de Sarah. Alguns comentários sardônicos que enviou a Robertson é tudo que restou das negociações. Uns poucos fragmentos dão uma idéia:

Diga-me por quanto tempo *Ela* se demora e por quanto tempo será vista e adorada nessa nova peça — pois preciso ir, embora depois fique doente por um mês.

Mesmo que estivesse livre amanhã, não creio que poderia almoçar com ela. Não sei francês nem para falar com o garçom, e o que iria dizer a ela?

Não, venha com Ela e gentilmente traduza o que me disser, e ficarei boquiaberto e muito feliz. [...] Ela absolutamente não se entediará nem se cansará, pois tudo será como desejar. [...]

Em 1º de março de 1889, após uma turnê que a levou a países distantes como o Egito e a Turquia, Sarah regressou a Paris e imediatamente foi visitar Damala, que, segundo diziam, estava doente. Encontrou-o num apartamento desarrumado e repleto de drogas e dos tristes remanescentes de sua vida pregressa: uma surrada bandeira grega, um sabre de uma peça e uma coroa dourada de outra. Sarah mandou-o para um sanatório, e seis semanas depois ele estava suficientemente bem para vê-la em *Léna*, uma peça escrita por Pierre Berton. A noite não contribuiu para melhorar-lhe a disposição, em parte porque estava ressentido com Berton, um ex-amante de Sarah que alcançara a glória como seu parceiro no palco — glória que Damala ingenuamente pensara que conseguiria.

Um dos últimos gestos de Bernhardt em relação ao ex-marido foi estranhamente tocante. Sabendo que não lhe restava muito tempo de vida, convidou-o a contracenar com ela em *A dama das camélias*; Damala aceitou o convite prontamente, embora não estivesse em condições de representar. A peça permaneceu em cartaz de 18 de maio a 30 de junho. Como sempre, Sarah foi um sucesso, porém um crítico perguntou: "Que pena, onde está o belo Armand Duval que vimos pela primeira vez há apenas alguns anos?".

Damala perdera a beleza, a voz, a força; e na idade de 44 anos perdeu a vida em função da morfina. Arrasada, Sarah enviou seu corpo para a Grécia, junto com um busto que fizera para sua tumba. Não o esqueceu. Durante alguns anos assinaria suas cartas como "a viúva Damala". E sempre que se encontrava em Atenas visitava sua mãe e seu túmulo, para cobri-lo de flores e chorar por um casamento que com tanta rapidez se transformara em cinzas.

7
O ZÊNITE

Em 1897 a revista *La Plume* dedicou uma edição inteira a Sarah. O desenho é de Alphonse Mucha.

Em novembro de 1889 *Le Gaulois* publicou uma carta endereçada a seu crítico teatral e assinada por cinqüenta parisienses de destaque:

> Poderia o senhor dizer a Sarah Bernhardt que muitas mulheres e moças gostariam de aplaudi-la, porém o tipo de peça que ela representa as impede de ir ao teatro? Ela é ora uma rainha depravada, ora uma meretriz, ora uma grande dama de moralidade duvidosa. Muitas de nós a aclamaríamos com entusiasmo, se fizesse o papel de uma heroína pura numa obra moral!

Sarah respondeu que sempre quis representar Joana d'Arc e recentemente recebera do poeta Jules Barbier a peça com que sonhava. (O que Barbier lhe enviou, na esperança de que pudesse adaptá-lo para seu uso, foi o libreto para uma ópera de Gounod.) Na esperança de que os anseios de ambos se concretizassem, ela pediu a seu amigo Duquesnel que produzisse a peça. "Não posso esperar muito tempo", argumentou. "Logo estarei velha demais para fazer Joana d'Arc. Afinal, já sou avó!" (Estava com 45 anos; Simone, a primeira filha de Maurice e Terka, nascera havia alguns meses.) Avó ou não, na estréia (em 3 de janeiro de 1890), quando os inquisidores lhe perguntaram sua idade, na cena do julgamento, Bernhardt-Joana lentamente se voltou para o público e proclamou: "Dezenove!". Desnecessário é dizer que o teatro veio abaixo. Quase vinte anos depois, em 25 de novembro de 1909, ela repetiria esse *coup de théâtre* em *Le procès de Jeanne d'Arc* [O processo de Joana d'Arc], de Émile Moreau, causando um efeito ainda maior. Todas as noites, quando a bisavó de 65 anos (Simone dera à luz uma filha) e aparência espantosamente jovem anunciava aos inquisidores que tinha dezenove anos, a platéia não cabia em si de entusiasmo.

A *Joana d'Arc* de 1890 foi um dos grandes espetáculos de Duquesnel, com reproduções da velha praça do mercado em Reims e da sacristia da catedral, tudo valorizado pelos interlúdios corais e orquestrais de Gounod. Aos 45 anos Bernhardt conseguiu parecer-se com a Donzela de Orléans, mas o papel custou-lhe muita dor, já que repetidamente exigia que se lançasse de joelhos. Sarah ficou com o joelho direito tão inflamado que após dezesseis semanas de tortura tirou a peça de cartaz. Então até o cético Anatole France sucumbira a seu fascínio:

> Ela é a própria poesia. Tem no rosto aquele brilho de vitral que as visitações dos santos deixaram em Joana d'Arc, a fanática visionária de Domremy. Ela é uma lenda viva. Se às vezes sua voz parece fraca, a falha cabe ao libreto. Não lhe compete forçar a voz em tiradas vibrantes. Joana d'Arc nunca declamou.

O que Anatole France não diz é que de quando em quando Bernhardt declamava o texto de Barbier enquanto a orquestra tocava a música de Gounod. A maioria das produções mais requintadas de Sarah tinham acompanhamento orquestral — o que os franceses chamam de "*mélodrame*", um drama sensacionalista ou romântico com música de fundo. Os experientes atores da época não precisavam de microfone para se fazer ouvir, porém às vezes a música lhes abafava a voz, quando o maestro se entusiasmava demais.

Em 5 de abril Bernhardt, Philippe Garnier e um ator chamado Léon Brémont leram no Cirque d'Hiver uma adaptação do drama da Paixão feita por Edmond Haraucourt. Sarah queria muito encenar a peça, incumbindo-se de representar a Virgem Maria. Para impedi-la o ministro das Belas-Artes teve de invocar um decreto da época de Henrique IV que proibia personificações da Sagrada Família. Talvez tivesse agido bem, já que o papel da Virgem Maria não era exatamente adequado a Bernhardt.

Em meados de abril o médico da atriz prescreveu-lhe dois meses de repouso absoluto, pois seu joelho estava gravemente inflamado. Em junho ela se restabelecera o bastante para levar *Joana d'Arc* em sua temporada anual de um mês em Londres. Em outubro deixou a santidade e voltou para Sardou e o pecado. Dessa vez o dramaturgo vestiu-a de egípcia e chamou-a de *Cleópatra*. Todavia nem ele conseguiu enganar os parisienses, que se divertiram ao descobrir que aquela Cleópatra, rainha do Nilo, outra não era senão Teodora, imperatriz de Bizâncio, disfarçada. Yvette Guilbert, aquela *diseuse* sarcástica e insolente, contribuiu para diverti-los ainda mais quando cantou em seus *café-concerts* uma canção intitulada "A cobrinha de Sarah". A letra conta a história de uma víbora faminta que Sardou leva ao teatro para a cena da morte de Cleópatra. Ao ver Sarah tão esguia e serpentina, a cobra exclama: "Eu a conheço, é minha mãe!". No fim, sem ter o que comer, além dos pequenos seios da atriz, a víbora morre de inanição. Segundo Yvette Guilbert, Bernhardt riu de chorar quando ouviu a canção; depois nunca a perdoou por cantá-la.

A reação da Londres vitoriana foi um pouco diferente. Depois de ver Sarah como Cleópatra, retorcendo-se lascivamente nos braços do amante, uma velha dama exclamou: "Que diferente, *muito* diferente da vida familiar de nossa querida rainha!".

Após sua temporada londrina Sarah passou três meses em Belle-Île-en-Mer, ao largo da Bretanha, a fim de preparar-se para o trabalho extenuante que tinha pela frente. Em setembro apresentou-se em Paris como *La Tosca*, ao lado de Breton; em outubro reviveu *Teodora*, com Garnier.

Em janeiro de 1891 a imprensa internacional anunciou que madame Sarah Bernhardt estava prestes a embarcar numa turnê mundial que se estenderia por quase três anos. Lamentava deixar Paris?, um jornalista perguntou-lhe. Nem um pouco, foi a resposta. Era tão fácil quanto ir ao Bois de Boulogne ou à Normandia. Ela adorava viajar, nunca se cansava de viajar. Naturalmente voltaria às Américas do Norte e do Sul (dessa vez incluiria duas turnês pelos Estados Unidos) e atuaria em muitos lugares da Europa onde já havia se apresentado, mas como seria empolgante conhecer as ilhas Sandwich e Honolulu! Depois, imagine, iria para Grécia e Turquia, e até para Austrália e Nova Zelândia! E começaria e terminaria a maratona em Londres. Depois disso Paris seria nada.

Sarah mostrou menos entusiasmo em suas cartas a Ponchon. Estava farta de tentar agradar o público parisiense, lamentou; farta das críticas maldosas; farta dos amigos, dos inimigos e dos amantes idiotas.

Havia outras considerações que deixou de mencionar. Ficar em Paris equivalia a arriscar-se em produções novas e caras que podiam ou não lotar o Porte Saint-Martin, ao passo que levar para o exterior seu repertório já testado e aprovado significava sucesso garantido, tanto artístico quanto financeiro. Havia ainda certa satisfação em saber que seria recebida não como uma dentre várias atrizes importantes, tal qual ocorria em Paris, mas sim como a rainha de todas as atrizes.

E quanto a isso não se enganou. Em Bucareste provocou com seu desempenho tamanha crise de choro na rainha Natalie da Sérvia que foi preciso interromper o espetáculo "encomendado" pela soberana da Romênia. Na Austrália foi recebida com salvas de canhão, bandeiras, tapetes vermelhos, recepções oficiais e mais execuções de "A marselhesa" do que se deu, talvez, o trabalho de ouvir. Para os australianos ela era "a maior atriz que já existiu, *a bela francesa*", que viera da alegre Paris alojar-se em suas plagas com 55 baús, 132 malas, um cão dinamarquês, um *pug* miniatura e incontáveis vestidos, sapatos e chapéus.

Os jornalistas não se saciavam. Logo após sua chegada, Sarah convidou a atriz Myra Kemble para almoçar. O fato foi noticiado:

> Nada de surpreendente aconteceu, a não ser que os animais de estimação de Bernhardt — ela já tem um gambá, um coala e um canguru do tipo pequeno — foram apresentados na hora da sobremesa como crianças. O gambá subiu ao colo de Myra e devorou-lhe as rosas do vestido. O comentário de Bernhardt: "Como invejo o apetite dessa coisinha!".

Outro repórter perguntou a Sarah se seu parceiro em *Cleópatra* não reclamava quando ela lhe caía em cima ao morrer. "Eu lhe digo que a arte está acima das questões de peso", a atriz explicou. "É arte cair — e eu caio."

Em maio de 1892 Bernhardt e sua companhia estavam novamente em Paris e no mês seguinte encontravam-se em Londres. Um bilhete de Oscar Wilde ao poeta e romancista francês Pierre Louÿs esclarece o motivo de sua presença: "Você soube da novidade, não soube? Sarah vai representar *Salomé*!!! Ensaiamos hoje".

Os ensaios eram para uma montagem, no Palace Theatre, de *Salomé*, que Wilde escrevera em francês, tendo Bernhardt em mente. O belo ator francês Albert Darmont faria o papel de Herodes, e Graham Robertson se encarregaria dos figurinos. Sarah se lançou aos ensaios com grande entusiasmo, pois gostava de representar personagens bíblicas. Entretanto o examinador de peças do camareiro-mor da Casa Real, um certo mr. Edward Pigott — que Sarah definiria como "um compêndio ambulante do vulgar preconceito provinciano" —, proibiu *Salomé* justamente porque abordava um tema bíblico. A fim de justificar sua decisão, invocou um antigo estatuto. Tanto Sarah como Oscar ficaram profundamente decepcionados. Afinal, ele havia criado o papel perfeito para a atriz que mais admirava.

Wilde anunciou que se mudaria para a França, já que não podia continuar vivendo num país tão atrasado quanto a Inglaterra. Se tivesse mesmo feito isso, teria evitado os horrores de seu processo, encarceramento e exílio, quando se viu obrigado a deixar a Inglaterra em circunstâncias infinitamente mais dolorosas e humilhantes.

Em 23 fevereiro de 1893 *The Times* de Londres criticou *Salomé*, que acabara de ser publicada no original francês:

> Tal é a peça, escrita para mme. Sarah Bernhardt, cuja apresentação neste país o camareiro-mor não autorizou. Trata-se de uma mistura de sangue e ferocidade, mórbida, bizarra, asquerosa e ofensiva em sua adaptação da fraseologia bíblica a situações que são o contrário de sagradas. Não é incompatível com algumas das fases menos atraentes do gênio de mme. Bernhardt. [...] No total depõe a favor de mr. Wilde por seu domínio da língua francesa. [...]

Oscar ofendeu-se e escreveu uma carta a *The Times* "apenas para corrigir uma imprecisão":

> O fato de a maior atriz trágica [...] de hoje ter visto em minha peça tal beleza que desejou encená-la, desempenhar o papel da heroína, emprestar ao poema o fascínio de sua personalidade [...] sempre será para mim uma fonte de orgulho e prazer, e espero com ansiedade e alegria ver mme. Bernhardt apresentar minha peça em Paris, aquele vívido centro de arte, onde com freqüência se encenam dramas religiosos. Entretanto minha peça absolutamente não foi escrita para essa grande atriz. Nunca escrevi uma peça para nenhum ator ou atriz, nem escreverei. Esse tipo de trabalho é para o artesão da literatura, não para o artista.

Cita-se freqüentemente essa carta para provar que *Salomé* não foi concebida para Bernhardt, porém declarações que Wilde fez mais tarde, quando tinha todos os motivos para estar magoado com ela, deixam claro que a via como a Salomé ideal e única.

Em abril de 1895, quando se encontrava na Holloway Prison e precisava desesperadamente de dinheiro, o dramaturgo escreveu a R. H. Sherard, pedindo-lhe que tentasse vender a Sarah os direitos da peça. Em seu *Oscar Wilde: The story of an unhappy friendship* [Oscar Wilde: A história de uma amizade infeliz] Sherard conta que a atriz o recebeu gentilmente, chorou ao pensar na difícil situação do escritor e disse que não podia comprar *Salomé*, porém emprestaria algum dinheiro a Wilde. Assumiu vários compromissos com Sherard, mas não honrou nenhum deles e nada enviou a Wilde. É uma pena de todos os pontos de vista que não tenha comprado os direitos. Com isso teria ajudado o autor, que precisava de sua ajuda, e talvez tivesse se animado a encenar a peça por sua conta. Ademais, os direitos de *Salomé* se tornariam propriedade preciosa.

Em 1897 Wilde escreveu em Posillippo: "Eleonora Duse está lendo *Salomé*. Há uma possibilidade de fazer o papel. Ela é uma artista fascinante, mas não é nada [comparada] a Sarah".

Quando esteve na Riviera em janeiro de 1899, Wilde foi a Nice ver Sarah em *La Tosca* e contou a seu amigo Robert Ross: "[...] ela me abraçou e chorou, e eu chorei, e a noite toda foi maravilhosa".

De Paris escreveu a outro amigo em setembro de 1900: "O que a idade tem a ver com o ato de representar? A única pessoa no mundo que poderia fazer Salomé é Sarah Bernhardt, aquela 'serpente do velho Nilo', mais velha que as pirâmides".

No fim sua peça estrearia em 1896 no Théâtre de l'Oeuvre de Lugné-Poë com Lina Munte (Salomé), De Max (João Batista), Suzanne Després (o Pajem) e o próprio Lugné (Herodes).

Em 1893 Bernhardt vendeu seus direitos sobre o Porte Saint-Martin e por intermédio de seu empresário, Maurice Grau, arrendou o Théâtre de la Renaissance, uma casa pequena decorada no estilo rococó. Para ajudar a pagá-lo fez uma turnê por Budapeste, Viena, Atenas e Istambul.

Depois de tantos anos em trens, navios e hotéis, de um espetáculo após outro em teatros improvisados ou grandiosos, Bernhardt voltou para a França como a atriz mais rica e famosa da época. Contudo ainda havia problemas. Antes de partir em sua turnê-maratona ela dissera que Paris seria nada em comparação com o vasto mundo. Tratava-se de bravata. Na verdade Paris era para ela o árbitro onisciente de tudo que existia de civilizado na face da Terra. Como a maioria dos parisienses, achava que nenhuma outra cidade podia gabar-se de tanta urbanidade; de tanta riqueza de talento; de tantas atitudes complacentes em relação ao prazer, inocente ou depravado; de tanto requinte — e arrogância — entre os ricos; de tanta alegria aparente entre os pobres.

Tudo isso lhe parecia admirável, porém encerrava o desafio que ela sempre enfrentava após uma longa ausência: a necessidade de reafirmar sua posição. Foi o que conseguiu em 6 de novembro, quando inaugurou o reformado Théâtre de la Renaissance com *Les rois* [Os reis], de Jules Lemaître. Peça interessante sobre a morte misteriosa do arquiduque austríaco Rudolph e sua amante, a baronesa Vetsera, a obra conquistou o respeito dos parisienses ponderados. Infelizmente entediou o público em geral e saiu de cartaz após trinta representações, conquanto Bernhardt recebesse altos elogios por sua atuação como empresária, diretora e atriz principal — funções que desempenharia em suas produções pelos cinco anos seguintes.

Lemaître se tornou seu amante, amigo e consultor literário. Não poderia ser melhor. Aos quarenta anos, ele era um crítico e ensaísta ilustre, respeitado nos meios acadêmicos, sociais e teatrais. Além disso exercia uma influência tranqüilizadora sobre Sarah, que, não estando apaixonada, não sentia necessidade de atormentá-lo com infidelidades e cenas cheias de angústia. E ademais, apesar de sua aparência incrivelmente jovem, ela beirava já os cinqüenta.

Desde que saíra da Comédie Française, Bernhardt raramente contracenava com grandes atores. Agora para *Les rois* e as montagens seguintes contratou Édouard de Max e Lucien Guitry, que se tornariam luminares de sua geração. Com 33 anos, Guitry estava longe de ser inexperiente. Nascido em 1860, deixou o Conservatoire aos dezessete, desempenhou papéis principais no Gymnase e apresentou-se em Londres com a companhia de Sarah em 1882. Depois, seduzido por uma oferta lucrativa do Mikhailovsky, o teatro francês de São Petersburgo, assinou um contrato de nove anos e partiu com sua linda e jovem esposa para a Rússia. Ali fez enorme sucesso, tanto no palco quanto na alcova de muita madame Bovary eslava. Mas, se agradava às damas, não agradava à esposa, que voltou a Paris a fim de pedir o divórcio, levando consigo seus dois filhos, Sacha e Jean.

Sacha se tornaria o ator mais espirituoso de sua geração. Um dos dramaturgos mais prolíficos da França, haveria de escrever, dirigir e estrelar mais de 120 peças e mais de trinta filmes.

Já aos quatro anos era notável, pelo menos para seu pai, que foi a Paris, escondeu-o nas dobras do casaco e levou-o de volta para a Rússia. Alguns anos depois pai e filho brigaram porque Sacha, mulherengo precoce como Lucien, roubou-lhe uma das amantes. Não se falaram durante anos, mas continuaram sendo amigos íntimos de Sarah, tão íntimos que quando se casavam — o que ocorria com freqüência — sempre a convidavam para a cerimônia. Assim, em 1882 ela foi testemunha do primeiro dos muitos casamentos de Lucien e 37 anos depois desempenhou o mesmo papel quando Sacha assumiu Yvonne Printemps como a segunda de suas várias esposas.

Como Jean Mounet-Sully, Lucien Guitry era o parceiro ideal para Bernhardt. E contudo quanta diferença havia entre eles! Mounet era um fogo devorador, Guitry uma chama fascinante; Mounet tinha uma beleza clássica, Guitry uma beleza rude. Sarah preferia dividir o palco com Guitry. Deixou isso claro anos mais tarde, quando ensaiava um jovem em *Ruy Blas*. O ator Roger Gaillard registrou a cena em suas memórias:

> "Seu idiota! Canastrão!", ela gritou. "Está tentando imitar Mounet, aquele gênio imbecil? Aquele furacão entre quatro paredes! Aquele leão estrondoso! Ele quase me quebrou as mãos em *Hernani*. Puxou-me os cabelos e me apertou de tal modo que me deixou roxa. Que louco perigoso, mas que beleza, o selvagem! Sabe, demorou uma hora para engolir o veneno em *Ruy Blas*. Ficou gargarejando. Mas que gênio ele era! Você, meu filho, não é um gênio, e se pensa que pode vir a ser, imitando Mounet, é melhor desistir já."

Sarah não poderia acusar de tal excesso o elegante Guitry. Em cena ele era um mestre da sutileza; e fora do palco, um modelo de serena afeição. Sacha seguiu o exemplo desde criança, conforme lembrou depois:

> Durante dez anos fomos beijar madame Sarah como os outros vão à missa — religiosamente. Para mim e meu irmão ela era comum e mágica ao mesmo tempo. Entrávamos em sua sala com buquês de rosas ou violetas nas mãos. Sabíamos que ela não era uma rainha, mas entendíamos que era uma soberana.
>
> A árvore de Natal em casa de madame Sarah era uma maravilha. Ficava no meio do ateliê, bem grande, com mil velas acesas e cinqüenta presentes pendurados para as cinqüenta crianças que a rodeavam. Todos os brinquedos eram numerados, e, quando chegava a hora de distribuí-los, madame Sarah postava-se com um enorme saco de veludo do qual cada um de nós tirava um número ao acaso. Mas Sarah e o "acaso" sempre davam um jeito de o presente mais maravilhoso cair para sua netinha, Simone. Vestida como uma princesa de conto de fadas, adorada e mimada, Simone Bernhardt parecia uma criatura extraordinária. Tínhamos até a impressão de que fôramos convidados para testemunhar que ela era a criança mais feliz do mundo.

Com verdadeira lealdade familiar, Sacha pensava que podia tranqüilamente apontar as fraquezas de madame Sarah, porém os outros não tinham esse direito. Não que se ofendesse com

> descrições espirituosas e delicadas de sua casa e suas refeições, sua maneira espantosa de receber as pessoas, seus caprichos, excentricidades e mentiras extraordinárias. No entanto, quando vejo alguém tentando compará-la com outras atrizes, acho isso não só odioso como insuportável. Certa vez Jules Renard disse:

"É enfadonho ler quem não ama Victor Hugo, mesmo que não escreva sobre ele". É assim que me sinto em relação a certos jovens atores tolos o suficiente para se perguntarem o que aconteceria se Sarah Bernhardt voltasse. Acham que ela foi uma atriz de *sua* época. Que bobagem! Não entendem que seria uma atriz de *nossa* época?

Sacha e seu pai pertenciam àquela raça de atores que são mais finos que os simplesmente elegantes, mais perdulários que os ricos e mais sagazes que os mundanos. Édouard de Max pertencia a outra escola. Filho de um médico judeu e de uma auto-intitulada princesa, nasceu na Romênia em 1869. Aos dezesseis anos ingressou no Conservatoire com o nome de "Édouard de Maxembourg, príncipe Sakala". Trata-se de um exemplo extremo de aperfeiçoamento da perfeição, pois foi o raro talento, e não o título falso, que se constituiu em seu passaporte para o sucesso. Como Sarah, ele era um ator-poeta, uma criatura exterior à realidade. O teatro era sua vida e Bernhardt sua inspiração.

"Passei minha vida inteira tentando me libertar de sua influência", declarou certa vez. "Mas sempre que a vejo sou arrebatado pela loucura de suas loucuras e pelo esplendor de seus esplendores." Nem sempre era assim, contudo. Um dia, durante um ensaio, Sarah reclamou que De Max ficava muito perto dela, que pareciam dois porteiros fazendo mexericos. Será que ele poderia gentilmente dar um passo para trás? O ator recusou-se. Então podia deixar o teatro, Bernhardt gritou. Ao ouvir isso o jovem caiu de joelhos e falou-lhe com sua voz mais doce: "Madame Sarah, tenho-lhe infinito respeito como mulher. Sou loucamente apaixonado pela senhora como atriz. No entanto", acrescentou, pondo-se de pé, "como diretora a senhora é medíocre".

Cenas como essa não a impediram de confiar a De Max um papel importante em *Fedra*, sua próxima montagem. A decisão de representar a heroína de Racine constituiu uma surpresa para aqueles estetas que a sua maneira categórica a rotularam de rainha do melodrama comercial. Estavam, porém, redondamente enganados. Durante seus anos na Comédie Française, Bernhardt tivera poucas oportunidades de desempenhar seu melhor papel clássico. Agora estava disposta a interpretá-lo por três semanas, correndo o risco de perder muito dinheiro. O risco valeu a pena. Os parisienses lotaram o Théâtre de la Renaissance para ouvir os versos poderosos de Racine e aplaudir até lhes doerem as mãos.

Entre os mais ardentes estava o jovem Marcel Proust. Em *Em busca do tempo perdido* ele analisou a arte de Bernhardt — ou Berma, conforme a chamou — da mesma forma que um joalheiro avalia um diamante: pelo valor, pelo peso, pelas possíveis imperfeições. Estas vêm em primeiro lugar. "Infelizmente, há alguns anos, desde que abandonou o teatro sério para abraçar o teatro comercial, onde era a 'estrela'", escreveu Proust, "ela deixou de interpretar papéis clássicos."

O *alter ego* do romancista, o narrador Marcel, conta que em dois momentos de sua vida viu Berma em *Fedra*. A primeira vez como uma criança apaixonada por teatro que espera demais da atriz e fica "num estado de agitação", desapontamento e desilusão. A segunda vez como um jovem culto e precoce que vê em Berma-Bernhardt

> uma janela aberta para uma grande obra de arte. [...] Sua presença cênica, suas poses, que ela construíra pouco a pouco, que ainda modificaria, e que se baseavam em análises mais profundas que aquelas que se podia detectar nos gestos de seus colegas [...] fundiram-se numa espécie de fulgurância por meio da qual enviavam [...], ao redor da pessoa da heroína, elementos ricos e complexos que o espectador fascinado tomava, sem embargo, não como um triunfo da arte dramática, e sim como uma manifestação da vida; aqueles véus brancos, que, finos e aderentes, pareciam ser de uma substância viva e tecidos pelo sofrimento meio pagão, meio jansenista, em torno do qual se contraíam como um casulo frágil [...] — tudo isso, voz, postura, gestos, véus [...] era [como a interpretação de Berma] uma segunda obra animada também pelo sopro de um gênio.

Certamente Proust estava acima do melodrama, porém não quando o melodrama se encontrava nas mãos da grande Bernhardt. "Assim", escreveu, "na prosa do dramaturgo moderno [...] Berma conseguiu introduzir aquelas vastas imagens de dor, nobreza, paixão que eram as obras-primas de sua arte pessoal."

Proust e Bernhardt conheceram-se em 1903, numa festa em homenagem à atriz. Foi uma ocasião auspiciosa: a primeira das magníficas recepções ao ar livre que o conde Robert de Montesquiou ofereceu em seu Pavillon des Muses, em Neuilly. Na época Proust não passava de um jovem obscuro, enquanto os outros convidados eram, para ele e para si mesmos, os membros mais fascinantes da sociedade parisiense. Estetas folgazões, não desperdiçaram seus encantos com o autor incipiente. Vinte anos depois figuraram em papéis que lhes deram uma fama legendária que jamais teriam conquistado se Proust não tivesse lhes concedido espaço em seu romance. Assim, a condessa Greffulhe inspirou sua bela e insensível duquesa de Guermantes; e Montesquiou, seu fascinante, despótico mas patético barão de Charlus. (Aliás, tanto Jules Lemaître como Anatole France serviram de fonte para Bergotte, o grande escritor de Proust.) Embora tivesse acesso aos detalhes da vida íntima de Bernhardt por intermédio de seu amigo e ex-amante, o compositor Reynaldo Hahn, Proust preferiu descrever sua arte em vez de sua vida pessoal, provavelmente porque quando elaborou *Em busca do tempo perdido* cinco romancistas já se haviam dedicado a essa tarefa.

Sarah acrescentou uma nota picante à festa de Montesquiou ao apresentar Yon Nibor, belo e jovem marujo que distraiu os convidados com canções tristes sobre a Bretanha e os monstros marinhos que assombravam o litoral de sua terra natal. Ficamos imaginando se as damas infinitamente elegantes e seus afetados companheiros não sentiram uma pontada de inveja ao ver Sarah, vestida num resplandecente traje de seda com guirlandas de íris, sair pelo braço de seu protegido náutico.

Quando Nibor levantou âncora e partiu, havia outras pessoas que estavam ansiosas para assumir seu lugar. Uma delas era Suzanne Seylor, moça de dezessete anos que se tornaria dama de companhia de Bernhardt após a morte de madame Guérard no início da década de 1890. As duas primeiras se conheceram em Brest, onde Sarah apresentou *Fedra* num único espetáculo. Na manhã seguinte, deslumbrada e apaixonada, Seylor fez as malas, despediu-se dos pais e partiu para Paris a fim de ficar com seu ídolo. Criaturinha miúda, pálida como a fita desbotada em seus cabelos, Suzanne haveria de viajar com Sarah, atuar em suas peças e fazer-lhe companhia sempre que a atriz desejasse. Sua dedicação foi recompensada. Como outros que vivem à sombra de uma celebridade, conheceu lugares e pessoas que jamais teria conhecido e experimentou a satisfação imensa de saber que a maior trágica do mundo confiava nela.

Gismonda, que estreou no Théâtre de la Renaissance em outubro de 1894, foi o quinto melodrama que Sardou escreveu pensando em Bernhardt e o primeiro que esta produziu e dirigiu. Como toda a obra de Sardou, demandava imaginação pictórica, capacidade de lidar com grandes grupos de atores e de centralizar a atenção no enredo e nas personagens principais, apesar do espetáculo vistoso que ameaçava ofuscá-los. Fábula cruel ambientada na Grécia do século XII, *Gismonda* conta a história de uma princesa ateniense (Bernhardt) que ama um plebeu (Guitry) e, para surpresa geral, consegue esposá-lo e viver feliz com ele. Mas só depois que a platéia é aterrorizada por um sacerdote odioso (De Max), um assassinato a machadadas (cometido por Bernhardt), um sangrento massacre e o pavoroso espetáculo de uma criança sendo atirada a um tigre voraz. Esses momentos terríveis eram quase acidentais numa produção que oferecia falas apaixonadas, os esplendores rebuscados de uma igreja bizantina, cortejos de donzelas cobertas de flores e, no final, um casamento completo com repicar de sinos, coros de hosanas e triunfal música de órgão. Com tudo isso o espetáculo foi de Bernhardt, uma visão *art nouveau* com vestes sinuosas e um toucado de orquídeas raras.

Gismonda não contribuiu em nada para aumentar a fama de Sarah — o que seria praticamente impossível —, mas favoreceu muito o lançamento de um desconhecido artista tcheco chamado Alphonse Mucha. Aos 27 anos Mucha trocara Praga por Paris. Ali, depois de estudar na Académie Julian, ingressou nas fileiras daqueles artistas obscuros que ilustram calendários e novelas baratas. Após seis anos nesse tipo de trabalho, foi convidado por um colega a completar um cartaz para *Gismonda*. Não só por obrigação, jogou fora o desenho original e elaborou outro, digno da grande atriz. Sua vida mudou no momento em que Bernhardt viu a obra.

"Ah, que lindo!", exclamou ela. "De agora em diante você vai trabalhar para mim, perto de mim. Desde já amo você." Fiel a sua palavra, Sarah contratou-o por cinco anos. Seu instinto era correto e independente, numa cidade onde só se podia recorrer a Toulouse-Lautrec, Bonnard, Vallotton e Chéret. Estes criavam *affiches* brilhantes, porém suas visões irônicas e jocosas não condiziam muito bem com Bernhardt como musa da tragédia. Mucha, entretanto, captou-lhe a essência numa imagem casta e não obstante sensual que a transformaria num ícone *art nouveau*. Nos anos seguintes fez sete memoráveis *affiches* de Sarah para o Théâtre de la Renaissance. Mas não se restringiu a isso. Ainda ajudou nos cenários e figurinos, desenhou jóias para a atriz e atuou como seu conselheiro artístico.

Bernhardt não precisou de conselho em 6 de fevereiro de 1895, quando apresentou *Amphytrion*, de Molière, tendo como seus prestigiados parceiros Constant Coquelin — que saíra da Comédie Française —, o irmão deste, Ernest, e Lucien Guitry. Para o público foi um presente extraordinário — uma oportunidade de ver quatro virtuoses da arte dramática, maravilhosamente à vontade em seus papéis e cristalinos em sua dicção, divertirem-se numa obra-prima que lhes era cara. Pois essa foi a época afortunada em que os grandes atores sabiam o que fazer e como fazer sem precisar dos conceitos ou dos empurrões de um diretor. Ademais, se Bernhardt precisasse de diretor, quem seria melhor que Coquelin? E se Guitry precisasse de diretor, quem seria melhor que Bernhardt?

Um elemento engraçado dessa montagem foi a participação dos irmãos Coquelin — um como Mercúrio, o mensageiro dos deuses; o outro como Sosie, seu terreno irmão gêmeo —, esplêndidos nas cenas de identidade trocada. Houve, porém, quem achasse que, apesar de maravilhoso como Júpiter, Lucien Guitry não conseguiu apagar da memória a olímpica majestade de Mounet-Sully no mesmo papel.

Em 13 de fevereiro Sarah encenou *Magda*, uma tradução de *Heimat* [Pátria], de Hermann Sudermann. Infelizmente os parisienses não tiveram muita paciência com seu tema ibseniano, e em pouco tempo o espetáculo saiu de cartaz. A peça apresentava papéis comoventes, embates dramáticos e reflexões convincentes sobre as mulheres e seu novo lugar na sociedade. O enredo gira em torno de Magda, uma mulher solteira que fora expulsa de sua província ao engravidar e se tornara uma cantora de ópera mundialmente famosa. Quando a ação se inicia, Magda está em sua cidade natal, onde, contrariando a razão, decide visitar sua família. Ousada e experiente, ela se confronta com seu pai intolerante e consegue conquistar-lhe a simpatia. Depois de várias cenas pungentes, algumas muito inverossímeis, a peça termina com a morte do pai e Magda dizendo: "Minha volta custou-lhe a vida! Agora não posso ficar aqui?". Ao que o padre do vilarejo responde: "Ninguém a impedirá de rezar no túmulo de seu pai".

Falou-se que Sudermann criou sua flamejante e compassiva heroína tomando Bernhardt como modelo. Por certo há grandes semelhanças, pois Magda é uma artista "esplendidamente vestida", de temperamento explosivo e opiniões firmes e, como Sarah, mãe orgulhosa e devotada de um filho ilegítimo.

Em junho de 1895 Bernhardt levou *Magda* a Londres. Seu desejo de mostrar à Inglaterra uma nova produção seria natural em circunstâncias normais, porém as circunstâncias estavam longe de ser normais. Eleonora Duse, a ascendente estrela italiana, estava prestes a estrear em Londres e decidira representar *Magda* um dia depois de Bernhardt. A coincidência — se é que existiu — foi o sinal para os críticos afiarem suas penas e lançarem-se ao combate: Max Beerbohm por Bernhardt, George Bernard Shaw por Duse. Não se pode dizer que um dos lados se saiu vitorioso do tumulto, já que a carreira das duas atrizes não sofreu danos e a opinião de seus admiradores se manteve inalterada. Contudo, se alguém levou vantagem, foi Shaw, pois induziu futuras gerações a verem Sarah como uma gananciosa rainha do melodrama e Duse como uma etérea sacerdotisa da grande arte. Como sabemos, Shaw era um homem inteligentíssimo, esperto o bastante para desarmar seus adversários confessando as próprias falhas:

> Creio que sempre fui um puritano em minha atitude com relação à Arte. Gosto de boa música e belos edifícios tanto quanto Milton, ou Cromwell, ou Bunyan; no entanto, se descobrisse que estavam se tornando instrumentos de uma sistemática idolatria da sensualidade, consideraria boa política dinamitar todas as catedrais do mundo, com órgão e tudo, sem dar a menor atenção aos gritos dos críticos de arte e dos voluptuários culturais.

O terrorismo estético de Shaw indica que Sarah — "instrumento de uma idolatria da sensualidade", se é que isso já existiu — corria o risco de ser pulverizada. Na verdade ele já programara sua bomba-relógio quando a viu em *Fédora* e definiu-a como uma "ex-atriz antiquada que deixou o Teatro Nacional [Francês] para percorrer o mundo fingindo matar pessoas com machadinhas e alfinetes de chapéu e acumulando com isso montanhas de dinheiro".

Naturalmente Sarah fez fortuna com Sardou e se empolgava e se soltava ao representar as *femmes fatales* cobertas de jóias, sensuais e decadentes que o dramaturgo criou a sua imagem. Entretanto não se interessava unicamente por melodramas. Aos 51 anos tinha uma vida dedicada a Racine, aos românticos e a tudo que era superior no teatro francês de seu tempo.

Duse conquistara o respeito de Shaw ao representar *Casa de bonecas*, de Ibsen, mas o escritor decidira ignorar o fato de que seu repertório era em grande parte o mesmo de Bernhardt; bem como o fato de que a atriz italiana também brandira machadinhas e alfinetes de chapéu contra vítimas infelizes em peças de Sardou, tanto em sua pátria quanto em turnês pela Europa e América do Sul — e, podemos acrescentar, interpretou tais personagens sem o brilho nem o fascínio visual que somente Sarah sabia lhes conferir.

Em seu artigo sobre as duas grandes atrizes, datado de 15 de junho de 1895, Shaw escreveu:

> Esta semana se iniciou com a recaída de Sarah Bernhardt em sua velha profissão de atriz séria. Na terça-feira ela representou Magda em *Heimat*, de Sudermann, no Daly's Theatre e foi prontamente desafiada por Duse, que na quarta fez o mesmo papel no Drury Lane. O contraste entre as duas Magdas é tão extremo quanto pode ser um contraste. [...] Madame Bernhardt tem o encanto de uma alegre maturidade, mimada e irascível, talvez, mas sempre disposta, com um sorriso de sol através das nuvens, se a apreciam. Seus vestidos e diamantes, se não são esplêndidos, pelo menos são esplendentes; sua figura, se bem que pouco fornida no passado, está no auge; e sua pele demonstra que ela não estudou arte moderna em vão. Madame Bernhardt reproduz habilmente aqueles encantadores efeitos rosados que os pintores franceses criam, dando à carne a linda cor de morangos e creme e pintando as sombras de rosa e carmim. [...] Ela pinta as orelhas de carmim e deixa que despontem adoravelmente através de algumas mechas soltas de seus cabelos ruivos. Cada covinha tem uma pitada de rosa. [...] Seus lábios parecem uma caixa de correio recém-pintada; as faces, até as lânguidas pestanas, têm o viço e a aparência de um pêssego; ela é linda com a beleza de sua escola e totalmente inumana. [...] A roupa, o título da peça, a ordem das palavras podem variar; porém a mulher é sempre a mesma. Ela não entra na personagem principal; ela a substitui.
>
> Tudo isso é precisamente o que não acontece com Duse, que faz de cada papel uma criação à parte. [...] Em *A dama das camélias* é fácil uma atriz ardente atormentar-nos com seus sofrimentos e paroxismos de tísica, deixando-nos com uma generosa bagatela de sensação, fundamentalmente indistinguível da que nos proporciona uma execução pública. [...] Tão diferente disso quanto a luz das trevas é o método da atriz que nos mostra como a dor humana pode expressar-se apenas em seu apelo da compaixão de que precisa, enquanto luta com firme resistência para proteger os outros da contaminação de seu tormento. Esse é o encanto da interpretação que Duse nos dá do poema teatral de Marguerite Gautier. É indizivelmente tocante porque é extraordinariamente [...] compassiva. Nenhum encanto físico é nobre ou belo se não expressa um encanto moral; e é porque a extensão de Duse inclui aquelas altas notas morais [...] que seu alcance [...] sobrepuja de modo incomensurável a pequenina oitava e meia em que Sarah Bernhardt executa cançonetas tão bonitas e marchas tão empolgantes.

O engraçado é que Max Beerbohm, sucessor de Shaw na *Saturday Review*, discordava inteiramente. Para ele Bernhardt era "majestade, veneração, maravilha", enquanto Duse não tinha idéia dos papéis que representava:

> Ela os trata como grandes veículos para a expressão do ego absoluto. Do começo ao fim é a mesma em *Fédora* e em *Magda*. [...] "*Io son' io*" ["Eu sou eu"] o tempo todo. Seu rosto lavado [Duse desdenhava a maquilagem], o grisalho exposto de seus cabelos [...] simbolizam sua atitude. [...] Estou fascinado com a personalidade de Duse? [...] A triste verdade é que não estou. Sim, vejo força e nobreza em seu rosto, e para mim a vozinha estridentemente macia [...] tem algum encanto. Todavia meu sentimento predominante é de hostilidade. Não posso ceder e ver nela a "feminilidade encarnada" e "o próprio espírito das lágrimas do mundo" e todas aquelas outras coisas que outros críticos vêem. Minha impressão predominante é a de uma grande força egoística; de uma mulher com um ar de lúgubre desconsideração, passando por cima de peças, mimos, críticos e público.

Essas opiniões diametralmente opostas indicam que, como o público teatral de toda parte, Beerbohm e Shaw basearam seus pontos de vista em atração pessoal e não em julgamento imparcial. Fantasista e amante de todas as coisas femininas, Beerbohm adorava Bernhardt pela comovente ternura e pela sexualidade furtiva que conferia a seus papéis. Por sua vez, mais à vontade para lidar com idéias do que com paixão, mais dedicado à substância anglo-saxã que aos maneirismos gálicos, Shaw não conseguia aceitar a estocada sensual da presença de Bernhardt. Na verdade o homem que fez amor sobretudo pelo correio dificilmente encontraria atrativos numa mulher que, se fosse Eva, bem poderia ter devorado a serpente junto com a maçã.

Havia outro fator que Shaw não considerou. Ao interpretar Marguerite Gautier, Duse e Bernhardt não estavam representando a Virgem Maria, e sim uma cortesã de sucesso que enfrenta o mundo com mil ardis femininos — e sempre muito elegante. Sarah sabia disso e sabia que aparecer no primeiro ato como o próprio esplendor acentuava a pungência de seu sacrifício e de sua ruína. Duse compreendia sem dúvida o drama de Dumas tão bem quanto Bernhardt. Todavia resolveu interpretar Marguerite como uma vítima nobre e um tanto mal vestida. Shaw achava que sua decisão foi fruto do intelecto, porém uma leitura da peça nos leva a refletir. Marguerite não é uma dama que poupa a si mesma ou a platéia do que ele chamou de "contaminação do tormento". É uma *demimondaine* devassa, despótica, irônica e promíscua que comete o erro fatal de se apaixonar.

Duse levou a platéia às lágrimas com sua interpretação. Mas o que estava atuando não era seu intelecto, e sim a inocência de uma autodidata, de um gênio que passara a vida em teatros provincianos da Itália sem as vantagens

— e desvantagens — de estudar num *conservatoire*. Em suma, Duse era o próprio frescor, uma voz nova, natural, profundamente expressiva num mundo habituado ao brilho estilizado dos atores franceses.

A escritora americana Willa Cather tornou-se crítica teatral do *Journal* de Lincoln, Nebraska, quando ainda estava no terceiro ano da faculdade. Uma vez ela foi a Omaha ver Bernhardt em *La Tosca* e nunca viu Duse, porém estudou tudo que os jornais de Nova York escreveram sobre as duas atrizes e resumiu concisamente: "A arte é a dissipação de Bernhardt, uma espécie de orgia báquica. É a consagração de Duse, sua religião, seu martírio". Em outras palavras, poderíamos dizer que Sarah Bernhardt foi a última grande atriz do século XIX e Eleonora Duse a primeira grande atriz do XX.

Antes de ir para Londres Bernhardt havia montado *La princesse lointaine* [A princesa distante], peça em versos do jovem Edmond Rostand. *Succès d'estime*,* deixou-lhe uma dívida de 200 mil francos. Isso não foi surpresa. Sarah já havia declarado à imprensa: "É bem possível que eu não ganhe um centavo. Não me importo. Acho-a magnífica e vou encená-la para meu prazer".

Seu entusiasmo se justificava. Aos 27 anos Rostand era imensamente promissor, um talento digno da extravagância de Bernhardt. Os dois não se encontraram por acaso. Um dia a atriz recebeu uma carta e um volumoso manuscrito de madame Rostand, que lhe perguntava se conseguiria arranjar tempo para ler a primeira peça longa de seu marido. Como madame Bernhardt poderia lembrar-se, no ano anterior sua peça em um ato, *Les romanesques* [Os romanescos], fora bem acolhida na Comédie Française. Sarah, que recebia dezenas de pedidos semelhantes, estava disposta a atirar a carta e o manuscrito no cesto de lixo mais próximo. Contudo — teria sido pelo fino papel de carta ou pelo elegante endereço, na rue Fortuny? — dedicou atenção à peça. Após uma leitura rápida tomou uma decisão. No dia seguinte fez conduzir os Rostand a sua presença. Foi um momento de êxtase. Bernhardt proclamou Rostand o novo Victor Hugo e sua esposa, a poetisa Rosemonde Gérard, a criatura mais adorável do mundo. Na verdade os dois foram feitos para Sarah: afetados o bastante para ser divertidos, experientes o bastante para ser tranqüilizadores, talentosos o bastante para ser respeitados. Ademais, formavam um belo casal. Rosemonde era uma beldade esguia, loira e esplendidamente vestida. Rostand era a própria elegância teatral, do impecável terno cinzento, da flor na lapela e do monóculo ao bigode eriçado e untado, pontiagudo como as rimas que ele inventava.

(*) *Succès d'estime*: sucesso de uma obra artística junto à crítica, mas não junto ao grande público. (N. T.)

La princesse lointaine estreou em 5 de abril de 1895. Contando a história de uma princesa medieval dividida entre sonhos espirituais e desejos carnais, deu a Bernhardt, De Max e Guitry infinitas oportunidades de declamar versos bombásticos, assumir posturas pré-rafaelitas e enlanguescer um após outro à maneira de Swinburne, tudo isso ao som das flautas tremulantes e dos arrebatadores arpejos de harpa de Gabriel Pierné. Apesar dos louvores da crítica e dos bravos dos estetas, *La princesse* entediou o público parisiense e saiu de cartaz após 31 apresentações.

Sarah, no entanto, recusou-se a abandoná-la. Levou-a teimosamente a Londres, esperando provocar uma reação mais sensível na terra de Dante Gabriel Rossetti e Burne-Jones. O que provocou, sim, foi outro ataque de Shaw, que insistiu em dizer que não se devia confundir sua "força nervosa" com talento, que o público tinha razão ao rir dos modos afetados e que — aqui ele foi infeliz — o verso francês não era verso.

Sarah já fora atacada antes. Desprezando a crítica e o riso, saiu em defesa de Rostand, não só com palavras elogiosas, mas também com a encomenda de uma nova peça. Depois, como se tornara seu hábito, partiu numa turnê pela América, onde ganhou mais que o suficiente para se dar um luxo desde muito sonhado: a primeira montagem de *Lorenzaccio*, de Alfred de Musset. Escrita em 1834, quando o poeta estava com 24 anos, a peça sempre fora tida como inviável — o que se compreende facilmente ao considerar-se sua extensão nada prática, seus confusos enredos secundários e sua profusão de personagens. Mesmo depois de feitos alguns cortes, a produção de Sarah equivaleu a uma noitada inteira no teatro. Com ou sem cortes, a peça pulsava com romântica intensidade. Byroniana no espírito, shakespeariana no escopo, *Lorenzaccio* conta a história de Lorenzino de' Medici, um florentino do Renascimento, nobre e culto, que busca verdade e justiça e se torna presa da corrupção e da libertinagem que queria destruir.

Sarah esteve magnífica no papel-título. Até Jules de Tillet, um de seus críticos mais severos, mudou de opinião. E escreveu na *Revue Bleue*:

> Com freqüência o talento de madame Bernhardt me perturbou em vez de encantar-me, porém desta vez seu sucesso é infinito e merecido. Ultrapassando o auge de sua arte, ela deu vida total ao papel de Lorenzaccio, que ninguém ousara fazer. Nunca vi nada igual [...].

Num artigo erudito que elaborou para a *Revue de Paris,* Anatole France recapitulou os fatos históricos nos quais a peça se baseia. Quanto à interpretação, disse:

> Madame Sarah Bernhardt, que ao longo de sua admirável carreira criou tantas personagens encantadoras e presenteou seus contemporâneos com imagens [...]

iguais aos sonhos dos poetas, agora nos mostrou que em arte a graça é um aspecto feliz da força.

Força é a característica mais notável de sua última criação. Madame Bernhardt construiu a figura de Lorenzaccio com mão absolutamente segura. Modelou [...] sua própria pessoa num bronze de Cellini, num Perseu tenso.

Sabemos em que obra de arte essa grande atriz é capaz de se transformar. Mesmo assim, está espantosa em sua transformação mais recente. Fez de sua própria substância um jovem melancólico, verdadeiro e poético. Criou uma obra-prima viva com a precisão do gesto, a beleza trágica da postura e do olhar, a força intensificada [...] de sua voz, a flexibilidade e a amplitude de sua dicção — por meio de seu talento, enfim, para o mistério e o terror.

Apesar dos elogios a peça de Musset manteve-se em cartaz somente dois meses e custou a Sarah milhares de francos. Todavia a perda financeira não significou nada para a atriz-empresária, que, em sua ânsia de apresentar ao público peças de qualidade, durante seus seis anos no Renaissance perderia 2 milhões de francos de ouro.

A longa carreira de Bernhardt valeu-lhe muitas condecorações estrangeiras, mas nenhum reconhecimento formal por parte de seu país. Repararam a situação aqueles que estavam mais qualificados para apreciar seus dons. No outono de 1896 um grupo de atores e escritores organizou um banquete em sua homenagem. Ao aproximar-se o dia, Jules Huret, de *Le Figaro*, pediu a Sarah que "revivesse" para os leitores "as lembranças de suas emoções, lutas e triunfos". Sua resposta foi publicada sob forma de carta:

> Meu querido amigo, você me pede nada menos que uma confissão completa. [...] Estou orgulhosa e feliz com a perspectiva da festa. Você me pergunta se me sinto merecedora da homenagem. Se eu disser que sim, me achará presunçosa. Se disser que não, me acusará de falsa modéstia. Prefiro lhe contar por que me sinto tão orgulhosa e feliz. Durante 29 anos dei ao público as vibrações de minha alma, as pulsações de meu coração, as lágrimas de meus olhos. Desempenhei 112 papéis e criei 38 personagens novas, sendo dezesseis delas obra de poetas. [...] Desejei ardentemente alcançar o pináculo de minha arte. Ainda não o alcancei. Já ficou para trás a maior parte de minha vida, porém que importância tem isso? [...] As horas que se foram com minha juventude deixaram-me corajosa e animada, pois meu objetivo não mudou e marcho em sua direção.
>
> Atravessei o oceano levando comigo meus ideais artísticos, e o gênio de minha nação triunfou. Implantei em corações estrangeiros a literatura dramática da França. Essa é a façanha de que mais me orgulho.
>
> Se alguns críticos ranzinzas acham desproporcional a meu talento a festa que será dada em minha homenagem, diga-lhes que sou a veterana militante de uma forma de arte grandiosa, inspiradora e elevada. Diga-lhes também que a cortesia francesa nunca se evidenciou mais do que — para homenagear a arte da inter-

pretação e elevar o intérprete ao nível de outros artistas criadores — quando escolheu uma mulher como seu símbolo.

Em 9 de dezembro de 1896, ao meio-dia, quinhentos convidados em traje de gala encontraram-se na Salle du Zodiaque do Grand Hôtel. A entrada de Bernhardt foi um deslumbramento. Todos os olhos se ergueram quando ela apareceu no topo da escada em caracol que conduzia ao salão enfeitado de flores. Trajando um vestido branco de cauda, bordado com ouro e orlado de chinchila, esteve extraordinariamente maravilhosa ao descer numa série de poses que colocou a multidão a seus pés. Huret registrou:

> A cada passo ela se inclinava no corrimão, um braço enlaçando a coluna [revestida] de veludo, e parava para agradecer os aplausos ensurdecedores. Parecia que seus pés mal tocavam o chão. Era como se ela flutuasse em nossa direção num halo de glória.

O "Dia de Sarah Bernhardt" foi cheio de amor e lembranças. Velhos amigos — Coppée e Coquelin, Sardou e Halévy, Montesquiou, Clairin e Abbéma — falaram com saudade da inesquecível beleza que ela conferira a *Andrômaca* e *Le passant, Ruy Blas* e *Hernani* e recordaram também seus pecadilhos, suas pequenas mentiras e seu talento para a amizade. Os jovens — Rostand e Léon Daudet, entre outros — contaram histórias sobre a fabulosa criatura que tanto se orgulhavam de conhecer. Os menus foram desenhados por Louise Abbéma, Jules Chéret e Alphonse Mucha. No final do banquete Sardou enalteceu Bernhardt. Disse que ela era

> a soberana reconhecida da arte dramática, como todo mundo sabia. Entretanto, se a todos fora concedido ver a atriz, poucos tiveram a sorte de conhecer a boa vontade, a generosidade, a extraordinária bondade da mulher. Concluindo, peço a todos que bebam à saúde de nossa grande e boa Sarah.

Seguiram-se mais aplausos, enquanto Sardou apanhava o lenço para enxugar as lágrimas. Então Bernhardt se levantou, os braços estendidos: "A todos vocês, queridos amigos, eu digo obrigada, obrigada do fundo de meu coração".

Encerrou as festividades um "Hino a Sarah Bernhardt", com letra de Armand Sylvestre e música de Gabriel Pierné, executado pelo Coro de Concertos Colonne. Depois todos foram ao Théâtre de la Renaissance, onde a polícia montada continha a multidão que aguardava a chegada dos convidados. Naquela tarde Bernhardt superou a si mesma no primeiro ato de *Fedra* e no quarto ato de *Rome vaincue*, de Parodi, num teatro lotado de figuras do *grand monde* e celebridades do mundo da arte e da literatura. No final cinco poetas leram sonetos escritos em homenagem a Bernhardt. Quando a cortina se abriu, a platéia foi brindada com um *tableau vivant* que só seria possível naquela época e naquele teatro. Envolta nos véus diáfanos de Fedra, Sarah estava sentada num trono de flores multicoloridas sob um dossel de palmas entretecidas com orquídeas, o rosto emoldurado de camélias. Vestidas de branco e coroadas de rosas, as atrizes da companhia fitavam sua deusa com adoração. Dentre todos os hinos de louvor o que roubou o espetáculo foi o soneto de Rostand, o "*poète chéri*" de Sarah:

En ce temps sans beauté, seule encore tu nous restes,
Sachant descendre, pâle, un grand escalier clair,
Ceindre un bandeau, porter un lys, brandir un fer.
Reine de l'attitude e princesse des gestes.

En ce temps sans folie, ardente, tu protestes!
Tu dis des vers. Tu meurs d'amour. Ton vol se perd.
Tu tends tes bras de rêve, et puis tes bras de chair.
Et, quand Phèdre paraît, nous sommes tous incestes.

Avide de souffrir, tu t'ajoutes des coeurs;
Nous avons vu couler, car ils coulent, tes pleurs!
Toutes les larmes de nos âmes sur tes joues...

Mais aussi tu sais bien, Sarah, que quelquefois
Tu sens furtivement se poser, quand tu joues,
Les lèvres de Shakespeare aux bagues de tes doigts.

Nesta época sem beleza apenas tu nos restas,
Tu, que sabes, pálida, descer uma escadaria iluminada,
Cingir a fronte, portar um lírio, brandir uma espada.
Rainha da atitude e princesa dos gestos.

Nesta época sem loucura, tu, ardente, protestas!
Dizes versos. Morres de amor. Teu vôo se reduz a nada.
Estendes teus braços de sonho e depois teus braços encarnados.
E, quando Fedra aparece, somos todos incestos.

Ávida de sofrimento, corações tu te acrescentas;
Vimos correr, pois que correm, teus prantos!
Todas as lágrimas de nossas almas em tuas faces...

Às vezes — bem o sabes, Sarah, no entanto —
Sentes os lábios de Shakespeare, quando representas,
nos anéis de teus dedos furtivamente posar.

Sarah ficou visivelmente emocionada. Segundo Huret:

> Estava ali de pé, o peito arfante, pálida como as camélias a sua volta. Seus lábios trêmulos tentaram assumir a forma de um sorriso, porém as lágrimas se acumularam em seus olhos. Suas mãos apertavam-lhe o coração como se quisessem impedi-lo de explodir.
>
> E ali permaneceu, dominada e vencida pelo poder de alguns poucos versos declamados diante de 1500 ouvintes entusiásticos. Flores jogadas do alto da galeria caíram no palco, e, com longos vivas, *La journée de Sarah Bernhardt* chegou ao fim.

Bernhardt canonizada era uma coisa, Bernhardt a mulher do dia-a-dia era outra, conforme evidencia *La grande Sarah* [A grande Sarah], as memórias vívidas e tocantes que Reynaldo Hahn escreveu em forma de diário. Nascido na Venezuela, Hahn foi um extraordinário menino prodígio que em tenra idade partiu de Caracas para Paris a fim de estudar composição com Massenet. Tinha apenas vinte anos quando se tornou protegido de Sarah, mas havia sido "um jovem Mozart", um queridinho da sociedade parisiense desde os catorze anos, quando cantava e tocava nos salões aristocráticos sua canção "*Si mes vers avaient des ailes*"* para o deleite de seus ouvintes. Não foram apenas seus precoces dotes musicais que lhe valeram a estima das damas e cavalheiros do *faubourg*. Hahn possuía ainda uma inteligência luminosa e uma natureza tão sedutora quanto sua música.

Quando conheceu Sarah, era amante de Proust. Na verdade levou este último numa excursão a Belle-Île, onde Bernhardt comprara uma casa alguns anos antes. Infelizmente "a peregrinação à residência que Sarah Bernhardt glorificou", segundo escreveu Proust, não incluiu uma oportunidade para seu amigo apresentá-lo à grande atriz. Infelizmente, pois, se tivesse ocorrido a apresentação, Proust poderia tê-la retratado em profundidade, enquanto em *La grande Sarah* Hahn em geral se limitou a descrevê-la descansada, em casa, rodeada de amigos. Nem mesmo ele, todavia, conseguiu resistir a certos julgamentos. Achou que aquela "fama temível" a fizera egoísta e orgulhosa:

> Não que o demonstrasse de forma desagradável ou hostil. Não, longe disso. Contudo, apesar de seus sorrisos e de seu encanto, havia uma espécie de armadura defensiva, uma indiferença aos elogios, ou, em outras palavras, uma aceitação impassível, ligeiramente desdenhosa da adoração que ela recebia.

Aqui Hahn revela certa incompreensão. Como ele próprio devia saber, é difícil lidar com a bajulação febril e o arroubo ignorante que as estrelas famosas têm de suportar. Outra de suas falhas, prosseguia o compositor, era sua fraque-

(*) "Se meus versos tivessem asas." De todas as adocicadas canções de Hahn essa é a que se executa com maior freqüência.

za em relação aos parasitas que a rodeavam. Achava ele que estes criavam uma atmosfera de mentiras horripilantes e intriga barata. Entretanto a maior mancha na vida de Bernhardt era seu filho. Ali estava o verdadeiro câncer, disse o músico. O resto era nada, comparado a isso. Depois de expressar tais opiniões negativas, Hahn passa a descrever a Sarah que ele amava.

Em 18 de junho de 1896 partiu para Londres com Bernhardt e sua companhia. Uma semana depois anotou em seu diário:

> Hoje de manhã, sessão no fotógrafo, Downey. No estúdio todos esperam alegres mas impacientes. Como está chovendo, tememos que ela não apareça. Porém às onze e meia Sarah chega com Clairin, Seylor e sua criada, Marie. [...] Sempre sensível ao frio, reclama do "tempo gelado". Na realidade faz calor. Cumprimenta calorosamente Downey, que conhece há vinte anos. "Sempre jovem", diz em inglês, dando-lhe tapinhas no ombro. O velho, um verdadeiro artista, fica radiante. Subimos uma estreita escada negra até o estúdio. Sarah é muito desajeitada para subir e descer escada; gosta que lhe dêem a mão ou o ombro para se apoiar. Está de muito bom humor. Tira seu lindo chapéu de palha e diante do espelho desarruma os cabelos com pequenos e abruptos movimentos do dedo indicador. Ergue um pouco as sobrancelhas e, parecendo radiosamente jovem, vai tomar seu lugar diante da câmera. Primeiro posa [...] com seu novo cão, Jack, a seu lado. [...] Depois de várias trocas de roupa e pose, digo-lhe que suas saias são muito elegantes; é um estilo que ela inventou e continua usando, apesar das mudanças da moda; uma forma que adere às pernas e termina num redemoinho ao redor dos tornozelos. Uma linha ondulante é a característica principal da silhueta Sarah Bernhardt.
>
> Quando saímos, ela acaricia a careca de Downey e o chama de "querrido". Entramos na carruagem. [Sarah sempre chamou Clairin de Jojotte em vez de Georges, e ele a chamava de "*Dame Jolie*".]
>
> "Jojotte, vem almoçar conosco?", a atriz pergunta a Clairin.
>
> "Não", responde ele.
>
> "Mas, Jojotte, você é nojento. Podia ter avisado a sua família [a irmã e a sobrinha] que ia almoçar comigo."
>
> Uma alegre viagem até o hotel. [...] Sarah reclama que sou uma praga. "Mas nós o perdoamos porque você é engraçado." Aceito o cumprimento polidamente. Ela nos conta de uma criada que teve certa vez e que enganava o marido com o cocheiro. O marido, aos prantos, procurou Sarah.
>
> "Um cocheiro, apenas um cocheiro!", exclamou. "O mínimo que ela podia fazer era me trair com algum amigo de madame!"
>
> Quando chegamos ao hotel, Sarah dança um pouco — muito distinta — no corredor!

Hahn se divertia muito com as opiniões de Sarah sobre outros atores. O que achava de Duse?, perguntou-lhe.

"Que cabeça adorável!", foi a resposta. "Aquela boca desdenhosa, aqueles dentes brancos, aqueles olhos, sorridentes e tristes. E que encanto! Uma grande atriz." Uma pausa cheia de significado e depois: "É uma pena ela ser tão pretensiosa!".

Com relação a sua velha rival, madame Favart, Sarah foi ainda menos bondosa:

Absolutamente sem talento. Nenhum. Não me fale daquela criatura horrível, escura, nariguda. Corpo comprido, pernas curtas, mãos medonhas. Até os dedos eram gordos. Horrível.

Quanto a Lucien Guitry, admirava-o sem restrições. Já sobre Mounet-Sully:

"Era admiravelmente lindo, mas que gênio! Conseguia ser absolutamente desprezível." E sobre um de seus velhos mestres, Regnier: "Sempre acreditou em mim, Deus sabe por quê. Devo ter sido uma aluna detestável".

Quando leu o manuscrito de *La grande Sarah*, Bernhardt escreveu a Hahn, dizendo que o achara um retrato fiel e acrescentando: "Graças a seu diário e ao soneto de Rostand poderei embarcar despreocupada na grande viagem final".

Nenhuma casa lhe proporcionou tanto prazer quanto Le Fortin em Belle-Île-en-Mer, um pequeno forte que Bernhardt e Clairin descobriram numa viagem de recreio. A Bretanha significava saudade — para Sarah, porque foi o cenário de sua mais tenra infância; para Clairin, por causa de uma memorável viagem a pé que fizera na juventude com o compositor Camille Saint-Saëns e o pintor Henri Regnault. A saudade chegou ao extremo quando a *Dame Jolie* e seu Jojotte depararam com a pequena fortaleza erguendo-se no alto, bem acima do encapelado Atlântico. Assim que viu a placa "Vende-se", a atriz decidiu que tinha de comprá-la. Isso aconteceu em 1893. Dois anos depois passava seu primeiro verão na "Bela Ilha no Mar", juntamente com Maurice, Terka e a filha do casal, Simone; Abbéma e Clairin; Émile Geoffroy, seu amigo e secretário particular; e um pequeno exército de criados e animais de estimação. Durante aqueles dois anos gastou uma fortuna para transformar a sombria caserna numa casa aconchegante. Estreitas aberturas nas grossas paredes foram substituídas por amplas janelas ensolaradas com vista para o mar. O vasto edifício que outrora abrigara uma guarnição de trinta soldados transformou-se numa confortável residência: claros salões, uma espaçosa sala de jantar, cinco dormitórios e — na época uma excêntrica extravagância — um luxuoso banheiro para a castelã. Isso foi apenas o começo. Nos anos seguintes Sarah acrescentou Reynaldo Hahn e o dr. Samuel Pozzi à lista de visitantes habituais; ampliou Le Fortin; comprou um grande número de propriedades nas vizinhanças, inclusive um sítio; construiu ateliês para Abbéma e Clairin e uma casa separada para Maurice e sua família, na qual havia agora mais uma filha, Lysiane, que seria batizada em Belle-Île no verão de 1897.

Se a vida na ilha era diferente da vida em Paris, a atmosfera era idêntica. Pitou, que negociara a compra da propriedade, continuava no comando, ainda enfurecendo Sarah com seu "Preciso colocar as coisas em ordem", a que a atriz retrucava: "Seu miserável, você quer me matar, mas não vai se livrar de mim tão facilmente". Depois ela lhe dizia que trouxesse os cavalos, Vermouth e Cassis, pois queria levar Clairin e as crianças para verem um jardim das redondezas.

O ritual cotidiano em Belle-Île girava em torno do almoço, seguido de uma sesta no "Sarahtório", um ambiente ensolarado, cheio de *chaises longues* e mesas rústicas. Uma estranha sesta, conta-nos Hahn,

> durante a qual todo mundo falava sem parar, discutindo os artigos dos jornais e revistas que o carteiro acabara de entregar, matando insetos e levantando-se de um salto para ver num outeiro distante os odiados turistas que, munidos de pequenos telescópios, tentavam vislumbrar Sarah Bernhardt! Durante todo esse tempo Sarah parecia dormir. Mas não, mesmo então ela não podia deixar de chamar a atenção.
>
> "Estou dormindo, estou dormindo", murmurava sob os densos véus que a protegiam do sol. À tarde, descansada e cheia de energia, ia pescar ou jogar tênis. O jogo constituía um suplício para seus adversários, que eram obrigados a jogar a bola onde ela pudesse alcançá-la facilmente, pois, apesar de boa no saque e forte no rebate, Sarah não gostava nem um pouco de correr de um lado para o outro, já que tinha problemas com seu joelho direito. Jogador maravilhoso, Maurice era mestre nisso. Clairin e Geoffroy saíam-se razoavelmente bem, mas seus erros freqüentes arrancavam de Sarah imprecações furiosas.
>
> Uma noite, ao jantar, apaixonadas discussões sobre nada. Dominó. Depois vou ao piano e toco a canção cigana da *Carmen.* Maurice tenta uma dança espanhola; suas filhas o imitam. Acelero o ritmo. De repente o amigo de Sarah, o velho Geoffroy, de calções e paletó esportivo, ergue-se de um salto e improvisa um hilariante fandango. Com uma energia incrível, executa estonteantes piruetas, acrobacias e cambalhotas, balançando as lâmpadas e derrubando as cadeiras. [...] Caio no chão, contorcendo-me de tanto rir. Rimos até doer. Sarah, a cabeça entre as mãos, chora de rir, soluça. Ofegante, recosta-se, os olhos fechados. Depois que se acalma cai novamente na gargalhada.

Assuntos mais sérios a aguardavam em Paris. Depois de seu grande *succès d'estime* em *Lorenzaccio,* de Musset, Bernhardt voltou-se mais uma vez para Sardou, que estava agora com 67 anos, e em fevereiro de 1897 montou seu *Spiritisme* [Espiritismo] sobre uma esposa infiel que encena a própria "morte" e depois aparece como "fantasma" para pedir ao marido que lhe perdoe a infidelidade. "Era uma peça tão fraca que nada poderia salvá-la", escreveu Gustave Kahn. Bernhardt rapidamente a tirou de cartaz e substituiu-a pelo infalível sucesso de Sardou, *La Tosca*.

Na Semana Santa apresentou várias vesperais do segundo drama longo de Rostand, uma peça evangélica intitulada *La samaritaine* [A samaritana]. A obra continha belas passagens inspiradas nas sonoridades bíblicas do Cântico dos Cânticos, amplas doses de elevação espiritual e a oportunidade de ver Bernhardt salva do pecado e da devassidão pelo próprio bom Senhor Jesus. Quando um jornalista lhe pediu que descrevesse a peça, o jovem autor lhe disse que imaginasse "uma cortesã como Liane de Pougy encontrando Cristo e depois voltando a Paris a fim de pregar o Santo Evangelho para seus amigos depravados".

Famosa cortesã da Belle Époque, Liane de Pougy tinha muitos amigos em comum com Sarah. Em suas memórias, *Mes cahiers bleus* [Meus cadernos azuis], conta que ela e Reynaldo Hahn se estimavam muito, que durante anos Hahn foi a coisa mais doce de sua vida, e descreve-o como "prodigiosamente belo, um sonho de beleza [...] a beleza da inteligência, do mistério, da cultura, da sensibilidade". Contudo, quando renunciou ao enorme sucesso de sua vida dissoluta para esposar o príncipe romeno Georges Ghika e deu a boa notícia a seu querido Reynaldo, ele disse: "Adeus, Liane, detesto casais casados" e deixou-a para sempre. Ela também declara que foi inteiramente fiel ao príncipe Ghika, conquanto descreva horas passadas na cama com suas admiradoras lésbicas, que podiam acariciá-la "apenas da cintura para cima", pois da cintura para baixo "pertencia a meu marido", que gostava de ficar sentado ao pé da cama vendo as mulheres em ação.

Embora declare que sente atração por mulheres bonitas e acha a maioria dos homens repulsivos, Liane desaprova abertamente a filha do duque de Morny, "Missy", por fumar charutos e usar roupas masculinas, e a linda sobrinha de Sarah, Saryta, que tem as mesmas tendências e "vive às custas de outras mulheres".

"Saryta também fuma charutos", Liane escreveu; "no entanto pelo menos usa saias e só 'masculiniza' a parte superior de suas roupas."

E continua:

> Sarah Bernhardt várias vezes tentou fazer a sobrinha mudar de ambiente e de hábitos. Argumentou com ela, pagou suas despesas, levou-a para a América, transformou-a em atriz. Nada adiantou. [...] Ela morreu muito jovem de tuberculose intestinal depois de um sofrimento atroz, sozinha numa clínica onde sua famosa tia a internara.

No fim da vida Liane de Pougy ingressou na Ordem Terceira dos Dominicanos, o que pode explicar por que Rostand a relacionou com *La sama-*

69. Com Lillie Langtry, que, para desgosto de Sarah, recebeu mais do que ela por esse cartão-postal.

70. Como Peléias, tendo mrs. Patrick Campbell no papel de Melisanda.

71. Como L'aiglon.

ritaine. No prefácio de suas memórias o padre Rzewuski, seu conselheiro espiritual, relata um episódio da época em que ela era considerada por muitos a "mais bela de todas as cortesãs". Ao receber a oferta de um contrato para atuar no Teatro Francês de São Petersburgo, Liane, cuja experiência teatral se restringia ao Folies-Bergère, pediu a Sarah Bernhardt que a treinasse. Depois de cinco ou seis "aulas excessivamente caras", Sarah disse: "Minha querida, não há muita coisa que eu possa fazer por você. Mostre sua beleza, mas quando estiver no palco é melhor manter sua linda boca fechada".

Como Sarah gostava de interpretar personagens bíblicas, *La samaritaine* tornou-se um de seus papéis favoritos. Até 1912 encenou-a quase todos os anos durante a Semana Santa.

Em abril de 1897 anunciou-se que no final da temporada de primavera a grande atriz italiana Eleonora Duse faria uma série de apresentações — pela primeira vez em Paris — e que seu empresário, Joseph Schurmann, estava em negociação com diversos teatros da capital francesa. Ao saber disso, Bernhardt ofereceu seu teatro à rival, sem lhe cobrar nada. Ou seja, a receita da bilheteria ficaria com La Duse em vez de ser dividida com o Renaissance, como era habitual sempre que Sarah cedia seu teatro a uma companhia estrangeira. As duas divas — Duse com 38 anos, quinze menos que Bernhardt — assinaram um contrato estabelecendo que a atriz italiana daria dez espetáculos nas duas primeiras semanas de junho e enviaria uma lista das peças com bastante antecedência.

Quando essa lista chegou, em meados de maio, Sarah não pôde acreditar em seus próprios olhos. As peças que Eleonora escolhera, depois de consultar seu amante, Gabriele D'Annunzio, e seu amigo, o conde Giuseppe Primoli, eram: *A dama das camélias* e *La femme de Claude* [A mulher de Claude], de Dumas filho; *Magda*, de Sudermann; *Cavalaria rusticana*, de Verga; e um programa duplo composto de *La locandiera* [A estalajadeira], de Goldoni, e *Il sogno d'un mattino di primavera* [O sonho de uma manhã de primavera], de D'Annunzio. Em suma, as três primeiras das seis peças propostas faziam parte do repertório de Bernhardt. Esta ficou indignada com o fato de que *Casa de bonecas*, de Ibsen, que Duse apresentara à Itália, Rússia e Áustria, não constava da lista e *A dama das camélias*, que durante anos era tida como *propriedade* de Bernhardt, constava. O público desconfiado se perguntava o que estava por trás da generosidade de Sarah. Teria ela convidado sua rival à cova do leão a fim de devorá-la? Pretenderia com isso provar que era superior a Eleonora? Ou estaria apenas tentando promover a si mesma e a seu teatro? O fato de La Duse aceitar sua hospitalidade também foi infindavelmente discutido. Claro, ela economizaria muito dinheiro. Talvez a explicação estivesse com D'Annunzio, o grande amor da vida de Eleonora, homem tão maquiavélico quanto talentoso. Ou talvez fosse um sonho da atriz italiana ficar em pé de igualdade com o ídolo de sua juventude. Ou, e isso é bastante provável, Duse talvez fosse tão competitiva e ambiciosa quanto a própria Bernhardt — apesar de sua reputação de criatura espiritual que, segundo informou *Le Figaro*, falava basicamente e com ardor de "bondade, alma e significado da vida".

A estada de Eleonora em Paris teve seus momentos engraçados. O conde de Montesquiou lembrava-se de ter apresentado uma à outra as duas atrizes: "Foi mais uma colisão que um encontro. As duas se agarraram de tal forma que parecia uma furiosa luta livre". Naquela tarde Bernhardt convidou Duse para sentar-se em seu camarote e assistir a uma apresentação de *La samaritaine*. Eleonora não ficou sentada por muito tempo. A cada entrada de Sarah erguia-se de um salto e se mantinha de pé enquanto a rival permanecia no palco. Seus movimentos para cima e para baixo surtiram o efeito esperado. Arruinaram as cenas de Bernhardt, pois a platéia perturbada olhava de uma para a outra como se estivesse assistindo a uma partida de tênis. Sarah pouco pôde fazer, além de endereçar seu sorriso mais encantador a sua ardorosa admiradora.

A farsa repetiu-se na estréia de Duse em *A dama das camélias*. Bernhardt alojou-se no camarote junto ao palco, o queixo nas mãos, os olhos fixos na rival. Coberta de jóias e magnificamente vestida, com uma guirlanda de rosas nos cabelos ruivos recém-tingidos, era a própria heroína parisiense de Dumas — o oposto de sua colega, que usava pouca ou nenhuma maquilagem no palco ou nos bastidores e não se importava com elegância. No intervalo *le Tout Paris* foi cumprimentar Bernhardt e perguntar-lhe o que achava da atriz italiana. "Uma das melhores", foi sua resposta, sabendo que Duse, amedrontada e nervosa, estava naquela noite em seu pior momento.

Sarah ficou ainda mais feliz ao ler o artigo de Sarcey:

> Ou porque vê a personagem dessa forma, ou porque não consegue interpretá-la de outro modo, La Duse sugere uma boa alma que arruína seus amantes fazendo-os comprar macarrão para ela. Contudo é extraordinária na expressão de ternura, e a maneira como oferece uma flor a Armand, conquanto absurda se consideramos o texto, é infinitamente graciosa.

Essas palavras do principal crítico francês pouco significavam para uma atriz que recebera os maiores elogios na Alemanha, na Rússia e na Itália. Se ficou desanimada, Duse não o demonstrou quando interpretou Magda, papel em que, segundo alguns críticos, superava Bernhardt. Até Sarcey voltou atrás. "La Duse parte vitoriosa", escreveu ao encerrar-se a temporada da artista italiana; "do ponto de vista geral do teatro, deixa um exemplo que todos deveriam aproveitar. [...] Ela nos conquistou com o puro poder da verdade."

Sarah tratou as notícias desagradáveis com a manha dos parisienses. Em 14 de junho seu teatro apresentaria um espetáculo de gala beneficente, cuja receita seria destinada à conclusão de um monumento em memória de Dumas filho, que morrera dois anos antes. Por que não convidar La Duse? Ela poderia fazer os atos II e III de *A dama das camélias*, enquanto Sarah ficaria com os IV e V. Mas Duse era esperta o bastante para não entrar numa batalha que poderia perder. Propôs fazer uma cena de *La femme de Claude*, a peça meio ibseniana de Dumas, na qual sabia que iria brilhar. A proposta foi aceita e teve lugar a disputa. Essa foi a única vez que Bernhardt e Duse se apresentaram no mesmo palco. O programa anunciava ainda outras atrações: *L'aveu* [A confissão], melodrama de adultério em um ato, escrito e encenado pela própria Bernhardt alguns anos antes; declamações a cargo de Coquelin e Yvette Guilbert; árias cantadas por membros da Opéra de Paris; e, no final, a "Homenagem de Marguerite Gautier a Alexandre Dumas", de Rostand, a ser pronunciada por ninguém menos que Sarah Bernhardt.

Todo mundo parecia feliz com o espetáculo de gala, principalmente La Duse, que, numa inspirada meia hora, convenceu a platéia de que podia sair-se muito bem, mesmo com La Divine Sarah. Infelizmente esta guardava na manga uma última carta, surpreendente: o amante de Eleonora. Poeta, romancista e dramaturgo pomposo, D'Annunzio era um homem sombrio — conquanto sedutor —, cruel, indigno de confiança e excessivamente cheio de si. Tais qualidades se revelaram quando ele visitou Bernhardt pela primeira vez, em sua casa do boulevard Péreire. "A senhora é sublime", exclamou, inclinando-se para beijar-lhe a mão. "Sim, madame, a senhora decididamente é d'annunziana!" O que pretendia ser uma lisonja não caiu bem, pois Sarah, que também possuía um ego imenso, preferia considerar-se bernhardtiana. Porém havia negócios a discutir. Ele lhe enviara *La ville morte*, tradução francesa de sua peça *La città morta* [A cidade morta]; ela gostara, não só por causa do tema de incesto e da ambientação na Grécia antiga, mas ainda porque a obra, que D'Annunzio escrevera para a amante, na qual se inspirara, agora lhe era oferecida para representá-la em Paris antes que Duse a interpretasse na Itália. A conduta inescrupulosa do escritor proporcionou a Sarah enorme satisfação. Primeiro, porque, dando-lhe a peça, D'Annunzio deixava claro que a considerava ainda mais "sublime" (uma de suas palavras favoritas) que a atriz a quem dizia amar. Segundo, porque Sarah achava que Duse a usara de forma abominável — atitude da qual se queixou numa carta a Montesquiou, o homem que as havia aproximado:

> Você me apresentou a Duse. Fui extremamente cortês e polida com ela. Ela devia se apresentar dez vezes em onze dias; contudo se apresentou dez vezes em trinta dias. [É verdade que La Duse freqüentemente adiava e cancelava espetáculos.]

Isso me custou muito dinheiro, pois mantive meu teatro aberto quando deveria tê-lo fechado. Também paguei mais a meu pessoal, que estava autorizado a tirar férias. Fiz tudo isso sem dizer nada a ninguém. Você sabe muito bem de toda a mesquinharia e a infâmia a que me expus desde a chegada de La Duse. Eu havia tido minha apoteose, minha "*Journée Sarah Bernhardt*". Agora querem me enterrar. Tudo isso é péssimo, inclusive La Duse, que foi muito esperta — oh, descaradamente esperta! É tudo feio, desprezível. A artista italiana é uma criatura dissimulada, ignóbil. Imagine, nem sequer escreveu para me agradecer ou se despedir! Fico doente com isso...

La Duse poderia usar as mesmas palavras — "descaradamente esperta, feio, desprezível, dissimulada, ignóbil" — para descrever o comportamento ostensivamente sedutor de Bernhardt em relação a D'Annunzio.

A produção do que o elenco intitulou "A cidade mortal" não deu grande prazer a ninguém. Duse ficou arrasada com a fria traição do amante. D'Annunzio ficou furioso quando um crítico definiu sua peça como "uma implacável torrente verbal". E Bernhardt não conseguiu vingar-se da rival, pois foi obrigada a tirar *A cidade morta* de cartaz logo após a estréia, já que o público a achou tão "mortal" quanto o elenco achara. Duse teve sua desforra quando encenou a peça na Itália com grande sucesso, mas nessa época Sarah e Gabriele já haviam tido um breve caso que nenhum dos dois levou a sério e o coração de Eleonora estava irremediavelmente despedaçado.

Como sói acontecer nos casos de fracasso teatral, cada um dos envolvidos declarou que os outros agiram de má-fé e iludiu-se dizendo a si mesmo que foi o único que agiu corretamente.

A situação confusa e desagradável no Théâtre de la Renaissance não era nada em comparação com o caso vergonhoso que abalou a França naqueles anos. Embora se denominasse *L'affaire Dreyfus*, suas repercussões foram além dos documentos forjados para incriminar o inocente capitão judeu Alfred Dreyfus e muito além de sua condenação à prisão perpétua na ilha do Diabo. Encheram-se livros com análises dos emaranhados legais, das acusações falsas, dos ódios racistas e do oportunismo político que fizeram parte do caso Dreyfus. Tão orgulhosos de sua glória passada, de seus ideais de liberdade, igualdade e fraternidade, os franceses mais uma vez se engalfinhavam. Seu comportamento, é triste dizer, confirma as palavras do historiador J. E. C. Bradley:

> Há uma nação em relação à qual os franceses são mais vingativos que para com os alemães, mais irascíveis que para com os italianos, mais injustos que para com os ingleses. É em relação aos franceses que demonstram animosidade mais selvagem, mais incessante e mais iníqua que para com o povo de qualquer outro país.

A afirmação de Bradley seria mais completa se incluísse o violento anti-semitismo que surgiu na esteira do *Affaire*. "Os judeus estão contaminando a nação", gritavam os anti-Dreyfus. Eles eram "proxenetas, cancros, ladrões, piolhos de sinagoga" que mereciam a vivissecção ou a deportação. Sobretudo não eram franceses, e sim traidores da França.

Incrivelmente a brutal reação contra os judeus teve a aprovação de espíritos refinados como Jules Lemaître, Alphonse e Léon Daudet, François Coppée e da maioria das figuras preeminentes da sociedade e da Igreja de Paris. Felizmente para Dreyfus e para a França, houve humanistas e reformadores sociais, intelectuais e cientistas — e judeus — que perceberam que o capitão era a vítima inocente do preconceito e da corrupção militar.

Sarah era apaixonadamente pró-Dreyfus, e com boa razão. Na verdade, como poderia não ser? Durante anos aparecera por todo o mundo desfigurada em caricaturas anti-semitas. Fora recebida com pedradas e insultos racistas na Rússia e no Canadá. Marie Colombier escrevera sobre seus "abomináveis hábitos judaicos" em *As memórias de Sarah Barnum*. E as feias alusões a seu "sangue hebreu" não tinham fim. Mas o que estava em jogo era mais que o sofrimento pessoal. Como Octave Mirbeau, Sardou, Rostand, Hahn, Clairin, Lucien Guitry e muitos outros membros de seu círculo, ela cada vez mais se convencia de que Dreyfus era vítima de uma trama sinistra. Para sua tristeza seu querido filho não concordava. Declaradamente anti-semita, apesar de sua cota de sangue judeu, e certo de que o Exército, a Igreja Católica e a alta sociedade não podiam errar, Maurice brigou com a mãe. Incapaz de enfrentar Sarah e seus amigos, partiu com a família para Monte Carlo, e durante muitos meses dolorosos mãe e filho não se falaram. Mas naturalmente eram apenas uma das muitas famílias francesas divididas pelo *Affaire Dreyfus*. Quando por fim retornou a Paris, Maurice continuou sendo tão devotado, tão carinhoso e tão dependente financeiramente como sempre, e nunca mais nenhum dos dois mencionou o caso Dreyfus.

Em outubro de 1897 Bernhardt fez uma turnê pela Bélgica, enquanto em *seu* teatro Renaissance Lucien Guitry atuava em *Secret service* [Serviço secreto], peça do famoso ator-dramaturgo americano William Gillette, adaptada por Pierre Decourcelle. Infelizmente Gillette não era nada conhecido em Paris, e Sarah teve de livrar seu teatro das dívidas. Em princípios de novembro inaugurou uma série de cinqüenta magníficas — e lucrativas — representações de *A dama das camélias* e começou a ensaiar uma nova peça de Mirbeau, *Les mauvais bergers* [Os maus pastores]. Mirbeau era um dos mais violentos partidários de Dreyfus e durante os ensaios passava a maior parte do tempo convencendo Bernhardt de que era preciso fazer alguma coisa para provar a inocência do capitão.

Anos mais tarde Louis Verneuil contou que Sarah lhe disse que foi após um desses ensaios que procurou Zola e transmitiu-lhe as opiniões de Mirbeau, chamando o romancista para a causa. E que foi por sugestão sua que Zola redigiu para *Le Figaro* o artigo em que defendia Dreyfus e que encerrou com a célebre frase: "A verdade está a caminho, e nada a deterá".

Verneuil disse ainda que Bernhardt estava presente naquele dia de janeiro de 1898 em que *J'accuse* [Eu acuso] foi publicado e uma ameaçadora multidão se dirigiu para a casinha do escritor na rue de Bruxelles, gritando: "Morte a Zola!". De repente, Verneuil lembrava-se de terem lhe contado, abriu-se uma janela no segundo andar, mas, em vez de Zola, foi Bernhardt quem apareceu. Havia ido cumprimentá-lo por sua corajosa campanha, uma campanha que ela iniciara dois meses antes. Ao vê-la, a multidão silenciou e foi dispersa com a ajuda da polícia.

Na manhã seguinte os jornais anti-Dreyfus saíram com manchetes como: SARAH BERNHARDT EM CASA DE ZOLA. A GRANDE ATRIZ ESTÁ COM OS JUDEUS CONTRA O EXÉRCITO. E na semana seguinte houve raivosas manifestações diante do Renaissance; o chefe de polícia pediu a Bernhardt que suspendesse os espetáculos e fechasse o teatro a fim de evitar problemas.

Muito provavelmente Verneuil — ou Sarah — exagerou. Contudo, se ela de fato exagerou, ou ainda que quisesse levar o mundo a crer que desempenhou um papel maior na reabilitação de Dreyfus, temos de admitir que seu coração estava do lado certo.

Em dezembro Zola publicara suas *Lettres à la jeunesse* [Cartas à juventude], incitando os jovens a combaterem a injustiça. A obra criou imenso alvoroço. Foi nesse momento que Sarah apresentou *Les mauvais bergers*. O título refere-se aos industriais gananciosos que exploram seus empregados. Toda vez que no palco se falava em injustiça, a platéia via na fala uma referência ao caso Dreyfus e punha-se a gritar a favor ou contra. Lucien Guitry esteve magnífico como um dos trabalhadores assassinados numa greve sangrenta, e na cena final, quando o encontra morto numa padiola, Sarah, sua amada, teve um desempenho tão pungente e realista que da platéia se ergueram gritos de "Basta! Basta!".

Como o mundo sabe, Émile Zola se tornou o herói dos partidários de Dreyfus em janeiro, quando seu incendiário "Eu acuso: carta ao presidente da República" foi publicado em *L'Aurore*. Nesse artigo citou nomes de altos oficiais do Exército e acusou-os de torcerem os fatos e de serem monstruosamente parciais e cegos em relação à justiça:

> É um crime procurar apoio na imprensa da sarjeta, deixar que nos defenda a ralé de Paris e de tal modo que agora é a ralé que insolentemente exibe sua vitória sobre a lei e a simples decência.
>
> É um crime envenenar os mansos e os humildes, exasperar as paixões de reação e intolerância, enquanto se busca refúgio atrás de um anti-semitismo odioso, do qual a grande França liberal dos Direitos do Homem morrerá, se não se curar.

É um crime explorar o patriotismo para atos de ódio, e, por fim, é um crime fazer da espada o deus dos tempos modernos, quando toda a ciência humana trabalha para a obra futura de verdade e justiça.

Mesmo que não tenha ido à casa de Zola quando *J'accuse* foi publicado, Bernhardt escreveu ao autor:

Cher Grand Maître

Permita-me falar da emoção inexprimível que senti ao ler seu clamor por justiça. Como mulher, não tenho influência. Todavia estou angustiada, assombrada com a situação, e as belas palavras que o senhor escreveu ontem trouxeram imenso alívio a meu grande sofrimento.

Pensei em escrever para agradecer a Scheurer-Kestner [vice-presidente do Senado e partidário fervoroso de Dreyfus], mas, sabendo que tudo que esse homem admirável faz é considerado criminalmente suspeito, julguei que, se soubessem que uma *artista* — o que estou dizendo? —, uma *atriz* admira seus feitos corajosos, tal descoberta seria usada para esmagá-lo. Ao senhor, a quem há muito tempo amo, digo obrigada com toda a força de um instinto melancólico que grita para mim: "É um crime! Um crime!".

Obrigada, Émile Zola. Obrigada, amado mestre. Obrigada em nome da justiça eterna.

Ao aproximar-se o final do século, Sarah começou a achar que o Théâtre de la Renaissance era amaldiçoado. Perdera milhões de francos em seus cinco anos de diretora e muitas vezes teria ido à falência se não tivesse partido em turnês pelo exterior. Além disso, os bastidores eram exíguos, o palco era pequeno demais, e — uma preocupação primordial — ela acreditava que, em seus 54 anos, chegara a hora de colocar uma distância maior entre sua pessoa e o público a fim de evitar certo constrangimento e um bocado de maquilagem. Com tais idéias em mente, pediu a Maurice Grau que vendesse seus direitos sobre o Renaissance e lhe conseguisse um teatro maior.

Depois de seu sucesso como Lorenzaccio, parecia-lhe que devia fazer o papel-título em *Hamlet*. Como não gostava da adaptação francesa oficial utilizada pela Comédie — a qual provavelmente não teria permissão de usar —, encomendou a Eugène Morand e Marcel Schwob uma versão em prosa fiel ao texto de Shakespeare. Levou-a quando foi a Belle-Île, em junho, e estudou-a cuidadosamente, com a intenção de encená-la em seu novo teatro.

Para despedir-se do Théâtre de la Renaissance, em 18 de novembro de 1898 apresentou *A dama das camélias* e como Marguerite Gautier morreu naquele palco pela última vez em 11 de dezembro. Entrementes assinou um contrato de 25 anos, que vigoraria a partir de 1º de janeiro de 1899, arrendando o Théâtre des Nations, que era propriedade da Cidade de Paris.

Localizado na place du Châtelet, fora sede da Opéra-Comique sob o nome de Théâtre Lyrique. Seria o único teatro de Paris em que ela atuaria nos últimos 23 anos de sua vida.

Foi uma mudança prática, conquanto ambiciosa. Como experiente atriz-empresária, Sarah sabia que o Théâtre des Nations, com 1700 lugares, podia render-lhe o dobro do Renaissance, que tinha apenas novecentos lugares. Ademais, que liberdade de ação o palco imenso proporcionava, que satisfação para uma companhia de repertório saber que dispunha de espaço suficiente para guardar os cenários de quatro ou cinco peças, e que conforto haveria depois que os velhos camarins fossem reformados! Todavia, ansiosa para começar, ela resolveu adiar a reforma até o verão, rebatizou sua nova casa como Théâtre Sarah Bernhardt e anunciou que o inauguraria em 21 de janeiro com *La Tosca.*

Fixaram-se cartazes, a bilheteria abriu e as multidões acorreram. Trezentas representações depois — um recorde para a peça de Sardou —, Sarah era uma mulher mais rica e mais feliz. Finalmente podia respirar, disse aos amigos. Como conseguira suportar aquela gaiola, aquele ridículo Renaissance, onde não podia sequer estender os braços sem esbarrar no cenário?

No verão e outono de 1898 o Sarah Bernhardt foi reformado de alto a baixo. O resultado foi digno de sua orgulhosa proprietária, que havia prometido transformá-lo no mais belo teatro do mundo. As paredes, que antes estavam caindo aos pedaços, agora se apresentavam recobertas de veludo amarelo, o qual revestia também as poltronas — uma espantosa inovação, pois até então os interiores vermelhos eram tradicionais nos teatros franceses. Os camarotes reluziam em sua pintura cor de marfim. As poltronas da platéia eram amplas e confortáveis. Lustres imensos espargiam por toda parte sua luz suave. O saguão, espaçoso e acolhedor, estava forrado de retratos de Bernhardt em vários papéis, vista por Mucha, Clairin e Abbéma. E por fim, depois de passar anos em vestiários mofados, Sarah se presenteou com um luxuoso camarim que vinha a ser, literalmente, um apartamento duplex de cinco cômodos. Primeiro, uma ampla antecâmara (onde seus admiradores podiam esperá-la), separada do palco por uma porta dupla e alguns degraus. Depois, um vasto salão forrado de cetim amarelo, onde Sarah recebia, sentada num enorme divã. Tudo em estilo império, com um toque de Lalique, mobiliado com magníficas peças da época. O camarim propriamente dito era grande o bastante para conter cinqüenta trajes, uma penteadeira alta equipada com a última palavra em lâmpadas elétricas, um espelho gigantesco de três faces, uma pia monumental e uma banheira, a primeira já instalada num teatro. Esses três aposentos contíguos ficavam no segundo andar do teatro. Partindo da antecâmara, uma escada em espiral conduzia ao andar térreo, a uma sala de jantar suficientemente ampla para abrigar doze pessoas sentadas com todo o conforto. Ao lado havia uma pequena cozinha com despensa. Aos domingos, entre a vesperal e a *soirée*, Sarah oferecia jantares a *le Tout Paris Théâtral.*

Nesse clima de confiança e sucesso, Bernhardt resolveu que depois de *La Tosca* encenaria *Dalila*, a peça medíocre de Feuillet na qual atuara 26 anos antes na Comédie Française sem agradar a ninguém com seu desempenho. O papel não lhe conviera em 1873 e menos ainda lhe convinha em 1899. Assim, o teatro, que multidões entusiásticas haviam lotado para aplaudir *La Tosca*, reduziu-se por duas semanas a um mar de poltronas vazias. A esse erro lamentável seguiram-se reapresentações calorosamente recebidas de *La samaritaine* e *A dama das camélias*, com eventuais matinês de *Fedra*.

Mas Sarah estava apenas ganhando tempo. Em 20 de maio de 1899 entrou no palco de capa e espada para interpretar seu primeiro Hamlet. Seu desempenho acabaria sendo o mais controvertido de sua longa carreira. Há um certo estigma aplicado às atrizes que fazem papéis masculinos. Primeiro, porque a voz, o modo de andar, a postura nunca convencem inteiramente; e, segundo, porque lhes cabe a dupla tarefa de personificar um ator que por sua vez está interpretando outro homem. Nessas circunstâncias Sarah se saiu esplendidamente bem. *Hamlet* ficou meses em cartaz, apesar de ser um espetáculo com mais de quatro horas de duração. Os críticos eruditos admiraram a veracidade e a inteligência com que ela pronunciou o texto de Shakespeare. O poeta Catulle Mendès ficou tão deslumbrado que se bateu em duelo com um colega jornalista que ousara dizer que a peruca de Bernhardt não tinha a cor adequada. Até Mounet-Sully, que se tornara o Hamlet reinante na Comédie Française, várias vezes foi ver Sarah interpretar o príncipe da Dinamarca. Ele não havia mudado nada. Obstinado como sempre, discutiu sua leitura ponto por ponto. Por que ela diz sentada o monólogo "Ser ou não ser"? E por que demonstra medo na cena com Rosencrantz e Guildenstern, se nesse momento Hamlet não sabe que o rei pretende matá-lo? Sabe, sim, respondeu Sarah. Ele sente o perigo na cena com os atores. É então que se convence de que o Espectro diz a verdade. Isso é sutil demais, argumentou Mounet. Porém Hamlet *é* sutil, Sarah replicou. As discussões prosseguiam noite adentro, a atriz mais tarde lembrou. E, como nos velhos tempos, tinha a certeza de estar correta, e Jean se enfurecia.

Bernhardt apresentou *Hamlet* durante duas semanas e fechou o teatro para reformas, levando a peça numa turnê de seis meses que se iniciou em Londres, onde a manteve em cartaz também por duas semanas.

A reação dos ingleses foi heterogênea. O escritor Maurice Baring não fez restrições. Achou que só depois de assistir à interpretação de Sarah o público francês teve uma idéia exata da peça de Shakespeare. Para ele Bernhardt era "uma maravilha, um tigre, natural, espontânea, verdadeira e principesca". Em algumas falas Baring teve a impressão de ouvir "o próprio Shakespeare".

Cada cena, cada estado de espírito fazia parte de um todo, "como nuvens que se perseguem, mas pertencem ao mesmo céu, e não como as imagens isoladas de uma lanterna mágica".

Max Beerbohm discordou violentamente num artigo intitulado "Hamlet, princesa da Dinamarca":

> Espero sinceramente, enquanto há tempo, que o exemplo de Sarah interpretando Hamlet não crie um precedente entre as mulheres. [...] Sem dúvida na complexidade de sua natureza Hamlet possui traços femininos. [...] Creio ser essa a desculpa de Sarah para experimentar o papel. Naturalmente ela não tentaria fazer Otelo — pelo menos arrisco-me a supor que não, embora seja perigoso supor o que ela poderia *não* fazer —, assim como seu ilustre compatriota, Mounet-Sully, não tentaria interpretar Desdêmona. [...] Mounet-Sully não seria mais aceitável como lady Macbeth que como Desdêmona. Ficaria absurdo, conquanto (é minha opinião) nem um pouco mais absurdo que Sarah no papel de Hamlet. Sarah não devia ter julgado que a fraqueza de Hamlet o relaciona de algum modo com sua mente e seu corpo femininos. Seus amigos deviam tê-la impedido. Os críticos nativos não deviam tê-la encorajado. Os aduaneiros de Charing Cross deviam ter-lhe confiscado o gibão de zibelina e as meias. Amante de sua arte incomparável, sofro mais do que me divirto quando penso em sua aberração no Adelphi. Dessa vez nem sua voz estava bonita. [...] O melhor que se pode dizer de seu desempenho é que ela atuou (como sempre) com aquela dignidade que é fruto do autodomínio. Seu autodomínio foi um dos elementos mais deliciosos da comédia da noite, porém foi impossível não se impressionar verdadeiramente com sua dignidade. Em sua interpretação, embora nem melancólico nem sonhador, Hamlet pelo menos era uma pessoa importante e inequivocamente "de boa cepa". Sim, o único elogio que se pode conscientemente fazer-lhe é que seu Hamlet era do começo ao fim *très grande dame.*

Bernhardt defendeu sua concepção do papel numa carta a um crítico anônimo que pensava que Shakespeare só podia ser compreendido pelos ingleses e achou sua interpretação de Hamlet muito viril:

> Reprovam-me por ser ativa demais, viril demais. Parece que na Inglaterra se deve representar Hamlet como um triste professor alemão. [...] Dizem que meu desempenho não é tradicional. Mas o que é tradição? Cada ator traz suas próprias tradições. [...] Na cena da capela Hamlet decide não matar o rei, que está rezando, não por ser indeciso e covarde, e sim por ser inteligente e tenaz; quer matá-lo quando o rei estiver pecando, não quando se encontra num instante de arrependimento, pois quer que ele vá para o Inferno e não para o Céu. Há os que estão absolutamente determinados a ver em Hamlet uma alma de mulher, fraca e indecisa; mas eu vejo a alma de um homem resoluto e sensato. Quando depara com o espectro do pai e fica sabendo de seu assassinato, Hamlet resolve

> vingá-lo, porém é o oposto de Otelo, que age sem pensar; Hamlet pensa antes de agir, o que indica grande força e uma alma vigorosa.
>
> Hamlet ama Ofélia, e contudo renuncia ao amor, renuncia aos estudos, renuncia a tudo a fim de alcançar seu objetivo, e o alcança: mata o rei quando o encontra num estado do mais nefando, mais criminoso pecado. [...]
>
> Para encerrar, monsieur, permita-me dizer que Shakespeare, com seu gênio colossal, pertence ao universo, e que uma mente francesa, alemã ou russa tem o direito de admirá-lo e compreendê-lo. [...]

Se leu a crítica de Max Beerbohm, ou se alguém teve a coragem de lê-la para ela, Sarah se consolou com um convite para apresentar *Hamlet* em Stratford-upon-Avon. Dali rumou para Edimburgo. Como seria delicioso ler Beerbohm, se ele a tivesse seguido até a Escócia! Como seu traje não chegasse a tempo, Sarah interpretou o melancólico dinamarquês de *kilt*, para pasmo da platéia.*

Depois da Grã-Bretanha, desempenhou o papel de Hamlet nas províncias francesas, na Suíça, Áustria e Hungria, voltando a Paris em tempo de reabrir seu novo e lindo teatro em 16 de dezembro com a primeira de mais cinqüenta apresentações de — *Hamlet*.

(*) Quem nos contou a história desse traje inventivo, conquanto espantoso, foi madame Annette Vaillant, cuja mãe, Marthe Mellot, contracenou com Sarah em *Hamlet*, fazendo uma Ofélia comovente. Provavelmente Bernhardt é a única grande atriz que interpretou Ofélia e Hamlet.

8
Arte e Idade

Sarah no papel-título de *Fedra,* de Racine.

No outono de 1899 Bernhardt e Rostand foram à Áustria. Não se tratava apenas de uma viagem de amantes, como pensaram muitos.* Sarah tinha compromissos em Brünn (atual Brno), perto de Viena. Os dois planejavam visitar Schönbrunn, o castelo do século XVIII que seria cenário de *L'aiglon* [O filho da águia], a peça que ele estava escrevendo para sua "adorada Sarah". Foi uma época absorvente para ambos: para Rostand porque quase concluíra seu drama em versos e estava ansioso para verificar suas indicações cênicas; para Sarah porque estudara a peça com apaixonado interesse e vivia para o momento em que se transformaria num jovem de dezessete anos: o desventurado duque de Reichstadt, filho de Napoleão.

Rostand não era mais o versejador obscuro de cuja pena pingavam efusões místicas (irrealistas, achavam alguns) sobre princesas e evangelistas. Dois anos antes varrera as teias de aranha simbolistas e produzira seu flamejante e celebérrimo *Cyrano de Bergerac*. O sucesso não lhe subiu à cabeça. Ao contrário, ele continuava sendo o jovem e tranqüilo sonhador que venerava Bernhardt e tinha um prazer vicário com seus modos de *prima donna*. Prova disso são suas carinhosas lembranças de Sarah na Áustria.

Após a primeira apresentação em Brno, tomaram o trem particular da atriz para voltar a Viena. No caminho Sarah viu uma placa que dizia Wagram. Ficou estupefata. Lá fora estava a planície onde Napoleão fizera a Áustria ajoelhar-se, a planície que era a cena do quinto ato de *L'aiglon*. Ali estava uma oportunidade de pesquisar a história, de absorver a atmosfera da peça. Era preciso organizar de imediato uma peregrinação à luz de tochas. Na manhã seguinte o empresário austríaco de Bernhardt, um obsequioso cavalheiro de cabelos brancos infinitamente desconfiado das atrizes, foi chamado a sua suíte no hotel.

Rostand lembrou que o pobre coitado ficou lívido quando Sarah lhe expôs seu plano:

> "A Wagram? Organizar uma peregrinação a Wagram? Não pode estar falando sério, madame", balbuciou ele, fazendo gestos negativos com as mãozinhas roliças. "Não há nada interessante naquele buraco sombrio."

(*) Quando perguntamos a Robert de Margerie, embaixador francês nos Estados Unidos (e sobrinho-neto de Rostand), se achava que o caso fora sério, ele nos respondeu: "*Je dirais plutôt que c'était une étape sur la route de l'amitié*" [Eu diria antes que foi uma etapa no caminho da amizade].

"Não me importa", replicou Sarah num tom que indicava desprezo por todos os negociantes práticos que tivera a infelicidade de conhecer. O empresário persistiu. O lugar ficava a quilômetros da estação. Além disso, onde ele iria arrumar cavalos, carruagens, luzes e todo o equipamento necessário? Detalhes insignificantes, Sarah retrucou.

"Mais divina das criaturas vivas, está querendo o impossível. Lá não há nada para ver além de beterraba e batata."

"Será o bastante", disse Sarah, imprimindo a sua voz de ouro um brilho de aço. "Arranje as coisas como quiser, porém arranje-as o mais rápido possível."

Uma semana depois Bernhardt e Rostand iam novamente de Brno para Viena quando de súbito o trem vacilou, ofegou e parou com um barulho estridente. Estavam em Wagram, porém numa Wagram inacreditável. Guirlandas de flores de papel enfeitavam a estação sombria. Centenas de tochas flamejantes transformavam a noite em dia. Resplandecentes em seus capacetes e galões dourados, soldados postavam-se solenes e atentos. Ao disparo de um canhão, um oficial deu um passo à frente, bateu os calcanhares e solicitou à ilustre visitante o privilégio de mostrar-lhe o lugar sacralizado pelo grande Napoleão. E poderia acrescentar que o solo humilde se tornaria ainda mais sagrado sob seus passos? Encantada, radiante, Bernhardt era uma rainha complacente aceitando a homenagem de seu súdito cavaleiresco. Prestes a descer do trem, avistou o relógio da estação. Eram duas horas, inequivocamente duas horas da madrugada.

"Mas é impossível", disse. "Percebe como é tarde? Há algo errado com o relógio?" "Não, madame", foi a resposta. "O relógio está em perfeita ordem."

Então, não mais uma rainha e sim uma atriz cansada e sem forças, Bernhardt voltou-se para o maquinista, gritando: "Toque o trem! *En route! En route!*" ["Em marcha! Em marcha!"]

> Oh, o prefeito e os funcionários! [Rostand escreveu.] Jamais hei de esquecer seus rostos quando o trem se pôs em movimento, seu estupor, seus olhos assustados com a retirada de Sarah durante o discurso do prefeito. Ainda o vejo, arrasado em sua dignidade, rodeado por sua comitiva e por aquelas tristes flores de papel. Enquanto o trem ganhava velocidade, Bernhardt afundou em seu casaco de chinchila e adormeceu como se nada tivesse acontecido.

Quando ouviram pela primeira vez Rostand ler *L'aiglon*, Bernhardt e sua companhia se comoveram até as lágrimas. Nada havia de surpreendente em tal reação, visto que a peça tem o fervor patriótico de um hino nacional. Além disso, apresenta um retrato tocante do filho de Napoleão, que morreu no exílio aos 21 anos de idade. Grande parte de *L'aiglon* se passa no Palácio Schönbrunn, onde Metternich e seu grupo mantêm o duque a rédeas curtas, embora douradas. Trata-se de uma situação que se presta a chás, bailes de máscaras, jardins enluarados. Nesse cenário L'aiglon e Flambeau, veterano das Guerras Napoleônicas, tramam o impossível. Planejam formar um exército de bonapartistas, marchar sobre a França e reaver o trono imperial de Napoleão. Entretanto L'aiglon não é o Homem do Destino que seu pai era, a Águia Imperial; é apenas um filhote de águia, comovente mas ineficaz. Sem embargo é sedutor e no patético último ato, quando está agonizante, aparece não só como um peão no tabuleiro de xadrez da história, mas também como uma figura trágica que prefere morrer a abandonar seus quixotescos sonhos de glória.

Sarah dedicou-se ao papel com seu típico entusiasmo. Em casa, nas semanas que antecederam a estréia, recebia suas visitas de espada na mão, vestida no garboso uniforme que o jovem Paul Poiret criara para ela; assim aprenderia a ficar à vontade em sua indumentária.

Sacha Guitry, que para o exagero tinha ainda mais talento que Sarah, descreveu os preparativos de *L'aiglon* em suas memórias, intituladas *Si j'ai bonne mémoire* [Se tenho boa memória]:

> Os ensaios diários deviam começar entre uma e quinze e uma e meia da tarde. Pelo menos era o que estava escrito no quadro de avisos, pois somente os figurantes eram pontuais. Os atores chegavam lentamente, um após outro. Meu pai nunca aparecia antes das duas ou duas e meia. Edmond Rostand se apresentava às três, e por volta de dez para as quatro surgia madame Sarah Bernhardt. Todo mundo se levantava, os homens tiravam o chapéu e cada qual se adiantava para beijar-lhe a mão. Como não havia menos de sessenta pessoas no palco, isso tomava bem uma meia hora. Logo após o beija-mão mme. Sarah Bernhardt se retirava para trocar de roupa, pois a fim de sentir-se mais à vontade ensaiava *L'aiglon* usando o traje de Lorenzaccio. Assim que ela estava pronta, o ensaio começava. No entanto era interrompido às cinco horas para a "xícara de chá" de mme. Sarah. Paciente, carinhosa e respeitosamente a companhia inteira ficava olhando-a tomar seu chá. Tudo que essa mulher fazia era extraordinário, mas os que a rodeavam achavam perfeitamente natural que ela só fizesse coisas extraordinárias. E aí está a razão pela qual os ensaios de *L'aiglon* se estenderam por cinco ou seis meses!

L'aiglon estreou em 15 de março de 1900. Foi um triunfo. Alguns disseram que foi a estréia mais triunfal da história do teatro. Com certeza a peça chegava no momento adequado. Apesar de todo o alarido em torno da Belle Époque e da Grande Exposição daquele ano, os franceses estavam desanimados em função do sempre perturbador *Affaire Dreyfus*. E ali se encontrava sua Sarah, de uniforme militar, pronunciando discursos altissonantes sobre a glória da França. Era patriótico, unificador, estimulante. As pessoas choravam abertamente. Os aplausos se sucediam.

Com *L'aiglon* Sarah se tornou uma heroína popular. Todos, ricos e pobres, jovens e velhos, partidários e não partidários de Dreyfus foram ver a peça. Milhares compraram postais de sua foto como o "filho da águia". As lojas expunham distintivos e medalhas com seu perfil. Crianças usavam cópias de seu garboso uniforme branco. E o *chef* Escoffier criou *Pêches L'aiglon* [Pêssegos L'aiglon] para homenageá-la.

Pouco depois da estréia Rostand teve pneumonia e mudou-se para uma casa em Montmorency, nos arredores de Paris, tão próxima que, quando uma brisa soprava do Sena, o poeta gostava de pensar que ouvia "bravos" trazidos do Théâtre Sarah Bernhardt. Esse era um consolo imaginado. O consolo real vinha com as visitas diárias de Sarah. Rosemonde Rostand lembrava-se dela descendo de sua "encantadora carruagem, toda risonha, vestida num casaco de chinchila e em finas rendas até as orelhas". Rostand ansiava por notícias. Como Guitry esteve ontem? Que ato foi melhor? Quantas vezes voltaram para agradecer os aplausos? Quem estava lá? Jules Renard foi aos bastidores? Anatole France gostou? E Montesquiou, e Sardou, e a condessa Greffulhe, e o príncipe Murat? Sarah ria, imitava-os todos e contava o último mexerico. Depois, percebendo de repente que já era tarde, despedia-se do casal com um beijo, presenteava seu pálido *poète chéri* com um buquê de violetas e partia, a cabeça já no primeiro ato.

Bernhardt se apresentou em *L'aiglon* 250 vezes. Depois, com lucrativos contratos na mão, partiu numa turnê de seis meses pelos Estados Unidos com Coquelin e uma companhia de trinta pessoas. É gratificante imaginar os experientes atores partindo juntos para mostrar seus talentos na América após quarenta anos de amizade. Entre eles, porém, havia mais que admiração recíproca. Coquelin, filho de padeiro, e Sarah, filha de cocote, haviam galgado alturas nunca sonhadas. E agora, perto dos sessenta anos, eram os últimos praticantes de um estilo dramático transmitido por atores que haviam trabalhado com Victor Hugo, Dumas e Rachel. Foi essa herança romântica, conjugada com suas personalidades carismáticas, que lhes deu tanta grandeza, tanta autenticidade e uma percepção tão magistral de si mesmos como artistas. São invejáveis aqueles que viram Sarah em sua temporada de duas semanas no Metropolitan Opera House de Nova York num desempenho que lhe valeu a seguinte manchete: SARAH BERNHARDT EM L'AIGLON TEM O MAIOR TRIUNFO DE UMA GRANDE CARREIRA. Igualmente invejáveis são aqueles afortunados que viram o delicioso Coquelin como Cyrano de Bergerac, uma interpretação que levou Henry James a chamá-lo "o Balzac dos atores".

Apesar do elogio, ou talvez por causa dele, a companhia gostava de brincar nos bastidores. "*Allons tuer Coq!*" [Vamos matar Coq!], Sarah gritava ao ouvir a chamada para a cena do assassinato em *La Tosca.* Nessa mesma cena, depois de apunhalar Scarpia e colocar as velas ao redor do cadáver, ela foi pegar o crucifixo que devia colocar no peito do morto. Para seu horror, estava pregado na parede. Depois de um ou dois puxões humilhantes, Sarah desistiu, deu de ombros e, voltando-se para a platéia, disse: "Oh, não faz mal; de qualquer modo, ele não o merecia". Quanto ao cadáver, não resistiu a uma piscadela, pois fora o próprio Coquelin que tinha pregado o crucifixo na parede. Havia motivos para tanta animação. Os atores estavam ganhando muito dinheiro e a imprensa nunca os tratara melhor. No entanto Sarah enfrentava um problema persistente. Os críticos faziam questão de comentar, embora galantemente, que ela dava mostras de sua idade. Tais comentários não podiam constituir surpresa para uma mulher tão preocupada com sua aparência, tão dependente de sua beleza. Afinal, toda vez que se olhava no espelho via a cintura grossa, os cabelos tingidos, o rosto cheio. Mas isso era apenas o que o espelho lhe dizia. Assim que ela se afastava, a ilusão tomava o lugar da realidade, e Sarah sentia-se jovem, linda, vibrante, sedutora. O público também estava disposto a acreditar nisso, não porque ela tivesse conservado a juventude, mas porque possuía o poder de fazê-lo pensar que a conservara. A juventude havia terminado, porém a maturidade lhe dera meios de superar isso com a habilidade adquirida ao cabo de longos anos de experiência. Comprova-o seu sucesso em *La sorcière* [A feiticeira], em dezembro de 1903. A sétima e última peça que Sardou escreveu para Sarah era mais um de seus espetáculos melodramáticos, com um vilão perverso (De Max) que persegue uma vítima indefesa (Bernhardt, naturalmente) até a morte. Ambientada em Toledo na época da Inquisição, conta a história horripilante de uma ardente cigana que ama, sofre e, suspeita de praticar feitiçaria, é queimada na fogueira.

Bernhardt, com 59 anos, e Sardou, com 72, esmeraram-se na peça. Marguerite Moreno, jovem talentosa que fazia parte do elenco, lembrou os dois veteranos num ensaio:

> Foi uma experiência inesquecível vê-los lutar por seus direitos com toda a inteligência e toda a verve, a energia e a resistência que possuíam. De repente Sardou subiu numa mesa. E que espetáculo ele estava em seu eterno boné de veludo negro e sua echarpe de seda branca! Primeiro fez a mímica e Sarah disse o texto. Depois trocaram de lugar, e ela fez a mímica enquanto Sardou dizia o texto. Durante esse exercício Sarah tomava café e mordiscava um biscoito, e Sardou bebia cerveja e comia sanduíches. Suas discussões eram intermináveis.
>
> Sardou: "Quero que fique sentada e imóvel nesta cena".
>
> Sarah: "Mas, adorado mestre, se não me mexer, vou parecer um peixe morto".
>
> Sardou: "Escute, *ma petite*, ainda não sou um idiota e estou lhe dizendo que, se você se mexer, vai estragar a cena".
>
> Sarah: "Vou estragá-la se ficar sentada e imóvel".
>
> Sardou: "Santo Deus, Sarah, você *é* irritante". Depois, voltando-se para o resto do elenco: "Muito bem, senhoras e senhores, vamos repetir".

O ensaio prosseguia até o amanhecer, e quando deixamos o teatro as ruas estavam praticamente vazias, percorrendo-as apenas as carroças de leite em seus giros matinais.

A maioria dos críticos perceberam as falhas da peça e reprovaram o autor por retomar velhas fórmulas, porém alguns nostalgicamente agradeceram ao velho senhor por haver criado outro grande veículo para Bernhardt. Suas palavras expressavam deslumbramento: "Sardou vence, Sarah triunfa"; "Madame Bernhardt é incomparável, prestigiada, sedutora"; "Ela nunca esteve mais bela [...] Nunca sua voz foi mais vigorosa [...] Nunca seu fascínio e sua força trágica foram mais devastadores". Críticas surpreendentes para uma mulher quase sexagenária. A seu modo Sarah era uma feiticeira que encantara críticos e público, pois o antiquado melodrama de um cristão enfeitiçado por uma pagã se tornaria um dos maiores sucessos de seus últimos anos.

Os elogios eram bem-vindos, pois antes de *La sorcière* Sarah havia produzido algumas peças insípidas. Não que desprezasse os gênios franceses contemporâneos (no teatro havia poucos, se é que existiam), mas não conseguia enxergar além das fronteiras de uma determinada cultura francesa. E era além dessas fronteiras que Strindberg, Björnson e Tchekov estavam criando o drama moderno. Uma atriz que dedicara a vida à escola romântica e a seus ideais de beleza tinha dificuldade em aceitar isso. Ademais, achava inconcebível a simples idéia de interpretar nórdicas de classe média, provincianas chocadas com a imoralidade e arruinadas pela neurastenia.

Com certeza apreciava mais *Peléias e Melisanda*, de Maeterlinck. Vira-a pela primeira vez em Londres, em 1898, com Martin Harvey como Peléias, Johnston Forbes-Robertson como Golaud e mrs. Patrick Campbell como a intocável Melisanda. É difícil saber o que a encantou mais, se a peça simbolista ou a deslumbrante Stella Campbell num vestido dourado pronunciando veladas insinuações e deslocando-se num jardim enluarado ao som da música de Gabriel Fauré.

Anos depois, em 1904, encontrando-se em Londres para sua habitual e estafante temporada de verão, Bernhardt contratou mrs. Campbell para ser a Melisanda de seu Peléias. Estava no Vaudeville com *La sorcière*, atuando eventualmente duas vezes por dia; ensaiava *Peléias* de manhã; e nas tardes livres se apresentava em teatros distantes. Quando Graham Robertson comentou com Maurice que Sarah estava trabalhando demais e que as vesperais extras talvez fossem cansativas, Maurice replicou: "E o que minha mãe faria à tarde?".

Em suas memórias, *My life and some letters* [Minha vida e algumas cartas], Stella Campbell escreveu:

A princípio fiquei amedrontada com a idéia de atuar em francês, porém Sarah riu, dizendo que Melisanda falava francês exatamente como eu e que não poderia fazer Peléias com mais ninguém. Então me arrisquei — como foi que ousei? [Ousadia ou não, o resultado foi excelente, mrs. Pat prossegue:] Assumi a direção, e a companhia nunca sorria quando eu estava "dirigindo"! Sarah não modificava nada, mas pediu-me permissão para voltar as costas para a parede da torre a fim de que meus cabelos lhe caíssem no rosto.

Bernhardt adorava mrs. Campbell e achava sua Melisanda perfeita, pura e harmoniosa como Maeterlinck dissera que era. E mrs. Campbell, justamente apavorada com a idéia de contracenar com sua "querida Sarah", descreveu a amiga como um prodígio que "usava o corpo com êxtase e refinamento. Sua voz era a voz de um espírito jovem e melancólico, fundindo-se gradativamente numa ternura tal que mais de uma vez quase emudeci, com medo de quebrar o encantamento". Uma fotografia publicitária das atrizes numa cena da peça atesta seus sentimentos recíprocos. Peléias abraça Melisanda ternamente, enquanto Melisanda, a cabeça esplêndida caída para trás, o belo pescoço esticado, fecha os olhos e se entrega a sonhos de amor. Sensual e vagamente sáfica, a imagem pode bem ter sido a causa da pudica explosão de Max Beerbohm, que se recusou a ver a peça. "Sarah é mulher, e mrs. Campbell é inglesa", escreveu, "e esses dois fatos levam tal espetáculo da esfera da arte para a esfera do sensacionalismo."

Stella Campbell tinha muitas coisas amáveis para dizer sobre Sarah. Em suas memórias ela conta:

> Em determinado momento Sarah precisou de dinheiro. [...] Eu tinha cem libras no banco e graças a Deus pude fazer-lhe um favor. Durante uma apresentação de *Peléias e Melisanda* Sarah Bernhardt devolveu-me as cem libras, em notas de cinco, num pequeno escrínio de prata, diante das muitas pessoas que se encontravam em meu camarim. Disse que estava muito grata a mim — a simples delicadeza de seu gesto! Fico me perguntando se ela um dia soube que meu coração quase parou?
>
> Em julho de 1905, um ano depois, quando madame Bernhardt voltou a Londres, fomos para o interior, pensando em apresentar a peça umas poucas vezes. Sarah me pagou 240 libras por semana, 35 libras por espetáculo extra, e todas as despesas de viagem. Eu forneci os cenários e figurinos. Tivemos tamanho sucesso que a encenamos todos os dias durante três semanas. [A visão de um crítico de Dublin era mais melancólica. Ele escreveu que "Mrs. Campbell interpretou Melisanda e madame Bernhardt fez Peléias. Ambas têm idade suficiente para não cometer tal tolice".]
>
> O desempenho mais belo que já vi foi o de Sarah numa apresentação de *Fedra* — durante duas horas ela manteve a platéia encantada, praticamente sem fazer um movimento ou um gesto para não desviar a atenção dos belos alexandrinos; a grande paixão vibrante parecia envolver os espectadores como uma

teia... foi mágico. O mundo conhece seu gênio; porém nem todos conhecem a consideração e o afeto que ela tem pelos amigos.

Era mais fácil a julgarem uma criatura excelente em Londres, onde era ave de arribação, do que em Paris, onde a conheciam menos por sua bondade e mais por sua ambição implacável e seus modos arrogantes. E, assim, não surpreende que os parisienses não partilhassem o entusiasmo de mrs. Campbell.

Entre os que a viam claramente estava Aurélien Lugné-Poë, o arrojado diretor que já em 1893 apresentara aos franceses *Rosmersholm* e *O inimigo do povo*, de Ibsen. Sarah o via como algo inevitável — sabia que ele era íntimo de estranhos jovens escritores e pintores como Alfred Jarry, Édouard Vuillard e Pierre Bonnard, os quais em sua opinião não chegariam a nada, se continuassem a escrever disparates e a cobrir telas com borrões ininteligíveis. No entanto não deixava de reconhecer os talentos de Lugné-Poë e ajudava-o sempre que podia. Certa vez ele lhe pediu que recebesse Suzanne Després, a atriz que causara sensação como o menino de *Poil de Carotte*,* de Jules Renard, papel brilhantemente criado pela Ofélia de Sarah, Marthe Mellot. Sarah não podia recusar-se, pois Renard era freqüentador assíduo de sua casa e Suzanne era amante de Lugné.

> A Grande, a Incomparável, a Divina Sarah [Lugné escreveu] era magnificamente intuitiva e muito — como direi? — impulsiva. Ou fingia ser quando lhe convinha. Fascinava os outros com uma torrente de palavras melodiosas que eram puro encantamento. Suzanne admirava-a profundamente e nunca perdia suas interpretações de *Fedra*. Ia vê-la como se fosse assistir a uma aula e voltava deslumbrada com a experiência.
>
> "Você precisa ir aos bastidores cumprimentá-la", falei. "Mas ela não me conhece", replicou minha tímida Suzanne. Finalmente, por insistência minha, ela criou coragem. O camarim da grande atriz estava repleto de admiradores quando Suzanne foi apresentada, tendo ainda os olhos marejados das lágrimas que o espetáculo lhe provocara. Quanto mais se aproximava de Bernhardt, mais constrangida se sentia. Não tanto por causa da Divina, mas porque os outros a fitavam de um modo muito irritante. Por fim alguém — o fiel Pitou, sem dúvida — chamou o nome de Suzanne. E ali estava a atriz, exausta, sentada numa poltrona, recebendo cumprimentos com um ar distraído. "Onde está ela? Onde está ela?", a trágica perguntava, enfatizando cada sílaba. [...] "Deixe-me ver a pequena." Como se a pequena não estivesse ali de pé a seu lado. "Aproxime-se mais. Aí está." (Imaginem a tímida e rebelde Suzanne defrontando-se com Fedra-Sarah e tentando sorrir.)

(*) *Poil de Carotte*: ao pé da letra, "Pêlo de cenoura"; mais precisamente, "Cabelos cor de cenoura", ou "Pessoa ruiva". A peça foi encenada no Brasil com o título de *Pinga-fogo*, constituindo-se num dos grandes sucessos da atriz Cacilda Becker.

"Oh", Sarah continuou, "vejam só esse rosto adorável — vejam —, e ela está representando uma cenoura. É você que está representando uma cenoura, não é?" Suzanne não conseguiu reunir forças para dizer que não fazia uma cenoura, e sim *Poil de Carotte*. Se pelo menos Renard estivesse ali para protegê-la! Sarah não parava. "Que lindo sorriso! Você só faz pontas, não é? Amas e coisas desse tipo. Onde estão seus seios? Você deve vir para minha companhia. Eu lhe darei papéis de mulheres de verdade, mulheres como eu, como nós todas. Procure-me após a vesperal de domingo. Tenho um papel maravilhoso para você. Chega de fazer tipos, chega, chega! Imaginem essa doçura como Rainha Cenoura!" No domingo, quando foi aos bastidores, Suzanne estava cética; todavia Sarah a reconheceu de imediato. "Sim, sim", disse, "tenho um bom papel para você. Não uma personagem esquisita, uma cenoura — eu mesma vou representar uma *grande amoureuse*, uma apaixonada *femme fatale*. E você será — uma chinesa." Suzanne deixou o camarim agradecida e perplexa. *Poil de Carotte* — na China! E assim se encerrou o pequeno assunto. Esqueci quem interpretou a chinesa.

Em 1905 Sarah partiu numa longa turnê pelas Américas. Foi um empreendimento corajoso, pois havia algum tempo que o joelho direito a incomodava e ela sentia dor ao andar. Reynaldo Hahn, que no verão esteve em Belle-Île com Bernhardt, descreveu sua situação:

Vi Sarah andando, apoiada na bengala. Aborrece-me ver como ela sofre a cada passo. De quando em quando, a fim de descansar, pára, sob um pretexto ou outro: apontar algo distante ou contemplar uma flor. Tagarela e sorri estoicamente e não se queixa. Ontem Clairin cochichou-lhe: "Você está com dor".

"Só um pouquinho, Jojotte querido; não se preocupe."

Às vezes, porém, percebe-se que sente dor. Está trabalhando numa peça — *Adrienne Lecouvreur*. É uma idéia estranha. Contudo ela gosta da personagem e não quer mais encenar a versão de Scribe e Legouvé porque a considera péssima. "Podia ser medíocre, porém você teve sucesso com ela, como o teve Rachel", digo-lhe.

"Não sei como Rachel conseguiu, mas eu não posso fazer nada com isso."

Lembrei-lhe os efeitos memoráveis que produzira nessa peça. Entretanto nada a fará mudar de idéia.

Conforme se constatou, nem o joelho, nem sua nova peça iam bem. *Adrienne Lecouvreur* foi um fracasso. Quanto ao joelho (o que era bem mais sério), degenerou em abscesso tão logo Sarah chegou a Buenos Aires para seu primeiro compromisso, e ela teve de submeter-se a uma cirurgia. Três meses depois sofreu um acidente no Rio de Janeiro. Ocorreu em sua última apresentação de *La Tosca*, quando a heroína se joga do parapeito do Castel Sant'Angelo. Normalmente se colocavam atrás do cenário grossos colchões que amortizavam a queda. Dessa vez não havia nenhum, e Sarah caiu no chão duro. Momentos depois o joelho inchou, dobrando de tamanho. Por azar era o mesmo joelho que ela machucara na infância, ao saltar da janela da casa de sua ama para alcançar tia Rosine.

Bernhardt não ficou no Rio, apesar da insistência dos amigos. Tomou um navio para Nova York, onde deveria se apresentar em novembro. Tão logo a carregaram até seu camarote, o médico de bordo foi examiná-la. Mas ele estava com as unhas sujas, e a atriz não permitiu que a tocasse. O joelho não melhorara nada por ocasião de sua chegada a Nova York, e seu primeiro espetáculo foi cancelado. Finalmente o joelho melhorou, e, boa profissional que era, a atriz decidiu continuar com o que estava sendo anunciado como "A Turnê Americana de Despedida de Madame Sarah Bernhardt".

Seu adeus à América não ocorreu sem dramas. Em Quebec fanáticos religiosos atiraram ovos podres na companhia depois que o arcebispo condenou *La sorcière* como blasfêmia. O alvo principal foi De Max, que interpretava o Grande Inquisidor. Ele recebeu um ovo bem no rosto e, como Sarah disse, teria sido espancado quase até a morte se alguns ingleses não o tivessem ajudado a refugiar-se num café das redondezas.

Uma carta de Irma Perrot, uma atriz secundária da companhia, fornece os detalhes sórdidos:

> Nova York, 12 de outubro
>
> Meu querido Gastineau,
>
> Primeiro nos apresentamos por uma semana em Chicago, um sucesso imenso para madame Sarah (como todos a chamamos agora). Depois, uma semana em Montreal, onde o sucesso continuou, apesar de um sermão impresso pelo arcebispo do Canadá, criticando os fiéis que fossem aos espetáculos de Sarah Bernhardt, que é "agora mais perniciosa que nunca, pois já não tem talento!". Ela havia programado *La sorcière*, de Sardou, que focaliza fanáticos sob uma luz desfavorável: Inquisição, tortura etc. O todo-poderoso clero canadense teme cair de seu pedestal! Depois disso, dois dias em Quebec. Triunfo dentro do teatro, hostilidade fora. Dois grupos. De um lado, os canadenses franceses, católicos fanáticos; do outro, os canadenses ingleses, nossos partidários. Polícia, gritos de "Morte à judia!" (nada menos!). Quando partimos apedrejaram nossas carruagens e nos bateram com paus na cabeça durante todo o percurso até a estação, gritando "Morte a eles! Morte a eles!". Uma moça que estava em minha carruagem ainda tem equimoses nos braços e atrás das orelhas. Chegando à estação, tivemos de retirar nossas malas e pagar o cocheiro sob uma chuva de paus e pedras. O cocheiro se aproveitou da situação e, antes de nos deixar apanhar nossa bagagem de mão, fez-nos pagar o dobro do que havíamos combinado. Como é possível que no século XX fanáticos ataquem mulheres indefesas! É incrível. Em Ottawa, outra cidade canadense, porém inglesa, o governador pediu a madame Sarah e sua companhia que perdoasse os culpados. A primeira causa do problema: o sermão do arcebispo Brusch! A segunda: uma entrevista com madame Sarah na qual ela declarou que os canadenses, tão adiantados sob muitos pontos de vista, ainda são índios iroqueses no tocante à arte.

Em Kansas o trem particular de Bernhardt descarrilou, jogando-a para fora de sua banheira. "Felizmente não me machuquei", disse ela, "mas isso teria acontecido se o trem que vinha atrás de nós não tivesse parado. Imagine só, estávamos na beira de um precipício."

Houve quem achasse que o precipício era invenção de sua parte, pois essa não foi a única vez que Sarah escapou por um triz. Segundo ela, poderia ter morrido queimada no incêndio de San Francisco, se sua estréia na cidade não tivesse sido adiada. "Apresentei-me depois da catástrofe", contou ao *Echo de Paris*. "Só um teatro ficara de pé — um teatro construído à imitação de um templo grego. Foi ali que levei *Fedra*, uma experiência que nunca esquecerei."

Em março de 1906 ela mais uma vez se tornou notícia ao encenar *Camille* numa imensa tenda em Kansas City, Missouri, e em Dallas e Waco, Texas. Um jornal de Dallas informou:

> Essas duas apresentações informais foram decorrência da guerra acirrada entre o sindicato Klaw e Erlanger e os jovens irmãos Shubert pelo controle dos teatros americanos. A luta era tão implacável que até mesmo a grande Bernhardt se viu obrigada a curvar-se a suas conseqüências. Vir ao Texas sob os auspícios dos Shubert condenou-a a todas as dificuldades que qualquer outra atração Shubert teria de enfrentar nas províncias controladas pelo sindicato. No presente caso isso significou atuar numa tenda de 5 mil lugares que foi montada num milharal abandonado, perto de um parque ciclístico.
>
> Quando a estrela francesa chegou de Nova Orleans, o trem especial com sete vagões entrou nos trilhos especialmente assentados junto ao parque. (Aqui, aliás, ela testou a bicicleta de um inspetor ferroviário, manejando-a com grande agilidade, apesar de seus 61 anos.) Ela havia saído para caçar nas proximidades de Nova Orleans, onde, depois de se apresentar à tarde e à noite, levantou-se às quatro da manhã para disparar nas narcejas. Matou dezesseis aves, contou-nos: um tributo a sua pontaria certeira. Apesar de tais esforços, parecia tão jovem quanto há dezesseis anos. O espetáculo em si foi um fiasco. Apenas uma pequena parte do público pôde ver e ouvir os atores, e o restolho dos pés de milho rasgou os vestidos de muitas das senhoras presentes. Tudo foi uma confusão. Uma imensa multidão aguardava fora do teatro de lona quando a direção abriu os portões. Milhares de pessoas entraram, empurrando porteiros e policiais. Antes que se restaurasse a ordem, mais algumas centenas já haviam entrado também. Eram retardatários que chegaram de carruagem e de bonde.

Em Waco a apresentação foi mais tranqüila. Em San Antonio madame Bernhardt encenou *Camille* num *music-hall*. Em Houston levou a mesma peça num rinque de patinação.

Se esses arranjos primitivos a aborreceram, mais tarde Sarah os viu através de lentes cor-de-rosa. Nunca na vida ganhara tanto dinheiro, contou a Louis Verneuil; seu nome tinha tal magia que as pessoas percorriam quilômetros para vê-la. Uma noite um caubói foi até sua "grande tenda" e pediu um ingresso. Não havia mais nenhum, disse-lhe o bilheteiro. "Mas eu corri quase quinhentos quilômetros na garupa de meu cavalo só para ver essa mulher", replicou o caubói, que, para dar peso a seu argumento, puxou o revólver. Diante disso, o bilheteiro arranjou-lhe um ingresso para assistir ao espetáculo de pé e desculpou-se pela visão parcial que teria. "Eu não me importo, contanto que entre", o outro falou, acrescentando: "E por falar nisso, o que é que essa dona faz? Canta ou dança?".

Antes de deixar a América, Sarah cumpriu um contrato de uma semana no Lyric Theatre de Nova York. Havia 26 anos que se apresentara nessa cidade pela primeira vez; era então uma jovem explosiva que partira para o Novo Mundo a fim de fazer fortuna. Agora se despedia, e o público estava emocionado. Os admiradores se alinhavam em longas filas para comprar ingressos. Os jovens foram vê-la pela primeira e última vez. Os críticos julgaram-na maior que nunca. Figuras preeminentes da alta sociedade, que no passado a evitaram como uma devassa, abriram-lhe as portas — geralmente em vão. Diante de tudo isso Sarah bem pode ter achado que despedida era uma boa coisa. Com efeito, faria ainda três "turnês de despedida" pela América.

"Volto com renovado entusiasmo", declarou à imprensa quando chegou a Le Havre. Não estava exagerando. Naquele verão, em Belle-Île, trabalhou em duas novas peças, supervisionou os cenários e figurinos e deu os últimos retoques em suas memórias. Tais esforços frutificaram — sobretudo no caso das memórias, que são reimpressas na França até hoje. Max Beerbohm resenhou o livro em 1907. Suas reações ajudam a entender o fascínio que Sarah exercia sobre os ingleses:

> Imaginem um sonâmbulo que acorda e se encontra espiando a cratera de um vulcão; assim perceberão quão extraordinário foi para mim o livro de mme. Bernhardt. Sua natureza é vulcânica, como sabemos, e sua carreira tem sido vulcânica; ao descrevê-la, ela não deixou esse vulcanismo se perder. Duvidam alguns que ela mesma tenha escrito o livro. A vivacidade da narrativa, a consciência do que vale e do que não vale a pena contar, o vigor do estilo cortante e mordaz — todas essas virtudes parecem a alguns pedantes incompatíveis com a autenticidade. Admito que é inquietante ver um amador lançar-se triunfalmente numa arte que julgamos ser de nossa competência. Quando Sarah voltou suas energias para a arte da escultura e saiu-se muito bem, os escultores profissionais ficaram muito surpresos e irritados. Uma inquietação semelhante resultou de suas pinturas. Que os escritores se consolem com a reflexão de que para Sarah todas as coisas são possíveis. É inútil fingir que ela não escreveu esse livro — a impetuosa espontaneidade que o caracteriza é a mesma de Sarah.

Beerbohm ficou particularmente chocado com uma declaração contida em *Ma double vie*: "Assisti a quatro execuções — uma em Londres, uma na

Espanha e duas em Paris". Foi forçada a isso?, pergunta o crítico. "Não, parece que foi vê-las por vontade própria."

Com efeito, ela esperou a noite inteira no terraço de um apartamento do segundo andar para assistir à execução do anarquista Vaillant, a quem conhecia pessoalmente e admirava. Depois que a lâmina desceu, Sarah se misturou à multidão,

> aflita e desesperada. Não houve uma palavra de gratidão para com esse homem, nem um murmúrio de vingança ou de revolta. Ela teve vontade de gritar: "Selvagens! Ajoelhem-se e beijem as pedras que o sangue desse pobre louco manchou por sua causa, por vocês, já que ele acreditava em vocês!". Gentil leitor, você pode não se dar o trabalho de ir assistir a uma execução — principalmente se for a de um amigo pessoal. Mas, sabe, você não é um grande trágico. A emoção pela emoção não é a lei de seu ser. E porque essa lei é tão imutável, tão irresistivelmente a lei do ser de Sarah, temos em Sarah — sim, mesmo hoje, com todos os truques que ela faz com sua arte — a maior das trágicas vivas. Se eu cometesse um assassinato, não me aborreceria nem um pouco que ela fosse assistir a meu enforcamento. Do cadafalso lhe faria uma reverência, com todo o respeito devido ao gênio que tantas vezes me emocionou imensamente. [...]

Em suas memórias Bernhardt fala de vários inimigos, porém raramente cita nomes. Também não poupa seus colegas atores. Em sua opinião Henry Irving era um artista admirável, mas não um ator. Coquelin era um ator admirável, mas não um artista. Réjane era artista e atriz, mas só quando tinha vontade. Eleonora Duse recebeu atenção especial:

> [é] mais atriz do que artista. Trilha os caminhos que outros abriram para ela. [Com "outros" Sarah naturalmente quer dizer ela própria.] Evidentemente não os imita. Ao contrário, planta flores onde há árvores e árvores onde há flores. Contudo jamais criou uma personagem que se possa identificar com ela e apenas com ela. Usa as luvas de outras pessoas, mas calça-as pelo avesso. Faz tudo isso com uma graça infinita e um inconsciente abandono. É uma grande atriz, [...] porém não é uma grande artista.

A crítica era obscura, injusta e injustificada, e Duse se ofendeu — a tal ponto que, quando Sarah mais uma vez lhe ofereceu seu teatro, ela recusou a oferta. E escreveu a seu ídolo do passado:

> A esta altura não posso ignorar o julgamento que a senhora expressou sobre minha arte. Não posso ignorar, nem admitir, nem esquecer, porque não esquecemos o que faz vibrar em nós o mais fértil dos poderes. No entanto a lembrança de seu julgamento artístico não deve fazer-me esquecer suas antigas amabilidades, *pois cada hora da vida tem seu valor particular*, e neste momento prefiro lembrar a hora em que a senhora foi perfeita e boa para mim.

Duse se encontrava numa posição bastante sólida. Estava prestes a abrir sua curta temporada no restrito Théâtre de l'Oeuvre, de Lugné-Poë, e feliz por se ver associada a esse idealista paladino da vanguarda. Feliz também porque se apresentaria para um seleto grupo de intelectuais, e não para o grande público geralmente desprovido de senso crítico que freqüentava o cavernoso Théâtre Sarah Bernhardt. Além disso, agora era reconhecida como a suprema intérprete de Ibsen, enquanto Bernhardt continuava trilhando a batida senda do romantismo. Não que Sarah ignorasse Ibsen completamente. Em 1906, ano em que o dramaturgo faleceu, ela encenou uma só vez em Genebra *A dama do mar*. Entretanto nem a aclamação do público e dos críticos estimulou-a a repetir a experiência.

Léon Daudet falou por Sarah e por si mesmo quando escreveu:

> As obras de Ibsen possuem uma beleza original, dolorosa. Contudo seu riso é desdenhoso, sua melancolia uma cãibra congênita, seu diálogo uma série de reprovações mútuas. Todas as suas personagens parecem suicidas. Habitam porões escuros de amargura e desejos estéreis. Imaginamos que nunca tomaram vinho nem contemplaram uma paisagem ensolarada. A partir do momento em que têm uma esposa, uma noiva ou uma *petite amie*, não fazem outra coisa senão interrogá-la, vigiá-la, aterrorizá-la, arrancar-lhe seus segredos para poder surpreendê-la mais tarde. As mulheres se comportam exatamente como os homens. Se o amor nórdico é isso, então viva Romeu e Julieta, Dom Quixote e Dulcinéia!

Daudet foi um dos homens mais brilhantes de sua geração, porém prejudicava-lhe o julgamento uma desconfiança de tudo que não fosse francês, católico e anti-Dreyfus. Se tivesse analisado melhor seu querido Balzac, poderia ter percebido que várias personagens de Ibsen estão relacionadas com a vingativa Cousine Bette e o inquisitorial Vautrin.

Sarah se interessava por outras coisas. Não era uma intelectual, e sim uma atriz preocupada em ampliar sua galeria de personagens míticas: heroínas extraordinárias com as quais podia alçar vôo, de preferência em versos. Ibsen não preenchia seus requisitos, assim como não os preenchiam Strindberg e Tchekov, os outros grandes dramaturgos de seu tempo. Curiosamente os parisienses adotariam a opinião de Sarah. A partir de 1910 as peças escandinavas passaram a ser apresentadas com menor freqüência na França. Tchekov, porém, continuou sendo um favorito, talvez porque os franceses se afinassem melhor com o temperamento eslavo do que com o que Bernhardt rejeitou como "*des norderies*" (coisas nórdicas). Mas logo os franceses voltaram atrás. O que Sarah chamava "*des norderies*" foram durante anos itens essenciais da cena teatral parisiense.

Em 1906 Bernhardt interpretou santa Teresa em *La Vierge d'Avila* [A Virgem de Ávila], um grandioso espetáculo de Catulle Mendès. A idéia de vê-la no papel de uma santa virgem provocou risos. Todavia o título era enganador. Experiente em obras eróticas, Mendès havia elaborado uma peça sugestiva, um compêndio das ambigüidades sexuais atribuídas às freiras. O resultado foi uma espécie de versão apimentada de *Dialogues des carmélites* [Diálogos das carmelitas], a ópera de Bernanos-Poulenc, com Sarah desmaiando aos pés de seu amado Jesus e caindo nos braços de suas amorosas irmãs carmelitas. *La Vierge d'Avila* foi uma das "mais sublimes criações" de Bernhardt, segundo o crítico Adolphe Brisson declarou em *L'Illustration*. Mendès também foi muito elogiado. "Quando um poeta como Catulle Mendès, desdenhoso de meias medidas, convenção, moda e gosto de nossa época, leva-nos aos níveis mais altos da arte, é preciso respeitar seu nobre esforço." Se a peça era chocante, a reação da Espanha foi medieval. O arcebispo de Ávila ordenou a seu rebanho que circundasse as muralhas da cidade, rezando para exorcizar o efeito sacrílego de uma peça escrita por um judeu para uma judia.

Como muitas *superstars* em processo de envelhecimento, Sarah encontrara uma boa fórmula e não via razão para mudá-la. Que mudança poderia fazer em sua idade? Seu gosto e seu talento pouco tinham em comum com a nova safra de peças francesas, muitas das quais não passavam de melodramas de salão sob o disfarce do realismo social. No entanto a principal dificuldade residia no fato de que Bernhardt se tornara uma instituição. Conforme escreveu um de seus primeiros biógrafos, G. G. Geller:

> Certamente teve sucesso, sempre teve sucesso. Todavia cada triunfo se parecia tanto com o anterior que acabava se tornando monótono. A admiração por Sarah banalizou-se em função de um certo esnobismo. Era chique adotar uma atitude ligeiramente *blasée* em relação à grande atriz.

Geller estava pensando naqueles que haviam visto Sarah ao longo dos quarenta anos de sua carreira e achavam que ela não sobrevivera a seu reinado. Ainda compareciam às estréias, ainda iam espairecer ao som de sua voz e à beleza de seus gestos.

Além disso, levavam os filhos, para que vissem a maravilha de sua atuação. Os filhos reagiam como os pais, com uma diferença: a geração mais velha considerara Bernhardt uma jovem atriz moderna, enquanto a nova geração a considerava uma grande mulher idosa cujo passado aventureiro, chocante, invejável e triunfante se tornara lenda. Jean Cocteau falou por sua geração em *Portraits-souvenirs* [Retratos-lembranças]:

> Em nossa juventude louca por teatro predominavam duas grandes figuras: Sarah Bernhardt e Édouard de Max. Pois o que tinham a ver com tato, moderação, proporção, com qualquer coisa *comme-il-faut*, essa realeza do *comme-il-ne-faut-pas*, esses tigres que se lambiam e bocejavam diante de todo mundo, essas forças

do artifício controlando a força da natureza, o público? [...] Freqüentemente Bernhardt e De Max contracenaram, e nunca poderei esquecer nosso delírio, quando a cortina dourada se abria, depois da peça, e a trágica agradecia os aplausos, as garras da mão esquerda enfiadas entre os seios, a mão direita, na extremidade do longo braço rígido, apoiando-se no arco do proscênio. Como um *palazzo* veneziano, Sarah curvava-se sob o peso das gargantilhas e da fadiga, pintada, dourada, "protetizada" e escorada em meio a um columbário de aplausos. *La sorcière! La samaritaine! Fedra! Andrômaca!* [...]

Seu corpo era como o de uma esplêndida boneca de pano. Com o largo peitoral reluzente no uniforme do duque de Reichstadt, ou sob as turquesas de Teodora [...], com a faixa que se atava atrás e na frente se juntava num imenso nó que caía sobre as botas ou sobre uma cauda. Ela agradecia sem cessar: na entrada, na saída, no final de cada ato; e sua interpretação sublime, que explodia todas as convenções, era um longo desmaio rompido por gritos de fúria. [...]

Esses eram espetáculos do teatro inconcebíveis para nossa época, quando somos tão ridículos que pensamos ter um senso do ridículo e nos ofendemos ao primeiro sinal incomum de grandeza. [...]

Madame Sarah Bernhardt apresentou o fenômeno de viver no extremo de sua pessoa na vida *e* no palco. Por seu extraordinário poder de desmaiar encheu os braços do mundo. Dizia-se que era tuberculosa, sem dúvida por causa dos lenços incontáveis que amassava e comprimia sobre a boca, por causa das rosas vermelhas que mastigava durante suas cenas de amor. E então, de repente, suspendia o rápido fluxo de sua voz de autômato para enfatizar uma verdade importante, o que era ainda mais espantoso porque ocorria sem ensaio.

Cocteau ganhou a desaprovação de Sarah quando tinha dezesseis anos.

Vou lhes contar o escandaloso incidente no baile oferecido por Robert d'Humières no Théâtre des Arts, do qual era diretor. De Max, o homem mais ingênuo do mundo, teve a bizarra idéia de chegar com um grupo. Nossa ingenuidade superou a sua. Vimos seu projeto apenas como uma oportunidade de ir a uma festa a fantasia. Imaginem o automóvel elétrico, cinza-pérola, de De Max nos descarregando no teatro: De Max com um toucado de águia e um véu árabe; Rocher e Vesperto vestidos de pastores arcádicos; e eu como um Heliogábalo de cachos ruivos, uma tiara irresistível, uma cauda bordada de pérolas, anéis nos artelhos e unhas pintadas. Logo percebemos que havíamos cometido uma gafe. Rapidamente Robert d'Humières nos colocou num camarote. Todo mundo ria de nós. Sarah Bernhardt mandou sua assistente, mlle. Seylor, entregar-me um bilhete em que dizia: "Se eu fosse sua mãe, o mandaria direto para casa e para a cama". Engoli as lágrimas, porém meus olhos doíam e meu rosto estava manchado de rímel. De Max compreendeu que cometera uma gafe terrível. Conduziu-nos para fora, alisou-nos os cabelos, retirou-nos a maquilagem e nos levou para casa.

Nos anos seguintes poucas mudanças ocorreram na vida doméstica de Sarah. Sua neta mais velha, Simone, casou-se com um industrial, Edgar Gross, e transferiu-se para a Inglaterra, onde logo teve uma filha. Em 1910 Terka, a esposa de Maurice, morreu, e sua filha mais nova, Lysiane, mudou-se para a casa de Sarah, no boulevard Péreire, onde morou até casar-se com Louis Verneuil, em 10 de março de 1921. Há motivo para crer que Verneuil esposou Lysiane a fim de ficar perto de Bernhardt. De qualquer modo o casal divorciou-se no verão de 1923, pouco após a morte de Sarah. Como o próprio Verneuil escreveu: "De repente me vi privado do único objeto, da própria razão de toda a minha atividade. Levei meses para construir uma nova vida, que [Sarah Bernhardt] não mais podia preencher". A partir de então Lysiane passou a chamar-se Lysiane Sarah-Bernhardt.

Em setembro de 1910 Sarah apresentou-se no Coliseum de Londres. Sua decisão de figurar no mesmo programa que Yvette Guilbert e companhias de acrobatas e prestidigitadores pareceu vergonhosa aos mais exigentes de seus admiradores parisienses. Os londrinos foram bem mais tolerantes. Um repórter telegrafou para *Le Figaro*:

> Hoje à tarde madame Sarah Bernhardt estreou no imenso teatro Coliseum de Londres. Representou o segundo ato de *L'aiglon*. Sempre vigorosa, sempre cheia da energia de um gênio, conquistou a enorme platéia. Houve uma ovação indescritível quando ela apareceu para agradecer. Madame Bernhardt sempre será a artista favorita de Londres. Sua temporada de um mês se constituirá num longo triunfo.

O sucesso de Sarah criou um precedente. Réjane e Jane Hading, que contracenara com Damala em *Le maître de forges*, logo estariam se apresentando no Coliseum. Seguiram-se cantores, instrumentistas e dançarinos, todos os quais achavam, como Sarah, que um trabalho de meia hora duas vezes por semana e muito bem pago merecia uma pequena indignidade. Além disso, estavam encantados com a oportunidade de mostrar sua arte a muita gente que queria vê-los, porém não podia comprar os ingressos caros do "legítimo teatro".

Em 23 de outubro de 1910, quando completou 66 anos, Bernhardt partiu para os Estados Unidos em sua segunda "turnê de despedida". Levou consigo seus habituais sucessos infalíveis, diversas produções recentes e, como parceiro de cena, seu belo amante de 27 anos, Lou Tellegen. Desnecessário é dizer que tal ligação chocou os amigos, a família e os biógrafos. Como Louis Verneuil escreveu em *La vie merveilleuse de Sarah Bernhardt* [A vida maravilhosa de Sarah Bernhardt]:

> Eu preferiria não mencionar seu nome neste livro. O interesse de Sarah Bernhardt, quase septuagenária, por Lou Tellegen não é uma coisa agradável a minha lembrança. Mas tenho o direito de ignorar a carreira de Lou Tellegen

com ela, depois que ganhou publicidade tão imensa nos jornais franceses e americanos? Todos os críticos de Paris a discutiram e deploraram. Muitos até julgaram ser seu dever explicar aos leitores, conquanto discretamente, os motivos da surpreendente solicitude da grande artista por esse ator medíocre. Em 3 de dezembro de 1911 o *New York Times* anunciou seu casamento e no dia seguinte retratou-se. [...] Durante três anos, até junho de 1913, tanto em turnê como em Paris, ele foi o único parceiro de Sarah nos principais papéis masculinos de todas as suas peças.

Verneuil, que obviamente detestava e invejava Tellegen, passou então a descrever suas qualidades:

Extraordinariamente belo, alto, esguio e bem barbeado, com uma cabeça pequena e delicada, cabelos loiros e crespos sempre bem arrumados e o corpo de um jovem deus, era muito solicitado pelos escultores, tendo posado para Rodin, entre outros.

Lou Tellegen relatou como foi seu primeiro encontro com Bernhardt em suas memórias, *As mulheres têm sido gentis*. Ao resenhar o livro para *Vanity Fair*, Dorothy Parker disse que o título deveria ser "As mulheres têm sido gentis mas tolas!". Também se referiu a ele como "Beije e diga — de novo". Bobo como o título, o livro alcança raros píncaros de egoísmo e banalidade. Tellegen escreveu:

Ao iniciar este capítulo sobre a gloriosa madame Sarah Bernhardt, desejo sublinhar que farei uma descrição [...] de minha ligação pessoal com ela, começando no momento em que a conheci e terminando no momento em que a deixei, quatro anos depois. [...] Eu estava sozinho em sua sala de visitas [no Carlton Hotel de Londres] e cheirei as rosas perfumadas das quais havia uma profusão em todo o aposento. A porta abriu-se, e ali de pé estava — uma criatura celestial! Seu vestido era de renda branca; os olhos pareciam estrelas. Sua personalidade era irresistível. Sim, agora eu compreendia por que aquela mulher magnífica possuía o poder de manter o mundo enfeitiçado! [...] Defrontei-me com quase tudo na vida — perigo, morte, horror, assassinato, amor, desespero —, porém devo admitir que, embora minhas emoções se tenham embotado em função de todos os riscos de minha perigosa existência, parece que meu coração cessou de bater por um momento quando me deparei com aquela criatura imortal.

Então ela se aproximou e estendeu-me a mão. Somente Sarah Bernhardt podia dar a mão a beijar com tanta graça. Depois falou, e entendi por que a chamavam "a mulher da voz de ouro". Apenas estas poucas palavras: "*Enchantée de faire votre connaissance!*" [Encantada em conhecê-lo!], que se tornaram uma sinfonia de Beethoven. Inclinei-me e beijei-lhe com reverência a mão estendida. Tenho uma sólida constituição, e minhas pernas possuem tendões de aço, porém naquele momento estavam fracas como água. [...] Sua conversação foi sempre animada. Sob a constituição frágil daquela mulher maravilhosa senti um

78. Mucha, *La samaritaine* (1897).

Mucha, *Medéia* (1898).

79. Da popular história em quadrinhos francesa *Lucky Luke*.

80. A "galinha" que botou os ovos de ouro, 1882.

81, 82. À esquerda: Caricatura de Orens, *Hamlet.* Abaixo: Bernhardt numa caricatura de André Gill.

83, 84. À esquerda: *Grotesco*, escultura de Sarah. Abaixo: Ofélia afogando-se, baixo-relevo de Sarah.

85, 86. Acima: *La Vierge d'Avila*, de Georges Clairin, com uma dedicatória: "*À Sarah Bernhardt, son ami G. Clairin*".
Abaixo: Clairin, *Teodora*.

87. Sarah como *Izëil* em seu camarim.

88. Sarah como *Fédora* retratada por Alfred Stevens (1882).

89. Sarah recuperando-se da amputação da perna direita, 1915.

90. Primeira Guerra Mundial: pouco depois de amputar a perna, Sarah apresentou-se para os soldados no *front*, 1915.

91. Sarah em um de seus últimos filmes: *Jeanne Doré*, de Tristan Bernard.

92. Sarah com os bisnetos Terka (à esquerda) e Bernard Gross, Nice, 1916.

93. O cortejo fúnebre de Sarah deteve-se diante do teatro que leva seu nome.
Calcula-se que 600 mil a 1 milhão de pessoas saíram às ruas.

vulcão ardente. Mas, oh, com que toques de requinte ela expôs seu senso de humor! Que domínio da linguagem, tão *choisie* e precisa! Eu não conseguia desviar os olhos dela — ela era tudo — *a própria Vida*! Não pude conter meu espanto [...] [ao ver] que essa mulher, que tinha então quase 69 anos [...] [Lou exagerou], possuía o espírito, a aparência e a vivacidade de uma jovem de vinte.

O autor dessas linhas delirantes nasceu em 1883. Sua mãe era uma dançarina grega, seu pai um general holandês. Aos quinze anos Lou fugiu com a amante do pai. A partir disso, segundo consta, nunca olhou para trás. Viajou pelo mundo, seduziu incontáveis mulheres, tornou-se um lutador premiado, artista do trapézio, esgrimista exímio, assassino confesso ("quando tive de matar para salvar minha pele"), jogador e gigolô. Foi preso na Rússia por distribuir panfletos sobre controle de natalidade e em Paris por suspeita de roubo. Apesar dessa vida atribulada, encontrou tempo para estudar no Conservatoire com Paul, irmão de Mounet-Sully. Nesse período trabalhou como modelo de Rodin, com quem viveu por algum tempo. Segundo Tellegen, o grande escultor pouco lhe dizia além de "*Déshabillez-vous*" [Dispa-se] e "*Habillez-vous*" [Vista-se], porém imortalizou-o em seu *Eternel printemps* [Eterna primavera].

Depois de se formar no Conservatoire, Tellegen fez pequenos papéis no Odéon, passando inteiramente despercebido. Nessa época conheceu De Max e tornou-se parte do grupo sexualmente ambíguo de atores e poetas que cortejavam aquela "Sarah Bernhardt dos atores". Na verdade foi De Max que o enviou a Sarah em 1910; aborrecido com a perspectiva de acompanhá-la em mais uma turnê americana, propôs que Tellegen o substituísse. Nunca lhe ocorreu que Tellegen logo desempenharia todos os seus papéis, não só no Studebaker Theatre de Chicago e no Greek Theatre de Oakland, como ainda no Théâtre Sarah Bernhardt em Paris. Ninguém acusou Tellegen de ser um grande ator, porém muitos o achavam uma grande beleza. Sarah estava entre os deslumbrados. No mesmo dia em que o conheceu, no Carlton Hotel, convidou-o a voltar para o almoço, dentro de uma hora, e contratou-o como seu ator principal.

Li o contrato [escreveu ele]. Quatro anos! Receber salário durante 208 semanas consecutivas! Ao ver a cifra, quase desmaiei. Nunca havia ganho tanto dinheiro! Salário? O resgate de um rei!

"Agora volte para Paris", disse ela. "Procure meu filho e pegue todos os manuscritos e sua passagem para a América. Nos dez dias que antecedem nossa partida, trate de aprender tantos papéis quantos puder. Eu o verei no navio, e teremos muito tempo para ensaiar durante a viagem."

E com isso a divina mulher me deu cem guinéus de ouro "como adiantamento". Depois sorriu e desapareceu, entrando em seu aposento particular.

Supomos que Sarah tinha muito o que pensar depois que Tellegen foi embora. Sabia que ele não estava à altura de seus padrões teatrais, mas impingira Damala ao público e nada acontecera. Tinha 66 anos e era bisavó; porém quem se atreveria a dizer que era tarde demais para viver um romance — e com um indivíduo tão atraente? Sarah não havia sido uma cortesã em vão. Sabia que o suborno o manteria sob controle. Para sua sorte, Tellegen compreendeu as regras do jogo:

> Depois de umas seis semanas, quando nos encontrávamos numa grande cidade canadense, após o espetáculo madame chamou-me a seu vagão particular. Dispensou as pessoas a sua volta — miss Seylor, sua dama de companhia; o dr. Marot, seu médico particular; e Eddie Sullivan, que administrava a companhia para o empresário William Connor. Disse-me que ia aumentar meu salário, o qual já era régio. Recusei terminantemente. Falei que nosso contrato devia permanecer como era — pelo menos durante o primeiro ano. Ela argumentou de forma adorável, em sua loquacidade extremamente viva, porém não cedi. "Então aceite pelo menos minha segunda oferta!", ela exclamou. "Como miss Seylor, o dr. Marot e mr. Sullivan, quero que partilhe meu vagão particular e viaje com conforto. Temos um compartimento vago; ocupe-o, por favor. [...]"
>
> *Isso* naturalmente eu não podia recusar! [...] No dia seguinte instalei-me em meu novo "lar" e a partir desse momento desfrutei a maior amizade de minha vida — a bondade sobre-humana daquela grande mulher. Naturalmente os membros da companhia podiam ter me dado veneno de rato, mas, afinal, agora eu estava fora do alcance de sua inveja e de seu ciúme.

Numa carta a Ponchon, Sarah não só se referiu a Tellegen como seu noivo, mas também incluiu duas fotografias para mostrar o quanto ele era irresistível. Nas cartas ao filho foi mais discreta:

> Meu adorado: estreito-o junto a meu coração neste primeiro dia de janeiro de 1911. Ontem encerrei minha temporada em Nova York em meio a uma ovação indescritível. A receita foi esplêndida: 530 mil francos no mês. Devo dizer que me acham melhor, mais bonita e mais jovem do que nunca. E as cartas de amor, paixão e loucura! É muito engraçado quando penso em minha bisneta, a pequena Terkette, dormindo em Londres. [...]

Sarah pode ter exagerado ao dizer que a achavam mais bonita e mais jovem do que nunca. Pelo menos um crítico, Channing Pollock, foi mais realista:

> Se o fogo de Bernhardt está se consumindo, consome-se com brilho, e a última chama, se é a última chama, assemelha-se ao esplendor da glória. Ela representa as mais altas esferas de sua arte, até hoje e talvez em todos os tempos.

Ao escrever para o filho Sarah procurava não mencionar seu jovem amante. Contudo sua discrição acabava aí. Apresentava-se em público ao braço de Tellegen, insistia que participasse de suas entrevistas, adulava-o nos ensaios da companhia, enchia-o de dinheiro e o mantinha a rédeas curtas, quando o via demonstrar interesse por outras mulheres mais jovens. Uma fotografia de Tellegen como Hipólito, em *Fedra*, mostra-o usando o cinto de ouro incrustado de pedras preciosas que pertencia a Bernhardt. Podemos imaginá-la, maternal e voluptuosa ao mesmo tempo, colocando o objeto íntimo na delgada cintura de seu belo favorito. A imprensa americana manteve silêncio sobre a ligação nada convencional de Sarah, ou porque respeitava sua idade, ou porque decidiu considerar Tellegen como seu protegido em vez de amante. Não foi o que aconteceu na França, onde todos estavam estarrecidos, não tanto com seu impróprio relacionamento romântico quanto com sua irresponsável obstinação em confiar a Tellegen os papéis clássicos que pertenciam a De Max. Assim, quando ela reapresentou *Lorenzaccio*, Edmond Stoullig escreveu:

> Nunca, talvez, a grande artista atingiu tais alturas. Que aplausos, que chamadas à cena, que triunfo! Mas que lástima ela estar rodeada de um elenco tão ruim! Há um ator no papel de Alessandro de' Medici que decididamente é pior que medíocre! "Trabalhe muito suas lágrimas", dizia a um jovem discípulo certo professor de arte dramática. "Trabalhe muito seus risos", poder-se-ia dizer a mr. Lou Tellegen, cujas risadas constantes são tão insuportáveis quanto forçadas.

O público do Théâtre Sarah Bernhardt foi ainda mais cruel. Gargalhadas recebiam o forte sotaque holandês de Tellegen, resmungos desaprovavam sua declamação inábil e seus gestos inexpressivos. O mais doloroso era que o teatro explodia em bravos quando Sarah saía sozinha ao proscênio para agradecer os aplausos e ficava em silêncio quando o jovem ator surgia a seu lado. Parece que essa hostilidade não afetou Tellegen, que se considerava suficientemente recompensado com um belo salário, papéis principais e a proteção de uma amante carinhosa, embora muito mais velha. Durante a temporada Sarah dirigiu *Rainha Elizabeth*, de Émile Moreau, na qual fez o papel da idosa soberana e Tellegen interpretou Essex, seu jovem amante. Tão cara a seu coração quanto semelhante a sua vida, a peça permaneceu em cartaz pouco mais de uma semana, porém felizmente Sarah havia descoberto uma nova forma de recuperar-se dos prejuízos. Em 1900 participou do filme *Le duel d'Hamlet* [O duelo de Hamlet] e em 1906 atuou numa versão cinematográfica de *La Tosca* com Lucien Guitry, Paul Mounet e De Max. Quando a viu, encolheu-se, horrorizada, e exigiu que o negativo fosse destruído, mas feliz ou infelizmente ele ainda existe. Dois anos depois recebeu 30 mil dólares, uma soma imensa na época, para estrelar um filme de *A dama das camélias*, com Lou Tellegen como Armand. Dizem que desmaiou ao vê-lo. Se de fato desmaiou, recuperou forças suficientes para escrever a seu empresário americano, William F. Connor: "Conquistei um mundo novo — o do cinema. Nunca pensei, meu caro William, que um dia estaria num filme, porém agora que sou dois rolos inteiros de imagens conto com isso para minha imortalidade". (Todos os seus filmes são mudos, evidentemente.) Se o público cinematográfico de hoje acha *A dama* absurdamente primitiva, a Marguerite de Sarah uma agitada marionete e Tellegen de uma incompetência indescritível, o público de ontem ficou muito impressionado. SARAH A DIVINA EM FILMES era o título de um artigo que dizia:

> Camille nunca foi mais dolorosamente eloqüente que nesse registro mudo. Grande gênio que é, Bernhardt adequou-se ao veículo, e o resultado é uma longa série de fotografias que são intermitentes em sua expressividade. Alguém disse que as imagens possuem vida e projetam para os espectadores mensagens sem fio. Em toda a Europa a versão cinematográfica de *Camille* é uma sensação, e os americanos aguardam ansiosos a liberação desses rolos, que se encontram agora sob o controle da Companhia Cinematográfica Franco-Americana.

Jean Cocteau escreveu sobre esse filme com a visão penetrante de um poeta:

> Recomendo àqueles que não conseguem admitir a existência de monstros sagrados que vão a Nova York e vejam o filme de madame Sarah Bernhardt, conservado no Museum of Modern Art. Aos sessenta anos [Sarah tinha realmente 66] ela faz o papel de Marguerite Gautier. Lembramo-nos de um famoso ator chinês que nessa mesma idade declarou: "Estou começando a ser capaz de interpretar ingênuas". Que atriz representará as grandes *amoureuses* melhor que Sarah nesse filme? Nenhuma. E, no final, encontramo-nos de novo na vida moderna, como o mergulhador que retorna à superfície depois de se ter deparado, cara a cara, com um polvo gigantesco em mares tropicais.

Sarah era apenas uma das grandes personalidades do teatro que emprestavam ao cinema seus talentos — ou melhor, suas imagens bruxuleantes. Em 1912 a Comédie Française figurou em excertos de clássicos, Réjane em *Madame Sans-Gêne*, de Sardou, filme de dois rolos, e Mounet-Sully numa versão drasticamente resumida de *Édipo*, uma de suas mais nobres realizações no teatro. O trágico não mudara em nada. Sempre relutante em aceitar direção, recusou-se a adaptar-se ao novo veículo, e o resultado é que parece um louco furioso, mexendo a boca numa paródia muda de uma declamação na Comédie Française. Sarah foi mais dócil, tal como havia sido anos antes, quando atuaram juntos no palco. Consultava o câmera e prestava atenção no diretor, Louis Mercanton. E assim, conquanto seja um filme primitivo e a interpretação de Sarah nada tenha de sutil, *Elisabeth, reine d'Angleterre* [Elizabeth, rainha da Inglaterra] continua sendo uma contribuição notável para o cinema em seus primórdios.

Adolph Zukor, um peleteiro que se tornou magnata da indústria cinematográfica, fundou em 1912 uma companhia chamada Famosos Intérpretes. ("Famosos Intérpretes em Peças Famosas" era seu lema.) Depois comprou os direitos americanos sobre o filme, pagou a Sarah a inédita quantia de 360 dólares por dia mais 10% da renda bruta e organizou uma estréia suntuosa no Lyceum Theatre de Nova York. Relatou-se que no final a platéia aplaudiu de pé. *Elizabeth, rainha da Inglaterra* foi distribuído por todos os Estados Unidos. Com quatro rolos, reconciliou os exibidores com os filmes mais longos e rendeu a Zukor 80 mil dólares sobre um investimento de 18 mil. Com esse dinheiro Zukor conseguiu fazer um acordo de distribuição com a Paramount Pictures, a qual acabou por assumir. Quanto a Bernhardt, a mais famosa dos "Famosos Intérpretes", acrescentou um troféu inesperado a sua galeria repleta de troféus e tornou-se a primeira estrela de cinema internacional — e isso quando tinha já sessenta e tantos anos.

No outono de 1912 Sarah voltou aos Estados Unidos para mais uma "turnê de despedida", levando consigo Lou Tellegen. Foi uma viagem indizivelmente triste. O joelho doía-lhe demais, e ela se viu obrigada a apresentar-se por meia hora, sete dias por semana, no circuito de vaudeville Keith-Orpheum. A última parada era Nova York. Ali a imprensa noticiou que "durante toda a ação a atriz francesa evitou ficar de pé sem ajuda". Mas também houve bons momentos. Burns Mantle escreveu no *New York Times*:

> Enquanto puder falar, ela poderá atuar, pois há mais verdade dramática em suas falas que no espetáculo inteiro, [...] de muita atriz capaz e experiente com um terço de sua idade. Seu gênio a conservará sublime até o fim.

O *New York World* não concordava:

> A voz, que outrora se erguia das profundezas da angústia aos píncaros da paixão, agora parece um eco; a longa passada felina que transportava Bernhardt pelo palco detém-se ante a primeira mesa ou cadeira; o cortante *staccato*, o tom cristalino e uniforme, o riso transbordante são coisas de outrora. O tempo cobrou seu quinhão.

A turnê de Sarah encerrou-se no Palace Theatre de Nova York. Tellegen lembrou mais tarde:

> Aquela noite de 1913 foi a última noite em que tive a honra de aparecer a seu lado em público. No final os aplausos foram intermináveis, vindo em ondas de tal modo gigantescas que parecia que o público não a deixaria ir embora. Com lágrimas nos olhos, segurei-lhe a mão. [...] Por fim ela me olhou, cansada; então fui aos bastidores [...] buscar-lhe uma cadeira. Ela se sentou, fazendo reverências e sorrindo e chorando, enquanto os aplausos não diminuíam nem por um

instante. Acompanhei-a no retorno à França, porém deixei-a logo depois para brilhar sozinho. Ela me falou: "Tenha juízo, meu filho, estude inglês. Gostam de você na América. Lá está seu futuro!" [...]

Em cada momento em que trabalhei com ela conheci o melhor que o teatro pode dar e, recordando os quatro anos mais gloriosos de minha vida, meus olhos se enchem de lágrimas e meu coração grita: "Madame! Grande Madame! Estou tão sozinho sem você!".

Tellegen seguiu o conselho de Sarah e voltou para a América, onde atuou em filmes mudos, fazendo considerável sucesso como ídolo das mulheres. Em 1916 casou-se com Geraldine Farrar, a linda e famosa estrela da ópera e do cinema. Durante dois anos levou a vida luxuosa de um príncipe consorte de Hollywood, mas em 1918 o casal se separou. Dezesseis anos depois, doente, drogado e paupérrimo, Tellegen suicidou-se, cravando uma tesoura em si mesmo.

De volta a Paris, em dezembro de 1913, Sarah encenou *Jeanne Doré*, de Tristan Bernard. Fazia o papel de uma humilde vendeira cujo filho, Jacques, mata o homem que lhe roubara a noiva. Jacques é condenado à morte, e a noiva se recusa a vê-lo. A cena final é particularmente pungente. Na noite anterior à execução, Jeanne Doré vai à prisão despedir-se do filho. No escuro ele não reconhece o vulto velado; toma-o pela noiva e fala-lhe de seu amor. Jeanne ouve as palavras apaixonadas e quer revelar sua identidade; contudo, sabendo que aquele é o último momento de felicidade do filho, mantém-se em silêncio. Os que viram Bernhardt, pálida e radiosa na angústia de seu sacrifício, jamais esqueceram seu desempenho. *Jeanne Doré* teve sucesso. Foi a última peça longa de Sarah e um de seus últimos e melhores filmes, pelo menos como é apresentado na Cinémathèque de Paris.*

Em 1914 Bernhardt tornou-se Chevalier da Légion d'Honneur. Já não era sem tempo. Centenas de seus admiradores escreveram para cumprimentar o comitê de seleção, e a imprensa aproveitou a oportunidade para repreender os membros do comitê. Um jornalista escreveu:

> A obstinada resistência que durante tanto tempo colocou empecilhos à condecoração de Sarah Bernhardt finalmente cedeu. [...] Não houve uma voz discordante no coro jubiloso. Perguntamo-nos que objeção poderia ter existido. [...] Mais de cem mulheres [entre elas Louise Abbéma e Judith Gautier] já receberam a roseta. Esta não foi recusada a Julia Bartet. Sei que na condição de veterana da Comédie Française essa artista eminente merecia especial consideração. Entretanto madame Bernhardt possui outras qualidades e um prestígio que os membros do comitê

(*) Na maioria dos filmes antigos tudo que está em movimento parece mover-se muito mais depressa que na realidade. A Cinémathèque resolveu esse problema, reduzindo a velocidade de alguns filmes de seus arquivos até obter o que obviamente é a velocidade "real"; com isso o que se vê na tela deixou de ser ridículo. No caso de *Jeanne Doré*, o desempenho de Sarah é uma revelação.

> deveriam ter reconhecido. Disseram-nos que temiam estabelecer um precedente perigoso. "Depois de Sarah Bernhardt", argumentaram, "seríamos obrigados a condecorar mlle. Y., mlle. G. e outras atrizes, cantoras — até dançarinas com amigos influentes." Seu argumento não se aplica ao presente caso. Sarah Bernhardt não pode ser confundida com outras mulheres de sua profissão porque é excepcional, única. Existe só uma Sarah, assim como existiu só uma Rachel. Ela deu o coração e a alma ao teatro francês. Vive em incessante atividade, sempre conquistando; é napoleônica. Podia ter ficado na Comédie Française, desfrutando sua glória. Em vez disso fundou sua própria companhia, excursionou pelo mundo, retornou a Paris trazendo as fortunas que fez nos Estados Unidos e esbanjando-as em produções luxuosas e nos poetas que para ela escreveram, para a honra de nossa literatura dramática. [...] Ao homenagear madame Sarah Bernhardt o Estado está homenageando a embaixatriz da poesia francesa.

Sarah fazia mais que discorrer sobre arte dramática. Mantinha cursos regulares de interpretação no palco de seu teatro. Uma estudante inglesa chamada May Agate lembrou:

> Todos nos sentávamos num grande semicírculo. Madame Sarah instalava-se na frente do palco, à mesa do diretor, protegida das correntes de ar por um curioso dispositivo semelhante a uma tenda e conhecido como *le guignol*. Bem, ali se recostava em sua poltrona, envolta em seu famoso casaco de chinchila, uma manta sobre os joelhos, os cotovelos sobre a mesa e o queixo apoiado nas mãos.

Em 1935 o irmão de miss Agate, James, o vigoroso crítico teatral do *Guardian* de Manchester e mais tarde do *Saturday Review*, pediu a May que contribuísse para sua autobiografia, *Ego*, com as impressões que lhe ficaram de Sarah. E miss Agate escreveu:

> A atriz que conheci era uma dama de infinita dignidade. Eu a vi dar aulas no palco de seu teatro, em Paris, para pessoas que eram tanto artistas de renome como humildes estudantes. Os que não tinham capacidade eram dispensados com um sorriso; os que mostravam sinais de talento recebiam primeiro uma repreensão, depois uma infinidade de sofrimentos. Com os alunos mais jovens ela era uma verdadeira Madre Superiora, e com freqüência o teatro adquiria o aspecto de um convento. Ela interpretara tantas imperatrizes e rainhas que no fim da vida soltava comentários por cima do ombro, dirigindo-os a uma corte que não estava ali. Lembro-me de Sarah em seu septuagésimo aniversário, sentada junto à lareira na sala de visitas de minha mãe, contando histórias, e no jeito como no espírito tão jovem e viçosa e radiante como uma moça de vinte anos. Lembro-me do olhar afetuoso que lançou para minha mãe quando a carruagem se afastava. Lembro-me como ficamos olhando e vimos um maço de flores ser agitado da janela.

Minhas "recordações de Sarah" encheriam *tomos*. Eu tinha em mente um livrinho de lembranças dela, o qual poderia escrever quando fosse velha e tivesse uma loja de lã em Dorking.* Entrementes, porém, e no caso de nunca o escrever, gostaria de dizer algo assim: ninguém falou o quanto ela estava *à frente de seu tempo*. Seu brilho foi tão enfatizado que parece espúrio àqueles que não a conheceram. Mesmo as pessoas que a viram lembram seu fascínio em detrimento do intelecto. Ora, seu magnetismo pessoal não era ostensivo nem calculado. Não se pode culpar o sol de brilhar. Ela detestava presunção e era majestosa simplesmente porque não podia deixar de ser. Na verdade as palavras que seus lábios pronunciavam com maior freqüência eram *la pensée, le naturel, la sincérité* e *dire juste* [o pensamento, a naturalidade, a sinceridade e a entonação correta].

A autenticidade era todo o segredo de sua grandeza. Nela nada havia de falso — nem gabolices intelectuais, nem teorias complicadas. Nunca a ouvi proferir a palavra psicologia, e contudo Deus sabe que Sarah entendia mais disso que qualquer outra pessoa, antes ou depois dela. "Nunca estive num campo de batalha, porém sei que é assim", declarou (antes de 1914) depois de apresentar a mais horripilante [...] cena de batalha em *L'aiglon*. Foi a primeira pessoa que ousou pregar a naturalidade no teatro francês (nas *proporções do teatro,* evidentemente) e a rejeitar a tradição. O Conservatoire e a Comédie Française estão usando métodos que ela descartou há meio século. Minha lembrança mais vívida de suas aulas é a de um longo grito contra a velha escola de interpretação. O modo como agitavam os braços e abusavam da grandiloqüência devia ser grotesco, mas ninguém percebeu até que Sarah chegou e disse que isso não fazia sentido. Mas ainda estão nisso, e não só nas províncias distantes.

James Agate escreveu que não podia "permitir que [as declarações] sobre 'naturalidade' e domínio de psicologia passassem totalmente incontestadas", e o resultado foi um encontro acalorado num almoço frio. No dia seguinte May escreveu uma segunda carta ao irmão, dizendo:

Nunca falei que Sarah pertencia à escola naturalista do realismo banal. Ela nos deu a semente sem a casca. Tudo depende de quanto exigimos que a representação seja um retrato do tipo fotográfico. Decerto sabemos que toda representação é mental.

Sua arte me parecia pintura ou escultura moderna — ela eliminou os exteriores para nos oferecer idéia pura — um processo de simplificação. [...] Quando falei "psicologia", quis dizer tudo que um ator precisa saber sobre a mente e as emoções da personagem em questão — não matéria livresca.

(*) May Agate de fato escreveu seu "livrinho" em 1945. Intitulado *Madame Sarah*, ele faz uma descrição extraordinariamente detalhada do método de interpretação de Sarah.

"E agora, no tocante a Sarah", James Agate concluiu, "jurei manter um silêncio como o de Iago. Doravante não direi uma só palavra." O crítico não cumpriu a promessa. Não importava o alvo de seus elogios — mrs. Stella Campbell, Duse, Edith Evans, Garbo, Charles Laughton, Olivier, Gielgud ou Richardson —, Bernhardt continuava sendo sua estrela das estrelas, seu padrão de grandeza. Os motivos para isso eram estranhos, mas plausíveis. Um exemplo está em sua comparação de Duse e Bernhardt: "A arte de Duse em seu auge ainda parece possível — como deve ser toda a interpretação moderna. A arte de Sarah Bernhardt, não. É extravagante, rara, com tudo que favorece o encantamento e com a fascinação do impossível".

Em 3 de agosto de 1914 a Alemanha declarou guerra à França. Foi um dobre de sinos para a Europa e o começo do fim para Sarah. Sua perna a fazia sofrer dores lancinantes e agora estava engessada. Os alemães marchavam sobre Paris. Seus amigos se juntavam ao grande êxodo para Bordeaux e Biarritz, Marselha e Nice. Sarah, todavia, recusava-se a deslocar-se — ou a ser deslocada —, dizendo que permanecera em Paris durante a Guerra Franco-Prussiana e ali permaneceria agora. Não era só o patriotismo obstinado que a mantinha trancada no boulevard Péreire, lendo os sinistros comunicados de guerra e amaldiçoando a velhice, a imobilidade e o desconforto; era também a presença do dr. Samuel Pozzi, o único médico em que confiava plenamente. Conhecia o belo e sofisticado dr. Pozzi — *Docteur Dieu* [Doutor Deus], como o chamava — desde sua época na Comédie Française; conhecia-o e amava-o. Foi Georges Clemenceau, outro velho amigo, quem a convenceu a deixar Paris, quando lhe contou que ela estava numa lista de reféns que seriam mandados para Berlim, se os boches conseguissem tomar a capital francesa. Em fins de janeiro de 1915 Sarah alugou uma vila modesta em Andernos, um vilarejo de pescadores e balneário perto de Bordeaux, onde se esperava que o repouso prolongado com a perna imobilizada levasse à cura. Uma carta que enviou ao dr. Pozzi indica que ela já não tinha tal esperança.

4 de fevereiro de 1915

Meu amado *Docteur Dieu*: peço-lhe que leve a sério esta carta. Em 7 de fevereiro fará seis meses que minha perna está engessada. Eu estava sofrendo mais que nunca e pedi ao médico, Denucé, que retirasse o gesso. Este me perfurara a carne, provocando a dor. Não foi nada; já sarou; mas dói tanto agora como doía antes. Escute, meu amigo adorado. Eu lhe suplico, corte-me a perna um pouco acima do joelho. Não proteste. Tenho talvez dez ou quinze anos de vida pela frente. Por que me condenar a um sofrimento constante? Por que me condenar à inatividade? Mesmo com um invólucro de celulóide estarei inválida e não poderei representar. E, horror dos horrores, sempre sentirei dor. Minhas

> noites sempre serão angustiantes, pois é então que o joelho dói mais, só o joelho. Com uma boa perna de pau poderei dar recitais de poesias e até realizar turnês de conferências. Estarei livre para ir e vir sem dor. Portanto, eu lhe imploro que corte fora minha perna ou ordene que se faça isso.
>
> Não suporto ficar inútil, confinada a uma cadeira, como tenho ficado durante seis meses. Para mim está claro que minha perna nunca vai se soldar; não sou bastante jovem para isso. Não sou conservadora por natureza e não me importo nem um pouco com minha perna. Que ela vá para onde bem quiser. Se você se recusar, darei um tiro no joelho, e então será preciso arrancá-lo. Meu amigo, não pense que estou histérica. Não, estou calma e animada. Mas quero viver a vida que me resta, ou morrer já. Você entende, meu querido Sam, que entre um dispositivo e outro, prefiro a perna de pau. Assim poderia tirá-la e lavar todos os dias. Só isso melhoraria minha saúde em cem por cento. Darei conferências, darei aulas, serei alegre. Não quero perder minha alegria. Neste momento rapazes de vinte anos estão perdendo pernas e braços, destinados a amplexos. E você me recusa isso! Não, é impossível. Minha perna deve ser amputada imediatamente. Ao fim de um mês estarei livre. Não me abandone neste último estágio doloroso. Seja meu devotado amigo, e irei correndo para Paris e lhe darei minha perna para cortar.
>
> Abraço-o com toda a minha carinhosa gratidão.

Quatro dias antes da operação Sarah enviou um telegrama ao dr. Pozzi: "Passei a noite com uma dor atroz, incapaz de tomar mais comprimidos. Suplico-lhe que me opere um dia antes. É loucura, é odioso. Meu amigo, ponha termo a esta tortura inútil".

Como "um dia antes" era domingo, Pozzi não pôde antecipar a operação. No fim, temeroso de que Sarah viesse a morrer em suas mãos, autorizou Denucé, seu ex-aluno, a tomar seu lugar. Mademoiselle Coignt, a jovem anestesista que assistia na cirurgia, registrou o triste acontecimento:

> Às 10 da manhã a grande artista foi conduzida à sala de operação. Vestia um penhoar de cetim branco e estava envolta em véus de crepe da China cor-de-rosa. Parecia muito calma. Mandou chamar seu filho, Maurice, que veio abraçá-la. Durante a terna cena, ouvimo-la dizer: "*Au revoir*, meu amado, meu Maurice, *au revoir*. Calma, calma, voltarei logo". Era a mesma voz que eu escutara em *La Tosca, A dama das camélias, L'aiglon*. Voltando-se para Denucé, ela falou: "Meu querido, dê-me um beijo". Depois para mim: "Mademoiselle, estou em suas mãos. Prometa que me fará realmente dormir. Vamos, rápido, rápido". Em tudo isso não podíamos deixar de ver a trágica representando um ato. Senti-me como se estivesse no teatro, com a diferença de que eu mesma desempenhava um papel no drama doloroso. Quando coloquei a máscara de éter em seu rosto, ela gritou: "Estou sufocando. Estou sufocando. Tire isso!". Entrementes o ponteiro subia normalmente. "Nunca vou dormir. Por que éter? Clorofórmio seria melhor." Momentos depois murmurou: "Ah! Isso é bom. Está funcionando,

> está funcionando. Estou indo, indo, indo. Fui". Agora a ilustre paciente encontra-se na mesa de cirurgia. O professor Arnagon toma-lhe o pulso. Ajudado pelo doutor Robère, o professor Denucé faz o primeiro corte. Cinco minutos depois a perna cai. Costuram-se as ligaduras. Enfaixa-se o ferimento. E a grande trágica [...] é conduzida para o quarto. Uma vez na cama, grita: "Quero meu amado filho, meu Maurice, minha criança querida!". Ele a beija, dizendo: "*Maman*, você [...] está bem". "Onde estão Denucé e a jovem que me fez dormir?" "Aqui, madame", respondi. "Ah, querida, você é ótima. Venha cá, quero vê-la." Tento sair, mas ela me detém. "Querida", diz, "gosto de você, fique um pouco mais." Peço-lhe que se acalme e não fale. "É que preciso falar um pouco. Oh, estou sofrendo, sofrendo." O drama continua. A impressão é de que ela representa constantemente, interpreta o papel de alguém que acabou de passar por uma grave cirurgia. Mais tarde, naquele mesmo dia, encontrei a paciente exatamente igual à mulher que eu admirava no palco. Os olhos maquilados, os lábios pintados.
>
> Foi uma grande alegria para mim estar tão perto da atriz que, deve-se dizer, dominou o universo por meio de sua arte.

Naquele dia Denucé telegrafou a Pozzi: "Operação realizada. Muito rápida. Sem problemas. Usado mínimo éter. Tudo vai bem".

Dois meses depois, quando escreveu a Pozzi, Sarah era a mesma de sempre. Galante, coquete, saudosa, não mencionou sua mutilação:

> Como é que meu infinito amor e gratidão depois de tantos anos não criaram raízes nem floresceram em seu coração??? Como é que sinto a necessidade de lhe repetir que não existe para mim criatura mais querida que você? Pode ser, caro amigo, que eu precise abrir a caixa de lembranças que partilhamos para que você aspire o perfume dessas flores que colhemos juntos no jardim da Vida! Não, não lhe escrevi! Por quê? Não há Por Quê! Não há Porquê! Amo você ternamente, infinitamente. Amo você com toda a força vital e intelectual de meu ser, e nada, nada poderia mudar esse sentimento, maior que a Amizade, mais divino que o Amor.

Durante os meses seguintes em Andernos, Sarah experimentou várias pernas de pau, e nenhuma lhe serviu. Por fim resolveu o problema a seu modo. Mandou jogar fora as pernas de pau e encomendou uma liteira na qual poderiam transportá-la. Foi uma solução fantástica, que ela conduziu com o ar de uma imperatriz bizantina. Um admirador americano lembrava-se de tê-la visto carregada no alto, "os braços cheios de rosas, o corpo mutilado uma montanha de veludos. Era a personificação de indômita coragem".

Paris concordou quando, em outubro de 1915, ela atuou em *Les cathédrales* [As catedrais], "poema cênico" de Eugène Morand. Era uma figura triste, mas corajosa, encarnando a catedral de Strasbourg, entronizada num dossel, a meia-luz. Sem poder se mover, pronunciou um longo discurso patriótico. Então ocorreu um milagre. No final de sua tirada, ela se levantou e gritou: "Chore, chore, Alemanha! A Águia alemã caiu no Reno". Nunca seus compatriotas a amaram mais. Nunca, quer dizer, até que ela foi para a frente de batalha com um grupo de atores da Comédie Française. Beatrix Dussane, a atriz e historiadora do teatro, registrou a aventura em seu livro admirável, *Reines du théâtre* [Rainhas do teatro]:

> Naquela época Sarah foi mais ruidosamente aclamada que nunca. Nossa geração reagiu mal, talvez injustamente, a sua fama e sua glória. Na verdade parecia de certo modo monstruoso alguém ser idolatrado durante tanto tempo. "Por que ela não se afasta?", perguntávamos. Os jovens sempre acham fácil enterrar os velhos.
>
> Em 1916 formamos um grupo conhecido como o Théâtre des Armées. Pouco numerosos, trabalhávamos com humildade, felizes por oferecer uma pequena diversão a nossos soldados, desejosos de não aviltar nossa missão com esnobismo ou publicidade. Um dia nos disseram que Sarah queria juntar-se a nós. Eu devia ir a sua casa ensaiar as deixas de seus monólogos. Confesso que não gostei. O que a velha e impotente Sarah poderia fazer em circunstâncias tão difíceis?
>
> A frente de batalha não era agradável nem brilhante; era exaustiva. Na realidade muitos de nós ali deixamos uma parte de nossa jovem saúde. Com seus buquês, suas peles, seu luxo principesco — e sua fragilidade —, como poderia ser transportada de um galpão a outro, de palcos improvisados a caminhões do Exército? O que sobraria de seu prestígio depois de se apresentar em locais pouco iluminados ou sob um sol ofuscante? Apresentar-se para homens que a conheciam apenas como um nome legendário? Ela cairia doente no primeiro dia, e seria o fim da turnê.
>
> Quando cheguei à casa de Bernhardt, fui conduzida a seu *boudoir* branco. Encontrei-a sentada nas profundezas de uma enorme poltrona. Lembro-me de tê-la achado extraordinária, com sua profusão de cetim e renda, seus cabelos ruivos despenteados, suas feições sem idade, suas rugas cobertas com todo tipo imaginável de maquilagem. Era desconcertante, triste e desconcertante. Ali estava ela, a grande, a radiosa Sarah, tão pequena, tão fraca — um montinho de cinzas. Então, como ocorrera com muitos antes de mim, presenciei um milagre. Durante duas horas ela ensaiou, repassou suas falas, fez cortes, pediu chá, perguntou sobre nossa viagem, mostrou-se entusiasmada, comovida e contente. Viu tudo, entendeu tudo, antegozou tudo. Durante todo esse tempo o montinho de cinzas não parou de lançar faíscas! Compreendi que ela havia nascido assim e seria assim sempre! Um sol inextinguível ardia sob a decrepitude maquilada e coberta de babados da velha atriz.
>
> Agora estamos viajando. Oh, a estação ferroviária, a Gare de l'Est atravessada por nosso bizarro cortejo! Sarah se perde num longo casaco de pele de tigre, aninhada em sua liteira. Sorri para todos que a olham, de modo que não ousam lastimá-la. Únicos civis no trem, desembarcamos em Toul. A liteira reaparece. É branca e decorada no estilo Luís XV. Também parece sorrir, como se fosse apenas um capricho, e não uma triste necessidade. As pessoas da cidade olham, tão emo-

cionadas que se esquecem de aplaudir nossa *tragedienne*. Um automóvel nos conduz a nosso primeiro espetáculo, que tem lugar num imenso mercado coberto, em Commercy. Há um tablado, uma rampa e uma cortina. O pequeno telheiro reservado para Sarah tem o chão de terra. Era preciso subir dez degraus para chegar ao palco. Parece que Sarah gostou de seu camarim provisório. Na verdade estava encantada. Baixou-se a cortina enquanto a levavam para o "palco" e a colocavam numa surrada poltrona. Três mil rapazes (muitos deles feridos) foram informados de que iam ver Sarah Bernhardt. Esperávamos uma ovação, que demorou e, quando veio, não passou de uns poucos bravos esparsos. Os homens esperavam um filme. Nomes ilustres não significavam nada para aqueles caipiras vigorosos. Sarah sentiu isso e estremeceu. Então ela começou. Cada palavra sua era vibrante, pronunciada num ritmo [...] crescente como uma investida na batalha. Suas falas evocaram aquelas figuras heróicas que fincam bandeiras em solo conquistado. A seu grito final "*Aux armes*", a banda tocou "A marselhesa" e 3 mil jovens franceses se levantaram para aplaudir. Nossos espetáculos continuaram: na esplanada de um castelo, na sala de espera de um hospital, num celeiro decrépito lotado até o teto. Vi o gênio de Sarah e vi sua bravura. Não, não estávamos expostos às balas. Não se tratava disso. Era sua coragem, sua força de vontade que nos impressionava. Em dado momento ajudei-a a se vestir. Ela foi da cadeira à mesa apoiando-se em meu braço, ou saltando com sua pobre perna de 72 anos, dizendo com aquela sua risada contagiante: "Olhe, pareço uma galinha-d'angola". A maneira como ignorava sua deficiência era linda — uma vitória do espírito sobre a carne decadente. Não tínhamos pena dela; nós a admirávamos. Sempre me lembrarei daquela velha genial, transportada em sua liteira ou deslocando-se com uma perna só, disposta a entregar seu coração ardente aos bravos que lutavam e morriam por nós.

Sarah foi fiel a seu lema, *quand même*, ao partir para os Estados Unidos em 1916. Haviam se passado 36 anos desde que a América a vira pela primeira vez, uma jovem inquieta, ávida de dinheiro, sucesso e notoriedade. Naquela época a alta sociedade — ou o que passava por alta sociedade — fechou-lhe as portas, temerosa de conspurcar-se com sua depravação do Velho Mundo, sua condição de judia e seu descarado amor à publicidade. Agora essa gente a recebia qual uma santa moderna que chegava não só como artista, mas também como emissária da França despedaçada pela guerra. Com sua natureza de cruzado, Sarah falou em comícios da Cruz Vermelha, em espetáculos beneficentes e em outras ocasiões públicas, incitando os americanos a se unirem aos Aliados em sua luta contra "o inimigo odiado". Ainda mais eficazes foram as pequenas cenas que apresentou — não agüentava mais uma peça inteira —, as quais, como *Les cathédrales*, foram criadas para despertar simpatia por seu país devastado. Após oito meses numa turnê extenuante Sarah se viu obrigada a submeter-se a uma cirurgia nos rins que lhe foi quase fatal. Poucos dias depois estava suficientemente forte para enviar a Maurice uma carta tranqüilizadora.

Pensara que nunca mais o veria. Somente seu infinito amor por ele lhe dera força para lutar, "alento a alento, estertor a estertor". Seu estado era tão grave, prosseguia, que lhe escrevera uma carta de despedida para o caso de uma desgraça. Agora estava muito bem e se empanturrava de mexilhões e lagostins, *tête de veau* e *cassoulet*. Gastara fortunas com médicos e contas de hotel, com seu pessoal e com as refeições encomendadas ao Delmonico's. Pensar que em fevereiro estaria perto dele! Não ousava antegozar tal alegria! Dessa vez, prometeu, nunca mais o deixaria. Sofrera tanto que certamente seu desejo não seria contrariado. Poucos meses depois escreveu a Maurice para dizer-lhe:

> Coloquei minha máscara, meu gorro de bufão e meus guizos e recomecei minha peregrinação pela América. Há tantas cidades, feias e desconhecidas. Algumas são bonitas, algumas são horríveis. Por exemplo, aqui em Jacksonville, Illinois, há 13 mil habitantes: duzentos num hospício, setecentos num asilo de surdos-mudos, trezentos numa casa para cegos e trezentos num orfanato. Com isso são 3 mil que não podem vir ao teatro. É uma idiotice!
>
> Sua filha [Lysiane estava viajando com Sarah] deu-me toda a felicidade e toda a doçura que eu esperava. Que criança adorável, e como se parece com você! Numa grande cerimônia em Chicago fui nomeada madrinha de todas as crianças americanas. Declamei alguns poemas que Lysiane escreveu para a ocasião. [...] *Au revoir*, meu filho adorado. Como gostaria de estar chegando à França neste exato momento! Isso me deixaria louca de alegria. Mil beijos — em seus cabelos, em sua testa, em seu coração. [...]

Em outras cartas Sarah diz a Maurice que ele é o filho de sua alma, a doçura de sua vida, o mais caro de seus prazeres. Deve-lhe tudo: seus pensamentos mais elevados, seus atos mais bondosos, sua busca do belo. Conquistara sua modesta glória para compensar a ausência de um pai e o fato de ele ser obrigado a usar seu nome. Então, talvez achando que fora longe demais, desculpa-se, declarando saber que o filho considera exageradas suas efusões. Exageradas! Mal sabia ele o quanto se continha, temendo parecer-lhe ridícula. "Você quer que sufoque meus sentimentos", escreveu. "Isso me magoa porque deprecia meu amor. Oh, Maurice, seja gentil com o coração que bate somente por você."

Felizmente para Sarah, suas responsabilidades a mantinham afastada de pensamentos tristes e sombrios. Estava tendo "enorme sucesso", escreveu, apesar da idade, da amputação e da última e dolorosa cirurgia. A maioria dos observadores concordavam, como atestou um jornal de Filadélfia:

> É preciso deixar claro que ela não necessita da consideração [que lhe seria devida] por ter sido a maior atriz de uma geração passada. Ela não suscita admiração por causa de seus sofrimentos recentes, mas pura e simplesmente porque é a maior atriz viva.

Outros, como George Jean Nathan, tinham uma visão mais sombria:

> Afirmar que madame Sarah Bernhardt ainda é uma grande atriz equivale a permitir que o cavalheirismo obscureça a crítica. Sua glória atualmente vive na lembrança [...] [o que ela faz] é extraordinário para uma mulher de idade tão avançada, porém é trabalho, não interpretação. O público vai ao teatro menos para reverenciar Sarah Bernhardt a atriz que para ver Sarah Bernhardt a aleijada.

Margaret Mower, uma jovem e encantadora americana que era assistente da companhia de Sarah, testemunhou o que Nathan dissera. A bela e bilíngüe miss Mower fora contratada para apresentar-se ao público e explicar-lhe em inglês o enredo da cena que se seguiria. Jamais esqueceria, escreveu num pequeno ensaio, a noite em Montreal em que atuou pela primeira vez com a companhia. Usando um vestido de Fortuny comprado para a ocasião, foi aos bastidores antes de iniciar-se o espetáculo:

> A companhia inteira estava de pé, num semicírculo, aguardando a chegada de madame Bernhardt. Após um pequeno atraso, houve uma agitação, e vi dois homens [Pitou e Émile, o factótum e o secretário de Sarah] carregando uma liteira [...] até o centro do palco. [...] Fizeram manobras consideráveis, e escutei ordens impacientes: "*Non, non, par ici. Doucement*" [Não, não, por aqui. Devagar]. Madame Bernhardt foi instalada na posição exata em que apresentaria *Aux champs d'honneur* [No campo de batalha], um de seus números patrióticos. A primeira visão foi um choque. Com 72 anos, caracterizada como um jovem soldado ferido, num uniforme rasgado e manchado de sangue, a grande atriz estava estirada no chão, apoiando-se num toco de árvore. Usava uma peruca loira desgrenhada e uma maquilagem inteiramente branca. A boca vermelha estava aberta, e os olhos, profundamente sombreados de azul. Calçava perneiras e sapatos de soldado. De um modo macabro, melodramático, o efeito era miraculosamente juvenil. Agora que estava instalada, os membros da companhia se aproximaram, um a um, inclinaram-se e beijaram-lhe a mão, murmurando: "*Bon soir, madame. Vous allez bien, madame? Chère madame*" [Boa noite, madame. A senhora está bem, madame? Querida madame].
>
> Madame sorria, encantadora, mas com o distanciamento de uma rainha. Foi uma estranha e pequena cerimônia. O triste é que os atores se mostravam respeitosos somente em sua presença. Por trás referiam-se [...] a ela como a velha louca ou simplesmente a velha.

Pitou era leal, naturalmente; todavia, segundo escreveu miss Mower: "O orgulho que tinha de sua ligação com madame Sarah era colossal a ponto de ser ridículo".

O ensaio de miss Mower revela que em algumas coisas Sarah não mudou ao envelhecer:

> Quando ela se apresentou na Brooklyn Academy of Music, houve grande agitação nos bastidores. Espiei pela vigia e numa das primeiras filas avistei Lou Tellegen e Geraldine Farrar, recém-casados, lindos e radiantes. Até eu sabia que Tellegen havia sido um dos maiores favoritos de madame. Naquela noite Bernhardt se superou. Foi incansável, radiosa. [...] O espetáculo se encerrou com *Camille*. Nunca esteve tão bonita, ali deitada em sua cama de dossel com lençóis bordados, a esplêndida camisola com uma profusão de rendas caindo-lhe suavemente ao redor do pescoço e dos pulsos, o rosto pálido e a auréola de cabelos brilhantes. A tosse, o grito por Armand, a alegria com sua chegada — tudo isso foi de partir o coração. De vez em quando eu espiava Tellegen, que fora seu Armand com tanta freqüência. Seu rosto era uma máscara inescrutável. A cena terminou com aplausos estrondosos, e após os agradecimentos madame ordenou que a levassem logo para seu camarim, proibindo a entrada de todos os visitantes, à exceção de Tellegen. Nunca esquecerei a espera atrás da cena. Todos nós esperamos — e Tellegen não apareceu. Pouco a pouco as luzes se apagaram. Vesti-me, triste, e pensei que nem madame podia estar mais arrasada do que eu. Nos dias seguintes ela não teve o menor pudor em revelar que sua atitude [de Tellegen] a magoara profundamente. Em várias ocasiões murmurava de repente: "Ele não veio. Por quê?". Não lhe importava que os outros ouvissem; e o tom daquele "Por quê?" atormentado variava da dor à amargura, com uma pontinha de rancor.

Cheia de planos, Sarah voltou à França no outono de 1918, chegando pouco antes do Dia do Armistício. Nunca pare, dizia, se não você morre. Fiel a suas palavras, abriu as portas de sua casa, presidiu almoços, discutiu com autores e até planejou futuras turnês. Contudo tinha muitas tristezas a enfrentar. Pozzi, seu *Docteur Dieu*, fora assassinado por um louco no ano anterior. Suzanne Seylor, sua fiel companheira de tantos anos, deixara-a após uma discussão violenta e morreu seis meses depois. Edmond Rostand faleceu, vítima de pneumonia, três semanas após o retorno de Sarah. Sua maior perda, talvez, foi Clairin, seu irmão do coração, que morreu em 1919. Sarah suportou esses golpes e muitos outros com a serenidade de quem está habituada com o sofrimento e com a ameaça da morte. Na verdade sua energia era espantosa, como observou a escritora Colette em *Dernier portrait* [Último retrato], um relato comovente da última vez que viu a atriz:

> [...] Recebi um convite que mais parecia uma ordem. "Madame Bernhardt espera-a para o almoço em tal e tal dia." Nunca a vi tão de perto. Ali estava ela no final de uma longa galeria, a *raison d'être* de um museu meio fúnebre, cheio

de vasos de palmeiras, ramos de flores secas, placas comemorativas, e tributos. A amputação não importava mais, envolta como ela estava em camadas e camadas de um tecido escuro. O rosto branco e as mãos pequenas ainda brilhavam como flores feridas. Não me cansava de olhar seus olhos azuis, que pareciam mudar de cor a cada movimento vivaz de sua cabecinha altiva.

Sarah desapareceu pouco antes do almoço, levada por um mecanismo teatral ou simplesmente por braços fiéis. Nós a encontramos no andar de cima, sentada à mesa em seu trono gótico. Comia, ou parecia comer. Animava-se toda vez que a conversação tinha como tema o teatro. Seu senso crítico, suas opiniões e seu modo de expressar-se eram extraordinários. Foi zombeteiramente severa em relação a uma atriz que tentara interpretar *L'aiglon*. "A coitada não é homem o bastante para nos fazer esquecer que é mulher e tampouco é mulher o bastante para ser atraente."

Parou de falar de teatro apenas o tempo suficiente para se encarregar de um grande bule de cerâmica que trouxeram para a mesa. Mediu o pó de café, molhou-o com a água fervente, encheu nossas xícaras e ficou esperando os merecidos elogios.

"Não faço café tão bem quanto Catulle Mendès?", perguntou, inclinando-se para mim do alto de sua majestosa cadeira.

Registro aqui um dos últimos gestos da *tragédienne* próxima de seus oitenta anos: uma mão delicada e murcha oferecendo uma xícara cheia; o azul intenso de seus olhos, tão jovens, presos numa rede de rugas; a coqueteria risonha e inquisitiva de sua cabeça voltando-se. E aquele desejo indômito, incessante, de agradar, de agradar mais uma vez, de agradar até mesmo às portas da morte.

Nessas últimas palavras Colette captou a essência de Bernhardt, e para a atriz "agradar" significava representar. Fiel a seu lema, representou até não ter mais força. Em geral se acreditava que ela era obrigada a trabalhar porque a extravagância a deixara paupérrima, e nisso havia uma parcela de verdade, já que a extravagância era parte essencial de sua vida. Paupérrima ou não, o fato é que Sarah continuou vivendo regiamente, mantendo oito criados e sustentando o filho perdulário — que agora se aproximava dos sessenta — no estilo em que o habituara. Pode-se dizer que ela fez pouca coisa desde o outono de 1918, quando voltou de sua última turnê de despedida na América, até a primavera de 1920 — se pouca coisa consiste em realizar leituras de Victor Hugo e Fernand Gregh, pronunciar conferências e declamar pesados monólogos de Rostand em Lyon, Genebra, Montpellier, Pau e Bordeaux. Em abril de 1920 a atriz de 75 anos voltou a seu próprio teatro para se apresentar numa nova montagem de *Atalia*, de Racine. Planejada para três espetáculos, a obra-prima clássica inesperadamente permaneceu em cartaz por três semanas. Seu sucesso é compreensível, quando consideramos o que Sarah acrescentou ao papel. Com efeito, quem pode ter resistido quando no famoso monólogo "Sonho" a velha *tragédienne* falava de si mesma como uma mulher que está envelhecendo e pinta o rosto na tentativa de "reparar a devastação irreparável do tempo"? O público aplaudiu-a de pé, pois, em vez de dizer essas palavras no tradicional grito de angústia, ela as murmurou num tom contido e amargo. Sua nova forma de tratar a personagem levou a platéia ao que um crítico chamou de "entusiasmo selvagem e ovação frenética". "Tal manifestação foi um tributo não só a seus soberanos poderes", prosseguia o crítico, "mas também à longa seqüência de nossos grandes clássicos, a toda a Arte da França imortal personificada por uma mulher." O mesmo jornalista foi ao último espetáculo. No teatro encontrou as multidões de escritores, poetas, artistas e estudantes que, tendo visto *Atalia* uma vez, acharam que deviam vê-la de novo. Foram recompensados, disse ele, com uma leitura ainda mais notável, com novas percepções psicológicas, novas sutilezas, novo fraseado que em nada perturbam a forma grandiosa da nobre composição. Nos bastidores o crítico perguntou a Sarah por que não mantinha a peça em cartaz por mais tempo. Ela replicou, sorrindo:

> Não acha que mereço um descanso? Afinal, falei que apresentaria três espetáculos e já apresentei dezoito. Certamente estou feliz que minha encenação de *Atalia* tenha tido tanto sucesso, pois devo confessar que iniciei esse trabalho com certo medo. Agora que sei que o público está disposto a me aceitar como sou, vou fazer coisas novas. A próxima será *Daniel*, de Louis Verneuil, na qual faço o papel de um viciado em morfina. Depois, *La gloire*, de Maurice Rostand.

O crítico perguntou-lhe se ia deixar Paris. "Sim", ela respondeu. "Vou para Belle-Île, onde posso sonhar, fazer planos para o futuro e reunir forças para minha próxima temporada no Théâtre Sarah Bernhardt."

Miraculosamente a atriz encontrou energia para encenar as duas peças: *Daniel* em 1920 e *La gloire* no ano seguinte. De acordo com Verneuil, *La gloire* era uma bobagem, e Sarah só perdeu tempo com essa peça porque Maurice era filho de Edmond Rostand "e porque o conhecera menino, fazia 25 anos".

Maurice Rostand foi igualmente implacável:

> *Daniel* era inimaginavelmente horrível. Além do mais, Sarah nunca teria representado tal peça se Verneuil não estivesse para se casar com sua querida neta Lysiane. No entanto nem mesmo Sarah, que era capaz de ver em Sardou um gênio, conseguiu suportar a peça de Verneuil. "Não passa de *merde, merde, merde*", repetia, furiosa. Falada por ela a linguagem das ruas soava como a linguagem dos deuses.

A verdade é que nem *Daniel*, nem *La gloire* contribuiu em nada para a reputação de seus autores. Todavia *Daniel* pelo menos proporcionou a Sarah um novo papel para levar a Londres. Sua última viagem à Inglaterra não foi fácil. Seu carro quebrou entre Paris e Boulogne, obrigando-a a passar uma noite na estrada. Depois a travessia do canal foi tão agitada que ela chegou ao Savoy Hotel num estado de prostração.

Mesmo assim, foi ao ensaio e, conforme registrou sir George Arthur, "surpreendeu até mesmo aqueles a quem deixara de surpreender com uma extraordinária personificação de Daniel, o jovem perdido de amor que tenta esquecer a frustração por meio das drogas". Sir George, que escreveu um livro sobre Bernhardt, alinhava-se entre os que achavam impossível Sarah errar. Naturalmente havia os que a consideravam um fantasma, uma sombra do que fora. Mas para os sir George do mundo ela ainda estava vibrante e cheia de vida, apesar da mutilação e da voz trêmula. Ele escreveu:

> Havia a maquilagem, que realmente criava um jovem doente e inválido, porém com lampejos de vitalidade viril; havia todos os recursos da técnica impedindo que o público se lembrasse de que a atriz não podia se mover; havia uma cena da morte que em sua pura beleza raramente foi superada; e tudo isso partia de uma veterana que estava mais perto dos oitenta que dos setenta.

Antes de deixar Londres Bernhardt apresentou-se para a rainha Mary num espetáculo oficial. Devia descansar mais, a soberana aconselhou-lhe quando a viu exausta em seu camarim. "Majestade, vou morrer no palco; esse é meu campo de batalha", Sarah replicou em seu melhor estilo *L'aiglon*. Tratava-se, contudo, de mais uma fala teatral da mulher que morrera mil mortes no palco e voltara à vida em tempo para agradecer os aplausos; de uma mulher que, ao ver uma atriz evidentemente muito mais jovem do que ela, disse, impassível: "Pensem nisso, é assim que estarei daqui a dez anos".

De volta a Paris prosseguiu com seu trabalho. No outono de 1922 organizou um espetáculo beneficente a fim de arrecadar dinheiro para o laboratório de madame Curie; atuou em *Régine Armand*, outra criação de Verneuil; e foi para Turim, onde interpretou *Daniel*, apresentando-se num palco pela última vez.

Em dezembro aconteceu uma coisa maravilhosa. Sacha Guitry, seu amado Sacha, pediu-lhe que figurasse em sua nova peça, *Un sujet de roman* [Um assunto de romance], juntamente com seu pai, Lucien, sua esposa, Yvonne Printemps, e ele mesmo. Sarah exultou. Ia trabalhar com grandes artistas que a amavam com carinho, indulgência, graça e verdadeira compreensão de quem e do que ela era. Como poderia não se sentir à vontade com Sacha, um dos poucos que tinham permissão para carregá-la da porta do teatro até a limusine, sem constrangimento de nenhuma das partes? Ou com Lucien, que falava por ela e por si mesmo ao dizer:

> Amo, adoro minha profissão — sirvo-a constantemente. Nunca paro de representar. Sempre representei — sempre e em toda parte, em todo tipo de lugar,

em todos os momentos... sempre, sempre. Sou meu próprio substituto. Represento no restaurante quando peço mais pão. Represento quando pergunto ao marido de Julia Bartet como está sua mulher. Bendito trabalho, que me enche de alegria e paz, quanto lhe devo!

Sarah não se continha ao falar de *Un sujet de roman.* A peça, declarou à imprensa, "é admirável. É moderna, absolutamente moderna, *cruelmente* moderna. O tema nunca havia sido tratado antes. É — shakespeariana!". A peça pode não ser shakespeariana, porém é uma das melhores obras de Sacha Guitry e está muito acima das efusões inconsistentes de Louis Verneuil e Maurice Rostand.

Um famoso romancista (Lucien Guitry) acaba por detestar seu sucesso e sua ambiciosa mulher (Sarah), que o promoveu. Uma breve fala encerra o tom da peça. Diz o romancista: "Durante vinte anos você me odiou e eu a odiei. Eu a amei porque você era bonita. Você me amou porque eu era famoso. Agora você está velha, e a glória que sonhou para mim é algo que nunca desejei".

René Benjamin, um escritor amigo de Sacha, assistiu a um dos primeiros ensaios. Ninguém tentava roubar a cena, lembrou. Sacha ouvia seu pai, e seu pai ouvia Sarah, que não demonstrava nem uma pontinha de vaidade ou mesquinharia. Na verdade era humilde. Quando esquecia uma fala, desculpava-se, dizendo: "Hoje estou trabalhando mal; fico triste com isso. Não, não tentem encontrar justificativas para mim".

Sacha descreveu com grande emoção o ensaio geral:

> Sarah tinha uma longa fala no último ato. Era a cena terrível na qual confessa que compreende o marido e ele, que a despreza, consegue perdoá-la. Naquele dia Sarah estava no auge. Sem nenhum lapso de memória, falava com uma voz tremendamente fraca e aguda, desconexa, magnífica, comovente. Meu pai estava sentado à mesa, em frente dela, o chapéu puxado sobre os olhos. Quando Sarah terminou, em vez de responder ele pegou sua mão e murmurou: "Espere um instante". Não podia prosseguir. Estava chorando. Teatro? Mas o teatro era sua vida, sua morte, seu tudo. Quando terminamos, Sarah perguntou se podia descansar em meu camarim. Mas por volta das sete horas começou a sufocar, e nós a levamos para sua casa.

Bernhardt nunca mais voltou ao teatro, a nenhum teatro. Três semanas depois *Un sujet de roman* estreou, com Harriett Roggers no papel que fora de Sarah. Naquela noite, a pedido da velha atriz, um empregado do teatro telefonou-lhe para avisar quando a cortina se abriria. Acamada e fraca, ela se pôs a repetir suas falas. Foi uma de suas últimas interpretações, pois corria o risco de morrer de uremia. Entretanto, doente como estava, ainda fazia planos para o futuro. Em 1922 vendeu sua propriedade em Belle-Île e comprou terras em Garches. Declarou que Belle-Île era fria demais, úmida demais e distante demais, ridiculamente distante. Já Garches estava a apenas quinze minutos do boulevard Péreire e era um lugar ideal para passar os domingos. E além do mais, como seria divertido construir uma casa nova!

Na primavera de 1923 um empresário de Hollywood chamado mr. Abrams ofereceu a Sarah o papel-título de *La voyante* [A vidente], um filme de Sacha Guitry, com Lili Damita, Harry Baur e a jovem Mary Marquet, última amante de Edmond Rostand e protegida de Bernhardt. Abrams encontrou-a na cama quando a procurou. Estava doente?, perguntou-lhe. Não, não, só um pouco gripada, ela mentiu. Mas talvez fosse melhor fazer o filme no boulevard Péreire, acrescentou. Mr. Abrams concordou. Em 15 de março o ateliê de Bernhardt estava transformado num estúdio cinematográfico, com câmeras, andaimes e luzes ofuscantes. Mary Marquet lembrava-se de Sarah sentada a uma mesa, o corpo debilitado e encolhido, os olhos piscando sob a luz intensa. De vez em quando alguém lhes pingava um colírio. Um macaquinho que fazia parte do enredo estava em seus braços. "Dela nada havia sobrado", escreveu Mary Marquet. "De repente o diretor gritou 'Câmera!'. Sarah despertou de seu torpor; seu rosto se iluminou, o pescoço esticou-se, os olhos brilharam. 'O que devo fazer?', perguntou numa voz jovem e forte. Todos nós ficamos pasmos. Ela remoçara trinta anos." Sarah representou a cena em mímica. Porém o esforço foi tanto que desmaiou e teve de ser carregada para seu quarto. Nos dois meses seguintes os médicos entravam e saíam; os fiéis — Maurice e a família, Louise Abbéma e o dr. Marot, médico pessoal da atriz — revezavam-se a sua cabeceira. De quando em quando Sarah se sentia mais forte e insistia para que a vestissem e a levassem para almoçar no andar térreo. Um dia mrs. Stella Campbell foi partilhar de sua refeição.

Ela estava um encanto, mrs. Stella Campbell lembrou, num manto de veludo antigo — presente que Sacha lhe trouxera de Veneza, gabou-se. Todavia não tocou na comida. Por fim, depois de um bom mexerico, dois criados entraram com sua liteira. Quando a carregavam, ela jogou um beijo para a sua Melisanda; depois desapareceu, sorrindo. Foi a última vez que se encontraram. À medida que o estado de Sarah piorava, jornais do mundo inteiro publicavam boletins diários. Escondiam-lhe tais informes, obviamente, mas ninguém poderia esconder as multidões que se postavam sob sua janela, esperando sua morte.

"São jornalistas?", ela perguntou ao filho. "Alguns são", Maurice respondeu. "Então vou deixá-los na incerteza. Eles me torturaram a vida inteira, agora é minha vez de torturá-los."

Foram suas últimas palavras, ditas com um sorriso. Em 26 de março de 1923 Sarah morreu nos braços de Maurice. Minutos depois o dr. Marot abriu a janela para anunciar que madame Sarah Bernhardt se havia ido. Naquela noite os atores de Paris pediram ao público que guardassem dois minutos de silêncio; terminados os espetáculos, os que haviam privado de sua amizade — e eram muitos — foram ao boulevard Péreire levar-lhe as flores que haviam recebido. Durante três dias uma fila interminável de pessoas passou pelo corpo de Sarah. Admirável na morte como fora na vida, ela jazia em seu famoso caixão, vestida de branco, a cabeça repousando sobre uma profusão de violetas, uma cruz de prata na mão, a roseta da Legião de Honra no peito. Montanhas de lilases, rosas, orquídeas, cravos e gladíolos enchiam a sala, a escada e o saguão. Ainda mais tocantes eram os incontáveis buquês de violetas e junquilhos, modestas demonstrações de amor dos humildes que a adoraram de longe. Milhares de pessoas, jovens e velhas, ricas e pobres, freqüentadoras de teatro e aquelas que nunca foram a um teatro cobriram as ruas para ver o cortejo fúnebre deslocar-se do boulevard Péreire à igreja de Saint François de Sales e dali ao repouso eterno de Sarah, no cemitério Père-Lachaise. Nenhuma mulher na história da França e pouquíssimos homens inspiraram uma torrente tão espontânea de sentimento, uma demonstração tão universal de amor. Em seu trajeto pela cidade o cortejo parou diante do Théâtre Sarah Bernhardt. Nesse momento solene uma chuva de pétalas multicoloridas caiu do telhado do teatro sobre o esquife. Junto à sepultura não houve discursos, mas sim um grito sentido. Saiu de uma jovem atriz que pronunciou quatro palavras que ecoaram no coração dos presentes: "Os imortais não morrem". O túmulo foi identificado com uma lápide na qual se lê apenas:

SARAH BERNHARDT.

Anos depois ergueu-se na place Malesherbes uma estátua da atriz. Durante a Segunda Guerra Mundial, quando os alemães ocuparam Paris, um fanático nazista incumbiu-se de quebrar-lhe o nariz num gesto feio e patético, pois, mutilada ou não, a Divina Sarah vive na lembrança de todos que amam a busca da beleza a serviço da arte.

BIBLIOGRAFIA

Gentilmente nos foi concedida permissão para citar trechos dos livros abaixo relacionados. Salvo especificação em contrário, todos os títulos em francês foram publicados em Paris e todos os títulos em inglês foram publicados em Nova York. Alguns livros mais antigos não trazem a data da publicação.

NARRATIVAS FICTÍCIAS DE EPISÓDIOS DA VIDA DE BERNHARDT

Bernhardt, Sarah, *Petite idole* (Éditions Nilsson, 1920).
———, *The idol of Paris* (The Macaulay Company, 1922).
———, *Jolie sosie* (Éditions Nilsson, s.d.).
Champsaur, Félicien, *Dinah Samuel* (Pierre Douville, s.d.).
Goncourt, Edmond de, *La faustin* (Ernest Flammarion, 1881).
Lorrain, Jean, *Le tréteau* (Jean Bosc Éditeur, 1906).

LIVROS DE BERNHARDT

Bernhardt, Sarah, *Un coeur d'homme* (*Pièce en quatre actes*) *&* *L'aveu* (*Drame en un acte*) (Charpentier et Fasquelle, 1911).
———, *Memories of my life* (D. Appleton & Company, 1923).
———, *The art of the theatre* (Londres, Geoffrey Bles, 1924).
———, *Ma double vie* (Éditions des Femmes, 1980). Trad. inglesa, *My double life* (Londres, Owen, 1977).
———, *L'art du théâtre* (Éditions Nilsson, s.d.).

BIOGRAFIAS DE SARAH BERNHARDT

Agate, May, *Madame Sarah* (Nova York/Londres, Benjamin Blom, 1945, relançada em 1969).
Arthur, Sir George, *Sarah Bernhardt* (Londres, William Heinemann, 1923).
Baring, Maurice, *Sarah Bernhardt* (Londres/Nova York, D. Appleton-Century, 1934).
Bernhardt, Lysiane, *Sarah Bernhardt, my grandmother* (Londres/Nova York, Hurst & Blackett, 1945).
Binet-Valmer, *Sarah Bernhardt* (Flammarion, 1936).
Castelot, André, *Ensorcelante Sarah Bernhardt* (Librairie Académique Perrin, 1961).
Colombier, Marie, *Les voyages de Sarah Bernhardt en Amérique*, prefácio de Arsène Houssaye (Marpon & Flammarion, 1881).
———, *Les mémoires de Sarah Barnum*, prefácio de Paul Bonnetain (1883).
———, *Mémoires*, tomo I: *Fin d'Empire*; tomo II: *Fin de siècle*; tomo III: *Fin de vie* (Ernest Flammarion, s.d.).
Dupont-Nivet, Jean, *Sarah Bernhardt, trente ans de passion pour Belle-Île-en-Mer* (Jean Dupont-Nivet, 1973).

Emboden, William, *Sarah Bernhardt* (Londres, Macmillan, 1974).
Geller, G. G., *Sarah Bernhardt* (Frederick A. Stokes, 1933).
Hahn, Reynaldo, *La grande Sarah* (Hachette, 1930).
———, *Sarah Bernhardt* (Londres, Elkin Matthews & Marrot, 1932).
Huret, Jules, *Sarah Bernhardt* (Londres, Chapman & Hall, 1899).
Jullian, Philippe, *Sarah Bernhardt* (Éditions Ballard, 1977).
Pierrefeux, Guy de, *Madame Quand Même, Sarah Bernhardt*, ed. D. Chabas (Mont-de-Marsan, 1920).
Richepin, Jean, *La vie de Marie Pigeonnier.*
Rostand, Maurice, *Sarah Bernhardt* (Calmann-Lévy, 1950).
Rueff, Suze, *I knew Sarah Bernhardt* (Londres, Frederick Muller, 1951).

OUTRAS OBRAS

Agate, James, *Ego: the autobiography of James Agate* (9 vols.). Várias editoras, inclusive (Londres, Hamish Hamilton, 1935; George Harrap & Co., 1949).
———, *An anthology* (Londres, Rupert Hart-Davis, 1961).
Andry, Marc, *Edmond Rostand, la panache et la gloire* (Plon, 1986).
Anônimo, *An englishman in Paris*, vol. II: *The empire* (D. Appleton & Company, 1892).
Auerbach, Nina, *Ellen Terry* (W. W. Norton, 1987).
Beerbohm, Max, *Around theatres* (Alfred A. Knopf, 1930).
———, *More theatre* (Taplinger Publishing Co., 1969).
Blanch, Lesley, *Pierre Loti* (A Helen & Kurt Wolff Book/Harcourt Brace Jovanovich, 1983).
Campbell, mrs. Patrick, *My life and some letters* (Dodd, Mead & Company, 1922).
Chevalley, Silvie, *Rachel en Amérique* (La Société d'Histoire du Théâtre, 1957).
Cocteau, Jean, *Portraits-souvenirs* (Bernard Grasset, 1935).
———, *Professional secrets*, trad. Richard Howard (Farrar, Straus & Giroux, 1970).
Colette, *Dernier portrait* (1944). Artigo no programa de um espetáculo de gala que celebrava o centenário de nascimento de Bernhardt.
Coppée, François, *Souvenir d'un parisien* (Lemerre, 1910).
Daudet, Alphonse, *Pages inédites de critique dramatique 1874-80* (Ernest Flammarion, 1922).
Daudet, Léon, *Paris vécu* (Gallimard, 1969).
Delluc, Louis, *Chez de Max* (L'Édition, 1918).
Dussane, Beatrix, *Reines du théâtre* (Lardanchet, 1944).
———, *Dieux des planches* (Lardanchet, 1964).
Ellmann, Richard, *Oscar Wilde* (Alfred A. Knopf, 1988; ed. bras., Companhia das Letras, 1988).
Faure, Paul, *Vingt ans d'intimité avec Edmond Rostand* (Plon, 1928).
Gaillard, Roger, *La vie d'un joueur* (Calmann-Lévy, 1953).
Genty, Christian, *Histoire du Théâtre de L'Odéon* (Fischbacher, 1981).
Goncourt, Edmond et Jules de, *Journal des Goncourt* (Fasquelle e Flammarion, 1956).
Gosling, Nigel, *Nadar* (Alfred A. Knopf, 1976).
Got, Edmond, *Journal* (Plon, 1910).
Gribble, Francis, *Rachel* (Londres, Chapman and Hall, 1911).
Guilbert, Yvette, *La chanson de ma vie* (Grasset, 1927).
Guitry, Sacha, *Lucien Guitry, raconté par son fils* (Raoul Solar, 1953).
———, *Si j'ai bonne mémoire* (Librairie Académique Perrin, 1965). Trad. inglesa, *If I remember rigth* (Londres, Methuen, 1935).
Harding, James, *Sacha Guitry* (Londres, Methuen, 1968).
Hegermann-Lindencrone, Lillie de [Lillie Moulton], *In the courts of memory* (Harper & Brothers, 1912).

Hegermann-Lindencrone, Lillie de [Lillie Moulton], *The sunny side of diplomatic life* (Harper & Brothers, 1914).
Hollingshead, John, *Gaiety chronicles* (Londres, Westminster Archibald Constable & Company, 1898).
Holroyd, Michael, *Lytton Strachey: the unknown years*, vol. I (Holt, Rinehart and Winston, 1967).
Huret, Jules, *Loges et coulisses* (Éditions de la Revue Blanche, 1901).
James, Henry, *The scenic art* (Brunswick, Nova Jersey, Rutgers University Press, 1948).
———, *Parisian sketches* (New York University Press, 1957).
———, *The tragic muse* (Thomas Y. Crowell, 1975).
Jones, Ernest, *The life and work of Sigmund Freud*, vol. I (Basic Books, 1953).
Jullian, Philippe, *Robert de Montesquiou, un prince 1900* (Librairie Académique Perrin, 1965).
Lugné-Poë, Aurélien, *La Parade: souvenirs et impressions de théâtre* (Gallimard, 1930-33).
Marquet, Mary, *Ce que j'ose dire* (Jacques Grancher, 1977).
Maurois, André, *Olympio ou la vie de Victor Hugo* (Hachette, 1954).
———, *Victor Hugo* (Jonathan Cape, Londres, 1956).
———, *Les trois Dumas* (Hachette, 1957).
Moreno, Marguerite, *Souvenirs de ma vie*, prefácio de Colette (Éditions de Flore, 1948).
Mounet-Sully, Jean, *Souvenirs d'un tragédien* (Éditions Pierre Lafutte, 1917).
Mucha, Jiri, *Alphonse Maria Mucha* (Londres, Academy Éditions, 1989).
Olivier, Laurence, *Confessions of an actor* (Penguin Books, 1982).
Peters, Margot, *Mrs. Pat: the life of mrs. Patrick Campbell* (Alfred A. Knopf, 1984).
Porel, Jacques, *Fils de Réjane* (Plon, 1951).
Pougy, Liane de, *Mes cahiers bleus* (Plon, 1977). Trad. inglesa, *My blue notebooks* (Harper & Row, 1979).
Pronier, Ernest, *Sarah Bernhardt* (Genebra, Alex Jullien, s.d.).
Proust, Marcel, *Remembrance of things past*, trad. inglesa de C. K. Scott Moncrieff e Terence Kilmartin (Random House, 1981).
Renard, Jules, *Journal* (Gallimard, 1965).
Ripert, Émile, *Edmond Rostand, sa vie et son oeuvre* (Librairie Hachette, 1968).
Robertson, W. Graham, *Time was* (Londres, Hamish Hamilton, 1931).
Robinson, Phyllis C., *Willa: the life of Willa Cather* (Doubleday & Company, 1983).
Russell, John, *Paris* (Harry N. Abrams, Inc., 1983).
Salmon, Eric, *Bernhardt and the theatre of her time* (Westport, Connecticut/Londres, Greenwood Press, 1984).
Sarcey, Francisque, *Quarante ans de théâtre* (Bibliothèque des Annales, 1900).
Shaw, George Bernard, *Dramatic opinions and essays*, vol. I (Brentano, 1909).
Simone, *Sous de nouveaux soleils* (Gallimard, 1957).
Skinner, Cornelia Otis, *Madame Sarah* (Boston, Houghton Mifflin Company, 1967).
Symons, Arthur, *Eleonora Duse* (Duffield, 1927).
Taranow, Gerda, *Sarah Bernhardt: the art within the legend* (Princeton, Nova Jersey, Princeton University Press, 1972).
Tellegen, Lou, *Women have been kind: the memoirs of Lou Tellegen* (The Vanguard Press, 1931).
Terry, Ellen, *Memoirs* (Victor Gollancz, Ltd., 1933).
Toussaint du Vast, Nicole, *Rachel* (Stock, 1980).
Trollope, Fanny, *Paris and the parisians* (Londres, Alan Sutton, 1836, relançado em 1985).
Valmy-Baysse, Jean, *Naissance et vie de la Comédie Française* (Floury, 1945).
Verneuil, Louis, *La vie merveilleuse de Sarah Bernhardt* (Brentano, 1942). Trad. inglesa, *The fabulous life of Sarah Bernhardt* (Harper & Brothers, 1942).
Weaver, William, *Duse: a biography* (Harcourt Brace Jovanovich, 1984).
Wilde, Oscar, *The letters of Oscar Wilde* (Harcourt, Brace & World, 1962).
———, *Selected letters of Oscar Wilde* (Oxford University Press, 1979).
Woon, Basil, *The real Sarah Bernhardt* (Boni & Liveright, 1924).

Crédito das Fotos

(*os números referem-se às ilustrações*)

A. Liébert: página de abertura da parte II * Academy Group Limited, Londres: 77, 78 * Atelier Nadar: página de abertura da parte I * Bettmann Archive: 26, 27 * Bibliothèque de la Comédie Française (cortesia da): 73, 75 * Coleção particular, Nova York: páginas de abertura das partes III (Foto: Reutlinger, 1872), IV (Foto: Reutlinger, 1877), VI, VII; 9 (Foto: Tissier, Paris), 10 (Foto: W. & D. Downey, Londres), 14, 16 (Foto: Beuscher, Le Havre), 30, 31 (Foto: R. Casanove, Paris), 32, 34 (Foto: Ferdinand Mulnier), 49 (Foto: Nepoleon Sarony, Nova York), 51, 58, 59 (Foto: Lafayette, Londres), 71, 76 (Photographie Bulloz), 80, 83, 88, 93, 94 * Collection Alain Lesieutre: 13, 17, 43, 44 (Foto: Napoleon Sarony, Nova York), 46, 72, 74, 82, 85, 86, 92 * Collection Dario Cecchi: 87 * Colletion Viollet: 47 * Dargaud Éditeur, Paris: 79 * E. C. P. Armées, Paris: 90 * Éditions Fildier Cartophilie, Paris: 81 * Éditions Jacques Damase, Paris: 29 * Félix/Paul Nadar / © Arch. Phot. Paris / S. P. A. D. E. M.: páginas de abertura das partes V e VIII; 1, 7, 21, 22, 23, 24, 25, 48, 52, 53, 54, 55, 57, 61, 62, 63, 64, 66, 67, 68 * Frederick R. Koch Collection, Harvard Theatre Collection: 12, 18, 36, 38, 39, 40, 41, 70, 89, 91 * © Harlingue-Viollet: 28 * Lipnitzki-Viollet: 6 * Melandri, Paris: 19, 20 * Mlle. Marie-Louise Barberot, coleção particular, Paris (cortesia de): 2, 3, 4, 5 (Foto: Studio Le Jeune) * Musée d'Orsay, Paris: 37 * Mydstkov, Jakob (Teatro Real de Copenhague): 84 * Reisenbach, Terka (cortesia de): 11 * Richepin, Jean-Pierre (cortesia de): 33 * Studio Biot-Bouvier, Antoing; Jean-Charles Lamoral, príncipe de Ligne la Trémoille, 8 * Valaoritis, Nanos (cortesia de): 35 * Victoria & Albert Museum (cortesia dos curadores): 15, 42, 45, 50, 56, 60 (Foto: Napoleon Sarony, Nova York), 65, 69.

Agradecimentos

Pela permissão que nos deram para reproduzir textos já publicados agradecemos a:

Éditions Gallimard: excertos de *La Parade III sous les étoiles*, de Aurélien Lugné-Poë, Copyright © 1933 Éditions Gallimard. Reproduzidos com a permissão de Éditions Gallimard.

Farrar, Straus & Giroux, Inc.: excertos de *Professional secrets*, de Jean Cocteau, trad. Richard Howard. Copyright da tradução © 1970 Farrar, Straus & Giroux, Inc. Reproduzidos com permissão.

Greenwood Publishing Group, Inc.: excertos de "Tchekov's response to Bernhardt", de Laurence Senelick em *Bernhardt and the theatre of her time*, ed. Eric Salmon, Copyright © 1984 Eric Salmon. Reproduzidos com a permissão de Greenwood Publishing Group, Inc., Westport, CT.

HarperCollins Publishers: excertos de *The fabulous life of Sarah Bernhardt*, de Louis Verneuil, trad. Ernest Boyd. Copyright © 1942 Louis Verneuil. Reproduzidos com a permissão de HarperCollins Publishers.

HarperCollins Publishers e *Hamish Hamilton, Ltd.*: excertos de *Life was worth living*, de Graham Robertson. Copyright © 1931 Graham Robertson. Publicado na Grã-Bretanha como *Time was*, direitos administrados por Hamish Hamilton, Ltd. Reproduzidos com a permissão dos editores.

Hutchinson: excertos de *Sarah Bernhardt, my grandmother*, de Lysiane Bernhardt, trad. Vyvyan Holland. Reproduzidos com a permissão do Espólio de Lysiane Bernhardt e da Hutchinson, divisão de The Random Century Group Limited.

Foulke de Jouvenel: excerto do programa "Dernier portrait", de Colette, comemorando o centenário de nascimento de Sarah Bernhardt. Reproduzido com a permissão de Foulke de Jouvenel.

Methuen & Co., Ltd.: excertos de *If I remember right*, de Sacha Guitry, trad. Lewis Galantiere. Reproduzido com permissão.

Peters Fraser & Dunlop Group, Ltd.: excertos de *Ego: the autobiography of James Agate*. Reproduzidos com a permissão de Peters Fraser & Dunlop Group, Ltd., em nome do Espólio de James Agate.

Laurence Pollinger, Ltd.: excertos de *Letters of D. H. Lawrence, volume I, 1901-1913*, ed. James T. Boulton, Cambridge University Press, 1979. Reproduzidos com a permissão de Laurence Pollinger, e do Espólio de Frieda Lawrence Ravagli.

Random House, Inc., e *Chatto & Windus*: excertos de *Remembrance of things past*, de Marcel Proust, trad. C. K. Scott Moncrieff e Terence Kilmartin. Copyright da tradução © 1981 Random House, Inc., e Chatto & Windus. Reproduzidos com permissão.

Eva Reichmann: excertos de *Around theatres*, de Max Beerbohm. Reproduzidos com a permissão de Eva Reichmann.

Vanguard Press: excertos de *Women have been kind*, de Lou Tellegen. Copyright © 1930 Lou Tellegen. Reproduzidos com a permissão de Vanguard Press, divisão de Random House, Inc.

ESTA OBRA FOI COMPOSTA PELA GRAPH-BOX EDITORAÇÃO ELETRÔNICA EM ADOBE GARAMOND E IMPRESSA PELA GRÁFICA EDITORA HAMBURG EM OFF-SET PARA A EDITORA SCHWARCZ EM ABRIL DE 1994.